中国建投 ｜ 远见成就未来

中国建投研究丛书·报告系列
JIC Institute of Investment Research Books · Report

中国传媒投资发展报告
(2017)

建投华文投资有限责任公司
中央财经大学新闻传播系

ANNUAL REPORT ON THE DEVELOPMENT OF CHINA'S MEDIA INVESTMENT (2017)

主编 / 张向东　谭云明

社会科学文献出版社
SOCIAL SCIENCES ACADEMIC PRESS (CHINA)

总　序

一千多年前，维京海盗抢掠的足迹遍及整个欧洲。南临红海，西到北美，东至巴格达，所到之处无不让人闻风丧胆，所经之地无不血流成河。这个在欧洲大陆肆虐整整三个世纪的悍匪民族却在公元1100年偃旗息鼓，过起了恬然安定的和平生活。个中缘由一直为后人猜测、追寻，对历史的敬畏与求索从未间歇。2007年，维京一个山洞出土大笔财富，其中有当时俄罗斯、伊拉克、伊朗、印度、埃及等国的多种货币，货币发行时间相差半年，"维京之谜"似因这考古圈的重大发现而略窥一斑——他们的财富经营方式改变了，由掠夺走向交换；他们懂得了市场，学会了贸易，学会了资金的融通与衍生——而资金的融通与衍生改变了一个民族的文明。

投资，并非现代社会的产物；借贷早在公元前1200～公元前500年的古代奴隶社会帝国的建立时期便已出现。从十字军东征到维京海盗从良，从宋代的交子到犹太人的高利贷，从郁金香泡沫带给荷兰的痛殇到南海泡沫树立英国政府的诚信丰碑，历史撰写着金融发展的巨篇。随着现代科学的进步，资金的融通与衍生逐渐成为一国发展乃至世界发展的重要线索。这些事件背后的规律与启示、经验与教训值得孜孜探究与不辍研习，为个人、企业乃至国家的发展提供历久弥新的助力。

所幸更有一批乐于思考、心怀热忱的求知之士勤力于经济、金融、投资、管理等领域的研究。于经典理论，心怀敬畏，不惧求索；于实践探索，尊重规律，图求创新。此思索不停的精神、实践不息的勇气当为勉励，实践与思索的成果更应为有识之士批判借鉴、互勉共享。

调与金石谐，思逐风云上。《中国建投研究丛书》是中国建银投资有限责任公司组织内外部专家在回顾历史与瞻望未来的进程中，深入地体察和研究市场发展及经济、金融之本性、趋向和后果，结合自己的职业活动，精制而成。《丛书》企望提供对现代经济管理与金融投资多角度的认知、借鉴与参考。如果能够引起读者的兴趣，进而收获思想的启迪，即是编者的荣幸。

是为序。

张睦伦

2012年8月

编辑说明

中国建银投资有限责任公司（简称"集团"）是一家综合性投资集团，投资覆盖金融服务、工业制造、文化消费及信息技术等领域，横跨多层次资本市场及境内外区域。集团下设的投资研究院（以下简称"建投研究院"）重点围绕国内外宏观经济发展趋势、新兴产业投资领域，组织开展理论与应用研究，促进学术交流，培养专业人才，提供优秀的研究成果，为投资研究和经济社会发展贡献才智。

《中国建投研究丛书》（简称《丛书》）收录建投研究院内外部专家的重要研究成果，根据系列化、规范化和品牌化运营的原则，按照研究成果的方向、定位、内容和形式等将《丛书》分为报告系列、论文系列、专著系列和案例系列。报告系列为行业年度综合性出版物，汇集集团各层次的研究团队对相关行业和领域发展态势的分析和预测，对外发表年度观点。论文系列为建投研究院组织业界知名专家围绕备受市场关注的热点或主题展开深度探讨，强调前沿性、专业性和理论性。专著系列为内外部专家针对某些细分行业或领域进行体系化的深度研究，强调系统性、思想性和市场深度。案例系列为建投研究院对国内外投资领域案例的分析、总结和提炼，强调创新性和实用性。希望通过《丛书》的编写和出版，为政府相关部门、企业、研究机构以及社会各界读者提供参考。

本研究丛书仅代表作者本人或研究团队的独立观点，不代表中国建投集团的商业立场。文中不妥及错漏之处，欢迎广大读者批评指正。

建投华文投资有限责任公司简介

建投华文投资有限责任公司（简称"建投华文"，英文全称"JIC HUAWEN INVESTMENT LIMITED"）是中国建投在文化传媒、消费品及服务、医疗健康领域进行战略布局的专业投资和运营平台，成立于2013年10月，总部位于北京，注册资本20亿元。

建投华文遵循价值投资核心理念，把握中国消费升级的投资主线，坚持做根植本土、布局全球、持续整合、提升价值的战略性投资，在加强文化传媒、消费品及服务、医疗健康等领域基础产业布局的同时，助推中国产业转型升级。

中央财经大学新闻传播系简介

中央财经大学新闻传播系成立于 2004 年，是国内高校中较早开办财经新闻本科专业和媒体经济硕士专业的院系，其中财经新闻本科生招生始于 1998 年，每年招收 40 人，媒体经济硕士生招生始于 2004 年，每年招收 12 人。新闻传播系毕业的本科生和研究生多就职于新闻界、财经界和政府机关等机构，或出国深造。

新闻传播系目前有专职教师 10 人，其中教授 2 名，副教授 3 名，拥有博士学位的有 6 人。同时，新闻传播系还聘请了新华社、中央电视台、《人民日报》、《经济日报》等主流媒体的 10 余位业界专家作为兼职教授。自成立以来，新闻传播系师生共承担国家社科基金课题、教育部课题等各类科研项目 100 余项，发表 A 类刊物论文 90 余篇，出版各类书籍 90 余部，初步确立并形成了财经新闻、传媒经营与管理、出版经济、新媒体、媒体品牌、舆情传播等研究方向和特色。

目　录

引　言	…………………………………………………………	001
第一章	2016年中国传媒产业发展环境分析 …………… 陈　端 /	015
第二章	2016年中国传媒产业发展报告 ………………… 陈　端 /	029
第三章	2016年中国传媒投资现状报告 ………… 陈　端　张　浩 /	047
第四章	2017年中国传媒投资预测报告 ………………… 陈　端 /	073
第五章	中国报业投资报告 …………………… 周根红　周　亮 /	097
第六章	中国视听传媒产业投资报告 ………… 朱新梅　唐　琳 /	113
第七章	中国出版业投资报告 ………………… 刘建华　靳　柯 /	135
第八章	中国电影产业投融资发展报告 ………………… 高利玲 /	149
第九章	中国书店零售业投资报告 …………… 雷乡丰　牛　耘 /	165
第十章	中国网络媒体投资报告 ……………… 谭云明　彭　轸 /	189
第十一章	中国移动媒体投资报告 ………………………… 邓　倩 /	209
第十二章	中国游戏产业投资报告 ……………… 陈京炜　仝嵩泽 /	227
第十三章	中国互联网金融投资报告 ……………………… 吴立波 /	245
第十四章	中国传媒上市公司报告 ………………………… 郭全中 /	265
第十五章	中国传媒产业并购报告 …… 向志强　李瑢瑢　李雅雯 /	285
第十六章	中国海外传媒投资报告 ………………………… 陈秋云 /	301
第十七章	中国传媒投资舆情报告 ………………………… 王亚敏 /	317
第十八章	传媒企业的特殊管理股制度及其在中国的应用建议 ………………………………… 向　南 /	335

第十九章　中国文化传媒企业债券融资报告 …… 魏鹏举　王　雨／347
第二十章　万达电影院线投资状况分析 ………… 何　群　黄静怡／371

附录　2016年中国传媒投资大事记 ……………… 万宇航　关乐宁／387
中英文摘要 ……………………………………………………………… 413
后　记 …………………………………………………………………… 435

引　言

国家"十二五"以及"十三五"规划中明确提出要将文化产业打造成国民经济的支柱产业，近年来尤其是十八大以来，中央以及国务院各个部委多项文化传媒产业政策相继出台，再加上以互联网和移动互联网为代表的技术进步的有力推动，我国文化传媒产业迅速繁荣发展。中央全面深化改革领导小组更是明确提出推动传统媒体和新兴媒体在内容、渠道、平台、经营、管理等方面深度融合，着力打造一批形态多样、手段先进、具有竞争力的新型主流媒体，建成几家拥有强大实力和传播力公信力影响力的新型媒体集团，形成立体多样、融合发展的现代传播体系。在此背景下，资本大规模进入文化传媒产业领域，成为文化传媒产业发展壮大的有力的助推器。

众所周知，中国传媒业发展的直接影响因素主要有三个：一是政治和政策因素，也就是权力因素；二是技术因素；三是资本因素，也就是市场因素。政治因素无须多言，技术因素对于传媒业发展的影响，这些年提得比较多，从最开始的印刷术到电子排版技术，再到新媒体技术包括互联网和移动互联网技术，可以说新媒体技术改变了传媒发展方向，但是，我们也可以看到，资本因素对于传媒业发展的影响，这些年谈得也不少，但是做系统总结的研究并不多。毫无疑问，近些年我们对媒体的政治和意识形态属性说得多，对互联网和移动互联网媒体的技术属性以及对媒体发展的影响说得更多，当然，这些没有错，但是我们往往对资本因素对文化传媒产业发展影响的重视不够。实际上从全球传媒业的发展趋势看，资本的力量和市场的因素对传媒业的发展是十分重要的。在中国当下，我们有一个基本判断，对于传媒业发展而言，如果说政治因素是最稳定的决定因素的话，那么技术因素可以说是最活跃且积极的进步因素，而资本因素无疑是最自由且公平的重要因素。

从做企业的角度来看，三流的企业做产品，二流的企业做品牌，一流的企业做标准，这些都是基础，但是企业要想做大做强最终离不开资本的力量，企业上市是为了融资，企业并购是为了做大。传媒企业也是如此。

从媒体做强做大的角度看，默多克并没有想让澳洲的媒体走出澳洲、影响世界，更没有打算输出澳洲的价值观。但是他利用资本的力量投资并购整合了欧美的主流媒体，最后形成了"传媒帝国"新闻集团，他借助的就是资本的力量。从媒体融合的角度，我们现在讲媒体融合，都是讲传统媒体与新媒体融合，但是更多的是从技术的角度讲内容的融合、渠道的融合、终端的融合，对体制的融合、资本的融合以及市场的融合讲得比较少。实际上真正的媒体融合，根本离不开资本，离开资本的媒体融合只能称为"油水分离"的合并，如2014年上海几家媒体的融合，解放日报报业集团和文汇新民联合报业集团合并为上海报业只是行政推动下的合并，而百事通和东方明珠的重组真正体现了以资本为纽带的媒体融合。从经济发展的角度，大家都知道"三驾马车"——投资、消费、出口对经济起重要拉动作用，尤其是中国经济到现在还属于投资拉动型。国家把投资作为拉动经济的最重要的手段，其实为了传媒业的发展壮大，我们也应该把投资作为重要的手段。改革开放以来，中国经济迈上了发展的快车道，一个非常重要的变化就是投资的力度在不断加大，从招商引资到2008年经济危机之后的4万亿元的投资，一直到现在的45万亿元的投资，基本上中国经济增长的动力都是靠投资拉动的，既然中国经济靠投资拉动，那么中国的媒体经济、中国的媒体要做大做强为什么不能靠投资拉动？

正是基于以上的内外部环境，从2013年开始，在互联网以及移动互联网技术的推动下，外部资本市场对中国传媒业极为看好，中国传媒业内也对资本推动中国传媒发展的认识和重视程度进一步提高，于是中国传媒投资风起云涌，无论是传统媒体转型还是以互联网和移动互联网为代表的新媒体创新，无论是影视娱乐产业还是游戏产业，无论是手机媒体还是互联网金融，无论是在国内还是走向海外，中国资本市场纷纷看好海内外传媒业，传媒业内外并购重组事件连连，传媒投资可以说如火如荼。

2016年中国传媒产业投资，主要呈现以下几个特点。

第一，管理部门强化传媒投资监管与加大政策扶持和引导并行不悖。2016年，国家新闻出版广电总局、工业和信息化部联合发布《网络出版服务管理规定》，该规定要求从事网络出版服务，必须依法经过出版行政主管部门批准，取得《网络出版服务许可证》，同时对网络出版服务单位实行年度核验制度。该规定第十条特别指出：中外合资经营、中外合作经营和外资经营的单位不得从事网络出版服务。国家新闻出版广电总局办公厅2016年发布通知，要求《信息网络传播视听节目许可证》持证机构参与全国股份转让系统应向所在地省新闻出版广电总局提出申请，获批后才可以挂牌，已经挂牌的应按要求重新履行申报审批手续，获批后才能进行交易。2016年5月证监会开始收紧对游戏、影视等行业并购重组的监管标准，遵从"一事一议"原则，对并购或定增收购"只讲故事不盈利"的标的全面禁止。7月，深交所对创业板影视类上市公司的信息披露做了更严格更细致的规定。证监会发布了再融资新规，旨在抑制目前金融市场过度融资、募集资金脱实向虚的现象。可以说2016年境内资本市场监管偏严格，表现为战略新兴板暂停推出、中概股回归和跨界并购不断受到关注等，使传媒类上市公司的资本运作活动大大减少，尤其是各类跨界并购热潮大幅度降温。但与此同时，2016年文化传媒产业政策扶持与引导的力度在不断加大，如数字创意产业被列入《"十三五"国家战略性新兴产业发展规划》，成为中国经济发展新动能的组成部分。2016年国务院三网融合工作协调小组办公室下发《关于在全国范围全面推进三网融合工作深入开展的通知》，该通知对现阶段双向进入业务许可申请和审批工作，广电、工信的行业监督职责划分，具体工作要求以及协调机制做了进一步的明确和重申。该通知作为2016年国务院三网融合工作协调小组办公室一号文，为IPTV的爆发提供了足够的政策支撑。2016年7月18日，国家新闻出版广电总局公布了《关于进一步加快广播电视媒体与新兴媒体融合发展的意见》，力争两年内使广播电视媒体与新兴媒体融合发展在局部区域取得突破性进展。2016年3月30日,《文化企业无形资产评估指导意见》出台,为版权等无形资产进一步参与融资体系与资本市场打开了方便之门。该意见突出了制度创新、内容创新和方法创新,通过规范文化企业无形资产评估中的具体问题,为评估师提供解决实际操作问题的方法和标准。2016年11月7日,第十二届全国人大常委会通过我国文化产业领域的第一部专门法律《中华人民共和国电影产业促进法》,将电影产业纳入国民经济和社会发展规划,使电影产业成为拉动内需、促进就业、推动国民经济增长的重要产业。强化传媒投资监管与加大政策扶持和引导并行不悖,说明在政策层面,国家对文化传媒产业和投资的管理日趋成熟和理性。

第二,传媒市场估值趋于理性,传媒上市公司业绩稳中有升但又相差悬殊。综观2016年,文化传媒行业在挫折中砥砺前行,规矩不断被打破和重塑,估值泡沫被挤出,行业价值回归。2016年传媒行业收入和利润增速增长,财务表现良好,但传媒资本市场整体表现暗淡,高估值泡沫破裂。2015年传媒行业表现强劲,以84%的涨幅排名行业第2,但我们也必须清醒地看到传媒板块在资本市场获得较高估值,并没有真正体现媒体产业的实际价值。截至2016年12月14日,传媒指数累计跌幅达30.13%,在市场风格转换和风险偏好降低等多维因素共同作用下,行业涨跌幅位列A股子行业倒数第1,估值回调。传媒行业前期估值较高,存在严重估值泡沫,2016年估值大幅度回归,政策及监管方面趋紧,证监会收紧对借壳及跨行业并购的监管。2016年,虽然受我国经济增速继续放缓、宏观经济疲软、资本市场监管力度加大以及二级市场剧烈震荡等不利因素的影响,但在消费升级、IPO放开、新技术日新月异的大背景下,传媒业上市公司整体发展状况良好,上市公司的资本运作方式更加丰富多样,互联网传媒类上市公司整体发展快速,其增速远远超过传统类上市公司。腾讯、阿里巴巴等互联网类上市公司以及完美世界等网络游戏类上市公司,不仅收入、净利润和市值高,而且其增速远远高于报纸、出版和广电网络类上市公司。但是不同传媒类型的上市公司分化严重。无论是互联网类、网络游戏类，还是报纸类、出版类、广电网络类等，营业收入、净利润、总资产和市值都相差悬殊。

第三，2016年传媒并购市场泡沫被挤出，但在理性回归基础上传媒并购仍然热情高涨。2016年是传媒产业艰难前行的一年，在市场和政策的双重作用下，传媒运行规则不断被打破，传媒产业价值回归，并购市场泡沫逐渐被挤出。然而，在电影票房遭遇寒潮、电视剧监管政策收紧、游戏业用户红利渐消、股市文化传媒板块跌幅高达31.64%的恶劣形势下，相关传媒公司的资本运作步伐并没有减缓。应该说，2016年中国传媒业并购市场在理性回归的大趋势下，仍然展现出高涨热情。尽管2016年中国宏观经济步入下行，资本市场经历了寒冬，但传媒产业并购浪潮并未消退，相较于2015年反而有所回升。根据Wind数据，2016年中国传媒产业并购重组事件共284起，披露总规模合计约2815亿元（其中41起未披露金额），交易完成84起，完成效率约为29.6%，与2015年相比略有提升，但失败和未通过的案例多达21起。在经历2015年的并购热潮以及2016年的理性回归，特别是2016年并购政策收紧之后，2017年中国传媒并购将更加趋于理性，传媒产业将进入新的整合与变革时期。长期来看，中国传媒产业发展潜力与空间仍将持续存在，仍将继续活跃于国内国际资本市场，未来传媒并购会呈现外延并购力度加大、多元化等特点。对于传媒企业来说，无论是产业巨头还是上市公司，着重于服务生产性的并购都将是大势所趋，而真正具有成长性的公司将继续借助资本力量快速发展。在未来一段时间内，互联网、在线视频以及直播将成为中国传媒产业并购的新热点。

第四，传统媒体企业业绩不断下滑，国有传媒的资本运作和基金奋力突围。2016年，中国报业并未走出发展的寒冬，报业发展形势极其严峻，报纸的发行量逐年下滑、广告营收持续再创新低、大量报纸休停转并，报业的生存发展遇到了前所未有的困境。国家新闻出版广电总局发布的

《2015年新闻出版产业分析报告》显示，报纸出版出现全方位下滑。2015～2016年，报纸出版总印数、总印张分别降低7.3%和19.1%，营业收入、利润总额分别降低10.3%和53.2%。全国43家省级报业集团主营业务收入与利润总额分别降低6.9%与45.1%，其中31家报业集团营业利润出现亏损，出现亏损的集团数量较2014年增加14家。2011～2016年，中国电视收视率不断下跌，电视广告收入也连连下滑，使传统媒体的融资能力急剧下降，外部资本市场给予的关注度越来越低。传统业绩的下滑和生存危机的来临，使传统的国有传媒企业在2016年开始重视资本和投资拉动，如前文所述，传统媒体企业对资本和投资的忽视是长期的，可以说国有传统媒体企业对资本的认识在2016年有了质的飞跃。2016年在国家政策推动和媒介融合趋势的引导下，以国有资产为主的传媒集团，为了盘活资金、撬动资本市场，纷纷发行基金，或出于融资的目的，或出于战略部署的目的。相对于困难重重的间接贷款和上市融资，产业投资基金或私募股权投资基金的支持更有吸引力，它们是传媒产业整合、发展的新力量。一方面，这些投资可以在短期内为企业带来大量现金流；另一方面，基金投资者能够为企业提供资源或建议，帮助企业进一步规范管理。传媒投资基金在文化传媒领域的投资主体地位不断凸显。随着媒体市场化改革的推进，以报业和广电为代表的老牌国有传媒企业将以传媒投资基金形式进行战略布局。以上报集团和浙报集团为代表的传统纸媒抓住了机遇，联合国有资本发行基金，成效显著，获得了资本市场肯定。报业、广电等传统媒体在发行基金过程中，坐拥雄厚的当地国有企业甚至是政府的资金支持，以政策引导为导向，传媒投资基金的发行能够与国有资本实现互通有无、互惠互利。2016年以来，更多的报业集团、传媒公司纷纷成立专业化投资发展基金。2016年3月27日，总规模100亿元的广东省首只媒体融合投资基金——广东南方媒体融合发展投资基金在广州成立，基金由广东南方报业传媒集团有限公司、广东羊城报业传媒集团有限公司、广东南方广播影视传媒集团有限公司、广东省出版集团有限公司4家省直传媒出版企业和海通创意资本管理有限公司、中赛信合（北京）投资管理有限公司等金融机构共同发起设立。该基金以面向市场、面向广东、面向新媒体为投资方向，按照市场化原则和股权投资方式，重点支持广东传媒出版企业转型升级和媒体融合重大项目，以金融助力媒体融合发展。2016年4月1日，湖南日报报业集团与杭州大头投资管理有限公司在长沙签订战略合作框架性协议，双方共同设立文化产业发展基金。该基金投资方向为泛文化领域，包括广播、影视和音乐的内容生产和发行，文化传媒融合发展及创新，文化领域新产品新技术开发，互联网传授及应用工具等。2016年8月21~22日，人民日报社、招商局集团、深圳市三方共同组建的深圳市伊敦传媒投资基金成立，总规模为50亿元。该基金将以资本壮大传媒，以传媒控制资本，重点支持人民日报社的媒体融合发展重点项目和国内外有影响力的战略新兴文化产业项目，充分发挥"新闻传媒＋互联网娱乐互动＋金融"的优势，打造多个孵化、加速、整合的上市并购产业平台。2016年11月23日，中国报业投资联盟大会暨首届投融资峰会在郑州举行，河南日报报业集团、湖南日报报业集团、河北日报报业集团、期货日报社、证券时报社国时资产、中原证券、中旅银行、兴业银行打破地域限制和资金壁垒，在会上共同签约成立中报砥石文化产业发展基金。该基金规模为100亿元，根据业务发展分期募集到位。该基金采用母子基金方式，下设媒体融合发展基金、文化旅游产业基金、传媒并购基金、上市公司定增基金等子基金。

第五，在国内传媒投资不断增长的基础上，中国海外传媒投资呈现爆发式增长。中国文化产业投融资数据平台显示，2016年我国文化产业流入资金为3951.08亿元，较2015年同期增长21.19%，增长规模（690.93亿元）呈爆发之势，资金流入量达到历史巅峰。从资金流入渠道来看，债权、股权、众筹资本市场融资渠道分别为文化产业提供了不同层次、不同阶段、不同需求的资金支持。中国文化产业投融资数据平台显示，2016年我国文化产业通过债券融资渠道流入的资金为892.6亿元（占22.59%）、信托为39.92亿元（占1.01%）、IPO为250.57亿元（占6.34%）、上市后为1432.99亿元（占36.27%）、创投为238.66亿元（占6.04%）、PE为877.12亿元（占22.20%）、新三板为204.84亿元（占5.18%）、股权众筹为3.82亿元（占0.10%）、奖励众筹为10.54亿元（占0.27%）。其中，奖励众筹、信托、IPO、上市后、新三板、创投、PE融资渠道资金流入量相比2015年同期均出现了上涨，且前4个渠道的增长率均保持在60%以上，分别为277.14%、91.00%、88.64%、64.38%，后3个渠道的资金流入规模增长速度相对较低，分别为32.27%、23.30%、0.06%。

2016年是"十三五"开局之年，中国的对外投资整体上实现了较快增长，投资结构也更加优化，中国对外投资仍处于重要的战略机遇期。商务部发布的数据显示，2016年我国共对164个国家和地区的7961家境外企业进行了非金融类直接投资，实现投资1701.1亿美元，同比增长44.1%。中国已由一个资本净输入国变成一个资本净输出国。传媒类的投资也有不俗的表现。虽然受监管趋严等因素的影响，2016年国内文化传媒行业的投资和并购比上年有所下滑，但海外传媒投资热度依然不减。据不完全统计，2016年共进行海外传媒投资72起，涉及金额高达325亿美元，远高于2015年的52起和76亿美元。具体而言，2016年中国海外传媒投资呈现如下几个特点。一是民营企业成为中国对外投资的主要力量。以万达和BAT为代表的公司已成为中国企业海外投资的主力军。一方面，这些企业具备先进的技术和管理经验，拥有自主品牌和自主知识产权；另一方面，民营企业"走出去"具有受政治因素影响小的特点，在对外投资过程中容易被目标投资国所接受。当然，随着我国经济的发展和国际地位的提高，相关目标投资国政府放宽了外资投资准入的限制，为中国企业"走出去"提供了保障。二是对外投资合作与国家"一带一路"倡议结合成为亮点。自2013年被提出以来，"一带一路"倡议在中国乃至世界得到了积极的响应和推进。中国政府高度重视，从战略规划到具体的投资项目落地，政府都给予大力支持，这为我国企业"走出去"提供了良好的政策保障和宝贵的投资机会。中国企业结合国家的"一带一路"倡议,纷纷加快了对"一带一路"沿线国家投资的布局。商务部合作司负责人表示,2016年,我国企业对"一带一路"沿线国家直接投资达145.3亿美元;对外承包工程新签合同额为1260.3亿美元,占同期我国对外承包工程新签合同额的51.6%;完成营业额759.7亿美元,占同期营业总额的47.7%。传媒类的投资也有了较大幅度的增长,如"丝路书香工程"和出版企业在"一带一路"的书展和投资得到了广泛关注。三是海外并购地位凸显。商务部数据显示,2016年,我国企业共实施对外投资并购项目742个,实际交易金额为1072亿美元,涉及73个国家和地区的18个行业大类。其中对信息传输、软件和信息技术服务业实施并购的项目有109个,占我国境外并购总数的14.7%。2016年6月,腾讯以86亿美元收购芬兰移动游戏开发商Supercell 84.3%的股份;11月,万达集团以10亿美元的价格收购美国DCP集团100%的股权。这两项并购案位列2016年中国企业海外并购前10。四是海外投资以欧美国家为主。近年来,虽然中国传媒业投资也涉及亚洲、欧洲等国家,但整体上对美国的投资热度不减,发生的投资事件最多。美国是世界上最发达的经济体,在技术、研发、创新和知识产权保护等方面均位于世界领先地位,在美国投资更容易获得较高的回报。同时,对美国投资的企业可深度参与国际合作,极大地提升国际化程度。

第六,传媒投资对传统媒体的媒体融合以及媒体转型的期待较高,资本市场对互联网和移动互联网技术、AR、VR、人工智能等的发展持续看好。相比之前年份,2016年我国传媒业的投融资手段更加丰富,主要包括直接上市融资、海外上市公司在国外资本市场私有化并在国内上市、引进战略投资者、成立各种传媒产业投资基金、定向增发融资、发行短期债券、跨境并购等方式。上市公司主要以新媒体转型以及信息技术建设为概念进行融资。比如,2016年上市的传媒板块南方传媒、中国电影、广西广电、上影股份、新华网、贵州广电等基本都以信息网络建设、媒体融合、信息系统以及网络平台建设,云平台新媒体建设等为概念上市融资,资本市场对传统媒体向数字化媒体和新媒体的转型给予了高度关注。非上市公司则以新媒体新技术等为概念积极引进战略投资者,乐视体育融资10亿美元,估值40亿美元;北京时间引入奇虎360的资金;博纳影业以150亿元的估值完成25亿元的国内首轮融资,由阿里影业、腾讯领投;赵薇控制的西藏龙薇文化传媒以30.6亿元收购万家集团持有的上市公司万家文化的1.85亿股后,因持万家文化股权的29.135%而成为第一大股东;澎湃新闻网以超过30亿元的估值获得上海国有企业6.1亿元的注资;2016年资本市场对直播市场也青睐有加,直播领域是战略投资的重点领域,2016年8月,斗鱼获得腾讯领投的15亿元C轮融资;9月,花椒直播获得3亿元A轮融资;全民TV获得5亿元A轮融资。在腾讯、今日头条、新浪微博、阿里巴巴、百度等给予内容创业者补贴等各种资源的支持下,短视频创业迎来有史以来最好的机遇,不少短视频企业完成融资。被一致看好的AR、VR技术在媒体领域深化应用的实际表现虽然没有年初预测的那样火爆,但资本市场仍对其抱有较大期待。根据市场调研机构CB Insights发布的报告,2016年全球AR、VR领域共获得18亿美元投资,与上年相比增长了140%;投资交易有171宗,与2015年相比增长了14%。整体上看,2016年硬件获得的投资额占VR领域总投资额的38%,相比2015年有明显的上升,除此之外,投资更偏向于广告营销等变现价值更高的领域以及更具有技术价值的软件和解决方案领域。根据《2017中国VR产业投融资白皮书》数据,2015年中国国内VR投资规模为21.8亿元,投资案例共60轮;2016年投资规模达49.8亿元,投资案例共178轮,投资规模增长128.4%,投资轮数增长196.7%。2015年融资最多的领域是硬件环节,2016年投融资结构有了显著的变化,流向硬件的资本由2015年的50%下降到2016年的26%;而流向应用和内容制作端的资本有较大提高,由2015年的28%上升到2016年的46%,包括游戏、视频、教育、直播等。其中,在应用融资中,游戏占比最高,视频其次;教育融资在企业级应用中最突出。政策层面也是利好频仍。工业和信息化部、国家发改委将AR、VR

列入智能硬件产业创新发展专项行动；文化部鼓励游戏游艺设备生产企业积极引入 AR、VR 技术；国家发改委将 AR、VR 纳入"互联网＋"建设专项，国务院发文要求推动虚拟现实技术产品化专利化标准化；商务部、国家发改委、财政部三部委联合发红头文件，鼓励进口虚拟现实技术等；各个地方也出台了相应的配套落地措施，鼓励支持 AR、VR 领域的发展。

第一章
2016年中国传媒产业发展环境分析

陈 端

中央财经大学新闻传播系副教授,博士

一 2016年中国传媒产业发展环境分析

（一）2016年中国传媒发展宏观经济环境分析

1. 国际环境及其影响

从国际来看，2016年全球经济政治格局大调整、大变革、大重组继续向纵深发展，给我国经济社会发展带来复杂影响。世界经济仍将延续温和低速增长态势，与中国国运相关的其他国家领导人更迭，大国博弈不确定性增加，黑天鹅事件频出，全球资产价格重估，国际资本回流美国的速度可能进一步加快，造成其他国家尤其是新兴市场经济体资本外逃、本币贬值、金融市场动荡，这将给相关国家的宏观管理带来挑战。环境动荡使人们的变革焦虑感提升，对人们的媒介内容消费偏好结构产生影响，环境监测与人们的心理抚慰需求上升；在大国博弈格局中，提升文化软实力与国际话语权成为国家战略层面的一项重要需求，文化"走出去"和国际传播领域蕴藏着巨大的发展空间。

2. 国内环境及其影响

就国内而言，十八大以来，为化解经济社会发展中的深层次矛盾，中央政府对资源配置的引导能力和干预能力不断增强，政策变量成为影响经济走势和微观个体单元选择的重要因素，传统主流媒体在政策精神的把握和解读方面的影响力持续回归，民间的自媒体和社交媒体对主流媒体内容的转载和引用频率不断增加，舆论引导新格局日渐成型。

与此同时，经济下行期企业广告预算投放减少并持续被新的载体和渠道分流，2015年的股灾重创了相当一部分中产阶级人群，2016年国内房地产价格暴涨和恐慌性跟风跟盘行为不仅影响了居民在文化消费领域的预算支出，导致近年来支撑行业高速发展的文化消费升级红利衰减,而且增加了居民在资产配置方面的迷惘、恐慌与焦虑,"阶层固化"成为社交媒体上经久不衰的话题。对于各类媒体而言,当前形势既是危机也是转机,紧扣时代脉搏,把握当下焦点,击中时代绷得最紧的那根弦,增强舆论引导对生产要素合理流动的积极作用,或许可以抓住内容产业弯道超车的难得机遇。

(二)2016年中国传媒发展产业环境分析

1. 居民文化消费呈现出巨大缺口,并面临鲜明的代际更迭与结构性调整

伴随数码文化对居民生活的深度渗透和"90后""95后"人群逐步登上文化消费主流舞台,二次元文化亦从边缘逐步走向中心,求新、求异的年轻群体推动文化消费向细分化、特色化、体验化方向发展。中国人民大学发布的《中国文化消费发展指数报告(2016)》显示,我国文化消费综合指数持续增长,文化消费环境、文化消费意愿、文化消费能力指数、文化消费满意度均呈上升趋势,其中文化消费环境指数上升速度最快,年平均增长率为8.8%,说明居民对当前文化消费领域的产品供给创新与环境改善持积极态度。但与发达国家相比,我国文化消费尚存在巨大缺口,在人均GDP同等水平下,我国文化消费规模仅为欧美发达国家的1/3左右。统计显示,我国文化消费潜在市场规模约为4.7万亿元,而实际文化消费规模仅超过1万亿元。这高达3.7万亿元的文化消费缺口,一方面是由于社会转型期居民巨大的变革焦虑感冲抵了居民在文化消费领域的支出意愿,有效需求不足;另一方面是由于当前文化产品供给侧存在缺陷,产品供给主要面向大城市和消费主力人群,在空间覆盖和人群覆盖上缺乏均衡性;同时内容生产创新力不足,同质化严重,亟须构建更加完善的文化消费体系。2016年,居民在文化旅游、游戏以及进口电影、动漫领域的消费意愿不减,但图书、报纸、期刊和广播电视的消费意愿有所减弱。

2. 大数据和人工智能驱动媒介消费与生活消费无缝衔接，"场景经济"或打破传统内容与广告二元分立的模式

人工智能的实现以大数据和深度学习算法为基础，将过去的人教机器的策略变成机器的自我学习。通过精准用户定向、用户行为检测、数据挖掘与归因分析等，可以还原用户的喜好、背景，甚至揭示用户的潜在内心需求，对用户消费行为进行预测，这大大提升了内容传播的人群精准度和场景精准度，也有助于提升广告投放的消费行为转化率，推动媒介消费与生活消费基于场景性需求深度融合。社交网络大数据挖掘技术的提升进一步强化了消费类产品的社群化消费与社群化营销效果。通过构建动态网络影响力传播模型以及社交关系分析、相关主题的历史和趋势分析等，可以快速识别特定消费群体中的意见领袖，有针对性地制定营销传播策略。伴随企业内外部数据的联通，内容与广告之间的联通性将大大提高，"场景经济"初露端倪。

3. 广告市场的结构性变化：以影院、互联网和户外生活圈媒体为代表的新媒体带动广告市场增长，基于新消费形态的广告品类投放增加

央视市场研究股份有限公司（CTR）发布的中国广告营销趋势数据显示，2016年上半年中国整体广告市场刊例花费（下同）同比增长0.1%，相比2015年上半年同比下降3%的趋势有所回升。在电视、广播、报纸、杂志、传统户外五大类传统媒体中，除广播的广告花费有2.9%的增长外，其他媒体都呈现下降趋势。其中电视下降3.8%，报纸和杂志更是分别下降41.1%、29.4%，而电梯视频、影院视频等生活圈媒体广告则成为市场主要增长热点，影院视频的广告花费增长率达77.1%。传统五大媒体广告花费下降6.0%，对市场整体仍有明显的下拉作用，其中电视广告花费同比下降3.7%，引发关注，电视行业的广告贡献能力减弱，饮料、食品、化妆品及浴室用品等传统支柱性快消品类在各级电视中的广告花费几乎全线下滑。新媒体对市场增长的带动作用进一步增强，特别是电梯电视、电梯海报、影院视频、互联网等新兴渠道，2016年电梯电视广告增长22.4%，电梯海报广告增长24.1%，影院视频广告增长44.8%，在移动互联网的推动下，互联网广告增长18.5%。与生活新形态相关的新消费品类投放增长，在消费升级和产业升级双重力量驱动下，广告投放结构的变动必然逆向倒逼内容产出形态与结构的调整，广告产业整体处于深度结构性调整之中。

4. 人口红利和流量红利衰减，呼唤文化传媒产业增长逻辑的深刻转型

2010年以来，一方面以智能化的移动互联终端为代表的新兴媒介渠道在用户人群规模和用户使用时间上的持续增加，让原本碎片化的注意力资源呈现出巨大的开发价值；另一方面以大屏幕观影为代表的文化消费升级推动了国内院线扩张和内容产出增加。此外网络在线购票平台崛起，以低价和便捷的服务优势把一部分早期的非观影人群转化为观影人群。2010年中国电影年度票房收入首次突破百亿元大关，此后整体表现良好，但2016年票房表现整体欠佳，折射出市场的理性回归。与此同时，移动互联内容消费领域也遭遇流量天花板，渠道爆炸带来注意力资源的高度分化，除少数能够集中引爆话题的头部内容外，长尾形内容的社会影响力和商业价值大大下降。所有这些都呼唤文化传媒产业增长逻辑的深刻转型。

二 2016年中国传媒产业发展政策盘点与分析

2016年的传媒产业政策沿袭了"引导＋规范"的思路，呈现出力度加大、体系更完善、领域更细分、执行针对性更强的特点，除了监管和规范外，以多样化资本手段引领产业创新和资源流动方向成为政策领域的突出亮点。

（一）强化监管与行业规范

1. 强化内容产出监管

2016年8月，《国家新闻出版广电总局关于进一步加强社会类、娱乐类新闻节目管理的通知》就两类新闻的导向把关、平台责任、广播电视播出机构议题引导力、制播资质等进行规范，提出确保正确导向、以正面宣传为主、以社会主义核心价值观为引领、不断提高舆论引导能力、加强资质管理等要求。2016年9月9日，国家新闻出版广电总局下发《关于加强网络视听节目直播服务管理有关问题的通知》，鼓励广播电视节目自主创新，要求不断研发生产拥有自主知识产权的优质节目并做好引进境外版权模式节目备案工作。此外，对一度火爆的明星子女真人秀节目、电视剧插播广告、医疗养生类节目制作等制定了更加明晰的监管标准。2016年被称为网络直播元年，网络直播和网红经济崛起，内容和经营领域乱象频出，2016年下半年相关监管骤然收紧。文化部于2016年7月1日颁布并实施《关于加强网络表演管理工作的通知》、国家新闻出版广电总局于2016年9月下发《关于加强网络视听节目直播服务管理有关问题的通知》，对开展网络视听节目直播服务机构和个人的资质进行规范，未经批准，任何机构和个人不得在互联网上使用"电视台""广播电台""电台""TV"等广播电视专有名称开展业务。2016年12月12日，文化部印发《网络表演经营活动管理办法》。按照该管理办法，网络直播平台要有许可证，网络主播也要进行身份证实名注册。在该管理办法中，主播身份证实名被提上日程。该管理办法强调，网络表演经营单位要加强对表演者的管理。为表演者开通表演频道的，应与表演者签订协议，约定双方权利义务，要求其承诺遵守法律法规和相关管理规定。网络表演经营单位应当要求表演者使用有效身份证件进行实名注册，并采取面谈、录制通话视频等有效方式进行核实。网络表演经营单位应当依法保护表演者的身份信息。国家互联网信息办公室于2016年11月4日发布《互联网直播服务管理规定》，三大监管机构从网络直播平台入手，全面开展对当下盛行的网络直播的"网络治理"，并提出相应的"净化网络"措施。

2. 强化广告服务监管

《互联网广告管理暂行办法》于2016年7月公布。2016年4月的魏则西事件不仅让百度卷入舆论旋涡，而且再次让互联网广告的法律合规问题成为社会热点。2016年7月，作为对这一事件的公共政策回应，国家工商行政管理总局正式发布《互联网广告管理暂行办法》，明确了互联网广告的法律定性及相关广告经营者的法律责任。该办法摒弃了征求意见稿中采取的"定义+外延"的立法技术，采用"定义+内涵"的立法体例，把付费搜索广告、链接广告、电子邮件广告、商业性展示广告等列入互联网广告范畴，要求互联网广告应当具有可识别性，显著标明"广告"，使消费者能够辨明。付费搜索广告应当与自然搜索结果明显区分。互联网广告的广告主对广告内容的真实性负责，广告发布者、广告经营者按照《中华人民共和国广告法》的规定履行查验证明文件、核对广告内容的义务。该办法对程序化购买的相关主体及参与方也做出明确规定。

此外，国家新闻出版广电总局办公厅下发的《关于进一步规范电视剧以及相关广告播出管理的通知》规定，电视剧中间不得插入任何广告或者相关栏目，也不得出现任何节目、栏目的预告，不得擅自改变剧集长度，片头片尾不得以任何形式插入广告。

3. 强化传媒投融资监管

（1）外资不得从事网络出版服务

2016年2月，国家新闻出版广电总局、工业和信息化部联合发布《网络出版服务管理规定》，该规定要求从事网络出版服务，必须依法经过出版行政主管部门批准，取得《网络出版服务许可证》，同时对网络出版服务单位实行年度核验制度。该规定第十条特别指出：中外合资经营、中外合作经营和外资经营的单位不得从事网络出版服务。同时，网络出版服务单位与境内中外合资经营、中外合作经营、外资经营企业或境外组织及个人进行网络出版服务业务的项目合作，应当事前报国家新闻出版广电总局审批。

（2）网络视听企业登陆新三板前要审批

国家新闻出版广电总局办公厅发布通知，要求《信息网络传播视听节目许可证》持证机构参与全国股份转让系统应向所在地省新闻出版广电总局提出申请，获批后才可以挂牌，已经挂牌的应按要求重新履行申报审批手续，获批后才能进行交易。因为新三板挂牌条件相对宽松，这一规定在某种程度上属于"补漏"，是为了防止相关企业通过新三板资本市场实现网络视听牌照转移。

（3）特殊管理股入驻视频行业

2016年5月国家新闻出版广电总局召开的一场"吹风会"成为坊间热议的话题。据媒体报道，国内大型视频网站爱奇艺、优酷土豆、腾讯视频等视频类公司代表参加了"吹风会"，会议核心精神包括：其一，视频类公司不允许有外资股东，且必须有国资股东（国资股东股权占视频网站股权的1%~10%，按市场估值，拥有公司董事名额，并拥有试听内容生产、投资、合作方面的表决权、审查权以及任命主管内容的高管的表决权）；其二，价格和所持股份都可以商量，意向性协议的重点包括股份比例、估值、董事名额、董事权力范围等。这一会议精神意味着通过资本手段强化内容产出监管将成为一种管理思路，但对于有意回归国内的中概股来说无疑是一大利空。

（4）文化传媒上市公司并购重组监管收紧

2016年5月开始，证监会开始收紧对游戏、影视等行业并购重组的监管标准，遵从"一事一议"原则，对并购或定增收购"只讲故事不盈利"的标的全面禁止。2016年7月，深交所对创业板影视类上市公司的信息披露做了更严格更细致的规定。唐德影视拟收购范冰冰的爱美神，暴风科技拟收购刘诗诗、吴奇隆的稻草熊，乐视影业拟装入乐视网，万达影院、青岛影投（含传奇影业）拟装入万达院线，这些项目先后在该政策的大背景下"流产"。2016年9月，《上市公司重大资产重组管理办法（2016年修订）》发布，被视为史上最严新规，对"炒壳、接壳"行为进行规范，迫使不少筹划借壳上市的公司终止计划；2016年年底，监管层对火爆了两三年的中国企业大宗跨境投资表现出收紧管控的意图。2017年年初，万达收购美国DCP失败，成为大宗跨境投资遭遇政策收紧的标志性事件。2017

年3月全国人大记者会上,央行行长周小川直接放话:"去海外投资俱乐部等,对中国没太大好处",被视为"中资出海"管理趋严的正式信号;2017年2月17日,证监会发布了再融资新规,旨在抑制目前金融市场过度融资、募集资金脱实向虚的现象。越来越频繁和趋严的政策收紧,显示出监管层规范金融市场的决心不容动摇。那些"只讲故事不盈利"的影视公司的再融资、并购重组的筹划,将遭到更严格的审查。

4. 强化网络安全监管

(1)《移动互联网应用程序信息服务管理规定》出台

2016年6月,国家互联网信息办公室发布《移动互联网应用程序信息服务管理规定》,要求移动互联网应用程序提供者和互联网应用商店服务提供者不得利用应用程序从事危害国家安全、扰乱社会秩序、侵犯他人合法权益等法律法规禁止的活动,不得利用应用程序制作、复制、发布、传播法律法规禁止的信息内容。同时,鼓励各级党政机关、企事业单位和各人民团体积极运用应用程序,推进政务公开,提供公共服务,促进经济社会发展。

(2)《中华人民共和国网络安全法》通过

2016年11月十二届全国人大常委会第二十四次会议表决通过了《中华人民共和国网络安全法》,该法比较全面和系统地确立了各个主体,包括国家有关主管部门、网络运营者、网络使用者在网络安全保护方面的义务和责任,并确立了保障网络的设备设施安全、网络运行安全、网络数据安全以及网络信息安全等各方面的基本制度,是我国网络安全领域基础性的法律。

(二)加强政策引导与扶持

1. 数字创意产业被列入《"十三五"国家战略性新兴产业发展规划》,成为中国经济发展新动能的组成部分

当前,动漫游戏、网络文学、网络音乐、网络视频等数字创意产品已经成为国民文化消费的主产品，新业态、新模式不断涌现，文化消费形态日益网络化，对整体消费的拉动作用不断增强。2017年年初，国务院正式发布了《"十三五"国家战略性新兴产业发展规划》，数字创意产业位列其中。战略性新兴产业代表新一轮科技革命和产业变革的方向，是培育发展新动能、获取未来竞争新优势的关键领域，未来国家将出台系列政策举措引导社会资源流向这些战略性新兴产业，例如，强化财税金融保障，持续加大各级财政支持力度，加大对新兴产业产品和服务的政府采购，引导社会资金设立一批战略性新兴产业投资基金和国际化投资基金，发展为新兴产业服务的融资租赁公司，实施战略性新兴产业创新领军人才行动等举措，通过科技创新与制度创新双轮驱动引领经济转型发展。之后不久，《战略性新兴产业重点产品和服务指导目录》发布，数字创意产业成为与新一代信息技术、生物、高端制造和绿色低碳产业并列的战略性新兴产业五大支柱之一，被纳入国家技术创新工程、战略性新兴产业发展基金、国家新兴产业创业投资引导基金、战略性新兴产业融资风险补偿试点工作等政策措施的支持范围。数字创意产业领域重点产品和服务指导目录分为3个重点方向，包括数字文化创意、设计服务、数字创意与相关产业融合应用服务，其中数字文化创意涵盖了5个重点子方向，分别为数字文化创意技术装备、数字文化创意软件、数字文化创意内容制作、新型媒体服务、数字文化创意内容应用服务。到2020年，我国将形成文化引领、技术先进、链条完整的数字创意产业发展格局，相关行业产值规模将达到8万亿元。

2. 媒体融合政策持续深化，智媒时代渐行渐近

2016年3月1日，国务院三网融合工作协调小组办公室下发《关于在全国范围全面推进三网融合工作深入开展的通知》，该通知针对现阶段双向进入业务许可申请和审批工作，广电、工信的行业监督职责划分，具体工作要求以及协调机制做了进一步的明确和重申。该通知作为2016年国务院三网融合工作协调小组办公室一号文，为IPTV的爆发提供了足够的政策支撑。中国移动也将获得IPTV传输业务牌照，并不断健全协调机制。

三网融合全面深入开展,将对电视新媒体及相关互联网信息服务产生极大的影响。智时代、大视野、新视觉下的融合电视和智慧的生活之门正在逐步开启。

2016年7月18日,国家新闻出版广电总局公布了《关于进一步加快广播电视媒体与新兴媒体融合发展的意见》,力争两年内使广播电视媒体与新兴媒体融合发展在局部区域取得突破性进展;在"十三五"后期,融合发展将取得全局性进展,建成多个形态多样、手段先进、具有竞争力的新型主流媒体,打造出数家拥有较强实力的新型媒体集团,基本形成布局合理、竞争有序、特色鲜明、形态多样并具有可持续发展能力的中国广播电视媒体融合新格局。这是继2014年中央《关于推动传统媒体和新兴媒体融合发展的指导意见》,2015年4月国家新闻出版广电总局、财政部联合印发《关于推动传统出版和新兴出版融合发展的指导意见》之后,推动媒体融合的又一重要文件。

3.《文化企业无形资产评估指导意见》发布,社会效益成为评估重要维度

文化产业的发展离不开金融支持,但由于文化企业无形资产评估缺乏统一规范标准,以版权等无形资产为核心产业资源的文化企业难以得到商业信贷体系和资本市场的青睐。2016年3月30日,《文化企业无形资产评估指导意见》出台,为版权等无形资产进一步参与融资体系与资本市场打开了方便之门。《文化企业无形资产评估指导意见》突出了制度创新、内容创新和方法创新,通过规范文化企业无形资产评估中的具体问题,为评估师提供解决实际操作问题的方法和标准。此外一个值得关注的点是明确提出应当关注不同类型的文化企业在政治导向、文化创作生产和服务、受众反应、社会影响、内部制度和队伍建设等方面产生的社会效益对其无形资产价值的影响,强调文化企业无形资产评估业务必须始终坚持把社会效益放在首位、实现社会效益和经济效益相统一,不同类型的文化企业对社会效益的重视程度和管理效果不同,进而影响不同企业的持续经营能力,最终将反映在无形资产未来收益规模、风险水平和经济寿命年限等评估参数中。

4.《中华人民共和国电影产业促进法》通过

2016年11月7日，全国人大常委会通过我国文化产业领域的第一部专门法律《中华人民共和国电影产业促进法》。该法将电影产业纳入国民经济和社会发展规划，使电影产业成为拉动内需、促进就业、推动国民经济增长的重要产业。同时，主动降低电影摄制准入门槛，鼓励更多的社会力量进入电影产业领域，加大开放制片参与权，使更多资本和组织能够参与电影摄制活动，同时取消电影摄制许可证（单片）并简化剧本审查程序，下放电影审批权限，精简电影审查环节。此外，加大行业引导和规范力度，尤其明确虚报瞒报票房收入的法律责任和处罚方式。

第二章
2016年中国传媒产业发展报告

陈 端

中央财经大学新闻传播系副教授，博士

一　2016年中国传媒产业发展概况

（一）资本市场表现：从板块估值高企到大幅回调

2015~2016年短短两年时间，中国资本市场的文化传媒板块经历了过山车般的跌宕起伏。2015年，在技术变革和政策红利拉动之下，文化传媒板块在经济下行周期中表现出良好的抗周期性，以84%的涨幅位居各行业第2，良好的市场表现进一步吸引了大量游资进入，一些传统行业上市公司在转型乏力的情况下甚至把并购吸睛效应较强的文化传媒影视类公司作为市值管理的工具。整个板块估值高企，2016年年初板块TTM估值（整体法）高达80.5倍，远高于A股市场平均估值水平，也超越了行业自身30%左右的业绩增速。板块估值高企，影视行业持续火爆，伴随而来的是影视类行业资产并购重组过程中乱象频现、概念炒作、明星股东公司估值溢价过高、业绩对赌失败率居高不下等，致使二级市场泡沫严重，逐渐引起了监管层的注意，监管层加强对该领域的政策监管，政策风险加剧。2016年文化传媒指数下跌31.32%，在所有申万行业指数中排名倒数第1。

（二）人口红利与流量红利衰减，移动互联风口式微，产业发展面临拐点期的盘整与涅槃

2010年以来，一方面以智能化的移动互联终端为代表的新兴媒介渠道在用户人群规模和用户使用时间上的持续增加，使原本碎片化的注意力资源呈现巨大的开发价值；另一方面文化消费的升级为产业的跨越式发展提

供了新的动力。移动互联带来的便利大大拉近了内容与消费者之间的距离。以电影为例，2010年以来该产业的高速成长正是建立在上述因素基础上的。追求大屏幕、高品质影音体验效果的文化消费升级拉动国内院线扩张和影片产量急剧增加，网络在线购票平台崛起，以低价和便捷的服务优势把一部分早期的非观影人群转化为观影人群。2010年中国电影年度票房收入首次突破百亿元大关，此后表现良好，2015年中国电影年度票房收入飙升至440.69亿元，在业内人士喜迎2016年500亿元票房佳绩之际，2016年中国电影市场仅以总产量944部、总票房457.12亿元的成绩递交了答卷。

（三）行至水穷处，坐看云起时：把握产业演进逻辑，迎接新一轮创新周期到来，产业发展新活力、新格局可期

移动互联迅速普及带来微博、微信、自媒体、社交媒体、手机游戏和移动直播等产品创新和内容消费模式迭代，由此推动传媒产业爆发式增长。在大文化领域，基于IP整合运作的"影视漫游园"一体化联动与多层次价值变现模式也一度如火如荼，移动社交媒体的爆点内容分享与病毒式传播为"IP电影""粉丝电影"等内容产品创新提供了沃土。但不可否认，任何创新都存在生命周期问题，上一轮由移动互联催生的创新高潮已经趋于式微，2016年以郭敬明的《爵迹》为代表的若干粉丝电影遭遇口碑和票房收入双重滑铁卢，业内人士开始警醒和反思。

当前，文化传媒产品创新的驱动力已经从移动互联逐步转移到人工智能、虚拟现实、增强现实领域，但在后用户红利时代，这些创新驱动力如何与新一代文化消费主流人群的趣味偏好相适应，如何与上一轮创新产品相兼容，如何在大数据等技术支撑下更为精准地沉到场景化的生活消费中，以文化消费与生活消费的无缝贴合为产业发展注入新的活力，这些正是考验创新者智慧的地方。

二 2016 年中国传媒产业发展内在逻辑分析

每到岁末年初,各类型的盘点便纷纷登场,其中一些甚至成为所在媒体的招牌栏目乃至年度盛宴,但对传媒领域变革图景的描述,"年度十大"之类的现象罗列或者价值排序已经远远不够。马克思的《资本论》以较大篇幅追问了一个核心命题:"一定社会有机体的产生、生存、发展和死亡以及为另一更高的有机体所代替的特殊规律。"① 这是站在人类社会历史发展层面的一个历久弥新的终极追问,每一个时代的发展都在不断丰富对这一追问的解答。今天,传播变革与全球化大背景下中国社会自身的转型变革深度交融,对传媒发展内在逻辑的审视,也需要立足于技术与生产关系、社会关系联动变革的视野与框架,只有这样才能"不畏浮云遮望眼",于"浮尘"之外进行趋势洞察和方向研判。

(一)从社会动力学演进视角看,媒介功能结构必须顺应社会协调和协同模式的改变深度调整

改革开放 30 多年来我国传媒生态改变的最早的驱动力来自市场,最重要的驱动力却来自传播技术的变迁。2016 年,AR、VR 领域的产业化应用受制于一系列现实因素并未获得爆发式增长,但以直播为代表的网红经济模式、以分答为代表的内容付费模式、以社群电商为代表的入口经济模式、以蚂蚁金服为引领的阿里系场景型消费金融生态崛起,都在不断打破我们在大众传播时代所构建起来的媒介认知与思维模式,用户媒介消费接触界面、体验界面、认知模式和社会联结界面都被深层改写,人与人、人与信息、人与

---

① 马克思:《资本论》(第一卷),人民出版社,2004。

物、人与组织的联结模式与演进动力亦随之发生深刻变化。

由"计算机之父"冯·诺依曼提出的"元胞自动机"模型或许可以帮助我们理解网络时代社会生产关系的重构。该模型描述了在一个由元胞组成的元胞空间中按照一定局部规则在时间维上演化的动力学系统。在元胞空间格网上，大量元胞通过简单的相互作用构成动态系统的演化而不需要中央的控制。在没有中央控制的情况下，它们能够有效地"自组织"，这是一个持续演化并不断修正反馈的动态系统，在这一系统上加载的要素资源和能量借助网络效应不断倍增，"自组织"和自我演化能力亦不断提升。

传统的大众传媒作为社会控制和社会整合的工具，在某种程度上承担了协助权力中心塑造社会共识、强化社会信任、聚合社会资本、引领资源流向的功能，社会整合与协同主要依赖价值共识、群体规范和预期引领，通过包括象征性仪式在内的多种手段塑造象征性共同体，实现个体的社会化与关系协调，形成相对稳定的秩序结构与运行模式。到了今天，传播子系统逐步分散于整个社会大系统之中，万物皆媒且互联互通，社会协调和协同运作的底层支撑发生转变，基于大数据的智能化匹配在社会协同过程中发挥着越来越重要的作用。大众传播时代面目模糊、彼此呈原子状分散的受众群体被基于现实社交联结、场景联结和利益联结的精准化目标用户群体所取代，以社群经济的崛起为典型表征，依据不同口径细分的用户群落逐渐自我演化为不同的微观子系统，这些子系统本身也构成了社会协调和协同的新单元，各种关系和要素资源在其间交织，简单的资讯内容传递已经远远不能满足新的社会生态对传媒角色功能的期待与要求。

（二）基于数据和智能化匹配，"打造联结"取代"内容生产"成为传媒产业运作核心

承上所言，在万物皆媒且互联互通的今天，内容本身的独立角色属

性淡化，而其作为联结要素和抓手强化人与人、人与物、人与信息之间多元多重深度联结的功能却愈加凸显。尤其在智媒时代，"人机合一"成为大势所趋，各种可穿戴设备、传感器乃至可植入人体的芯片都承担起信息采集、分析和传输的使命，不仅人的工作生活轨迹越来越被数据化，而且人体本身成为某种意义上的新终端，对外界的感知和信息交互能力不断提升。未来的传媒产业运营思维不应该再局限于机器人新闻之类的新闻形态或"中央厨房"之类的新闻生产流程变革，而应该在更广阔的视野之下，围绕未来网络型社会资源分布和流动态势强化"打造联结"的能力。

在这一深刻转型过程中，以"内容生产"为中心的产业运作模式逐渐被以人为中心的整合性价值提供模式所取代，传媒产业与其他产业的跨界融合进一步深化，围绕用户全方位、全生活场景、全生命周期的系统性解决方案设计与价值整合能力成为新一轮竞争的制高点。对于传媒组织而言，如何深入挖掘自身的积累优势和积累资源，以传媒自身独有的要素联结功能和杠杆效应去强化社会资源与社会资本的深度联结，成为面向未来需要思考的关键问题。

（三）入口经济时代的生态化协同在传媒价值创造与价值变现过程中的支配作用进一步凸显

大众传播时代，面向受众和广告商二元市场的双重售卖模式一度是传媒产业最为倚重的资源补偿模式，而面对前述变革态势，传媒产业的整体资源补偿方式也将顺应趋势深度调整，网络逻辑在传媒价值创造与价值变现过程中的支配作用进一步凸显。

网络经济条件下，基于用户规模和互补品数量、质量的商业生态系统之间的竞争成为主流。对于一个商业生态系统而言，用户层级越高，内部互补品数量就越多，专属性就越强，该商业生态系统的门槛相比其他竞争者更难逾越。入口经济时代,"得入口者得天下",谁能够掌握联结用户的第一触点,谁就有可能通过高黏度的内容及服务产品将入口优势转化为用户规模优势和平台流量优势,进而以用户和流量规模构筑起面向竞争者的无形壁垒,实现流量优势变现和数据资产积累的双赢。

一个商业生态系统内部的不同入口从某种意义上可视为彼此吸引和转化流量的互补品,入口越是多元、功能越是丰富,该商业生态系统将流量优势转化为商业价值开发的可能空间就越大。在生态化演进的大趋势之下,传媒资源补偿模式从过去的二元市场的双重售卖模式转向多入口协同与立体化价值开发模式,资源流动和补偿都是基于整个网络而实现的,对单个入口的投入并不必然与该入口自身的有形财务回报挂钩,可能出现个别入口自身属于成本中心而非营利中心,但该入口因为可以极大地提升整个商业生态系统的协同价值而居于重要地位的情况。

当然,因为不同入口背后蕴含着人与内容信息、人与人、人与物之间不同的聚合模式,并可能牵引出不同的后续需求进而开启各自差异化的商业价值空间,所以,不同入口之间的价值分野开始加大并处于持续演化之中,核心入口的重要性更加凸显。以腾讯公司的发展路径为例,在微信出现之前,腾讯最为重要的发展依托是 QQ(含移动 QQ)作为即时通信工具所顺势搭建起来的高黏性、高活跃度的线上虚拟王国,虽然 QQ 一直采取免费使用策略,但作为腾讯企鹅帝国最重要的入口一直占据举足轻重的地位;微信出现并迅速崛起,以整体迭代的方式取代了 QQ 在腾讯帝国中的核心入口地位,随后腾讯通过与大众点评、京东、新浪乐居、艺龙等众多细分行业优势平台在资本层面的联姻推动了业务层面的深入整合,微信入口和流量优势被成功导入垂直细分行业并快速变现,不仅支撑母公司腾讯的市值迅速走高,而且在极短时间内弥补了自身业务短板,以更具规模化和体系化的产品服务矩阵给竞争对手设置了门槛。

立足于场景化、社群化、融合式、系统化联结模式进行整合性价值提供,内容、应用、场景和金融服务一体化创新,多屏联动、云端一体,基于后台数据挖掘和精准匹配的多入口协同运作是未来传媒生态的主流趋势。

三 2016 年中国传媒产业发展主线与格局

（一）国有传媒企业转型升级持续深化，路径选择至关重要

2016 年，国有传媒企业转型升级持续深化，各个层面的政策不断出台。

第一，加大国家对国有传媒企业发展资金支持力度。2016 年 12 月 14 日，广东广州日报传媒股份有限公司（以下简称"粤传媒"）发布公告称，其全资子公司广州日报报业经营有限公司于当日收到《广州市财政局关于下达支持党报媒体发展资金的通知》，获得的 3.5 亿元专项资金用于《广州日报》的印刷、发行支出；2016 年 12 月 28 日，上海国资战略入股澎湃新闻签约仪式在上海报业集团举行。上海久事（集团）有限公司下属全资子公司上海久事投资管理有限公司、上海精文投资有限公司、上海东浩兰生国际服务贸易（集团）有限公司、百联集团有限公司、上海仪电（集团）有限公司、锦江国际（集团）有限公司六家国有独资或全资企业对澎湃新闻运营主体——上海东方报业有限公司战略入股，增资总额为 6.1 亿元，上海报业集团在此轮融资中出让股份 17.8%，以此计算，澎湃新闻的融资估值约为 34.3 亿元。2016 年 7 月 2 日，上海报业集团旗下另一家新媒体项目界面新闻也对外宣布完成总额超过 3 亿元的 B 轮融资。界面新闻称，此轮融资完成后，其总体估值较此前 A 轮的 9 亿元估值大幅增长。

第二，加大国有传媒企业内部管理激励。2016 年 9 月 19 日，上海东

方明珠新媒体股份有限公司（以下简称"东方明珠"，股票代码为600637）披露A股限制性股票激励计划，拟向激励对象授予的限制性股票总数不超过18122778股，即公司股本总数2626538616股的0.69%。其中首批授予总数为16310500股，占激励总量的90%；另外在授予总数中设预留股份，预留的股票数量为激励总量的10%。公告指出，东方明珠本次激励计划首批授予的激励对象共计574人，占东方明珠员工总数的9.3%。激励对象包括公司高级管理人员、公司及子公司核心管理人员以及核心业务骨干和核心技术骨干。

第三，壮大国有传媒企业投资基金队伍。2016年3月27日，由广东南方报业传媒集团、广东羊城报业传媒集团、广东南方广播影视传媒集团、广东省出版集团4家省直传媒出版企业和海通创意资本管理公司、中赛信合投资管理公司等金融机构共同发起设立广东南方媒体融合发展投资基金，这是广东省首只媒体融合投资基金，以面向市场、面向广东、面向新媒体为投资方向，按照市场化原则和股权投资方式，重点支持广东传媒出版企业转型升级和媒体融合发展重点项目，以金融助力媒体融合发展。2016年11月23日，由中国报业协会主办、河南日报报业集团承办的中国报业投资联盟大会暨首届投融资峰会在郑州举行，全国50余家党报集团负责人和近20家金融机构负责人参加会议，共同见证了中国报业投资联盟的成立及中报砥石文化产业发展基金的诞生。在传媒生态发生巨变、报业经营形势严峻的背景下，该联盟的成立标志着中国报业搭建资本融通平台取得新进展，必将对全国高层次报业资本流动产生强大的推动作用。据了解，此次签约的基金规模为100亿元，根据业务发展分期募集。基金采用母子基金方式，下设媒体融合发展基金、文化旅游产业基金、传媒并购基金、上市公司定增基金等子基金，聘请专业公司进行市场化运作。

第四，借力证券资本市场壮大主流传媒力量。2016年2月15日，定位于跨界、多元、国际一流的大型文化企业集团南方出版传媒股份有限公司（以下简称"南方传媒"，股票代码为601900）顺利登陆A股，成为广东省级文化产业第一股。南方传媒的上市,是文化与资本融合的成功范例,标志着广东省文化产业借资本大船扬帆出海时代的到来。

在看到一系列国有传媒企业改革转型成绩的同时,我们必须认识到,前路依然漫漫,后续任重道远。目前国有传媒企业仍然存在内部管理激励不足、分业监管与混业经营矛盾突出、制衡机制形式化、风险管控意识淡薄等问题,现有的产品形态与运行机制难以适应未来传媒变革的整体趋势,舆论导向功能如果不能与传媒在网络时代的社会联结与资源联结等功能进行一体化整合,渠道弱势化、影响力边缘化的风险将继续存在。未来以特殊管理股的落地为抓手,具有政府背景的文化产业资本、具有传统媒体集团背景的资本通过资本运作方式对新兴媒体渠道展开重构组合或许是完善多层次舆论引导新格局的重要手段。

(二)新技术引领泛娱乐领域发展持续深化

1. 2016年泛娱乐市场格局整体扫描

2011年以来,"互联网+文化娱乐"深度融合,泛娱乐产业逐渐成为社会和资本关注的热点。基于优质IP的内容在多元文化娱乐业态间互融共生、迭代开发和市场共享,可以有效挖掘产品的长尾价值,实现规模效应和范围经济,提升产业回报率。2012年腾讯公司推出泛娱乐战略,并基于此战略逐步构建了一个打通游戏、文学、动漫、影视、戏剧等多种文化创意业务领域的互动娱乐新生态,阿里巴巴、百度、网易、三七互娱、完美世界、昆仑万维、华谊兄弟、奥飞娱乐、小米科技等企业纷纷跟进,逐渐形成潮流。据2017年3月工业和信息化部信息中心发布的《2017年中国泛娱乐产业白皮书》估算,2016年泛娱乐核心产业总值约为4155亿元,2017年预计将达到4800亿元,增速预计为15%以上,此外,周边衍生品、主题乐园等方面也存在较大的增长空间。伴随"90后"和"00后"在文化消费市场中主体地位的快速提升,二次元文化也逐步主流化。据咪咕动漫研究，2016年我国的核心二次元用户将超过8000万人，二次元用户总人数将突破3亿人。

在网络人口红利和流量红利衰减、获客和推广成本与日俱增的情况下，IP资源在不同板块之间通过多次流转实现价值倍增，成为增加ARPU（每用户平均收入）的最佳路径和引领产业新一轮高速增长的引擎。但目前IP市场也在高速发展中暴露出一系列问题，文化原创力不足导致IP雷同化、泡沫化和过度开发，产业深耕需求也对泛娱乐企业的精品化研发和精细化运营能力不断提出新的要求。

目前，AR、VR等新技术的产业化应用为泛娱乐产业发展提供了新的想象空间，VR技术可以直接提升游戏和影视的娱乐体验，具体的应用场景体验也反向推动VR技术普及。在泛娱乐产业拉动下，上游以硬件制造和系统研发为两大核心，交叉衍生开发者服务生态；中游内容与场景体验结合发展VR影视、VR游戏、VR直播等业态；下游则以VR内容平台与体验店为核心，衍生VR主题公园、VR网吧等交叉属性的业态，前景可期。与此同时，泛娱乐产业也催生了一些创新性商业模式，如以WCA为代表的"泛娱乐+大体育+O2O"复合式生态成为最突出的特征，令电竞赛事得以与娱乐产业、体育产业和线下场景充分链接，从而保证了整体的良性发展。目前来看，游戏领域成为IP变现的重要窗口，而具有IP的游戏产品的吸量能力和吸金能力也更强。

2016年，直播成为互联网行业的重要"风口"，与泛娱乐产业其他业态呈现双向互动、互联互通、相互融合的发展态势。随着名人、明星和品牌公司的参与，一大批移动视频直播平台获得长足发展，根据方正证券的预计，2020年直播市场的规模将达到600亿元。但在近两年直播平台数量剧增之后，产业整体竞争已然"红海化"。直播平台的主要收入模式包括广告赞助、增值服务、会员付费、电商导流等，部分游戏和体育平台还提供比赛竞猜等内容。目前，广告赞助和增值服务是直播平台的核心盈利模式。在增值服务方面，主要是打赏费用分成，在利润分配上平台收入约占六成。因为网络直播运营需要消耗的服务器、带宽成本以及人力资源成本很高,未来资本热潮过后,小平台生存可能举步维艰,行业会逐渐步入整合期。

陌陌公司联合创始人、董事长、CEO 唐岩曾指出,日活跃用户数(DAU)、DAU 转换成直播用户的比例、用户付费率、每用户平均收入(ARPU)是决定其直播业务变现能力的四大要素。根据 CNNIC《第 39 次中国互联网络发展状况统计报告》,截至 2016 年 12 月,我国网络直播用户规模已达 3.44 亿人,占网民总体的 47.1%,较 2016 年 6 月增长 1932 万人。游戏直播的用户使用率增幅最大,半年增长 3.5 个百分点,演唱会直播、体育直播和真人聊天秀直播的使用率相对稳定。类似的增量稳定与增幅趋缓也出现在一些直播平台的月活跃用户数上。① 从 2016 年部分直播公司财报来看,目前获客成本不断提升,PC 端月活跃用户数已经开始萎缩,而每用户平均收入或亦临近天花板。

2016 年网络大电影出现了爆发式增长,数量超过 2000 部。由于网络大电影进入壁垒相对较低,投资多数低于 100 万元,成功作品回报率很高,已经开始吸引越来越多的具有较强实力的制作方参与竞争,行业竞争不断加剧。艺恩联合爱奇艺及 9 家网络大电影行业知名制片和发行公司发布的《中国网络大电影产业报告(2016)》曾预计 2016 年网络大电影市场投资规模达 5.1 亿元,同比增长 270%,上映影片 2500 部。2016 年实际上映影片数量比预计上映数量多 485 部。随着视频会员规模的不断扩大,预计未来在线视频付费会员市场规模可达 402 亿元,可为网络大电影提供广阔的发展空间。目前,以华谊兄弟和慈文为代表的传统影视公司引入 IP 制作机制进军这一领域,或许会对原有王者爱奇艺造成冲击。

"影游联动"一直是泛娱乐领域的一道亮丽风景。中国音数协游戏工委数据显示,2016 年基于影视开发的移动游戏的实际销售收入为 89.2 亿元,

---

① 《直播业务财报解读:ARPU 增长缓慢 短视频或成破局重点》,深度数据,2017 年 4 月 10 日,http://data.tsci.com.cn/News/HTM/20170410/1001875079.htm。

占总移动游戏市场实际销售收入的10.9%,数量也明显增多,预计超过数十款,其中多款最高月流水破亿元。2016年根据游戏IP改编的电影《魔兽》在全球获得近30亿元的票房,移动游戏《倩女幽魂》与电视剧《微微一笑很倾城》实现双向剧情植入,影视与游戏的融合进一步深化。

2. 互联网生态巨头在泛娱乐领域积极进行战略布局①

BAT的泛娱乐布局各有差异,阿里侧重"内容到交易",腾讯围绕游戏IP向一切可以从游戏拓展的领域整合;百度泛娱乐优势目前更侧重影视布局的整合。

2012年腾讯正式推出泛娱乐战略,设立互动娱乐事业群,旗下涵盖腾讯游戏、文学、腾讯动漫、"腾讯电影+"多个互动娱乐实体业务平台,致力于为用户提供包括网络游戏、文学、动漫、戏剧、影视等在内的多元化、高品质综合互动娱乐形式。目前,在网络游戏领域,腾讯游戏无论是在PC端还是在移动端都是当仁不让的领头羊;在文学领域,随着腾讯文学与盛大文学的整合,网络文学市场呈现阅文集团一家独大的局面;在动漫领域,腾讯动漫拥有PC站、腾讯动漫APP、H5产品,已经成为中国最大的二次元文化承载平台;在影视领域,腾讯互娱推出"腾讯电影+"计划,投资了华谊兄弟、柠萌影业等,并成立了腾讯影业,开始系统布局影视业务。腾讯动漫的网络平台和相关产品覆盖动画和漫画用户超5000万人。有超过5万位作者在腾讯动漫平台上投稿,签约作者超600人,有超过300部漫画作品点击量过亿次,其中29部漫画作品阅读量过10亿次,12部漫画作品播放量破亿次。腾讯动漫旗下的知名国漫IP作品进入百度搜索风云榜国产动漫排行榜Top10。2016年,在第二届腾讯动漫行业合作大会上,二次元经济的概念被总结为:"精品动漫内容+众创平台+泛娱乐共生=明星动漫IP。"

---

① 有关腾讯、阿里、百度泛娱乐IP产业布局的内容摘编自专业微信公号"传媒1号"文章《泛娱乐时代来临——盘点腾讯、阿里、百度泛娱乐IP产业布局》,作者是刘战伟,在此特别致谢。

阿里巴巴集团的业务版图中，以文化娱乐为代表的"快乐版块"是未来重要的战略方向之一。"阿里巴巴大文娱版块"，旨在整合旗下文娱业。2016年6月，阿里完成了对合一集团（优酷土豆）的初步整合后，阿里大文娱才从散乱的业务线中整合出一个全新的"版块"概念。阿里集团CEO张勇发表内部信，宣布正式成立"阿里巴巴大文娱版块"，该版块将涵盖阿里影业、合一集团、阿里音乐、阿里体育、UC、阿里游戏、阿里文学、数字娱乐事业部，八大业务集团以矩阵形式形成了阿里文娱帝国的雏形。

阿里大文娱投资三大方向：IP、国际、创新。古永锵解释，IP即内容知识产权；阿里文娱的创新将围绕看、找、玩、拍，有很多文艺创新的可能性；在国际化方面，阿里巴巴集团认为文娱产业未来十年有很多国际化联动的机会。

2015年3月，阿里宣布以24亿元入股光线传媒。此前先后投资了天天动听、虾米音乐、声盟、华数传媒、文化中国和优酷土豆，并将文化中国更名为阿里影视，称将打造涵盖电影、连续剧、综艺、游戏、音乐、教育、电商的家庭数字娱乐内容生态。以资本为纽带整合IP资源，同时依靠优酷土豆、新浪微博、九游UC、阿里文学、歌华有线等内容分发平台和手机、电视盒子等终端平台，围绕电商核心优势，打造泛娱乐全产业链生态圈。阿里文娱3年投入将超500亿元，优酷将接入淘宝天猫，在优酷宣布会员人数超过3000万人后，阿里巴巴2017年要将优酷和阿里旗下产品打通。从"干爹"变为"亲爹"，阿里巴巴成为优酷土豆背后源源不断的"现金牛"。在视频网站烧钱进入"百米冲刺"之后，优酷加大对内容的投入，制作了《微微一笑很倾城》《火星情报局》等爆款节目。从爆款剧集《微微一笑很倾城》到热门综艺《火星情报局》，优酷重兵打造了一系列与卫视顶级内容抗衡的节目。其中，《微微一笑很倾城》在优酷创下了单剧独播最快破百亿次的纪录，观看次数突破140亿次。

百度在泛娱乐领域的一个比较清晰的布局：以百度视频为核心的PGC

内容生态、以爱奇艺为核心的在线影视娱乐内容生态、以糯米电影为核心的"线下电影+演出"生态和以百度贴吧为核心的基于粉丝的泛娱乐生态。百度在IP孵化资源方面，有月活跃用户数达3亿人的百度贴吧，以及百度文库、百度文学、纵横文学、熊猫阅读，而在视频资源方面有爱奇艺、PPS、百度视频，在线下电影产业方面入股了华策影视、星美集团，百度糯米电影也有不小的市场份额，而且百度还有百度音乐等。百度先后投资YOKA时尚网、纵横中文网、PPS视频和积木热门视频，并称将以原创小说版权为核心，建立包括动漫、游戏、影视、出版等增值业务的泛娱乐生态链。

在泛娱乐产业布局中，BAT殊途同归，影视、文学一个都不能少。在影视方面，百度旗下视频平台爱奇艺介入内容制作领域，大投入制作自制剧、自制综艺节目；同时，成立爱奇艺影业，参与电影投资；此外还入股华策影视，推动百度游戏、百度文学的IP向影视作品衍生。在文学方面，百度整合旗下纵横中文网、91熊猫看书、百度书城等子品牌成立百度文学，加快内容资源的整合与开发。爱奇艺的崛起、百度视频的独立，以及对PGC内容的专注，正在为百度开辟泛娱乐IP孵化的赛道，爱奇艺旗下孵化的《奇葩说》《吴晓波频道》《四大名助》等都是成功的网络节目。

百度的最大优势在于IP的运营联动，旗下的贴吧是天然的粉丝聚集地，贴吧的逻辑在于只要有一个IP在互联网中出现，贴吧就会自然地被粉丝建立起来，微博与贴吧的区别在于贴吧真正拥有号召的能力，此前贴吧发起的各种"圣战"活动，以及此前轰动的"帝吧出征"事件都表明贴吧有能力让粉丝实现从"看"到"参与"的转变，而微博用户则以围观获取信息为主，因此贴吧与爱奇艺、百度视频的结合联动更为紧密。

百度的泛娱乐布局也极为清晰，百度泛娱乐优势目前更侧重影视布局的整合，在IP孵化方面百度自身有爱奇艺、百度视频作为IP内容支撑，其次更多的是通过与影视机构进行合作实现IP孵化。依托于电影IP运作模式的成熟，百度可以将此模式照搬到其他领域，再加上百度文学、百度文库、百度音乐等平台与百度贴吧的孵化联动，以及百度金融的变现整合，从孵化到运营到变现，百度的整个泛娱乐闭环布局思路清晰可见。

在泛娱乐的布局方面，腾讯最早，阿里其次，百度慢一些。由于各家公司的基础和业务优势不同，三者以不同的方式介入这个领域。综合来看，腾讯起步最早，阿里相对较晚，因此阿里采用更加短平快的方式来做这个业务。但从长期来看，腾讯的潜力可能会更大，因为它有自己的IP，这是一个孵化器。腾讯围绕游戏IP向一切可以从游戏拓展的领域整合，如直播、动漫、文学、影视等，最后通过游戏实现最终的变现，完成有效闭环。具体采用的是内部、外部"两条腿走路"的方式，一方面，腾讯互娱有自己的团队做IP的孵化和运营，腾讯视频也在出品一些影视作品；另一方面，腾讯通过投资华谊，用投资的方式来介入。

阿里最核心的是电商业务，其与影视业务的结合相对于视频网站与游戏的结合来说要弱一些，这种强弱度的不同可能影响发展的速度。目前阿里更加偏向通过电商、微博、优酷进行电影发行和营销，并且通过娱乐宝进行电影投资。目前阿里撒的网最大，优酷土豆、新浪微博、陌陌、UC都是泛娱乐孵化以及运营的最佳资源，但无法通过阿里的电商实现有效整合，而阿里也难以介入IP的孵化与运营的整个前端发展过程。

百度的泛娱乐布局目前在影视领域较为突出，通过上游视频以及与影视机构合作实现IP的孵化，再通过贴吧以及百度文学等产品的联动实现IP的运营，最后以糯米影业来完成IP的变现，同样自成一体。百度目前的电影业务由爱奇艺影业来做，在百度集团层面，影视业务应该处于什么样的位置，目前还在讨论阶段。

第三章
2016年中国传媒投资现状报告

陈 端 张 浩

陈端，中央财经大学新闻传播系副教授，博士
张浩，中央财经大学文化与传媒学院

一　2016年传媒行业基本态势与格局

综观2016年，文化传媒行业在挫折中砥砺前行，规矩不断被打破和重塑，估值泡沫被挤出，行业价值回归。2016年传媒行业收入和利润增速提高，财务表现良好，但传媒资本市场整体表现暗淡，高估值泡沫破裂。2015年传媒行业表现强劲，以84%的增幅排名第2，传媒板块在资本市场获得较高估值，并没有真正体现媒体产业的实际价值。截至2016年12月14日，传媒指数累计跌幅达到30.13%，在市场风格转换和风险偏好降低等多维因素共同作用下，行业涨跌幅位列A股子行业倒数第1，估值回调。传媒行业前期估值较高，存在严重估值泡沫，2016年估值大幅度回归，政策及监管方面趋紧，证监会收紧对借壳上市及跨行业并购的监管。

（一）传媒行业收入增速提高，利润增速回升[①]

2016年第3季度传媒行业收入增速为27.04%，较2016年第2季度26.97%的收入增速略有回升，2016年传媒行业收入保持较高增长，仍保持高于25%的增速（见图3-1）。从营收细分看，广播电视和互联网板块收入增速环比上升。广播电视板块2016年第3季度收入增速为12.89%，较第2季度提升了2.1个百分点，但较上年同期下降了4.9个百分点；互联网板块第3季度增速较第2季度上升了2.8个百分点；影视动漫板块的收入增速为49.83%，高于其他传媒板块，但从纵向来看，第3季度较第2季度下降了4.4个百分点，原因在于暑期电影票房惨淡；整合营销板块第

[①] 本部分数据和相关分析主要参考《国联证券研究报告：传媒行业2017年投资策略》。特别鸣谢。

3季度收入增速为23.22%,较第2季度下降了1.9个百分点;平面媒体板块第3季度收入增速为14.91%,较第2季度下降了2.6个百分点。

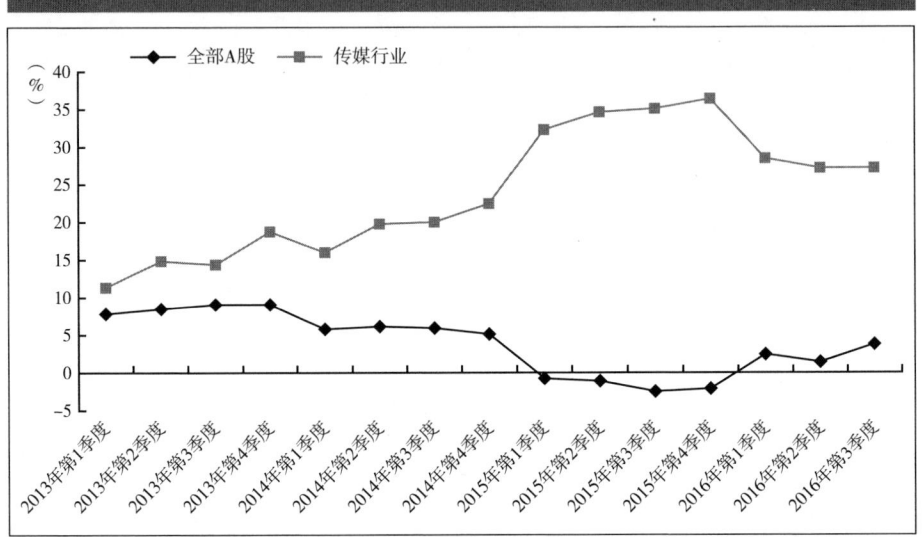

图3-1 2013年第1季度至2016年第3季度传媒行业收入与全部A股增速

资料来源:国联证券研究所投资报告。

2016年上半年传媒行业整体基数很小且利润增速大幅下滑,第3季度以来利润增长速度回升。2016年第3季度全部A股净利润增速为1.87%,传媒行业归属母公司净利润增速为16.27%。通过横向对比,传媒行业净利润增速优势明显;通过纵向对比,传媒行业净利润第3季度增速较第2季度10.02%上升了6.25个百分点(见图3-2)。文化传媒各细分板块净利润增速表现良好,平面媒体、广播电视、影视动漫板块净利润增速环比上升。广播电视板块净利润增速上升幅度最大,较第2季度上升25.7个百分点,主要得益于完美世界营业收入快速增长。影视动漫板块净利润增速较2016年第2季度上升11.3个百分点,长城动漫2016年上半年进行资产重组,导致净利润大幅下降,同时华谊兄弟净利润增速较2016年上半年明显提高。平面媒体板块净利润增速较2016年第2季度上升2.7个百分点,但较上年同期下降2.3个百分点。

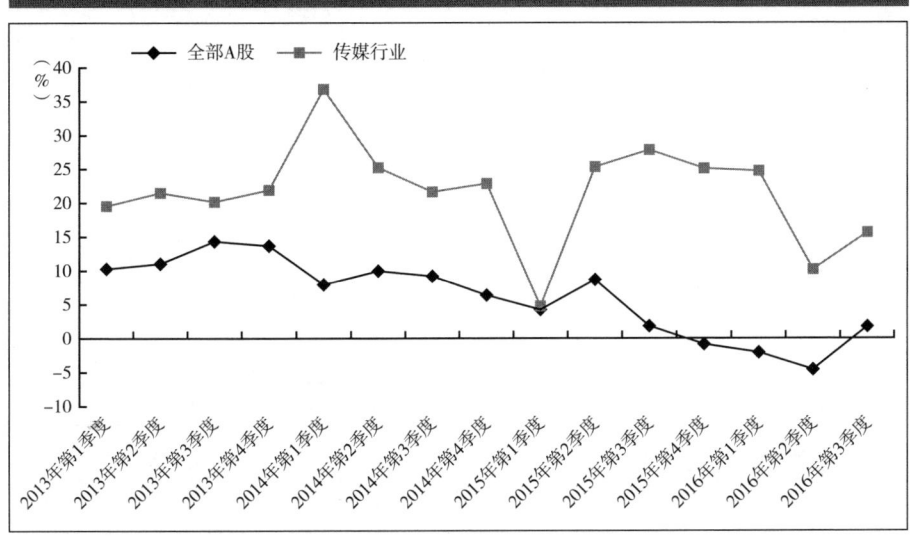

图 3-2　2013 年第 1 季度至 2016 年第 3 季度传媒行业净利润与全部 A 股增速

资料来源：国联证券研究所投资报告。

（二）传媒指数处历史低点，资本市场传媒板块估值回调[①]

传媒行业 2015 年涨幅较大，2016 年年初估值回调明显（见图 3-3），板块估值目前位于历史底部，为后期上涨留下足够空间，传媒投资风险初步释放，已进入可投资区间，传媒板块关注度将逐渐回升。在增量市场上，技术革新与人群代际更迭创造出新的投资机会：AR、VR 火爆全球，引领新一代的技术革命；二次元从新兴娱乐需求走向主流。以下领域将在未来有良好的表现：一是具备变现能力的游戏领域，特别是享受海外红利的手游出海；二是享受政策红利的学前教育和职业教育领域；三是硬件不断放量的 VR/AR 领域；四是正逐步走向主流的二次元领域。

---

① 本部分数据与分析主要参考《长江证券研究报告：传媒行业 2017 年投资策略——掘金后用户红利时代价值》。特别鸣谢。

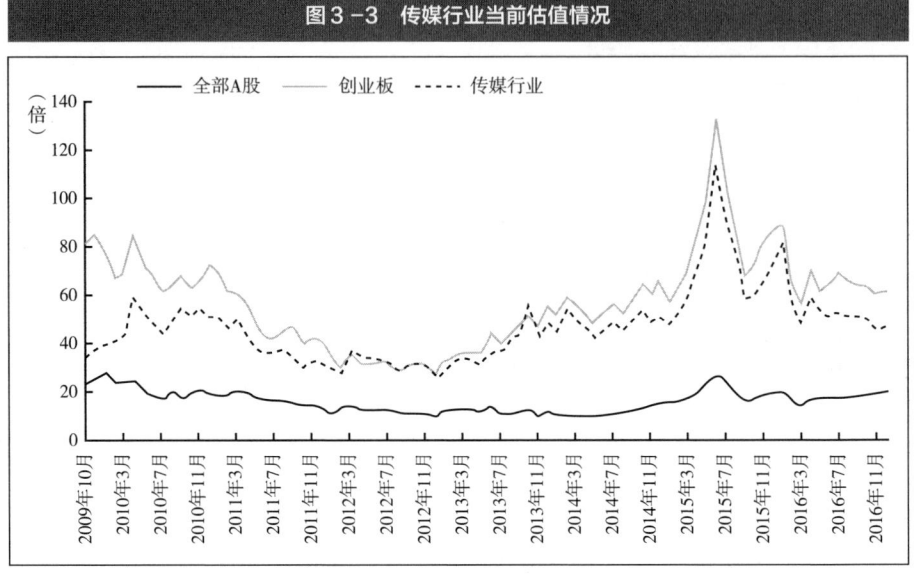

图3-3 传媒行业当前估值情况

资料来源：长江证券研究报告。

根据年报季报分析，文化传媒板块在成长能力、盈利能力和运营能力方面释放出积极信号，业绩支撑稳固。传媒板块绝对估值与相对估值均大幅度回调，估值破裂后处于历史低点，风险得以释放，已进入可投资空间。第一，居民消费水平的提高带动精神文化生活需求上升，对文化娱乐的强劲需求刚刚启动，未来将带动文化传媒行业高速发展；第二，传媒互联网行业的资本化率仍很低，还有很大的增长空间；第三，在资本市场上具有先发优势的公司在外延并购上优势明显，有望提升业绩增速，消化当前高估值泡沫；第四，从国外传媒巨头的成长路径可以反思我国传媒行业的发展路径，不断外延并购、整合产业链、构建平台是必然选择。

(三) 资金来源多元化，股权融资成为资金流入最主要的通道[①]

中国文化产业投融资数据平台显示，2015年我国文化产业资金流入

---

① 本部分数据摘编自新元文智研究员段卓杉的文章《文化产业资金流入量逼近4000亿元》。

3260.15亿元，较2014年同期增加近7亿元，增长率约为0.21%；2016年我国文化产业资金流入3951.08亿元，较2015年同期增长21.19%，增长规模（690.93亿元）呈爆发之势，资金流入量达到历史巅峰。从资金流入渠道来看，债权、股权、众筹资本市场融资渠道分别为文化产业提供了不同层次、不同阶段、不同需求的资金支持。中国文化产业投融资数据平台显示，2016年我国文化产业通过债券融资渠道流入的资金为892.6亿元（占22.59%），信托为39.92亿元（占1.01%），IPO为250.57亿元（占6.34%），上市后为1432.99亿元（占36.27%），创投为238.66亿元（占6.04%），PE为877.12亿元（占22.20%），新三板为204.84亿元（占5.18%），股权众筹为3.82亿元（占0.10%），奖励众筹为10.54亿元（占0.27%）。其中，奖励众筹、信托、IPO、上市后、新三板、创投、PE融资渠道资金流入量相比2015年同期均出现了上涨，且前4个渠道的资金流入量的增长率均保持在60%以上，分别为277.14%、91.00%、88.64%、64.38%，后3个渠道的资金流入量的增长速度相对较低，分别为32.27%、23.30%、0.06%。

仅股权众筹、债券融资渠道的资金流入量相比2015年出现下滑，分别下滑56.83%和10.56%。综合来看，2016年，中国文化产业债权融资金额为932.52亿元，占23.60%，同比下降8.48%；股权融资金额为3008亿元，占76.13%，同比增长34.38%；众筹融资（奖励众筹）金额为10.54亿元，占0.27%，同比增长276.43%。综上，无论是融资规模还是增长速度，2016年文化产业股权融资模式的发展均远优于债权融资模式。

数据显示，2016年互联网信息服务、旅游业、影视制作发行、软件业、文体娱乐器材制造、网络游戏、出版与发行、体育产业、广告创意与代理、互联网内容制作成为最受资本青睐的十大行业，其中，互联网信息服务的融资金额为848.12亿元（占21.53%，同比增长13.07%），旅游业为681.98亿元（占17.31%，同比增长-18.14%），影视制作发行为

560.68亿元（占14.23%，同比增长65.56%），软件业为250.53亿元（占6.36%，同比增长97.53%），文体娱乐器材制造为226.11亿元（占5.74%，同比增长117.40%），网络游戏为172.57亿元（占4.38%，同比增长8.47%），出版与发行为172.10亿元（占4.37%，同比增长1.06%），体育产业为148.36亿元（占3.77%，同比增长1129.09%），广告创意与代理为148.21亿元（占3.76%，同比增长293.58%），互联网内容制作为136.74亿元（占3.47%，同比增长-28.10%）。其中体育产业波动最大，与2015年相比足足增长了147.36倍，挤掉了2015年文化产业资金流入前十的广播电视及数字电视业，进入2016年文化产业资金流入前十行业，位居第8名。另外，整体来看，2016年文化产业前十大吸金行业合计流入资金3345.39亿元，占84.92%，有着举足轻重的作用。

二 2016年中国传媒投资脉动基本逻辑

（一）技术、资本、市场和政策四股产业发展深层驱动力量从"博弈消长"向"协同创新"方向良性演进

在2015年和2016年的传媒投资发展报告中，我们将技术、资本、市场和政策四股力量的博弈和消长作为整体分析框架，对传媒产业发展的内在逻辑进行解读剖析，近年来，技术、资本、市场和政策在力量消长和博弈中呈现出越来越鲜明的"协同演化"特征。技术依然是引领整个传媒产业创新和发展的第一引擎。政策和资本两股力量对彼此的底线边界与脉动演进逻辑越来越熟悉，逐渐超越了早期"政策规制约束资本""资本以各类游走于灰色地带的创新逃避规制"的简单二元博弈模式，新的政策体系

对资本的本性更为熟悉，更注重因势利导，牵引资本流向，以更好地服务于政经大局，资本也更注重把握政策底层逻辑和当下偏好，深入挖掘政策红利以顺势壮大自身发展。与此同时，传媒消费市场在媒介融合、产业融合和消费升级进程中发生深刻的结构性转变，资本以其逐利本能敏锐捕捉传媒消费市场的新增机遇，金融资本的整合运作逻辑取代过去产业资本的精细化运营逻辑，成为牵引传媒产业发展和创新方向的底层逻辑，各类型的金融资本从不同阶段介入传媒投资过程，倒逼内容生产机制改变，并以其杠杆效应和风险收益偏好特征对传播场域资源配置发挥越来越大的作用。[①]

当前，技术、资本、市场和政策四股产业发展深层驱动力量呈现出从"博弈消长"向"协同创新"方向演进的良好态势，尊重彼此关注点，寻找最大公约数，立足全球化大视野下中国社会转型变革对传媒的历史责任担当与角色功能的定位，以协同创新思维取代零和博弈思维，这既是历史在当下时点上的深切呼唤，也是产业自身在当前拐点期自我盘整和重塑的内在动力。这一内在逻辑在现实产业演进实践中的深化必将对未来产业发展产生深远影响。

（二）传媒投资更加强调战略眼光，顺应网络经济环境中企业估值体系、估值内在逻辑变动布局投资架构方能取得最佳投入产出回报

网络新经济在运作机理、资源补偿模式和财富创造机制方面都与传统经济存在较大差异，伴随技术迅速迭代，大量的产品创新、商业模式创新内含很大的创新风险，创新型公司难以像传统产业那样在资本市场上通过明确稳定的预期盈利和贴现价值进行估值，因此其资源

---

① 陈端：《传媒+X未来更加无缝融合》，《中国新闻出版广电报》2016年5月3日。

补偿方式主要依赖市值创造和市值管理来转手赚钱。前期投入的资本以承受创新所衍生的高风险为代价，动用投资人的各种资源协助创新型公司孵化和成长。基于网络新经济的创新型公司在成长模式上也与传统公司内生性增长为主、外延性增长为辅的模式有所不同。网络时代的传媒产业，基于入口经济的生态化协同效应进行结构化的业务组合配置，以规模化优势和多入口协同实现网络价值的指数级增长，然后通过公开上市或被并购退出获利，或者通过高价出让少数新增股权，以少量股权重估出让的杠杆效应推动整体估值重构，以此建立起新估值在财务上的合法性。①

对当下文化传媒行业整体而言，互联网逻辑对产业的深度渗透将改写以往的产业发展逻辑与产业业态、商业模式，如何迎合未来产业发展趋势进行战略规划与布局落子成为决胜的关键之一。基于对网络经济环境中企业估值体系、估值内在逻辑变动的深刻理解布局业务构架、实施有效的市值创造和市值管理，成为传媒企业面向未来打造核心竞争力的重要一维。这既包括线上线下双空间资源协同运作的能力，也包括遵循网络时代资源聚合分发逻辑构建各种外部关联的能力。一个传媒组织在新的竞争环境中能够凭借自身核心竞争力构建起怎样的外部资源链接与社会链接，这些链接的广度、频度、数量和质量都成为决定其在资本市场上估值高低的关键变量。此外，传媒组织对自身平台价值的开发变现能力，以及产融一体化大趋势下对资本市场和金融杠杆使用的熟练程度也会对该企业的市值水平产生相应影响。

金融资本以其敏锐触角，通过在资本市场上的估值认可对文化传媒领域的资源配置起到越来越大的牵引作用。上市公司若能及时解读资本市场通过动态市值变动释放出的信号，并据此来调整和优化资源

---

① 陈端：《生态化协同与网络化资本运作——当前中国传媒产业发展底层关联逻辑剖析》，《新闻战线》2016 年第 21 期。

布局与配置，则可能在竞争中抢占先机；若能洞悉动态市值管理的内在规律，反向牵引资本流动，为我所用，则可以让自身有限的权益资本获得更大的乘数效应。

三 文化传媒VC/PE融资小幅上涨，融资规模创新高[①]

文化传媒板块投融资的发展受中国资本市场整体发展阶段和格局制约，但近年来文化传媒板块投融资模式的创新层出不穷。文化传媒板块估值泡沫破裂和价值回归对文化传媒创投板块的健康快速发展形成一定制约。总体来看，2016年文化传媒板块VC/PE融资小幅上涨，融资规模创新高。

投中集团旗下金融数据产品CV Source统计显示，在2011～2016年这段时间区隔内文化传媒产业，文化传媒行业VC/PE融资规模此消彼长，未见有明显变化趋势，融资案例数量基本呈递增趋势，尤其自2014年以来，VC/PE融资案例数量呈现明显递增态势。2016年文化传媒行业VC/PE融资规模为38.37亿美元，同比上升26.74%，达到历史最高水平，融资案例数量为241起，同比上升15.87%，融资案例的数量和同比增长率反映出整体市场呈逐渐升温态势（见图3-4）。

从细分领域来看，影视音乐领域内共有102起融资案例，融资规模高达11.78亿美元，成为2016年VC/PE融资的重点关注领域，融资规模居于首位，融资案例数量和规模占比分别是50.75%和65.08%；传媒出版行业以3.49亿美元的融资规模排名第2（见图3-5）。

[①] 本部分数据和相关分析主要参考孙钰淼《投中统计：2016年度文化传媒资本市场一路回暖 融资规模创新高》，投中网，2017年1月3日，http://www.chinaventure.com.cn。特别鸣谢。

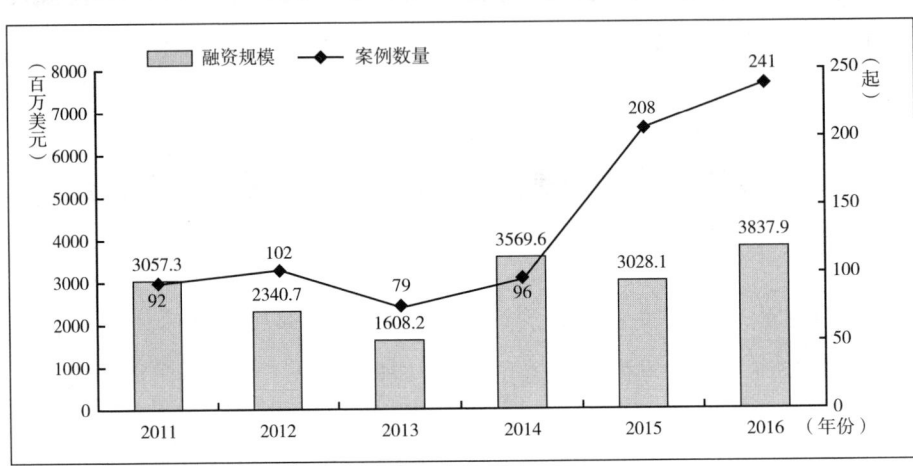

图 3-4 2011~2016 年中国文化传媒行业 VC/PE 融资情况

资料来源：ChinaVenture 官方网站投资报告。

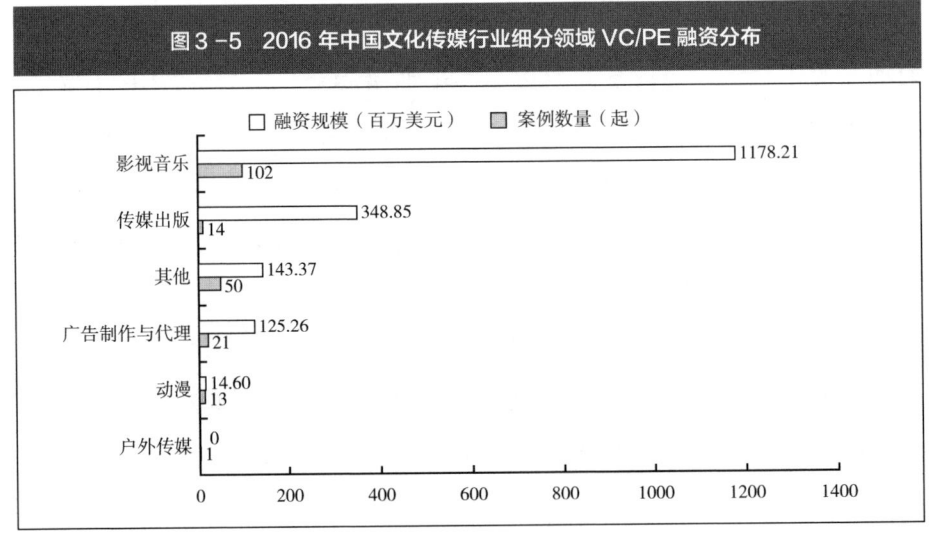

图 3-5 2016 年中国文化传媒行业细分领域 VC/PE 融资分布

资料来源：ChinaVenture 官方网站投资报告。

从具体案例来看，2016 年 VC/PE 融资案例规模排名第 1 的是博纳影业集团有限公司，2016 年获得 25 亿元融资（约合 3.8 亿美元），融资来源于阿里巴巴影业集团有限公司、腾讯、金石投资、国开金融、中植企业集团有限公司、招银国际（深圳）、中国工商银行股份有限公司、新华联等国内外知名机构。

文化传媒行业作为消费升级的重要行业，发展潜力较大。2016 年，多项有利于文化传媒行业健康发展的政策出台，全国人大常委会于 2016 年 11 月 7 日通过《中华人民共和国电影产业促进法》，简化了审批程序，降低了电影行业准入门槛，促进电影市场公平竞争，释放市场活力。在政策倾斜优势下，传媒行业逐渐回暖，"传媒 + 资本 + 政策优势"的生态化协同促使传媒投资在天时、地利、人和的条件下以规模化和乘数化效应发展和扩张。2016 年文化传媒行业融资规模及融资案例数量都呈上升趋势。政策上对文化产业、电影业发展体制改革等诸多方面的支持促使文化产业不断受到重视，地位不断提高，对文化传媒行业中长期持续健康稳定发展意义非凡。

四　文化传媒并购稳中有升，完成市场略有回落[①]

2016 年文化传媒并购稳中有升，完成市场略有回落。与 2015 年相比，传媒资本市场的并购案例数量与规模均有小幅提升。CV Source 投中数据终端显示，2016 年文化传媒并购市场披露交易金额为 425.91 亿美元，同比上涨 14.22%。2016 年文化传媒并购市场完成交易金额为 121.53 亿美元，同比下降 10.80%（见图 3-6 和图 3-7）。

---

① 本部分数据和相关分析主要参考孙钰淼《投中统计：2016 年度文化传媒资本市场一路回暖　融资规模创新高》，投中网，2017 年 1 月 3 日，http://www.chinaventure.com.cn。特别鸣谢。

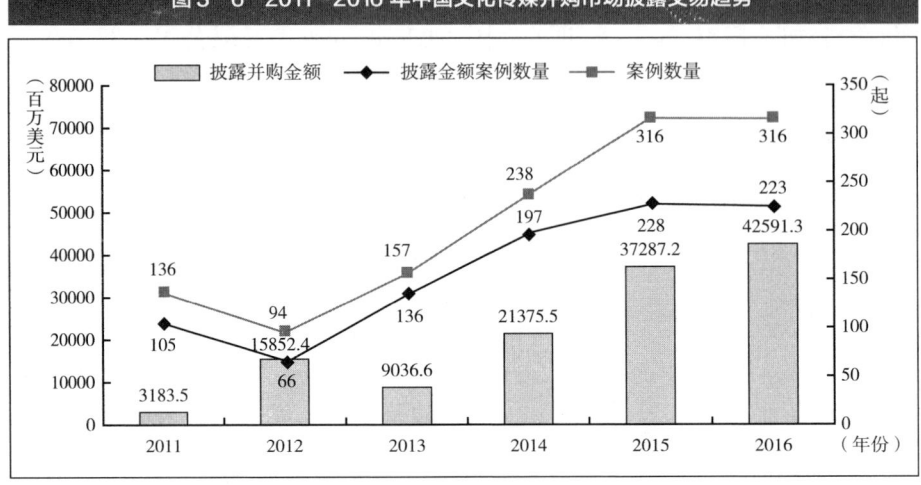

资料来源：ChinaVenture 官方网站投资报告。

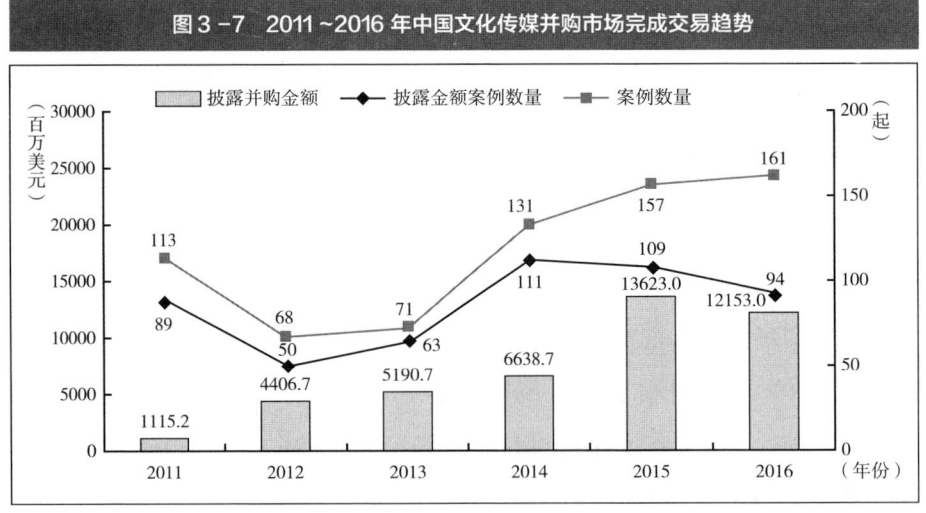

资料来源：ChinaVenture 官方网站投资报告。

聚焦具体案例，典型并购活动如下。第一，2016年万达成为横跨中国、美国和欧洲的全球最大院线运营商，得益于万达大手笔的并购动作。大连万达集团股份有限公司旗下美国AMC院线宣布以9.21亿英镑价格并购欧洲第一大院线——Odeon & UCI 院线，这是继宣布并购美国卡迈克院线之后美国 AMC 院线的又一大动作，万达首次在欧洲院线行业投资，具有开创性意义。第二，2016 年阿里巴巴并购活动频繁，阿里以 2 亿美元价格并购豌豆荚，弥补阿里的移动渠道；阿里影业以 1 亿元价格收购杭州星际 80% 的股份。第三，创业板公司金科娱乐拟斥资 10 亿欧元（约合 73 亿元）收购知名手游公司 Outfit7，金科娱乐宣布售卖传统业务，全面向娱乐行业转型。第四，腾讯斥资 86 亿美元收购游戏公司 Supercell 84% 的股份，使国际化娱乐公司品牌在世界范围内传播，并且进一步稳固腾讯游戏帝国位置；腾讯将境外公司 Sanook 升级为腾讯泰国公司，进行海外布局，践行中华文化"走出去"战略；腾讯整合音乐业务，在 China Music（酷狗、酷我、海洋音乐整合业务）提出 IPO 上市之后将其收购，又将 China Music 与自身的 QQ 音乐进行整合，组建全新腾讯音乐娱乐集团，将音乐业务整合到一起，试图占据更大市场份额。

通过对 2016 年财报分析发现，以并购与转型为特征的外延式扩张仍是文化传媒行业成长的主旋律，是产业转型升级、资本运作和市值管理的综合体现，但面临文化传媒行业价值回归和监管趋严的紧迫形势，2016 年并购活动必然在数量和金额上有所收缩，无法维持并购连续 3 年高增长的态势。回顾 2016 年文化传媒领域收购、合并事件，关键点如下：A 股公司仍是收购的最大买家，在证监会出文后，更关注行业关联标的，PE 倍数下滑明显，一些对赌业绩未达标的公司、收购买家正在做减值计提；并购终止的情况仍旧存在；创业公司之间的相互合并虽然不像 2015 年那么多，但仍有影响行业格局的合并发生；跨境并购开始热闹，互联网巨头或传统 A 股公司都在出手。①

---

① 《2016 年度并购事件盘点：行业重组洗牌推动资本整合　跨境并购兴起》，IT 桔子（微信公众号），2017 年 1 月 30 日。

五 2016年中国传媒投资的新现象与新趋势

（一）媒介融合、产业融合在资本力量作用下持续向纵深推进①

媒体融合是文化传媒行业未来发展的主流趋势，但媒体和产业的跨界融合整体上仍然处于艰难的探索期，尚未形成支撑全行业转型升级的成熟商业模式和参考思路，在理论和实践层面仍有不少问题需要突破。在新技术迅速迭代和快速发展、传统媒体业绩表现呈断崖式下滑的双重压力之下，传统媒体与新媒体融合发展的方向与趋势已经形成，且不可逆转。

《媒体融合蓝皮书：中国媒体融合发展报告（2016）》中相关数据显示：2016年，60.8%的新媒体用户主要通过微信、微博等社交媒体获取新闻资讯。在我国民众常用的媒体形态中，新闻客户端用户由5年前的15.1%提高到58.6%，视频类网站/APP的新媒体用户则由24.7%提高到64.9%。在新媒体用户与日俱增的态势下，媒介生态剧烈变革，传统媒体用户比例明显下跌。《媒体融合蓝皮书：中国媒体融合发展报告（2016）》指出，我国媒体融合进入从形式上的"合"到全方面"融"的时代。突出表现在两个方面：其一，渠道、平台在技术因素的驱动下外延不断拓展，多屏合一、跨屏互动明显，从渠道依赖转向全平台传播，行业生态改善，商业模式有所创新；其二，用户思维在阵地意识驱动下得到贯彻，实现如下变化，即从销售作品向用户运营变革，从提供内容向提供服务延伸，以满足用户的更多个性需求。用户规模迅速扩大，粉丝经济和知识产权衍生

---

① 本部分数据与相关分析主要参考《媒体融合蓝皮书：中国媒体融合发展报告（2016）》，特别鸣谢。

价值受到重视。媒体融合进程逐渐深化，进入"深度融合"阶段。

面对媒体融合大潮和形式各样的融合、转型实践探索，复旦大学新闻学院院长尹明华认为，在媒体跨界融合过程中重要的是要迎难而上，困难是暂时的，通过思维转变和组织再造，维护和拓展传播秩序，巩固和壮大主流舆论阵地。具体途径如下：第一，内容为王，继续有效利用并放大传统媒体的内容优势；第二，以受众需求为主导，尽力提供满足受众新需求的产品；第三，打造和占领新兴渠道和平台；第四，善用社交媒体，善与用户交往，在主动交往中引导新生代。①

"互联网+"行动计划作为国家战略伴随媒体融合已经在各个层面得以落实，优质互联网基因通过多元化融合途径渗入传统升级，助推传统媒体转型升级。2016年6月，腾讯与人民日报社在北京签订了《媒体融合发展创新战略合作协议》，进一步激发社会生产力，并释放无限活力。作为传统媒体向新媒体领域转型升级的成功典范，2016年浙报传媒依然紧扣时代脉搏，围绕战略布局和产业链布局进行多元化投资，着重打造技术与投资团队，并成立投资与研究中心为资本运作提供指导和规划，以期形成企业未来核心竞争力。浙报传媒在合理评估风险的基础上，采取多元化投资组合，并将资本触角伸向游戏、网络、医疗、投资管理等领域，投资收益可观。浙报传媒在细分业务做精做专的基础上，利用上市公司资源优势，募集资金并投向具有巨大潜力的新媒体领域，不断盘活资产，以期形成良性循环，实现外延式扩张。

（二）传媒投资基金在文化传媒领域的投资主体地位不断凸显

在国家政策推动和媒介融合趋势的引导下，以国有资产为主的传

---

① 《2016中国媒体融合发展报告：媒体融合仍未走过"痛点"》，《NBS传媒前沿》2017年2月15日。

媒集团，为了盘活资金、撬动资本市场，纷纷发行基金，或出于融资的目的，或出于战略部署的目的。相对于困难重重的间接贷款和上市融资，产业投资基金或私募股权投资基金的支持更有吸引力，它们是传媒产业整合、发展的新力量。一方面，这些投资可以在短期内为企业带来大量现金流；另一方面，基金投资者能够为企业提供资源或建议，帮助企业进一步规范管理。传媒投资基金在文化传媒领域的投资主体地位不断凸显。

2016年11月，上报集团发布瑞力文化教育产业基金，该基金关联方瑞力创新基金的认缴出资总额为18.09亿元，瑞力文化教育产业基金拟募集资金30亿元，核心投资对象为文化内容制造，具体包括体育、艺术教育、数字娱乐、影视、演艺等产业。2016年上半年，浙报传媒完成东方星空向FOF转型，将可投资资金作为母基金投资设立各子基金，有效分散投资风险，提升了国有资本投资效率，成为金融工具创新应用于文化传媒领域的典范。东方明珠在2016年9月20日对外宣称，计划成立投资基金，通过发行基金进行未来的战略布局，把握行业风口，抢占智能化终端，进行产业化运营，打造具有互联网属性的传播平台。2016年3月27日，南方媒体融合发展投资基金成立，该基金以股权投资为手段，通过市场化运作推动传统媒体进一步创新体制、转换机制、面向市场、增强活力，并支持广东传统媒体向新媒体转型和融合发展（见表3-1）。

表3-1 传媒投资基金一览

企业	基金	资金流向	发行目的
上报集团	八二五	泛娱乐及IP运营、消费升级、数字营销、互联网金融、企业服务	互联网新型文化传媒集团转型；
	瑞力	健康医疗、文化教育、能源环保、互联网科技与金融、资产管理	战略协同； 资本运作
浙报集团	新干线 东方星空 传媒梦工厂	新经济、文化传媒、互联网服务、VR、大数据	新媒体孵化器； "传媒控制资本、资本壮大传媒"

续表

企业	基金	资金流向	发行目的
南方媒体	融合发展投资基金（市场运作） 新媒体产业基金（政策引导）	广东国有媒体企业新媒体发展项目、媒体融合发展重点基础性项目、传统媒体产业转型升级重点项目、国有文化企业的重组改制	"金融支持媒体，媒体反哺金融"；南方财经全媒体集团；促进广东创新驱动发展战略实施和文化强省、金融强省建设
三七互娱	创投基金	页游研发和手游研发等领域	通过市场运营与研发体系相互打通，一起把产品做大做强，发挥最大的协同效应，形成长期稳定共赢的战略合作伙伴关系
阿里影业	文化产业基金	娱乐产业链：开发制作、明星资源、宣传发行、前沿技术	娱乐生态布局；资本主动权
芒果传媒	芒果文创	文化产业为核心的电影、电视剧、综艺节目、音乐、动漫、体育、移动互联网应用等文化创意类项	中南重工转型，盘活资金
上海电广	东方明珠	技术应用场景化、内容IP体系化、渠道建设平台化、产业布局生态化	把握风口，进行战略布局

传媒投资基金具体特色如下。

1. 主流媒体的成功转型为企业带来新的活力，资本的重要性得到认可

随着媒体市场化改革的加深，以报业和广电为代表的老牌国有传媒企业采用传媒投资基金形式进行战略布局。以上报和浙报为代表的传统纸媒，能够抓住机遇，联合国有资本发行基金，成效显著，获得了资本市场的肯定。

2. 传统媒体投资基金运行机制内含鲜明的政府色彩

报业、广电等传统媒体在发行基金过程中，坐拥雄厚的当地国有企业甚至政府的资金支持，以政策引导为导向，传媒投资基金的发行能够与国有资本互通有无、互惠互利。

3. 影视和游戏公司通过设立基金完善产业链，实现共赢

影视、游戏公司等媒体发行基金的主要目的是打破行业的壁垒，进行更为广阔的产业布局。相对于传统媒体，影视和游戏类传媒企业投资基金运作机制更为灵活自由，投资范围更为广泛。

4. 以阿里为首的互联网巨头利用传媒投资基金巩固股权

大量外有资本的注入，稀释了阿里集团原有股东的股权，设置投资基金既可以利用闲散资金实现有效资本运作、开辟自有资金源、巩固股权，又可以为下一步的战略部署、打造文娱生态帝国奠定基础。

（三）动态市值管理成为拉动产业转型升级的重要力量

2016年A股表现欠佳，相关传媒娱乐公司的表现随之下滑，估值泡沫破裂并逐步回归合理水平。总体而言，目前已上市的传媒娱乐公司，除去万达院线、东方明珠两家过500亿元市值的平台型公司，其他公司还处于市值规模相对偏小的状态，预计未来市场将再次出现各类并购合作，资源将进一步整合。

资本市场瞬息万变，无确定规律可循，运用之妙存乎一心。善弈者谋势，把握产业整体发展大势，厘清细分领域的内在规律与阶段性特征，方能在激烈的竞争中立于不败之地。

文化传媒类上市公司转型升级与动态市值管理相互融合推进乃大势所趋。传统媒体转型升级侧重于开发互联网新技术，加快挺进新媒体领域，与媒体行业跨界交流与发展，紧随泛娱乐化趋势制定发展战略并推动落地执行。动态市值管理侧重于运用资本运作逻辑、产融互动理念、资本品牌构建等因素强化文化传媒上市公司市值管理。转型升级中包含动态市值管理，如东方明珠"娱乐+"战略符合媒体行业未来发展主题，转型升级的同时通过"以人为本"的战略举措使投资者建立良好预期，有益于抬升市值；动态市值管理中内含转型升级，如万达院线通过对放映收入和非放映收入的结构化调整打造多要素协同的生态系统，这也是其内部转型升级的目标。其中传统媒体处于行业生命日趋衰退时期，转型升级是其发展主题。传统媒体通过进军新媒体领域紧跟行业发展趋势，不断依托政策红利和新技术实现外延式扩张，与行业泛娱乐化趋势和资本市场主题相契合，动态市值管理成为拉动产业转型升级的重要力量。影视类文化传媒上市公司由于其身处黄金发展时段，仍具有巨大发展潜力，本身被资本市场看好，具有先天优势，在市值管理上着重完善信息披露机制，维护投资者良好关系，构建生态系统，打造隐形冠军，即从远大抱负和愿景出发，专注于客户创新，提高产业竞争力，打造高效团队，在国际化战略布局中抬升市值。

（四）明星资本化引发关注与争议

所谓明星资本化，指明星以参股或自设公司形式对自身 IP 价值进行资本化运作，获取影视劳务代言收入之外的资本性利得。

浩瀚影视 CEO 刘韬认为明星本身就是 IP，明星作为股东投资影视剧，与各平台一起联手打造综艺节目，可以以这种全新模式驱动项目、孵化 IP、撬动无限资源。明星资本化在当下影视行业越来越普遍。

目前一些年轻的一线明星报价已经过亿元。2016 年 3 月初，新丽传媒出品了新片《如懿传》，该剧单集在国内首轮售卖超过 1500 万元。高额售价使影视公司愿意投入更高的制作成本、支付更高的演员片酬。周迅接拍《如懿传》的片酬高达 9500 万元，超过孙俪接拍《芈月传》时的 6000 万元的片酬。明星资本化现象所引发的明星高额片酬趋势对整个影视产业发展产生不利影响，影视剧高昂的制作成本使影视公司的成本竞争愈演愈烈。明星资本化使明星把个人收入转化为公司收入，成为影视公司破解成本压力难题的捷径。对于影视公司而言，明星收入通过资本运作转化成公司的收入和利润，再乘以一个更高的市盈率在二级市场上售卖给投资者，随后明星通过售卖个人全部或部分股份实现自我价值的放大和提前回收。

明星资本化盛行，反映的是中国这些年来影视娱乐产业的快速发展，宽松的货币环境也进一步刺激和吸引了大量的热钱涌入这个产业。2016年年初由《叶问3》引发的假票房和票补等一系列问题一直存在，而且愈演愈烈，最近电视剧也传出买收视率的消息。热钱大量涌入，就会激生泡沫，明星片酬天价、IP天价、由明星入股的上市公司天价。明星通过收购空壳公司把未来的成本变成收入，粉饰自己的财务，再通过资本市场的市盈率将倍数放大，以获取更大的资本性利得。但是太注重资本游戏，得到的结果就是什么都天价，做出来的作品却越来越廉价。2016年的电影票房就给了这种现象一记响亮的耳光，就像票房保底，赌得太狠，终归要被教育一番。

（五）电影投融资领域成为创新热土

自2003年深入市场化改革以来，电影市场十多年间的年均增幅超过30%，中国电影业经历了飞速发展。2016年1~10月中国电影票房收入为394.63亿元，同比仅增长7.12%。相较于前几年中国电影市场的高歌猛进、"野蛮生长"，2016年电影市场经历了行情惨淡的一年，除了年初票房收入有大幅增长，其他月份表现平平甚至下滑明显。渠道下沉、红利放缓与互联网票补大幅减少是2016年票房惨淡、终端量价齐跌的主因。票房动力由供给向需求切换，潜力仍很大。预计中国将于2017年超越北美地区成为全球最大的电影票房市场。高昂的制作成本、拍摄过程中的变数、变化不定的观众口味和激烈的市场竞争等因素，使电影本身成为一个高风险的行业。控制和降低投融资过程中的风险，成为电影行业孜孜以求的目标。

1. 保底发行模式备受关注

截至2016年6月30日，内地票房收入以246.86亿元收官，相比上年同期仅增长21.2%，虽依旧保持增长态势，但涨势放缓。时下盛行的保底发行模式与票房一道备受关注，如成功而神秘的《美人鱼》、引起轩然大波的《叶问3》以及冯小刚新片《我不是潘金莲》，都采取了保底发行模式。保底发行，指的是发行方为投资方担保影片的票房收益，由发行方预先垫付票房。这种情况下，不论电影的实际票房如何，投资方都会提前拿到收益，如果电影票房超出保底数字，分账比例会对发行方更有利。基于投资方视角，电影回款周期长且不稳定，如果能在上映前回收成本就能有效降低风险，投资方将获得提高分成比例的机会。基于发行方视角，电影是一个高风险产业，为一部电影的票房提供担保会使风险加倍。

保底发行借鉴的是欧美成熟市场的完片担保制度。完片担保，指的是完片担保公司与银行或投资人之间进行合同缔约的保证担保，用以确保所投资电影作品能按时按预算完成制作并交付。简而言之，它就是防止出现"烂尾电影"。

业界认为，从长远来看，保底发行带来的危害可能很大。保底发行促使制片成本呈递增态势，当票房业绩不理想时易产生法律纠纷。保底发行作为权宜之计是行业不成熟的表现，目的是追逐短期利益。为实现保底，可能存在票房作假。一些在电影圈的老牌"玩家"，不愿意主动参与眼下的保底发行热潮，但受保底发行巨浪裹挟，不得不参与保底发行"赌局"。

2. 票房资产证券化峥嵘初露

资产证券化业务能够建立并发展多元化融资模式，优化与完善企业的资本结构。证券化的最初驱动力如下：制片公司可以与发行公司联合，不再单纯地做保底发行，而是与金融机构合作，设计结构化的产品，通过前期保底、后期分账的设计，在一部影片上映前，即获得一定回款，以便尽快开发下一个项目，加速资金流转。

2016年，电影金融领域初露峥嵘，票房资产证券化产品、电影票房结算资金等陆续出现。银河证券旗下的银河金汇证券资产管理有限公司将78家影院的未来票房操作进行资产证券化，期限为5年，规模为10亿元。此前，星美控股和大地影院已经成功发行资产证券化产品，星美控股和大地影院通过发行资产证券化产品集资，希望继续抓住国内电影市场快速增长的机遇，扩大市场占有率。

3. 增加国内电影院建设和投放

学界对于资产证券化意见不一。北大光华管理学院赵龙凯教授认为，电影产品不是资产证券化的理想标的物，电影风险非常高，如果以电影项目为标的的理财产品风险很低，则背后担保方的风险相当高，如果担保方实力不够，则会产生违约风险。中央财经大学文化与传媒学院教授周正兵也认为，中国电影要实现资产证券化，可以从一些大的电影上市公司做起，因为这些公司具备有一定时间跨度的电影发行记录，能够证明其发行的电影具有较高的收益水平。[①]

（六）多层次资本市场联动进一步深化

国务院发布的"十三五"国家科技创新规划要求强化新三板融资功能，深化创业板改革，完善企业兼并重组机制，支持新的多层次资本市场，鼓励发展多种形式的并购融资，打通各类资本市场，加强不同层次资本市场在促进创新融资上的有机衔接。传媒行业作为细分行业，积极响应国家政策，传媒多层次资本市场联动进一步深化。2016年，文化传媒领域内创业板、中小企业板上市企业也名列财绩前茅，尤其是影视动漫游戏类和互联网信息服务类企业，这类企业数量多、成长快、思路新、动作快，将成长为文化传媒转型升级的新力量，创业板和中小企业板也能为文化传媒业提供资本运作的新兴阵地和巨大生长空间。

新三板成为"香饽饽"。影视传媒行业具有资金投入大、运作周期长、资金回笼慢、投资回报高等特点，而充足的资本作支撑，则成为企业良性发展必不可少的要素。[②] 影视产业的成长性、灵活性、创新性和娱乐性特

[①] 《电影+P2P 隐藏在资产证券化背后的"圈钱游戏"｜〈电影金融创新的案例与边界〉白皮书PART3》，娱乐资本论（微信公众号），2016年5月10日。
[②] 《传媒企业发展离不开新三板 融资投资浑然一体》，新三板上市实物操作（微信公众号），2016年5月19日。

点，与新三板制度新颖和灵活的估值方法相匹配。海润影业、开心麻花、新安传媒等影视类公司在挂牌新三板之后表现较好，取得佳绩。2015年《夏洛特烦恼》《何以笙箫默》等作品取得好成绩也是得益于新三板制度。基美影业、金天地、青雨传媒等也在新三板分层之后受到了更多的关注。

（七）文化传媒资本市场监管趋严

监管趋严利于资本市场发展。2016年3月5日证监会主席刘士余提出"依法监管、从严监管、全面监管"理念，"三个监管"理念是包括文化传媒领域在内的所有行业资本市场改革发展的主旋律之一。当前中国经济面临增长下行和经济结构调整的双重压力，金融体系所面临的整体风险有所上升，投资回报率下行和部分产业产能过剩并存，新的监管思路一方面使市场更趋稳定，另一方面防止风险再次放大，为市场自由波动和出清提供充足时间及空间，为市场中长期的健康发展建立制度基础。监管趋严促使资本走向理性，一些真正能促进产业发展的并购重组将因政策和监管趋严而获益。文化传媒行业相较于其他行业，市场风险偏大，文化传媒领域内的法律法规和监管体系有待完善，各参与方的风险控制意识和素养有待进一步提升。

2016年，唐德影视并购范冰冰公司终止、暴风科技重组稻草熊被否，监管层对影视类传媒公司的监管渐趋严格。影视类概念炒作在监管趋严的背景下将得到有效遏制，一些并购重组案例被否，影视类公司的高估值、高市盈率泡沫终将被刺破。同时，监管趋严，也有利于促使业内公司专注自身管理和主营业务发展，促使市场竞争朝着良性方向发展，大浪淘沙，优质公司将获得长足式发展。[①]

欢瑞世纪，上市之路屡屡受挫，但其借壳上市之心不死。早在2014年

---

① 苏启桃：《影视类公司扎堆谋求资本市场——市场监管趋严有利于良性发展》，上海仓城影视（微信公众号），2016年6月30日。

欢瑞世纪就拟与泰亚股份进行资产重组，但当年9月泰亚股份一则终止重组的公告使欢瑞世纪上市梦碎。2015年10月，欢瑞世纪卷土重来，拟将欢瑞世纪100%股权作价30亿元注入"明星"公司星美联合，实现借壳上市。2016年欢瑞世纪的借壳之路仍不平坦，先被质疑公司净利润数据前后不一、高业绩承诺难实现，之后公司的审计机构兴华会计又被证监会立案调查。

直播监管趋严，利于长期发展。行业快速发展，内容有待净化，网络直播环境亟待净化。2016年4月14日文化部公布，战旗TV、龙珠直播、六间房、斗鱼、虎牙直播、YY、熊猫TV、9158等网络直播平台因涉嫌提供含宣扬淫秽、暴力、教唆犯罪等内容的互联网文化产品，被列入查处名单。2016年4月13日，百度、新浪、优酷、酷我、映客、搜狐、爱奇艺、乐视、花椒等20余家从事网络表演直播的企业主要负责人共同发布《北京网络直播行业自律公约》。文化传媒资本市场规范化成为大势所趋，自律与监管从两个维度促进网络直播健康发展，推进行业格局日渐成熟。

第四章
2017年中国传媒投资预测报告

陈 端

陈端，中央财经大学新闻传播系副教授，博士

一 超越传媒看趋势——2017 年中国传媒产业发展态势预测

（一）预测基点：把握变中之不变，方能以变应变

理论研究是为了更好地认知当下，预见未来。最具产业发展空间的领域无疑就是最具传媒投资价值的领域，但近年来，传播技术飞速发展，新渠道、新业态、新模式层出不穷，沙里淘金式地对热点投资领域或项目简单罗列并没有太大意义，需要我们透过纷繁复杂、快速迭代的现象，深入传播与社会互动的深层肌理来审视其内在逻辑与趋势。

传播学先驱哈罗德·拉斯韦尔归纳了传播的三种社会功能：监视社会环境、协调社会关系、传衍社会遗产。社会学家查尔斯·赖特在上述三个功能之外补充了一个功能：提供娱乐。社会学家拉扎斯菲尔德则指出大众传播有三种主要功能：授予地位、促进社会准则的实行、麻醉受众神经。传播学集大成者威尔伯·施拉姆从政治功能、经济功能和一般社会功能三个方面对大众传播的社会功能进行了总结。他认为，大众传播的政治功能主要包括：监督、协调社会遗产、法律和习俗的传递。经济功能表现在：提供关于资源以及买和卖的机会的信息；解释这种信息；制定经济政策；活跃和管理商场；开创经济行为等。一般社会功能包括：协调公众的意愿，行使社会控制；向社会的新成员传递社会规范和既有的规定、娱乐等。

我们看到，虽然世易时移，承担功能的具体载体日新月异，但传播与社会、传播与个体之间的深层关系并未发生根本性的变化。传播面向社会的功能担当与面向个体的价值提供，虽然在推动社会整合与协调运转这一根本目标上一致，但在具体目标上往往难免出现冲突与博弈，在不同的历

史阶段和社会文化语境中亦存在功能重心的转移。而其间的张力与罅隙往往为有识者提供了新的机遇。每一波新技术浪潮总是经历了在不同具体落点上的试错实践后，留下最符合当下个体和社会发展需求的那些创新点。无论是新生代弄潮儿创业创新还是传统媒体转型升级，都离不开对这些支撑大浪淘沙般传播变革进程的深层逻辑的理解和把握。曾经红极一时的开心网、人人网之所以没落，在很大程度上是因为它们既没有击中时代绷得最紧的那根弦，也没有满足个体最具痛点和黏性效应的那部分刚性需求，而微信产品的社交化、媒体化、场景化、生态化，每一步都与外部环境和个体需求变化紧密呼应。

1. 面向社会层面：环境监测、共识凝聚、赋能赋值与秩序维系

如前所述，在改革迈进深水区和攻坚期、转型矛盾沉积与当下利益纠葛交织的今天，媒体渠道泛化、公众意见极化、"信息茧房"与"信息孤岛"效应彰显，社会整合与共识凝聚尤为重要。对于党报党刊等国家喉舌类媒体，打破向新媒体渠道拓展的简单思维局限，面向多元多样多种声音的当代舆论场，通过议程设置、议题走向牵引、议程融合等操作手段实施"动态议题管理"，发挥自身导向性和公信力优势对经济数据、政策变更进行权威解读，既履行舆论监督职能，也引导新媒体环境中不断发酵裂变的各种议题，尤其是将突发性议题的议题分寸和话语边界控制在合理范围之内，在喧嚣中成为维护社会稳定的"压舱石"和引领舆论导向的"定海神针"，这是党媒系统在未来参与媒体竞争的一个基本立足点。对一些具备"民间意见领袖"影响力的自媒体和社交媒体而言，以引领社会良性进步为价值导向，秉持理性建设原则，围绕治国理政大势需求寻找自身在细分领域的优势落点来思考发声，既反映民情所向，也担任官民良性沟通互动的桥梁，疏解社会紧张矛盾与情绪，自媒体和社交媒体会有自身的生存发展空间。

就传播的社会功能而言，除了及时监测报道环境中的异动信息外，另一个很重要的功能就是通过对具体事件意义的阐释实现价值引领与秩序维系，通过媒体在传播中的价值排序、赋能赋值，使变革中涌现的各类人与事在公众"社会心理地图"上有相对明晰的位置坐标,在塑造关于发展方向共识的同时形成关于当下的秩序共识。

2. 面向微观个体与组织层面:更高品质地消费时间,更高效率地节约时间,更有价值的关系养护

在后用户红利时代,媒体面向微观个体和组织所提供的服务功能日益超越资讯渠道功能居于主流,梳理其中主线无外乎以下三个方面。

第一,更高品质地消费时间:对应的是泛娱乐时代的文化消费升级,不仅包括更高品质的声画影音体验,而且与场景和心境乃至社群化存在更高精准度的内容匹配。

第二,更高效率地节约时间:借助更为智能化的技术手段和更为便捷的操作界面帮助用户优化个人决策、时间管理和社会关系管理。这既包括基于对用户需求的精准把握为其提供经过重要性和价值排序后的结构化资讯,也包括基于用户生活需求将内容、应用、场景融合,进行嵌套式产品设计与平滑导流,还包括加强知识分享与社交互动,以不断优化的机制设计与产品设计推动智慧互联,激活各种显隐资源,快速生成特定目标及场景的解决方案。2016年以来,知识付费成为一道亮丽风景,正是因为迎合了当下这一趋势性需求。

第三,更有价值的关系养护:其实涉及的是"关系型内容"与"内容型关系"之辩。一方面,内容的影响力价值变现能力越来越取决于其在传播过程中所依托的关系链条的质量;另一方面,未来内容从生产之初就要考虑其内含的社交因子,关系性价值本身就是传播内容价值的重要组成部分。信息传播技术持续向生产和生活的各个角落渗透,个体存在的自足性与独立性不断被侵蚀,而一些人格化的社群或组织平台的"生命有机体"特征日益彰显,个体作为一分子与其所处的"类生命有机体"(不管是人格化社群、虚拟化组织抑或智慧城市)之间的深度交互越来越多,媒体的关系建构与养护功能和内容生产传播功能将进一步融合。

当然,对于个体而言,时间既是投资品又是消费品,但未必是非此即彼的排他性选择，在"国民总时间"天花板渐显、公众注意力资源日趋稀缺的当下，如何通过技术创新和产品创新进一步优化媒介体验并提升媒介产品内在价值，以充满愉悦感和内容质感的优质内容实现对用户的价值满足与黏性维系，这正是对传媒人的智慧考验。

（二）迎接智媒时代：泛智能化与泛媒体化构筑人人、人机之间深度互动、协同成长关系，传媒产业的产业边界、业务流程、价值链条和商业模式都面临整体重构

回顾 2016 年，人工智能取代一度火爆的 AR、VR 成为业内和投资界关注的焦点话题。经过超过半个世纪的发展，人工智能已经度过了简单地模拟人类智能的阶段，发展为研究人类智力活动的规律，构建具有一定智能的人工系统或硬件，以使其能够从事需要人的智力才能进行的工作，并对人类智力进行拓展的边缘学科。人工智能的核心能力主要体现在感知智能、计算智能和认知智能上，未来任何可以移动的物体都会成为搭载了人工智能的机器人。如果说始自 2010 年左右的移动互联优化了人与世界、人与人的精准链接关系，让技术创新和商业创新促发的社会创新成为可能，那么人工智能则直接挑战人类的生存边界与伦理底线等更多东西，改变以生物进化为主线的文明史演进轨迹。媒体作为人类精神文化产品的生产和传播载体，在与人工智能的相融过程中必然不断擦出新的火花。

由腾讯网·企鹅智酷联合清华大学新媒体研究中心共同发布的《智媒来临和人机边界：中国新媒体趋势报告（2016）》指出，个性化新闻推荐、机器写作、传感器新闻、临场化新闻和分布式新闻这五大模式，将在新闻的生产速度、生产方式、个性推荐、用户消费体验等方面给整个媒体行业带来一场真切的深度变革。但智媒时代带来的冲击远不止于此。2016 年 11 月，新华社国家高端智库传播战略研究中心与新华网融媒体未来研究院共同发布了《智能编辑部发展报告》，指出当前媒体正在加速推进新闻编辑

部智能化进程。以智能化技术为基石、以人机协作为特征、以提升内容生产传播效率为目标的智能编辑部形态，是媒体前瞻而务实的思维方式和发展方式。"如果传统媒体不紧紧抓住人工智能的发展潮流，将遭遇技术变革带来的降维打击"，新华社产品研究院副院长李俊的观点引发热议。

清华大学教授彭兰指出未来智媒时代会有三大特征。第一，万物皆媒。过去媒体是以人为主导的，今天我们已经可以看到所有的智能物体，智能机器在某种意义上都有可能媒体化。第二，人机共生。人和智能机器碰撞在一起后，会形成一种相互协作，会带来全新的业务模式。第三，自我进化。在深层次互动之中，人对机器的驾驭能力，以及机器的领悟能力和对人的感知能力会相互促进。所有这一切都会带来这样的结局：传媒业的边界消失，格局被重塑。从众媒时代到智媒时代，开启的是传媒产业发展的全新篇章。如果说众媒时代更多强调多媒共生以及大众对传播生态的深度参与和用户主权的建构，那么智媒时代则意味着"媒体领域里以人为主导的媒介形态开始被打破，智能物体及新技术的交互融合推动着传媒产业链的新变革。传媒业原有边界正在被消融，一个极大扩张的新版图在博弈中逐渐形成"。[①] 家居、教育、医疗、金融等原本与传媒相距较远的行业，都可能以人为中心借助数据和智能技术互联互通、互相融合。

（三）传媒投资退出问题或成下一阶段焦点，把握不同时期项目估值逻辑，结合当下资本市场新平台和新特点，优化退出时点和方案选择

金融资本与产业资本最大的不同就在于它在不断的"投入—回收—再投入"过程中实现自身的价值增值，因而资本的周期性流动和通畅的退出

---

① 引自腾讯网·企鹅智酷联合清华大学新媒体研究中心共同发布的《智媒来临和人机边界：中国新媒体趋势报告（2016）》，发布日期为2016年11月14日。

机制是传媒投资形成良性循环的基础。在"融—投—管—退"几个环节中，退出变现是最为关键的一环。随着我国传媒投融资市场的发展成熟，未来退出机制和方案的设计优化或成为一个焦点问题。

通常而言，风险投资的退出方式包括境外控股公司上市，申请直接境外上市，申请国内A股、B股、创业板上市或新三板挂牌，离岸股权交易，国内股权交易，管理层回购等，此外，当所投资的企业经营失败导致其他退出机制不可行时，解散和清算将是避免更大损失的唯一选择。

在整个项目持续期内，投资人都需要分期分阶段对项目的成长性、收益性和风险性进行再评估。一方面，市场环境、创新方向和用户偏好都处于持续变动之中；另一方面，被投资公司或项目的管理团队组成、股权结构、激励约束机制等需要随时间发展不断调整，其中都存在发展中的不确定性和信息的不对称性，需要投资人秉持审慎原则动态跟进，必要的话要及时采取措施调整持股比例。在投资型并购基金的运作中，上市公司与其他LP分别按规定比例进行出资，一旦投资项目亏损，上市公司须以出资额为限承担项目亏损，如果亏损超出上市公司出资，超出部分则由其他LP按出资比例承担，上市公司出资相当于劣后模式，因而相较于其他投资主体风险更大。

新三板扩容后逐渐成为股权投资特别是早期投资退出的重要渠道之一，退出转让方式有两种，协议转让和做市转让。协议转让是指买卖双方通过股转系统的主持，协商达成一致意见再进行交易。做市转让，即股权买卖双方不直接进行交易，都以中间的做市商为交易对手实现交易。据清科数据，2015年挂牌新三板的娱乐传媒企业达114家，影视传媒类公司有35家左右，特别在下半年，恒大文化、青雨传媒、开心麻花、唐人影视等众多影视传媒企业纷纷转战新三板。截至2016年12月16日，挂牌新三板的娱乐传媒类公司达到132家，支持VC和PE融资的有47家。2015年以来的IP热使影视传媒概念颇受欢迎，传媒企业趁热打铁挂牌新三板，较容易获得融资以实现投资退出。

2016年4月18日，由深圳文化产权交易所（以下简称"深圳文交所"）主办的"文化四板（教育专板）"上线新闻发布会隆重召开。"文化四板"是深圳文交所作为国家级、全国性的场外交易市场建立的一个立足深圳、服务全国非上市文化企业的金融服务及交易市场。通过非上市企业的登记托管、挂牌交易、资本对接、竞价流通及上市孵化辅导等功能，为企业提供存量股权转让、增资扩股、权益众筹、质押融资、基金发行等股权融资、短期小额资金及私募债等债权融资。"文化四板"是不同于沪深交易所和新三板的地区性文化产业产权场外交易平台，它针对文化产业的特性制定准入条件，并强化资质审核，其挂牌上市对象包括有限公司、合伙企业、非上市股份公司，并且为推动文化产业发展，还特设产业项目界别，将非企业法人独立项目包含在内。在如此宽松的范围设定之下，"文化四板"的准入门槛也就相当低了。它并不设硬性门槛，如资本量、盈利值等可见因素；而是针对文化企业特点，着重考察企业的成长性、项目的创意性，并在可选服务对象中，将安全性作为主要考量因素，从这一点来看，"文化四板"更像一个文化资本的风投市场。"文化四板"扬帆起航，标志着我国文化传媒产业有了新的融资平台和退出通道。

二 2017年中国传媒投资热点预测

（一）国有传媒企业：贯彻落实中央加快媒体融合发展、壮大主流舆论阵地政策精神，以"媒体+金融""媒体+技术"思路探索破解媒体融合发展难题，借力金控平台拓展影响力的多元变现渠道

贯彻落实中央加快媒体融合发展重大决策部署，壮大主流舆论阵地，服务国家战略，维护国家信息安全与国际话语权，这是时代赋予国有传媒

企业的历史责任，也是传媒"国家队"新一轮发展机遇所在。据财政部网站披露，在2017年中央本级支出预算中，文化体育与传媒支出预算数为274.57亿元，比2016年执行数增加26.62亿元，增长10.7%。其中新闻出版广播影视预算数为160.53亿元，比2016年执行数增加25.75亿元，增长19.1%，主要是新闻媒体建设等支出增加；其他文化体育与传媒支出预算数为22.91亿元，比2016年执行数增加3.19亿元，增长16.2%，主要是文化产业发展专项资金增加。

中央政策的支持为国有传媒企业发展提供了坚实后盾，接下来的命题就是发展路径上的探索了。成立于2016年11月17日的南方财经全媒体集团的探索之路可以作为国有传媒企业转型发展的参考借鉴。南方财经全媒体集团通过跨媒体资源重组，拥有原分属南方报业传媒集团、广东广播电视台的财经类媒体业务资源和经营性资产，将重点发展媒体、数据、交易三大业务，力争用3年时间率先完成媒体融合转型，基本建成国内领先、国际知名，拥有强大实力和传播力公信力影响力的专业财经全媒体和综合金融信息服务集团。

媒体业务方面，南方财经全媒体集团将做大做强财经全媒体，巩固壮大财经主流舆论阵地。以"中央厨房"为平台，全面整合报刊、频道、频率网站、移动媒体等优质内容和传播渠道，加快《21世纪经济报道》、经济科教频道和股市广播频率三家媒体深度融合；优化新兴媒体结构，推动财富动力网、21经济网错位竞争、特色发展；打造新兴媒体拳头产品，以"21V"为依托，打造理财类移动视频节目；整合社交媒体矩阵，对《21世纪经济报道》官方微博、微信和经济科教频道、股市广播频率的微博、微信进行重新评估定位，实现内容提升和用户导流。并在此基础上，构建具有强大竞争力、可与世界主流财经媒体比肩的财经全媒体集群，在服务广大用户的同时，为参与全球经济治理提供"中国方案"，提高我国在全球经济治理中的制度性话语权。南方财经全媒体集团已经同国内知名金融资讯机构达成合作意向，筹建新三板第一资讯平台，并择机通过股权众筹等模式进入新三板投融资领域。根据规划，揭牌后，南方财经全媒体集团还将引入合作伙伴，建设大数据中心，建立金融数据服务公司，并采用股权投资、并购等多种形式围绕数据业务全产业链布局新业务，使其真正成为集团的支柱产业之一。

数据业务方面，南方财经全媒体集团将发力全产业链，使之成为支柱业务。加快与大型互联网金融公司合作，加快发展飞笛资讯的"财经极客"和"智能投资顾问平台"项目；通过股权众筹等模式进入新三板投融资领域，建立新三板资讯平台；引入战略合作，将21世纪经济研究院更名为南方经济研究院，打造特色鲜明、创新发展的专业化高端智库；积极拓展与深交所以及广州产权交易所、塑交所、贵金属交易所等的合作，定期发布指数报告，切入产业数据领域；落实与国内国际知名金融资讯服务商的交流合作成果，争取设立金融数据服务公司，推出南方财经数据服务移动终端，大力开拓国内指数、报价、资讯和中介服务市场，开发基于移动互联网的标准数据业务和非标准数据业务。在此基础上，形成集数据采集分析及管理运营、指数开发及发布、软件研发及运维于一体的全新服务能力。

交易业务方面，南方财经全媒体集团将打造理财资产交易中心和文化金融交易两个平台级产品。揭牌后，南方财经全媒体集团将积极谋求政策扶持，申请基金代销、网络金融、第三方支付等牌照，同时积极整合股东单位资源，引入战略合作伙伴建设交易平台，形成覆盖保险、支付、基金销售、文化产权交易、大宗商品和电子现货交易等多个金融交易领域的业务格局。值得一提的是，注入南方财经全媒体集团的越声理财是广东唯一同时具有证券投资咨询资格和私募资产管理人资格的公司，为南方财经全媒体集团开展交易业务提供了宝贵的牌照资源，未来将通过产品发行、项目并购、股权转让等交易方式，做大做强资产管理业务。①

---

① 参见蒋彩云《南方财经全媒体集团的业务范畴》，知乎，2017年2月17日，https：//www.zhihu.com/question/53595798/answer/135664441。

（二）知识付费渐成风尚，内容创业前景继续看好，数字创意产业作为产业体系整体将获政策有力支撑

2017年4月5日，iMedia Research（艾媒咨询）发布《2017年中国内容付费专题研究报告》。报告显示，2016年中国内容付费用户规模为0.98亿人，预计2018年用户规模将达到2.92亿人。单就视频领域而言，截至2016年年底有效付费用户规模已突破7500万人，预计2017将突破1亿人大关。移动互联网的快速发展让垂直化服务和个性化需求成为可能，知识付费在知识共享、网生内容、社群电商以及移动音频、移动直播等风口产业交织的环境下应运而生。在此背景下，喜马拉雅FM、得到、知乎、分答纷纷涉足知识付费领域。它们在短时间内聚集了大量用户，并且实现了知识的变现。内容付费作为知识价值体现形式，一方面推动了文化消费的个性化升级，另一方面推动了一些知识型网红的IP化变现，加快了互联网知识经济的发展。[①]

2016年以来，内容创业领域风潮迭起，吸引大量资本注入。据统计，2016年，宣布单轮获得超1000万元融资的自媒体项目有37个，早期投资单轮额度超过1000万元的项目，估值多半在1亿元以上。罗辑思维估值13.2亿元、同道大叔卖掉"同道大叔"套现1.78亿元、12缸汽车估值1.5亿元、一条视频估值1.5亿美元等。与此同时，大批优秀作者、媒体人加入内容创业的行列。

除了自媒体项目外，今日头条、企鹅号、UC头条、百家号等平台纷纷启动孵化扶持计划，这些媒体类内容平台和迅雷号、天涯号、淘宝头条号、WiFi万能钥匙等工具类内容平台都大力争抢内容资源。内容形态的多

---

① 参见iMedia Research（艾媒咨询）《2017年中国内容付费专题研究报告》，中国公关网，2017年4月21日，http://prmagazine.com.cn。

元化、垂直化、IP化、团队化成为趋势，目前各种垂直社区、音频、短视频、直播先后崛起，各大内容平台也开始不断丰富内容形态与玩法规则，许多内容平台接入了资讯、视频、直播、问答等多元化内容形态，从资本市场的关注点来看，IP化、人格化、让用户有更多参与感、互动性的账号将成为未来内容创业领域的一个趋势。① 中国文化产业投资基金原副总裁张元林认为，内容创业有四种商业模式。

一是平台模式，需要有清晰独特的价值观，通过打造生态与自己的上游和下游企业建立一套互利互惠的合作模式，给内容生产者提供一个清晰的回馈模式才能实现可持续发展。二是内容模式，以高品质内容构建自己的社群，以单次小额交易实现用户全生命周期的价值获取。三是衍生模式，通过出售衍生品、集团化运营实现从单一内容向多内容的扩张，以提升竞争能力、抗风险能力和资源使用效率，此外还有产业链模式，激励产业链各环节的参与者投入资源并分享整体成果和收益。四是诸如新型书店、网红电商等的"文化+"模式。

但就目前形势而言，内容创业经历了前段时间的发展，也面临一些瓶颈问题。一是资本和资源朝头部内容集中，甚至一些早期内容创业者将自身符号价值人格化、超级IP化之后再平台化，如吴晓波从知识型内容生产者向资本运作者转型，以自身IP的资源聚合力引入资本，再投入新一轮知识型、垂直型IP的孵化打造之中，草根创业者逆袭的机会已经大大减少，内容创业生态渐趋稳定，在创新活力支撑下高速增长的步伐可能慢慢放缓。二是内容创业的专业化、团队化、商业化程度越来越高，对从传统媒体转型过来的、单纯以高品质内容产出为核心竞争力且缺乏运营管理和营销经验的一些内容创业者而言，长期可持续发展面临新的挑战。三是伴随传播技术飞速变革，内容创业本身也需要随渠道形态变革而调整和优化商

---

① 参见王新喜《内容创业最好的时代：背后的机会、泡沫与焦虑》，新浪科技，2017年2月4日，http://tech.sina.com.cn/zl/post/detail/i/2017-02-04/pid8509745.htm。

业模式。例如，网络直播的崛起分流了一些以图文表达为核心竞争力的微信公众号流量，内容创业者过去积累的经验、品牌、流量和粉丝壁垒会在渠道和产品形态的快速迭代中被不断侵蚀。对于资本而言，下一阶段的投资需要更加谨慎，要精准把握未来内容创业整体发展态势，在众多内容创业团队中"淘金"，选择具有可持续内容供给与创新能力、IP价值塑造能力和影响力商业变现价值的项目，以获得良好回报。

2016年12月19日国务院正式公布《"十三五"国家战略性新兴产业发展规划》（以下简称《规划》），数字创意产业首次被纳入国家战略性新兴产业发展规划，《规划》在推进相关产业融合发展部分，提出加快数字创意与电商、社交媒体、教育、旅游、农业等领域的融合，推动数字文化创意和创新设计在各领域应用，培育更多新产品、新服务以及多向交互融合的新业态，形成创意经济无边界渗透格局，到2020年形成文化引领、技术先进、链条完整的数字创意产业发展格局，相关行业产值规模将达到8万亿元。

2015年我国数字创意产业规模达到5939亿元，同比增长22.9%。《规划》从推进数字创意生态体系建设出发，建立涵盖法律法规、行政手段、技术标准的数字创意知识产权保护体系，加大打击数字创意领域盗版侵权行为力度，保障权利人合法权益；积极研究解决虚拟现实、网络游戏等推广应用中存在的风险问题，切实保护用户生理和心理健康；改善数字创意相关行业管理规制，进一步放宽准入条件，简化审批程序，加强事中事后监管，促进融合发展。随着知识产权保护环境的改善和网络用户付费习惯的养成，数字创意产品的消费潜力和市场价值将被进一步挖掘。

（三）民间投资成为文化"走出去"的新兴主力军，以对外投资提升国际传播话语权和中华文化影响力，以海外势能反哺和深耕本土市场，国家战略与商业利益结合部成为热点领域

2016年大连万达集团在海外的系列并购扩张引起关注。收购电影制片

公司美国传奇影业、与法国欧尚集团合作投资后者旗下大型文化旅游商业综合项目 Europa City（欧洲城）、出资 11 亿美元并购美国卡迈克院线、并购欧洲最大院线 Odeon & UCI Cinemas Group、收购全球最大的电视直播制作商之一——Dick Clark Productions 等，大手笔不断，万达选择从下游的院线向上游布局整个影视行业产业链，通过收购院线，可以获得观众、排片和宣传等下游资源，而通过收购上游影视公司，可以直接拿下被收购公司的所有 IP 和经验。这是万达海外影视产业链布局的独特路径。王健林称，未来万达集团将不断做大娱乐文化产业，预计 2016 年文化产业收入将突破 700 亿元；万达将依靠在中国和海外的并购，在 2020 年前实现全球票房占比 20% 的目标。从合作对象的选择上看，万达一直将合作对象锁定为好莱坞电影巨头。王健林还有一个基本的并购逻辑，并购的公司的业务要能在中国落地，能在中国产生高额利润，如传奇影业旗下的电影 IP，可与万达自身拥有的院线、电影制作业务形成影视生态圈，并作为电影产业的延伸，与旅游、儿童及娱乐等相关产业产生互动。

阿里巴巴集团旗下的阿里巴巴文化娱乐集团有限公司于 2016 年进行了一系列国际投资，投资方向包括电影、影视制作公司和娱乐公司，以投资推动内容领域的共同制作开发。阿里影业利用其互联网宣发、在线售票、院线服务和影院运营及娱乐电商系统与海外伙伴深化合作，在回报诉求上更看重长远。在投资影片的过程中，阿里影业的投资回报主要以全球全产业链分账权的形式体现；在与安培林合伙人公司进行合作的过程中，阿里影业的投资回报则包括股权投资回报和阿里巴巴文化娱乐集团影片制作水平的提升。对 SM 娱乐的投资中，阿里音乐能获得的投资回报主要是对方丰富的音频、视频版权资源。

华谊兄弟传媒集团从自身的主营业务——影视制作出发，在全球进行影视制作方面的投资，增加其在国际影片制作与合作项目中的参与机会，增强话语权，加快自身的成长，提升国际竞争力。例如，与 Oakton Circle LLC 合资成立子公司的重要目的之一便是提高自身在国际合拍影片中的话语权和参与度，让国际影片制作者了解、认可并逐步接受中国文化，其乐于在制作的影片中使用中国元素，使合作制作的影片具有更多的中国文化特色。

当前中国文化传媒企业海外投资方式的选择与企业自身基因、企业现有资源、企业战略和目标息息相关。2016年，我国对全球投资的逻辑正在发生巨大变化。由从前借助海外资源和渠道到利用企业自身资源进行整合，显示了我国文化企业国际话语权的增强。目前，我国文化产业的海外投资方式已由早期政府主导的海外交流和联合参展向以企业为主体的投资方向发展。

但在海外投资过程中，需要注意文化折扣和文化壁垒问题。因文化背景差异，国际市场中的文化产品不被其他地区受众认同或理解而导致其价值降低，尤其是喜剧等文化产品非常容易因文化折扣问题而使回报率急剧降低。此外，并购、入股、投资项目和新设子公司均会产生不同的投资风险，文化企业在海外投资过程中应提高风险管理意识，整合社会和资源效益，对每一项企业投资审慎对待，使文化企业海外投资得以良性运行。目前我国文化企业的海外投资大多停留在收益分成阶段，很少有文化企业能够参与所投资项目或企业的管理以及文化产品的生产过程，很多文化企业在生产和管理过程中缺乏话语权。在文化企业海外投资过程中，这种情况对企业对资金的控制有很大影响，如阿里投资的影片采取拼盘投资方式，好莱坞投资者对资金的实际流向往往拥有更大的控制权，阿里作为投资企业，地位非常被动，增加了投资风险。而在其他许多投资案例中，缺乏对资金的控制而导致企业投资回报估计不明确的案例也屡见不鲜。

除了投资风险的增大，对被投资公司上游各领域的深度参与，也能增加投资企业的投资回报。文化领域同样存在其他贸易领域的剪刀差问题，以影视领域为例，影视上游制作和下游的票房分成虽然都是影视收入的重要来源，但单纯参与票房分成的企业容易因上游企业的降维打击而影响投资效益。因此各文化企业在投资过程中应深入参与影视制作过程，而非单纯作为资金提供者和发行伙伴。对生产领域的深度参与也适用于游戏等其他文化行业。

在从事海外投资时，还要科学评估海外投资效果。由于文化产业投资自身具有特殊性，对其评估存在一些难度。文化产业除了具有一般的商业属性外，还在国家形象、历史文化等方面具有延伸性很强的隐性价值，同时部分文化投资具有公益性质，其产生的价值也不能以经济获益衡量。因此，对文化投资的效果评估不能简单地根据短期的报表数据加以论断，而要联系地区特点和长期影响力，进行整体评判。在这方面，需要国家从政策导向和支撑体系上给予更多的引领与支持。

在文化企业海外投资如火如荼的时刻，也应清醒地认识到我国文化企业海外投资中隐藏的风险，在合理估值的基础上，制定合理的投资策略。尤其应防止对好莱坞项目的疯狂哄抢。在缺乏对美国电影市场认识的基础上，许多企业资本疯狂追逐好莱坞大片，但并不是所有的好莱坞大片都是高回报的保证，盲目投资极易造成亏损。在我国文化企业进行海外投资的过程中，只有合理地估值与合理地估计回报才能保证企业和整个行业的良性发展。

（四）人工智能及其类媒体化应用前景看好

2015年以来，人工智能研究与应用场景不断丰富，其广阔前景引发资本强势追捧，创业公司如雨后春笋般涌现，网络巨头们也纷纷布局这一领域。艾媒咨询数据显示，目前超过60%的人工智能创业公司集中在A轮和天使轮阶段，39.3%的公司处于A轮（包括Pre-A和A+），而处于天使轮的公司则占21.4%，处于B轮（包括B+）的公司有7.7%，仅有2.4%的公司已经进入C轮及以上，说明大部分人工智能创业公司正处于成长期，在技术和资本的支持下，产业发展长路漫漫。在产业布局方面，大公司的布局较广，在基础层、技术层及应用层皆有所布局，一些新兴创业公司则专注于某一细分领域的技术和应用研究。阿里巴巴集团公共事务部副总裁刘松认为，未来媒体融合具有在线化、数据化、智能化三大特点，能够解决如下问题：部落化人群的精准投递，对新闻的自动筛选与编辑，对图片信息的自动解读。但国内媒体组织目前对人工智能的媒体化应用开发尚不是很足，主要是一些高科技公司在引领产业创新浪潮。人工智能在媒体领域的典型应用主要是在机器人写作和智能化推荐两大领域，《中国新媒体趋势报告（2016）》数据显示，2016年第三季度腾讯财经机器人写作的文章数量达到了4万篇。机器人写作目前还存在较大局限性，受制于平台数据库积累的大小、质量、类别和算法差异等，而且其在新闻价值判断方面也难以超越记者的长期积淀。从弱人工智能到强人工智能的媒体化应用转变尚需一段时间。

AI 技术的普及正在推动很多类媒体终端的媒体化运作创新。以物联网为核心接入多种智能硬件，智能家居控制的外延持续扩大，各种设备之间的互联互通为智能家居场景化在不同时间和空间的联动打下了基础。在大数据及互联互通的技术协同下，智能家居可实现由被动控制到主动感知学习决策、由单一孤立场景到全生态圈联动的改变，为流量转化变现、情景化消费、系统解决方案服务集成提供了巨大的想象空间，其间的运作思路与媒体非常相近。据市场研究公司 Statista 在 2016 年发布的一组数据：2015 年我国智能家居市场规模达 403.40 亿元，同比增长 41%，预计到 2018 年，我国智能家居市场规模将达到 1300 亿元，未来年均复合增长率将达到 48%，未来"智慧生活"中蕴藏的商机爆发式成长态势可期。此外，如果把人体本身视为一个有温度的终端，类媒体思维一样可以推而广之。入选 2015 年全球成长型公司的华大基因致力于人工智能、生命科学和大数据的融合，以生命大数据推动"精准医疗"发展，因而备受资本市场追捧，甚至有媒体报道称："深圳有不少基金经理认为，作为基因测序的龙头，华大基因上市估值可能一步到位，其市值或直接到 1000 亿元"，华大基因或许会成为下一个市值千亿元或万亿元的科技企业。

中信证券研究院综合未来发展空间、产业投资回报率、产业成熟度、应用场景拓展广度等几个方面横向比较人工智能的各个细分领域的发展前景认为，从产业投资回报率和产业成熟度来看，机器学习、图像识别、智能机器人仍然是最受产业资本青睐的三个细分领域。在商业模式方面，目前人工智能业务应用层主要还是以 B 端解决方案和服务为主，对 C 端产品的需求仍有待挖掘，未来依托技术和数据优势改良传统产业的流程与产品，催生"人工智能＋"新经济形态趋势可期，人工智能产业有望弯道超车，打破互联网经济形态下规模至上的竞争逻辑，培育出一批新的独角兽企业。

BAT 三家在人工智能领域的思路各不相同。百度把人工智能视作公司的重中之重，在 O2O 领域投入使用，人工智能在无人车、智慧城市等未来世界的布局上也是全面开花；而阿里的人工智能放在阿里 DT 大商业体系内，配合云计算、大数据对阿里的电商物流乃至物联网体系展开全面赋能；腾讯对人工智能领域则相对不够重视，虽然也有相应的研究，但更多是交给搜狗去做，这与腾讯近年来剥离电商、搜索无关业务，专注社交游戏的思路是一致的。在一些垂直细分领域也崛起一批潜力独角兽企业，如中国最大的智能语音技术提供商科大讯飞，其也被资本市场看好。

（五）AR、VR 领域商业应用开发持续深化

2016 年年初被一致看好的 AR、VR 技术在媒体领域的深化应用实际表现并未有年初预测的那样火爆。首先，并非所有的内容都适合使用 VR 技术，VR 技术在内容的选择上存在很多限制。比如，在图书出版业方面，VR 技术主要适用于儿童科普类图书，而在新闻报道领域，VR 技术主要适用于灾难性、突发性新闻报道，或者大阅兵、两会、春运等重要的活动，大多数财经报道、人物报道、时政新闻、社会新闻都不适用 VR 技术，因此其在题材的选择上具有局限性。其次，当前 VR 领域存在内容产能严重

不足的问题，资本投资火爆、硬件产品扎堆爆发，但是VR内容并未跟上，真正优质的内容依然没有出现。使用VR技术时，新闻编辑更注重视频中呈现的感官刺激，而忽视了传统媒体制作新闻时需要注意的各种细节。这让新闻报道变得像视频游戏或电影，而不像新闻。新闻报道应该始终围绕新闻这个业务核心，而不是把精力放在技术上。如果急于潜入VR市场，将低质量的内容分发给用户，媒体就失去了它的可信度，同时也失去了它的力量。最后，由于技术因素的限制，当前VR内容的制作成本非常高昂，同时研发需要的时间长，恰好与传媒领域自身特性——时效性相违背，投入与产出不成正比，投入巨额资金制作的VR内容由于时间滞后，新闻价值会降低。当前，传媒领域内还没有成熟的商业盈利模式。

根据市场调研机构CB Insights发布的报告，2016年全球AR、VR领域共获得18亿美元投资，与上年相比增长140%；投资交易共171宗，与2015年相比增长14%。整体上看，2016年硬件获得的投资额占VR领域总投资额的38%，相比2015年有明显的上升，除此之外，投资更偏向于广告营销等变现价值更高的领域以及更具技术价值的软件和解决方案领域。《2017中国VR产业投融资白皮书》数据显示，2015年中国国内VR投资规模为21.8亿元，投资案例共60轮；2016年投资规模达49.8亿元，投资案例共178轮，投资规模增长128.4%，投资轮数增长196.7%。2015年融资最多的领域是硬件环节，2016年投融资结构有了显著的变化，流向硬件的资本由2015年的50%下降到2016年的26%；而流向应用和内容制作的资本有较大提高，由2015年的28%上升到2016年的46%，包括游戏、视频、教育、直播等。其中，在应用融资中，游戏占比最多，视频其次；教育融资在企业级应用中最突出。

政策层面也是利好频仍。工信部、国家发改委将AR、VR列入智能硬件产业创新发展专项行动，文化部鼓励游戏游艺设备生产企业积极引入AR、VR技术，国家发改委将AR、VR技术纳入"互联网+"建设专项，国务院发文要求推动虚拟现实的产品化专利化标准化，商务部、国家发改委、财政部三部委联合发布红头文件,鼓励进口虚拟现实等服务,各个地方也都出台了相应的配套落地措施鼓励支持该领域的发展。

(六)影视投资风险加大,院线加速并购整合

2015年影视行业收视率造假、票房注水、泡沫虚高、并购乱象纷呈,主管部门加大了强化监管的决心与力度。2016年,国家新闻出版广电总局对网络剧审查做出一系列规定,明确提出网剧和电视剧内容统一标准;对电视制播机构,建立随机抽查机制,加强日常监管;对违规影院,以批评为主,最严重的将停止供片;将收视率造假的人员、机构列入黑名单。同时加强对收视率调查的管理,逐步建立有中国特色的收视率调查体系。

从2016年5月市场传出监管层将收紧影视、游戏、互联网金融、虚拟现实四类并购标的重组审核,到暴风集团重组方案被否,再到2016年7月21日欢瑞世纪借壳上市过会,影视类上市公司的监管风向也成为市场关注的焦点。从欢瑞世纪借壳上市过会可以看出,监管层主要是看标的的业绩、资产和评估增值率情况,体现了监管层对影视行业并购坚持"一事一议"审核原则。受监管风潮影响,唐德影视终止收购范冰冰的爱美神,鹿港文化也以收购标的2016年承诺的业绩存在较大不确定性为由,终止了收购天意影视40%股权的重组计划。①

针对影视类上市公司"扎堆"绑定明星IP,深交所专门修改了《深圳证券交易所创业板行业信息披露指引第1号——上市公司从事广播电影电视业务》,从监管层面要求上市公司更详细地披露和明星间的合作。

除人口红利和粉丝效应衰减等因素带来的隐形天花板外,从内容生产到资本运作各个层面的监管收紧,也令影视领域投资的政策风险进一步加大。

---

① 参见朱星《影视类重组遭遇监管寒流》,《新京报》2016年7月27日。

受内容质量的下滑、票补的减少、票房打假等一系列因素的影响，2016年全年实现电影票房收入457亿元，票房收入同比仅增长3.7%。在票房不景气的大背景下，电影公司在抢占档期和排片的过程中进一步挖掘了院线在电影产业链中的重要性，"院线整合"成为业内热点。参考国际经验，目前美国院线市场CR4（行业前4名份额集中度）达到60%，而我国仅为37%，由于我国院线行业市场集中度跟国际发达市场相比较低，而互联网放映渠道异军突起，影院在电影发行环节中的话语权亟须增强，行业数据显示，目前5成院线处于亏损状态，抱团取暖正成为业内过冬的主要方法。近年来，随着院线资产，如万达院线、中国电影、上海电影和幸福蓝海等陆续上市，资本的力量将通过"以大并小"加速行业整合。同时，行业单屏产出由2015年的138万元下降至2016年的108万元，一些影院处于亏损状态，结果会导致部分亏损影院退出市场或被并购，从而加快影院集中度提升进程。①

近年来，院线、影院资产证券化加速，万达院线、幸福蓝海、中国电影、上海电影纷纷上市，大地院线新三板挂牌，文投控股收购耀莱影城100%股权；当代东方分别收购中广院线和华彩天地30%和51.13%股权；阿里影业购买大地院线10亿元可转债及杭州星际80%股权；完美世界收购金典院线100%股份；中国电影收购大连华臣70%股份；万达院线收购世茂影投18家影院、大连奥纳旗下6家影城、厚品文化及赤峰北斗星旗下7家影城100%的股权。

院线渠道作为下游流量入口，拥有多种拓展空间。科技、社交等元素将融入线下影院，影院将成为基于场景消费的娱乐综合体。VR、游戏赛事等更多的交互、开放、娱乐元素的融入，将促使其向移动社交互动性方向快速进化。影院将不再仅仅是观看电影的场所，将与网络大电影的定位和消费模式有明显区别，影院电影消费将更加侧重社交、观影体验、娱乐互动等，未来进行增值服务开发的空间比较大。

---

① 王旺旺：《国内电影院线提前进入并购整合期》，《中国文化报》2017年3月29日。

(七)2017年其他传媒投资热点领域扫描

因为目前我国文化传媒产业新产品、新业态、新模式不断涌现,篇幅所限难以一一深入介绍,在此简单罗列如下几个。

1. 手机游戏领域,IP横向延伸,谋求海外流量红利

Newzoo预计显示,2017年全球手游市场规模将达到国内的3.57倍,与中国大陆文化背景相似的中国港澳台地区和东南亚成为手游出海桥头堡的潜力巨大,日、韩、欧美市场容量大但竞争激烈,印度、拉美等新兴市场目前尚处于流量红利期,如何克服文化壁垒成为关键。

2. 在线教育前景看好

2016年11月7日,第十二届全国人民代表大会常务委员会审议通过《关于修改〈中华人民共和国民办教育促进法〉的决定》,核心是实行非营利性和营利性民办学校分类管理,允许开办实施学前教育、高中阶段教育、高等教育以及非学历教育的营利性民办学校。这对于上市公司和准备上市的公司而言,扫清了上市和并购的法律障碍,未来几年教育资产证券化将加速。而伴随终身学习理念的渗透和中产阶层家庭教育消费升级,依托技术平台进行的个性化、针对性和多样化的在线教育产品创新蕴藏着巨大的市场空间。在教育这一国民刚需点的爆发式创新阶段,投资机会凸显。

3. 广告资源投放领域结构性调整,移动数字营销领域资源吸纳力不断增强

当前,传统媒体的广告预算吸纳能力衰减已成为不争的事实,旅游、零售、服装、教育、金融等新兴广告支柱行业的广告投放费用都在向移动端倾斜,随着消费者越来越倾向于跨屏购物,线上内容与广告信息的界限会更加模糊,广告需向个性化、场景化等非打扰式的方向转变。原生广告会成为未来的趋势,与消费者切实互动也会在一定程度上提升广告转化率。对用户行为的分析则需要LBS、出行、消费、搜索、点击等海量数据作为支撑，从这个角度来说，互联网入口的作用再次凸显，渠道的优势也更加明显。数字营销各垂直领域细分明显，需要根据领域特点有针对性地设计媒体、数据、投放模式的定制化方案。在智能化时代，未来广告平台也将更加侧重搭建和优化DSP、DMP等产品矩阵，并为程序化购买提供技术支撑，继续提高广告投放效率及投放精准性。

第五章
中国报业投资报告

周根红　周亮

周根红，南京财经大学新闻学院副教授，文学博士，传播学博士后

周亮，南京财经大学新闻学院

2016年，中国报业并未走出发展的寒冬，报业发展形势极其严峻，报纸的发行量逐年下滑、广告营收持续再创新低、大量报纸休停并转，报业的生存发展遇到了前所未有的困境。但是，报业也显现出新的发展生机，积极探索与新媒体的融合，采取多种经营模式，实现报业自身利益的最大化，为报业的投资创造了许多新的机遇。

一 当前报业面临的困境

（一）报纸广告大幅度下滑，广告投放行业洗牌

广告的投放是报纸的主要营收来源，因此，广告刊登额就是直接衡量报业经营情况的重要指标。自2012年以来，报纸广告市场进入负增长且连年大幅下滑的阶段，业界更是提出了"断崖式下滑"来描述报纸广告刊登额显著下降的困境。陈国权在《中国报业2016发展报告》中指出，2012年，报纸广告增幅从2011年的11.20%变为-7.30%，2013年又继续下降至-8.10%，到2014年报纸广告的降幅很快就成了两位数，为18.30%，2015年的情况更严重，下滑竟高达35.40%（见图5-1）。2015年与2011年相比，累计降幅已经达45%。步入2016年，情况依然极其严峻，根据CTR媒介智讯和中广协报刊分会的广告趋势数据，2016年，整个传统媒体行业都处于寒冬，传统媒体广告市场降幅为6.0%，其中报纸广告的降幅超过2015年，达到了38.70%。从全年来看，报纸广告上半年降幅高达41.4%，下半年降幅有减小趋势，下降36.5%。

从分行业广告投放看，根据CTR媒介智讯提供的广告趋势数据（见图5-2），2016年，报纸广告各行业全面下降的趋势依然持续，大部分行业降幅超过上年同期。广告规模前5个行业中，只有房地产/建筑工程行业

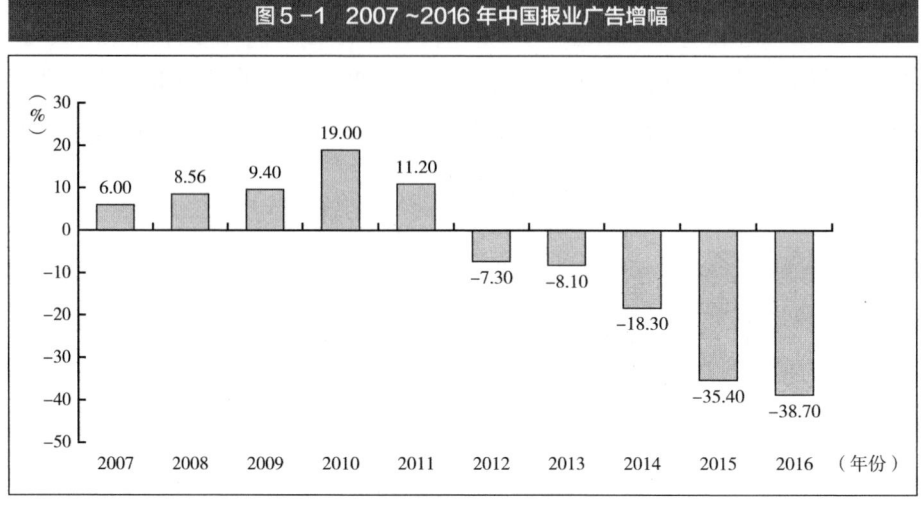

图 5-1 2007~2016 年中国报业广告增幅

资料来源：CTR 媒介智讯和中广协报刊分会的广告趋势数据。

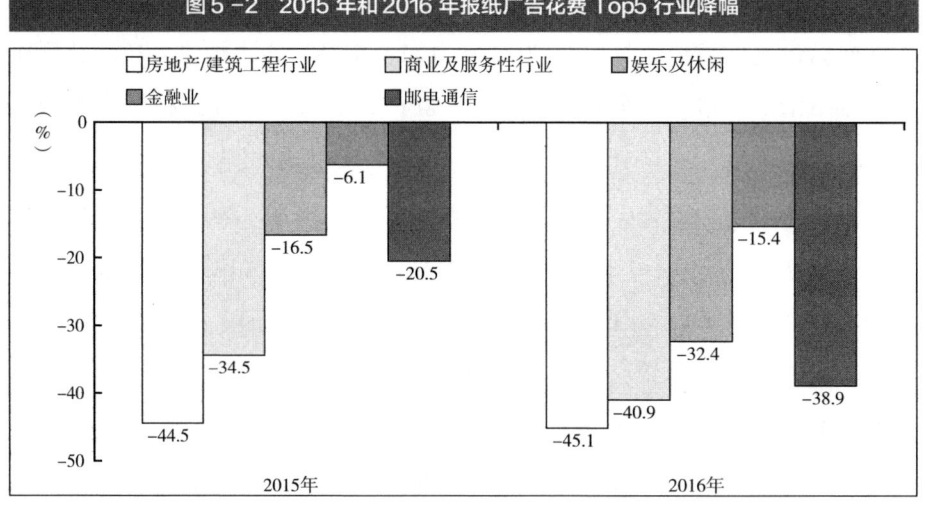

图 5-2 2015 年和 2016 年报纸广告花费 Top5 行业降幅

资料来源：CTR 媒介智讯。

广告降幅大体与上年持平，下降 45.1%；其他行业降幅都明显扩大，商业及服务性行业下降 40.9%，娱乐及休闲下降 32.4%，金融业下降 15.4%，邮电通信下降 38.9%。其他行业中降幅较大的还有：医疗保健下降

37.5%，交通（汽车）下降47.5%，食品下降41.5%，个人用品下降44.7%，药品下降44.6%，家用电器下降45.0%。唯一增长的行业是电脑及办公自动化产品，增长9.2%。①

（二）新闻用纸量进一步大幅下降

新闻用纸量的变化情况，也可以从侧面比较客观地看出中国报业的兴衰。2016年12月7日，2016年中国报业物资供应年会在贵州举行，历时2天，来自全国的120多家报社以及8家纸厂在遵义共同发表《构建纸报新型合作关系遵义宣言》。根据中国报业协会对全国报纸印刷量的调查数据，2016年是继2012年以来全国报纸总印刷量连续第5年出现下降，下降幅度进一步显著增大。2016年国内新闻纸总产量为180万吨，比上年235万吨的产量下降55万吨，下降幅度为23.4%。此外，从库存方面来看，国内五大纸厂库存在8万吨左右，只有不到15天的周转量，已达到历史最低水平。从中国报业协会对全国99家用纸量大的报社2015年、2016年用纸量的调查数据来看，2016年比上年用纸量增加的有16家，减少的有76家，7家持平。这99家报社2016年总用纸量为117.2万吨，比2015年用纸量减少11.8万吨，下降11.9%。从区域市场分析，全国六大区域的报社用纸量与上年相比都在下降。

（三）报纸纷纷休停并转

2016年，报业发展势头依旧冰火两重天，一线都市报受冲击最为明显，部分报纸面临生存挑战，其中知名品牌大报《京华时报》停刊的消

---

① 姚林：《报业融媒体经营新生态初现端倪——2017年中国报业经营趋势及展望》，《中国报业》2017年第1期。

息,对业界造成的冲击最为强烈。2016年11月14日,京华时报社在其官方微博发布消息,确认《京华时报》纸质版将于2017年1月1日休刊,停出纸质版后将全面转型新媒体,而在此前的8月27日,《东方早报》也宣布将于2017年1月停刊,员工整体转入澎湃新闻网。而选择休刊停刊的远不止《京华时报》和《东方早报》,在报业集团发展举步维艰的2016年,创刊34年的《河南电力报》、《鹰潭日报》旗下的《赣东都市报》以及曾为辽宁日报集团四大报纸之一的《时代商报》等多家报纸都因经营困难选择休刊停刊。此外,《中国青年报》宣布2017年周六、周日将不再出版纸质报纸(见表5-1)。

表5-1 2016年和2017年部分报刊休刊停刊名单

类型	名称	媒体简介	创刊时间	休刊停刊时间
报纸	《京华时报》	人民日报社主管主办的新闻类综合性都市报	2001年5月28日	2017年1月1日
	《东方早报》	上海文汇新民联合报业集团出版	2003年7月7日	2017年1月1日
	《九江晨报》	都市类综合报纸,主打财经新闻、生活新闻和社会新闻	2010年10月11日	2016年1月1日
	《时代商报》	传播真正新闻、倡导舆论监督的新闻消费类现代都市报	2005年5月1日	2016年8月31日
	《河南青年报》	河南省唯一以青年为主要读者对象的综合性报纸	1949年6月	2016年9月27日
	《太阳报》	香港东方报业集团下繁体中文报纸之一	1999年3月14日	2016年4月1日
杂志	《瑞丽时尚先锋》	倡导女性尝试新鲜事物、多样选择、多样生活	1993年3月	2016年1月
	《时尚新娘》	引领时尚、传递国际最新潮流的婚尚生活杂志	2009年10月	2016年2月
	《芭莎艺术》	Harper's BAZAAR品牌在中国推出的第4本杂志	2001年	2016年7月
	《大众软件》	中国科学技术协会下属,面向大众的电脑科普类刊物	1995年	2016年12月

续表

类型	名称	媒体简介	创刊时间	休刊停刊时间
杂志	《创业邦》	帮助创业者实现创业梦想，推动各领域高增长	2007年6月	2017年1月
	《自我药疗》	国内第一本针对药店、社区和消费者的健康用药杂志	2009年10月	不详
	《中国财富》	南方都市报、北京大学公民社会研究中心出品	2004年4月	2016年4月25日
	《新视线》	现代传播集团推出的高端时尚生活杂志	2002年4月	2016年7月
	《都市周报》	浙江第一平面媒体《都市快报》的系列报	2007年4月12日	2016年1月1日
	《今日早报》	浙江日报报业集团创办的新锐都市报	2000年10月8日	2016年1月1日
	《外滩画报》	上海报业集团发行刊物	2002年	2016年
	《世界都市 iLook》	创办10年的本土时尚类原创刊物	1995年	2016年

二 当前报业发展趋势和投资机遇

报纸杂志纷纷停刊、广告营收持续下滑、报纸发行量逐年递减，一方面表明了当前报业面临严峻的发展困境，另一方面说明报业面临重新洗牌的转折点，报业集团为了生存发展，在传播内容、媒介融合、经营管理等方面不断创新、突破，为报业的发展提供了新的生机，也孕育了新的投资热点。

（一）政府对报业的支持力度加大

2016年全国两会期间，中国新闻文化促进会理事长李东东联合新闻出版等15个界别的84位委员，向全国政协十二届四次会议提交《关于促进主流报媒健康发展，巩固新闻舆论主阵地的提案》，呼吁建立国家报媒融合发展基金，试点开展报媒股权融资等综合改革，适当减免报业综合税负；建议各级政府将购买报纸纳入公共文化预算，将相关报纸赠送给高校图书馆、农村党支部、贫困地区和偏远山区的农家书屋、困难企业等，不断提升主流媒体的影响力；对各级党报、少数民族地区报、老年报等报纸的公益性进行认定，并按照其所发挥的作用、所承担的公益性宣传任务进行分类，划定一定范围党报党刊作为纯公益性新闻信息生产机构，收支统一归财政管理，不足部分由财政全额补贴。同时，湖南省第十一次党代会上来自长沙市代表团的朱锦辉等省党代表也提交提案：建议加强以党报党刊党台党网为主流舆论阵地的党媒建设，从政策配套、体制改革、要素保障等方面加大对党媒的支持力度，确保党和政府的声音第一时间传到千家万户。在党中央精神的引导下，各省市级相关部门纷纷采取行动，为党媒保驾护航，全国多位省委书记通过致信或批示的方式，为2017年党报党刊发行工作站台撑腰，如湖北省委书记蒋超良、河南省委书记谢伏瞻、安徽省委书记李锦斌、时任山东省委书记姜异康等。

为加强对新闻媒体的财政支持，河北省委办公厅、河北省政府办公厅专门下发《关于加强对各级新闻媒体财政支持的通知》，提出在精确测算的基础上，2017年在河北省率先实现对各级新闻媒体的财政支持全覆盖，切实做好对各级新闻媒体的财政保障，尽快解决新闻媒体目前面临的困难和问题，推动新闻单位加快改革发展。随后，广州市财政局发布《广州市财政局关于下达支持党报媒体发展资金的通知》，提出要安排3.5亿元资金支持党报媒体发展，专项用于《广州日报》的印刷、发行支出，项目承担单位为广报经营公司。此外，为支持深圳报业集团主业转型和媒体融合，深圳市决定连续6年每年给予该集团1亿元财政资助。可以看出，政府对报业尤其是对党媒的支持力度不断加大，投入资金比重也明显提升，政府出力解决报业发展困境，进一步推动新闻单位早日度过寒冬、迎来发展春天。

（二）媒介融合凸显技术因素，蕴藏巨大投资机会

近几年，新媒体的发展使传统报业集团遭受重创，报纸为了自救，纷纷利用新技术与新媒体手段，延伸各种产业，推进媒体融合，2016年取得了可喜成果。2016年6月4日，《深圳晚报》无人机采访队成立，《深圳晚报》先期组成拥有10架无人机的采访队，通过整合人工智能技术，采访真人并制作虚拟视像，可全天候、全方位回答全球受众的提问，成为世界上首家将人工智能技术融入新闻采访实务的媒体，从而开发全新视野的新闻采访模式，实现与深圳ZAKER以及深圳官方微博、微信的即时互动，开启了全媒体资源融合的新阶段；6月15日，人民日报社与腾讯签订媒体融合发展创新战略合作协议，双方约定围绕"融合·创新"的主题，在内容、渠道、平台、经营、管理等方面深度合作，从标准、技术、管理、运营等多个方面推动媒体融合发展；8月22日，人民日报媒体技术股份有限公司和腾讯云合作打造的中国媒体融合云正式上线。

2016年可谓"移动直播元年"，移动直播和短视频被业界公认为当前最大的增长点。纸媒为生存发展谋求转型，在继续打造"两微一端"的同时，开始逐步转向移动直播领域，开启了全新的移动直播新时代。2016年8月8日，由《人民日报》全媒体平台直播的新疆哈密传统刺绣品牌战略网络新闻发布会在线上顺利举行，这是新疆首次以全媒体全网直播的方式举办新闻发布会，也是《人民日报》在视频直播领域的全新尝试。2016年9月2日起，北京新媒体集团旗下的北京时间与《中国青年报》联手组成报道团队，对杭州G20峰会进行全景直播。2016年10月9~12日，《新京报》与腾讯新闻合作推出一档新闻直播节目《我们》，通过视频直播、文字报道多方融合的方式进行全媒体报道。2016年10月23日，由《南方周末》和灿星文化联合投资成立的广东南瓜视业传播有限公司成立，《南方周末》正式涉足视频领域。

VR（虚拟现实）技术的发展也成为报纸实现困境突围的一个新热点，2016年全国两会期间，《人民日报》采用 VR 全景拍摄技术制作的 VR 作品——《VR 带你进会场·政协大会这样开幕》，使用户足不出户，就能看到大会开幕式、人民大会堂内景，以及政协委员们起立唱国歌、听报告的场景，实现真正的 720 度沉浸式体验。《光明日报》的融媒体作品《政协新闻发布会 VR 实况》，使网友点击鼠标或在手机屏幕上滑动手指就可以拉近发布会的任一场景。2016 年 6 月 6 日，《重庆晨报》上游新闻 APP 率先推出全国首个 VR 新闻频道。2016 年 8 月 17 日，首批成员单位即全国 12 家主流报纸在北京成立 VR 新闻实验室，分享 VR 新闻拍摄、剪辑及后期的技巧，在 VR 虫洞网上发布全国各地的 VR 新闻视频，共同探索新闻的另一种表达形式——VR 新闻。①

（三）报业的新媒体形态是未来投资的主阵地

客户端是报纸媒体融合传播的重要渠道，客户端的利用对提高报纸品牌的知名度、扩大受众具有显著的推动作用。2016 年 2 月发布的《中国传统媒体新闻客户端发展报告》显示，主流传统媒体的新闻客户端数量已达 231 个。据人民网研究院公布的"2016 中国报纸融合传播百强榜"，在融合传播百强报纸中，99 家报纸入驻聚合新闻客户端；在今日头条、一点资讯、企鹅媒体平台、搜狐新闻、网易新闻五大第三方客户端入驻平台中，报纸平均入驻量达到 2.3 个，相较于 2015 年的 2.02 个有所增加。然而，报纸本身制作的音视频内容少，有的依托报纸网站在做，依旧不成规模，入驻音视频客户端的报刊数量相对较少，从侧面反映出纸媒在融合传播中还有很大的潜力待挖掘。

---

① 袁月、范以锦：《转型布局轰轰烈烈　未来更重视务实举措——中国报业 2016 回顾与 2017 展望》，《中国报业》2017 年第 1 期。

作为传统媒体自主掌控的移动传播渠道，自有 APP 成为媒体融合传播的重要阵地，2016 年年初，《武汉晚报》以生活服务为主题的武汉观 APP 开始试运营。2016 年 7 月 13 日，上海报业集团与上海实业集团联合打造的"城生活"智慧社区平台品牌战略正式发布，涵盖 APP（客户端、物业端）、微信服务号、线下服务站点、Web 端。

此外，多家报纸也积极主动探索全新的媒体形态。2016 年 6 月 28 日，《新疆经济报》与新疆云联智慧网络科技有限公司联合建设的 MR 融媒体实验室亮相；9 月，《乌鲁木齐晚报》全媒体指挥中心成立，全媒体采编平台投入试运行，《书法报》一网五际融媒体平台启动；10 月 21 日，《南方日报》开启全媒体改版，着力推进《南方日报》、南方网、"南方+"的采编一体化，实现采访部门的跨媒介采写供稿。

（四）部分报刊发行逆势上扬

2016 年，传统媒体广告收入整体处于高速下滑状态，不过，还有部分报纸坚守阵地，实现了逆势上扬。根据 2016 年第一季度《新京报》公开数据，《新京报》第一季度任务完成率比 2015 年逆势增长 22.71%，行业部门新媒体收入增长了 135.2%，1～10 月的广告收入增加了 4.1%，预计 2017 年其利润还将持续增长。《深圳晚报》2016 年上半年的总营收与 2015 年同期相比上升了 23.08%，利润比 2015 年同期增长近 800 万元。浙江《瑞安日报》2016 年业绩逆势上涨 25%，加上非经常性收入甚至达到 50%。此外，党报党刊的强势发展更是超出业界的预料。其中，截至 2016 年 12 月 31 日，《求是》杂志发行 172.9 万份，增长了 14.7 万份。2015 年、2016 年和 2017 年，《南方日报》的发行量增长率分别为 0.73%、1.2% 和 3.6%。

2016 年 9 月 23 日，第四届中国（武汉）期刊交易博览会在武汉召开。中国邮政集团公司在展会期间公布"2016 年度中国邮政发行报刊百强排行榜"和"2016 年度中国邮政报刊阅读百强城市排行榜"（报纸与期刊分别选取50名）。在"2016年度中国邮政发行报刊百强排行榜"中，位居前10位的报纸是：《人民日报》《参考消息》《新华每日电讯》《中国纪检监察报》《光明日报》《经济日报》《工人日报》《扬子晚报》《环球时报》《检察日报》。位居前10位的期刊是：《读者》《求是》《特别关注》《中国纪检监察》《特别文摘》《半月谈》《故事会》《青年文摘》《医食参考》《幼儿画报》。其中最值得一提的就是《光明日报》，其在全国各地订阅量保持80余万份，在适当提高报纸定价的基础上保持了发行量的稳定。在"2016年度中国邮政报刊阅读百强城市排行榜"中，位居前10位的城市为：上海、杭州、苏州、北京、天津、广州、南京、宁波、重庆、成都。

（五）专业化投资发展基金纷纷成立

成立专业化的传媒投资发展基金或文化产业基金是近两年来传媒市场的重要现象。根据万德数据，2015年1月1日至12月22日，媒体行业共发生创业投资基金投资事件97起，涉资达151.94亿元。2016年以来，更多的报业集团、传媒公司纷纷成立专业化投资发展基金。

2016年3月27日，总规模百亿元的广东省首只媒体融合投资基金——广东南方媒体融合发展投资基金在广州成立。基金由广东南方报业传媒集团有限公司、广东羊城报业传媒集团有限公司、广东南方广播影视传媒集团有限公司、广东省出版集团有限公司4家省直传媒出版企业和海通创意资本管理有限公司、中赛信合（北京）投资管理有限公司等金融机构共同发起设立。该基金以面向市场、面向广东、面向新媒体为投资方向，按照市场化原则和股权投资方式，重点支持广东传媒出版企业转型升级和媒体融合重大项目，以金融助力媒体融合发展。

2016年4月1日，湖南日报报业集团与杭州大头投资管理有限公司在长沙签订战略合作框架性协议，双方共同设立文化产业发展基金。该基金投资方向为泛文化领域，包括广播、影视和音乐的内容生产和发行，文化传媒融合发展及创新，文化领域新产品新技术开发，互联网传授及应用工具等。

2016年8月21~22日，人民日报社、招商局集团、深圳市三方共同组建的深圳市伊敦传媒投资基金创立，总规模为50亿元。该基金将以资本壮大传媒，以传媒控制资本，重点支持人民日报社的媒体融合发展重点项目和国内外有影响力的战略新兴文化产业项目，充分发挥"新闻传媒+互联网娱乐互动+金融"的优势，打造多个孵化、加速、整合的上市并购产业平台。

2016年11月23日，在郑州举行的中国报业投资联盟大会暨首届投融资峰会上，河南日报报业集团、湖南日报报业集团、河北日报报业集团、期货日报社、证券时报社国时资产、中原证券、中旅银行、兴业银行消除地域限制和资金壁垒，共同签约成立中报砥石文化产业发展基金。该基金规模为100亿元，根据业务发展分期募集到位。基金采用母子基金方式，下设媒体融合发展基金、文化旅游产业基金、传媒并购基金、上市公司定增基金等子基金。

三　报业发展寻求新的机遇

（一）创办新的刊物

2016年，大量报纸选择停刊休刊，报业可谓一片惨淡，但是仍有一批报纸别出心裁，瞄准社区报、老人报、经济新区、新兴行业等市场空白逆势创刊，创办新的刊物，寻求新的利润增长点，已经成为报业市场上一种全新的创新。

2016年1月4日,《中国纪检监察报》推出新创办的《历史周刊》,该报旨在介绍和传播优秀历史文化、启迪心智、固本培元,同时挖掘和研究廉政建设的经验教训,为创新纪检监察工作提供借鉴;4月8日,由山东广电网络集团与大众报业集团联合创办的生活服务类报纸《近报》创刊,该报每周1期,每期56版,双胶纸双面彩色印刷,周五出版;4月11日,浙南产业集聚区管委会和温州日报报业集团联合创办的《今日开发区》和《浙南产业集聚区》举行首刊仪式,并规定这两份报刊分别由《温州日报》和《温州晚报》负责,《浙南产业集聚区》是温州城区最大的社区报,也是《温州晚报》创办的第5种社区报;5月8日,辽宁报业传媒集团主办的《幸福老人报》创刊,该报为周刊,以"关注老人幸福,专业品质服务"为办报宗旨;5月24日,湖南湘江新区与长沙晚报报业集团合作创办了湖南湘江新区党工委、管委会机关报《湘江早报》;6月12日,由云南日报报业集团主管、云南报业文化投资发展有限公司主办的《云南旅游文化时报》创刊;8月9日,由湖南日报报业集团主管、华声在线股份有限公司主办的专业美食周刊《大湘菜报》创刊,"新湖南"客户端的湘菜频道、"大湘菜"微信公众号同步上线,吸引社外强势资本的入驻,是当前中国报纸经营管理创新之举;9月28日,贵州日报报业集团与贵安新区党工委、管委会联手打造的《贵安新区报》创刊。

(二)报业的资本突围

随着报业发展范式的不断创新和新媒体的飞速发展,资金已经成为报纸媒体发展的重要推动因素。近年来,寻求社会资本的投资和整合内部资产谋划上市,是当前报业发展的重要趋势。①

---

① 邢瑞、范以锦:《资本运营是中国报业做大做强的必由之路》,《传媒》2012年第3期。

2016年7月13日，经人民日报社批准，蓝鲸传媒集团对《国际金融报》的投资正式落定，实现资产证券化，投资完成后，《国际金融报》将建立即时发稿的大金融采编中心，采编中心将有百人左右规模，对银行信托、"理财＋互联网金融"、基金、证券、保险、上市公司、国际金融等方面进行深度垂直报道，而且《国际金融报》的即时发稿系统与蜂网的人脉网络系统结合，将进一步推动蓝鲸财经通讯社的建设。

在报业上市的案例中，挂牌全国中小企业股份转让系统（新三板）成为2016年报业上市的重要现象。2016年6月16日，扬州报业传媒集团旗下控股子公司——江苏江南大业传媒股份有限公司（简称"江南传媒"）在新三板上市，成为资本市场地级市媒体"全国第一股"；7月18日，华媒控股也发布公告称，旗下的浙江风盛传媒股份有限公司正式获批挂牌新三板。

（三）报业版权保护意识强化

由于新媒体的发展、版权意识的淡薄，近年来一些报业集团所属报刊社、出版社及新闻网等部门都发生不同程度的侵害他人版权的事件，而且转载图片、链接视频等版权纠纷有愈演愈烈之势，这不仅给企业造成经济损失，而且影响了传媒公信力。[①]

2016年，报业版权意识明显有所提升。2016年9月19日，在由中国新闻出版传媒集团、吉林日报社主办的首届省级党报采编工作会议上，《北京日报》《重庆日报》《天津日报》《吉林日报》《安徽日报》《广西日报》《湖南日报》等全国20余家省级党报联合发布版权保护宣言。宣言指出，各类互联网及新媒体应充分尊重报刊单位的合法版权，规范各类转载作品的行为；同时，建立一种合法的商业模式和合理的互惠互利机制。针

---

① 王志刚：《报业版权的现实思考》，《中国报业》2014年第3期。

对网络侵权普遍存在的现状，宣言建议各媒体增强法律意识，在适当时机成立全国媒体版权保护联盟，对各种侵权行为及时制止和举报。

（四）多元投资、合作创共赢

向影视、电商等兴盛行业拓宽投资领域，是部分报纸经营管理创新的又一方向。2016年6月22日，《云南信息报》新媒体影视中心成立，并与多家省内视频制作机构签约，布局视频领域的内容生产和传播；7月5日，《北京晚报》宣布正式搭建"北晚优品"官方报商平台。"北晚优品"上线伊始，选择与中粮"我买网"携手，在食品等领域展开战略合作；9月8日，扬州报业传媒集团与支付宝、乐视签约合作，进军新媒体经济领域，同时签约"大运扬州"演艺项目和扬州特色小镇旅游发展有限公司项目，进军旅游业；9月10日，江西日报传媒集团文化创业投资公司旗下的江西永遇乐影视公司作为第一出品人投资的系列数字古装电影《侠骨游医》在浙江横店开机，该系列剧由6个独立的电影组成。

加强与强势新媒体的合作，优势互补创共赢，是2016年中国报业经营管理的新创举。2016年9月1日，南方报业传媒集团与今日头条公司签署协议，双方将在数据共享、技术合作、报告生产、举办研究成果发布活动等方面开展互动合作；9月14日，中国青年报社与北京新媒体集团签署战略合作协议，在内容生产、人才培养、产业拓展、产品营销、品牌推广、团队建设等方面深度合作，次日便启动一场以卢沟桥为主会场、以扬州为分会场的史上最大规模的全球华人赏月直播。

第六章
中国视听传媒产业投资报告

朱新梅　唐　琳
朱新梅，传媒研究专家
唐琳，山东大学新闻传播学院

中国视听传媒产业已经形成全产业链全行业性竞争。在内容生产制作领域，机构众多，不断扩大内容生产规模，提高生产质量；在播出环节，广播电视台之间、在线视听服务机构之间以及二者之间形成全行业竞争格局；在传输覆盖环节，形成无线数字广播电视网络、有线电视网络、直播卫星、移动互联网（含 WiFi）、有线互联网（固网）之间的多头竞争态势；在终端环节，用户可以通过电视机、电脑和手机、平板电脑等收听收看视听节目。各个产业链环节的市场主体，都以自身优势资源为抓手，借助资本力量向产业链上下游拓展，追求纵向一体化发展或者横向多元化发展，推动视听产业新型传媒集团的发展与壮大。

一 播出平台强化优质内容，提高平台竞争力

播出平台多元化必然带来竞争，竞争的核心是通过优质内容和服务，吸引更多用户。2016 年，不论是广播电视台还是视频网站，都在加大内容建设，提高内容吸引力和平台竞争力。

（一）广播电视平台分化，形成梯次化发展格局

2016 年全国广播节目综合人口覆盖率为 98.4%，电视节目综合人口覆盖率为 98.9%。[1] 总体来看，全国广播电视台形成梯次化发展格局。一是一线卫视实力进一步增强，实现逆势增长。CTR 媒介智讯数据显示，2016 年中国广告市场规模下降 0.6%，电视广告花费同比下降 3.7%。[2] 但实力雄厚的一线卫视逆势成长。2016 年，湖南卫视完成广告创收 100 亿元，稳

---

[1] 《中华人民共和国 2016 年国民经济和社会发展统计公报》，国家统计局网站，2017 年 2 月 28 日，http：//www.stats.gov.cn/tjsj/zxfb/201702/t20170228_1467424.html。
[2] 《2016 中国广告市场及传播趋势》，《经济观察报》2017 年 3 月 10 日。

居省级卫视广告创收第1。① 2016年1~10月，上海台传统媒体实现广告收入49.67亿元，同比增长8%，其中东方卫视实现广告收入32.6亿元，同比增长50%。② 浙江卫视2016年实现创收95亿元。广东台2016年全台实现经营收入39.15亿元，其中实现广告经营收入27.26亿元。二线卫视经营压力巨大。如湖北卫视2016年在全国35个城市组平均收视连续4年位居省级卫视前10（见表6-1），3月、4月排名分别冲至全国第7、第8；广告收入年底企稳回升。部分省级台和众多城市台、县级台受各方面因素影响，在媒体融合发展及新一轮全产业链竞争中，渐次落后。

表6-1 2016年省级卫视各城市组黄金时段（18:00~24:00）排名

CSM35 城市组			CSM52 城市组			CSM71 城市组			CSM ALL 城市组		
排名	频道	收视率	排名	频道	收视率	排名	频道	收视率	排名	频道	收视率
1	湖南卫视	0.715	1	湖南卫视	0.777	1	湖南卫视	0.842	1	湖南卫视	0.93
2	东方卫视	0.742	2	东方卫视	0.683	2	东方卫视	0.669	2	东方卫视	0.65
3	浙江卫视	0.641	3	浙江卫视	0.626	3	浙江卫视	0.627	3	浙江卫视	0.6
4	北京卫视	0.616	4	江苏卫视	0.594	4	江苏卫视	0.572	4	江苏卫视	0.53
5	江苏卫视	0.614	5	北京卫视	0.555	5	北京卫视	0.543	5	北京卫视	0.47
6	安徽卫视	0.343	6	山东卫视	0.332	6	安徽卫视	0.333	6	山东卫视	0.33
7	山东卫视	0.323	7	安徽卫视	0.33	7	山东卫视	0.328	7	安徽卫视	0.31
8	深圳卫视	0.307	8	深圳卫视	0.292	8	深圳卫视	0.275	8	金鹰卡通	0.25
9	湖北卫视	0.275	9	江西卫视	0.264	9	江西卫视	0.258	9	深圳卫视	0.23
10	天津卫视	0.266	10	湖北卫视	0.249	10	天津卫视	0.243	10	江西卫视	0.23

注：CSM35城市组和CSM52城市组数据范围为2016年1月1日至12月28日；CSM71城市组和CSM ALL城市组数据范围为2016年1月1日至12月24日。
资料来源：根据中国广视索福瑞媒介研究（CMS）公开数据整理而来，http://www.csm.com.cn。

二是强化电视剧和综艺节目播出。电视剧和综艺节目是吸引用户、提升电视台收视率最重要的节目形态。不论哪级电视台，都将电视剧与综艺

---

① 陈林：《湖南广播影视发展新态势》，国家广电智库（微信公众号），2017年2月28日。
② 朱新梅：《上海广电全面发力 事业产业高速发展》，国家广电智库（微信公众号），2017年3月7日。

节目作为重点节目,加大资金投入力度与播出力度(见表6-2)。其中,实力雄厚的电视台播出的高品质电视剧、品牌综艺节目规模较大,如北京台2016年购买了77部电视剧,其中卫视剧有30部,地面剧有47部,全台21个首重播剧场播出电视剧总量达到2万集,播出总时长约15000小时;① 东方卫视梦想剧场陆续推出《少帅》《女医明妃传》《欢乐颂》《谜砂》《微微一笑很倾城》《胭脂》等立意高、题材新、话题强的精品剧目,在长达7个月的时间里占据黄金时段第1名;② 江苏台播出的电视剧《生命中的好日子》,连续7天收视排名全网第1,全剧平均收视率为1.24%,平均收视份额为4.95%,稳居全国黄金时段电视剧收视排名前列。③

表6-2 2016年几大卫视主推电视剧、综艺节目播出情况

频道	电视剧		综艺节目
中央电视台综合频道(1台)	13部	437集	9档
湖南卫视	15部	636集	16档
浙江卫视	15部	631集	20档
东方卫视	13部	565集	15档
江苏卫视	14部	638集	15档
北京卫视	15部	642集	11档
山东卫视	14部	659集	13档
安徽卫视	15部	629集	10档
天津卫视	13部	596集	10档

资料来源:根据各卫视互联网公开信息整理而来。数据为不完全统计(根据卫视年度推介会公开资料计算),电视剧统计来源为各卫视年度推介大剧,综艺节目包含季播综艺和常规综艺。

2016年,东方卫视喜剧综艺节目强势崛起,第二季《极限挑战》、第二季《欢乐喜剧人》单期收视突破3%,平均收视率超过2%;第三季《笑傲

---

① 朱新梅:《北京广电全面发力、创新发展》,国家广电智库(微信公众号),2017年3月3日。
② 根据上海台有关数据整理而来。
③ 刘汉文:《江苏广电多措并举成效显著》,国家广电智库(微信公众号),2017年3月8日。

江湖》收视连续13周蝉联省级卫视周日黄金档第1。浙江卫视《中国新歌声》《奔跑吧兄弟》等保持标杆地位，《梦想的声音》《王牌对王牌》《来吧冠军》等引发社会关注，有效巩固了省级卫视"前二"的优势地位。江苏卫视《一站到底》《我们相爱吧》《最强大脑》《蒙面唱将猜猜猜》等节目实现好品质、好收视、好口碑。北京卫视推出《跨界歌王》《跨界喜剧王》等20多档季播节目，其中以《跨界歌王》为代表的"跨界系列综艺"将周六晚间时段全国35个城市组的收视提升至1.47%，较2015年同时段的0.96%提升53%。

三是强化品牌节目建设。非一线卫视很难推出季播性综艺节目，往往抓住本台一档或几档品牌节目，努力保持其品牌节目影响力，如辽宁台倾力打造《辽视春晚》，创下2.27%的高收视，网络累计点击率已超过5.8亿次[1]，对提高辽宁卫视收视率和关注度起到了重要的保障作用。湖北卫视强化《如果·爱》品牌，其第三季的网络点击量超过4亿次，微博话题阅读量为15.7亿次。[2]

四是加快推进融合发展。融合发展既是大势所趋，也是抢占未来发展新高地的必由之路。各广电机构纷纷根据自身资源优势，强力推进融合发展。2016年，广电媒体推出一批现象级融媒体产品，形成一批有影响力的新媒体品牌，融合新闻生产传播能力明显提升。如中央人民广播电台以广播云平台为媒体融合统一基础IT平台，搭建四大主要账号和14个频率微博矩阵，粉丝总数达5770万人，新闻类微信账号关注人数超过130万人。湖南台以独家优质节目内容为抓手，以电视屏幕为基地辐射网络终端，形成广泛影响力，其《爸爸去哪儿4》将经典电视IP注入网综，点播量突破36亿次，好口碑刷新网综纪录，70多次登顶Vlinkage、骨朵等网综播放榜TOP1。[3] 上海台视音频新闻媒体融合业务初具规模和影响力。看看新闻网用户数近4000万人，月访问量约8000万次。阿基米德实现了全国7100余档广播节目的在

---

[1] 数据来源于辽宁台。
[2] 数据来源于湖北台。
[3] 陈林：《湖南广播影视发展新态势》，国家广电智库（微信公众号），2017年2月28日。

线直播和 24 小时内回听等功能，用户总数超过 1000 万人。① 江苏台全面布局互联网平台，加强网络电视台、荔枝新闻客户端、IPTV、微信矩阵、微啵网、微啵客户端、互联网电视、手机电视等新媒体业务，打造规模化产品群，扩大新媒体集群的用户规模和影响。浙江台积极培育中国蓝新闻、中国蓝 TV 和蓝天云听三大客户端，上线运营蓝魅直播平台，新媒体矩阵建设初显成效。截至 2016 年年底，中国蓝 TV 手机端用户达到 3500 万人、中国蓝新闻用户有近 240 万人、蓝天云听用户有 60 万人。② 湖北台推出覆盖全省、互联互通的长江云移动政务新媒体平台，汇聚全省广播电视、电子报、网站和两微一端产品 8112 个，17 个市及 103 个所辖县（市）的官方客户端全部建成上线，接入互联网产品的用户总数达到 7800 万人，"政务大厅"入驻 1941 个各级党政部门，其中省直部门有 74 个，打通各级公积金、交管、医疗等垂直领域的 58 类 152 项通用政务和民生服务接口。③ 一些城市台也积极探索融合发展，如山东德州广播电视台结合地市台特点，深化融合发展，加盟轻快云平台，推出奏嘛移动客户端，内容包括 18 个版块，强化本地资讯服务和用户互动，开展大量线下活动，成为当地第一移动资讯平台。其上线 21 个月，总访问量突破了 3000 万人次，成为本地新的舆论宣传阵地。2016 年，该台经营创收逆势增长，同比增长 13.8%。④

（二）视频网站形成 BAT 寡头垄断格局

2016 年，在线视频成为网民第一大休闲娱乐类互联网应用。在线视频广告市场规模同比增长 30.7%，预计将达到 375 亿元。截至 2016 年年底，

---

① 朱新梅：《上海广电全面发力 事业产业高速发展》，国家广电智库（微信公众号），2017 年 3 月 7 日。
② 数据来源于浙江广电集团。
③ 陈林：《湖北广电全面进步、亮点纷呈》，国家广电智库（微信公众号），2017 年 3 月 1 日。
④ 邱红玲：《探索地市台融合发展新路径》，国家广电智库（微信公众号），2017 年 3 月 10 日。

中国网络视频用户达到 6.83 亿人，同比增长近 6000 万人，① 其中付费用户有 7500 万人。用户数量增长带动全平台节目视频点击量攀升，2016 年全网节目视频点击总量超过 8600 亿次，同比涨幅接近 50%。② 2016 年网络视频用户以年轻高知用户为主，每天重度网络视频用户超过 36%，工作日与周末观看平均时长分别为 77.5 分钟与 106 分钟。③

经过多年的竞争，视频网站已形成爱奇艺、腾讯视频、优酷三足鼎立的发展局面，第一梯队的用户数量和营收规模占据 70% 以上的份额（见图 6-1）。特别是爱奇艺、腾讯视频的用户规模与市场份额均大幅增长，视频行业进入寡头垄断阶段，优质自制内容、良好用户体验、深化社交联动、差异化平台布局等都将拉开视频网站之间的差距，行业整体呈金字塔式发展格局。从付费用户规模来看，截至 2016 年 6 月，爱奇艺 VIP 数量突破 2000 万人；截至 11 月，腾讯视频 VIP 数量超过 2000 万人；截至 12 月，优酷 VIP 数量突破 3000 万人。④

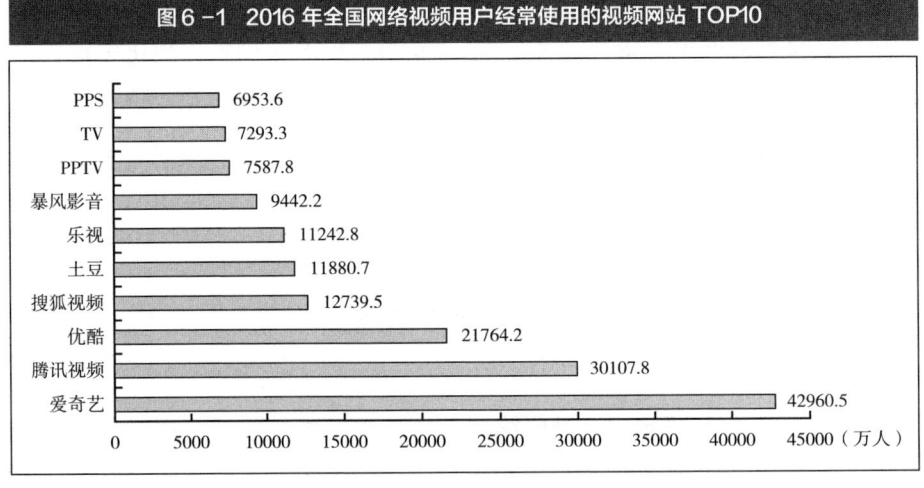

图 6-1　2016 年全国网络视频用户经常使用的视频网站 TOP10

资料来源：美兰德电视覆盖与收视状况调查数据库。

---

① 《传立独家：2017 中国内容产业新势能》，德外 5 号（微信公众号），2017 年 3 月 3 日。
② 《传立独家：2017 中国内容产业新势能》，德外 5 号（微信公众号），2017 年 3 月 3 日。
③ 美兰德咨询公司：《2016 中国视频融合传播白皮书》。
④ 周菁、陈林：《网络视听服务商业模式形成了吗?》，国家广电智库（微信公众号），2017 年 2 月 10 日。

二 内容生产创作全面繁荣,精品力作不断涌现

2016年,中国视听节目内容生产繁荣,在线视频市场规模为609亿元,同比增长56%。① 各种节目内容生产呈现出规模化、差异化、高投入、高质量的发展格局。电视剧、电视综艺、网络剧、网络综艺、网络大电影生产是最主要的节目形态,也是最吸引用户的节目形态。2016年用户付费比例上涨迅速,用户付费占比19.3%,各视频企业发展会员业务,以优秀的内容培养用户付费习惯,以带来视频行业营收结构的调整,预计到2019年,用户付费占比将达到38%,成为视频行业第二大收入来源。②

(一)电视剧产业持续繁荣

一是生产规模庞大。2016年,全国共有备案公示电视剧1207部47760集,获准发行的国产电视剧共242部10344集,较2015年同期减少57部2355集。③ 二是优秀电视剧不断涌现。中国电视剧质量不断提高,涌现出一大批收视率和点击量较高、观众评价较好的作品,如《海棠依旧》《毛泽东三兄弟》《彭德怀元帅》《东方战场》《天涯浴血》《解密》等21部入选百部选题规划的剧目,播出后实现口碑和收视双丰收。《欢乐颂》《微微一笑很倾城》《小别离》等优质剧火爆荧屏,广受电视观众与网络视频用户喜爱。三是投资规模提高。2016年,电视剧投资制

---

① 艾瑞咨询:《2016年Q4中国移动付费视频用户白皮书》。
② 艾瑞咨询:《2016年Q4中国移动付费视频用户白皮书》。
③ 张苗苗:《2016年,中国电视剧行业发展新特点》,国家广电智库(微信公众号),2017年1月12日。

作规模超百亿元，其中投资过亿元的电视剧约有 20 部，如《幻城》总投资达到 3 亿元，《青云志》总投资约 2.8 亿元。四是优质电视剧收视率和点击量高。《锦绣未央》《欢乐颂》《微微一笑很倾城》等多部剧目视频点击量已突破 100 亿次，电视剧全网流量接近 5400 亿次，比 2015 年同期增长 40% 以上，遥遥领先于其他类型节目。[①] 五是网络版权成为电视剧产业的重要收入。华策 2016 年全网剧销售收入达 10.3 亿元，占总体收入的 66.8%，利润占比达 83.79%；全网剧收入中来源于互联网渠道的收入所占的比例超过 30%。

（二）综艺节目爆发式发展

2016 年，中国综艺节目市场形成爆发式发展态势。一是电视台和在线视频平台综艺节目播出规模庞大。据不完全统计，2016 年各省级卫视共有 400 多档综艺节目上线，是 2015 年的 2 倍，创历史新高。[②] 二是电视综艺全面升级。《我是歌手》《奔跑吧兄弟》《极限挑战》等综艺季播节目持续发力，原创综艺《24 小时》《中国新歌声》《跨界歌王》等惊艳荧屏，喜剧类《欢乐喜剧人》《跨界喜剧王》《喜剧总动员》等纷纷上线。三是网络综艺全面爆发。截至 2016 年 11 月 30 日，视频网站的娱乐类栏目备案数达 618 档 6637 期；文艺类节目备案数为 318 档 4881 期；2016 年新制作网络综艺 221 档，同比增长 87.3%；2016 年主要视频网站的网络综艺节目达到 111 档，比 2015 年（96 档）增加 15.6%。2016 年，5 家主要视频网站网络自制综艺节目数量已超过 100 档。[③]《2016 超级女声》《火星情报局》《大牌对王牌》等一大批精品网综上线；《奇葩说》《十三亿分贝》等本土

---

① 《网综、网剧达 2100 部，电视剧流量 5400 亿：2016 网络视频白皮书》，搜狐网，2017 年 3 月 10 日，http://mt.sohu.com/20170310/n482979868.shtml。
② 《传媒内参电视综艺、网综、直播综艺调研报告》，2017 传媒内参综艺高峰论坛，北京，2017 年 1 月 16 日。
③ 彭锦：《理性评说网络综艺》，国家广电智库（微信公众号），2016 年 12 月 31 日。

原创纯网综艺节目快速崛起，其中《奇葩说》第一季的冠名费为 5000 万元，到第三季时总体赞助费达到 3 亿元。①

（三）纪录片产业进一步发育成熟

2016 年，中国电视纪录片全年总产量超过 2.2 万小时，同比增长 15.8%；电视纪录片投资超过 35 亿元，同比增长 29.6%。全国省级专业频道纪录片播出时长达 3 万小时，同比增长 36.3%。② 中国纪录片产业开始成熟。一是参与纪录片生产的主体开始多元化。第一，大型企业参与纪录片生产。如国航投资三多堂传媒出品的纪录片《公司的力量》《大国崛起》；中海油、中石油参与投资《走向海洋》；中信证券、招商证券投资了《货币》等。第二，广告代理商进入纪录片制作领域。如央视纪录频道独家广告代理商中视金桥传媒集团进入纪录片制作领域，设立了 1 亿元人民币的纪录片专项基金，用于推动纪录片产业的发展。第三，地方政府进入纪录片市场。如苏州古镇东山宣布打造中国首个纪录片小镇，并成立东山真实影像基金，探索纪录片衍生产业链开发。二是涌现出一批高口碑、高关注度的优秀纪录片。如《重生》以年轻化的切入视角、生动的再现拍摄，刷新了观众对党史类纪录片的刻板印象；《本草中国》在江苏卫视周末黄金档开播后引起强烈反响，一直保持较高的收视率。三是播出平台开始多元化。第一，进入卫视黄金档。江苏卫视在周五晚黄金档播出中医药文化纪录片《本草中国》，首播收视率达到 0.83%，此后连续多期节目收视均超过多档热门综艺节目。广东卫视黄金时段播出本土饮食文化纪录片《老广的味道》，前 5 集收视率均位居全国卫视前 5 名。第二，新媒体成为重要播出平台。爱奇艺推出纪录片频道，尝试付费点

---

① 《2016 六大视频网站自制综艺节目一览表》，http：//www.wtoutiao.com/p/5b8Ql2j.html。
② 冷成琳：《吸引投资超 35 亿，纪录片市场要爆发了?》，广电独家（微信公众号），2017 年 2 月 22 日。

播;乐视影视、凤凰视频等视频网站也瞄准年轻受众,进军纪录片蓝海。《我在故宫修文物》通过弹幕视频网站哔哩哔哩(bilibili)爆红,成为首部通过视频网站获得大众肯定的纪录片。第三,进入院线放映。2016年共有6部纪录电影进入院线放映,总票房为2.041亿元,其中合拍纪录片《我们诞生在中国》累计票房6653.2万元,《我在故宫修文物》累计票房448.3万元,《舌尖上的新年》累计票房193.5万元,《生门》累计票房71.9万元。①

(四)网络剧快速成长

网络剧已成为视频网站吸金的重要内容,制作规模、质量、播出规模都快速提高,并逐渐与传统电视剧趋于统一。一是制作和播出规模较大。截至2016年11月30日,视频网站共备案网络剧4430部16938集,其中,2016年新制作网络剧60部,同比增长5.3%,累计上线755部,较2015年增长速度有所放缓。二是品质提高。投资上千万元的网络剧已经诞生,演员阵容也从不知名的演员变为更多的一二线明星。2016年网络剧播放量排名TOP10流量达到378亿次,较2015年同期播放量TOP10多250亿次;TOP10网络剧整体播放量从10亿次提升至40亿次,与版权剧进入同一级别。在播出模式上,电视剧"先网后台"的趋势进一步凸显,《老九门》《九州·天空城》《如果蜗牛有爱情》三部网络剧相继反向输送至一线卫视。三是实现网络剧独播和付费收看。2016年网络剧独播平台中,爱奇艺、乐视、腾讯视频遥遥领先。其中,网络剧播放量TOP50独播部数占比由2015年的62%上升至2016年的74%,爱奇艺在独播部数和播放量上均稳居第1,乐视独播部数较2015年上升16个百分点,为24%,位居第2,

---

① 冷成琳:《吸引投资超35亿,纪录片市场要爆发了?》,广电独家(微信公众号),2017年2月22日。

实施自制内容战略效果显著。① 2016 年付费网络剧达 239 部，同比增长 560%。② 据不完全统计，截至 2016 年 10 月 15 日，在优酷、腾讯视频、爱奇艺、搜狐视频等国内 17 家视频网站上线播出的网络剧共 141 部 2615 集，比 2015 年 223 部减少 82 部，降幅为 36.8%。独播已经成为主要视频网站的主流播放方式。2016 年播出的 141 部网络剧中有 113 部采用独播方式上线，占比达到 80.14%。腾讯视频和爱奇艺在独播方面占比较大，独播占比均超过 60%。③ 四是传统电视制作机构进入网络剧制作行业。如慈文传媒则持续布局纯网络剧生产，其作品《示铃录》于 2016 年 2 月上线，播放量超过 1.5 亿次；《执念师 2》全网播放量突破 12 亿次，跻身 2016 第 3 季度网络剧播放量 TOP10。

（五）网络电影两极分化

2016 年，微电影、网络电影共 4672 部，其中网络电影超 2500 部，增速为 260%；网络电影出品公司高达 843 家，是院线电影出品公司数量的 2.1 倍。④ 2016 年，网络电影开始出现两极分化。一是制作机构呈现一家独大的态势。2016 年上半年，7 家平台共上线 927 部网络电影，其中爱奇艺上线 759 部，占行业 80% 以上的份额。二是质量分化。制作日趋专业、精良的网络电影作品纷纷向各平台申请独家网络电影，借助平台的流量、营销等资源加入网络电影市场的头部竞争。如爱奇艺独播网络电影达 186 部。三是投资分化。2016 年下半年，制作成本在 50 万元以下

---

① 《2016 网络剧报告：流量在 20 亿以上的全部由 IP 改编》，搜狐网，2016 年 10 月 18 日，http://mt.sohu.com/20161018/n470594721.shtml。
② 《传立独家：2017 中国内容产业新势能》，德外 5 号（微信公众号），2017 年 3 月 3 日。
③ 周菁、陈林：《网络视听服务商业模式形成了吗？》，国家广电智库（微信公众号），2017 年 2 月 10 日。
④ 《2016 年中国视频行业付费市场研究报告》，艺恩，2017 年 1 月 17 日，http://www.entgroup.cn/Views/38420.shtml。

的网络电影数量占比迅速下降，50万～80万元的网络电影数量占比迅速上升，约占55%；制作成本在150万元以上的网络电影占比10%。① 四是一线电影公司涉足网络电影投资制作。华谊兄弟、华策、博纳等一线电影公司新媒体部门或子公司投资制作网络电影。

三 有线电视加快网络宽带化双向化建设，积极拓展新业务

近年来，直播卫星数字电视、IPTV、在线视频、移动客户端快速发展，有线电视网络面临电信运营商、直播卫星及无线广播电视网络的竞争。中国广播电视网络有限公司联合北京美兰德媒体传播策略咨询有限公司（CMMR）发布的《2016年度中国家庭收视市场入户调查报告》显示，2016年全国收看电视的人口基数为13.14亿人，共计3.67亿户。② 工信部有关数据显示，截至2016年11月底，全国IPTV用户总数达到8201万户，2016年1～11月，净增3611万户。③ 截至2016年年底，全国直播卫星公共服务用户规模达到1亿户。国家统计局发布的《中华人民共和国2016年国民经济和社会发展统计公报》显示，截至2016年年底，全国有线电视实际用户为2.23亿户，其中有线数字电视实际用户为1.97亿户，分别低于2015年的2.39亿户和2.02亿户。④ 2016年，我国居民家庭收视仍以有线数字电视为主，有线数字电视用户规模最大，占比达到64%，但是收视

---

① 彭锦：《2016网大：向野蛮生长说不》，国家广电智库（微信公众号），2017年2月13日。
② 《中国广电发布2016年中国家庭收视市场入户调查》，中广互联，2016年12月31日，http://www.tvoao.com/a/184496.aspx。
③ 梦婕：《2004～2016中国IPTV用户规模变迁之路》，流媒体网，2017年1月20日，http://iptv.lmtw.com/IPro/201701/140777.html。
④ 《国家统计局：2016年有线数字用户同比2015年有所下降》，今日头条，2017年3月2日，http://www.toutiao.com/i6392743635544179202/。

市场份额首次出现下滑，同比下降2.5个百分点，用户流失初见端倪。直播卫星数字电视、IPTV快速发展，收视市场份额分别达到15.7%和9.7%，分别居中国家庭收视市场的第2位和第3位。随着电视信号传输方式的不断演进，普通室内（外）天线等接收方式所占市场份额下降，2016年用户占比仅为0.2%，社区/单位有线局域网逐渐被有线电视公共网取代，2016年用户占比降至0.1%，自备卫星接收天线用户占比降至5.5%。在这一态势下，有线网络运营商纷纷加大网络基础设施建设，推进网络的双向化、宽带化、智能化，为开展基于互联网的各项业务提供技术支撑，加快实现产业转型升级。

（一）网络整合有序推进

2016年，全国有线网络整合取得重大进展。国网公司在互联互通平台、牌照、资金等方面取得突破，全国有线电视网络互联互通平台先导项目上线；工信部颁发了多张跨地区基础电信业务经营许可证，广电进入电信领域有了实质性进展；与10多个省网公司签订合作协议和投资协议，谋求以"增量"带动"存量"的整合发展。各省有线网络一省一网整合基本完成，实现省、市、县三级贯通以及市场和资本整合。城乡数字电视整转平稳推进，农村地区仍以卫星接收为主。同时，区域性广电网络联盟不断涌现，实现有线网络区域化、规模化、集约化发展。截至2016年第3季度，有线电视双向网络覆盖用户达到14531.2万户，占有线电视用户总数的57.08%。有线电视双向网络渗透用户超过6000万户，达到6096.6万户，占有线电视用户总量的比重提升至23.95%（见图6-2）。[1]

---

[1] 中国广播电视网络有限公司、格兰研究：《中国有线电视行业发展公报》，《中国有线电视》第6期。

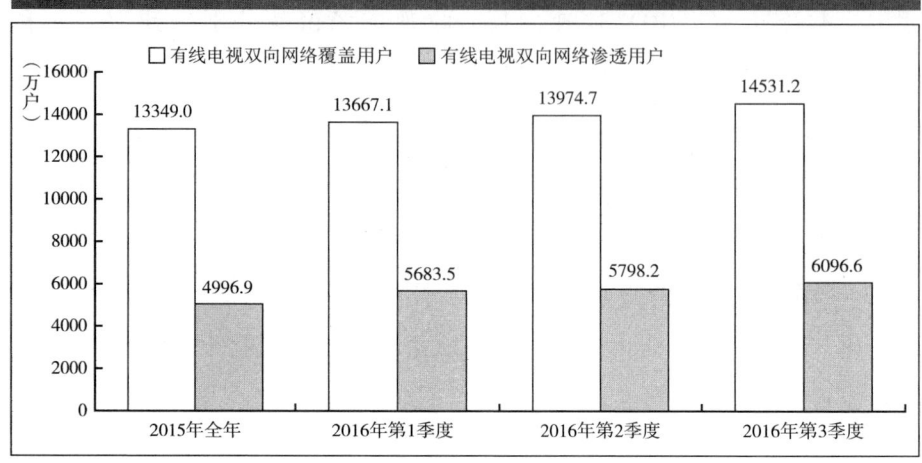

图6-2 2015年及2016年前3季度有线电视双向网络覆盖用户、渗透用户发展情况

资料来源：中国广播电视网络有限公司、格兰研究：《中国有线电视行业发展公报》，《中国有线电视》第6期。

（二）加快宽带广电建设

加快有线网络改造升级，建设双向互动广电宽带，是开展互联网增值业务、巩固用户、吸引用户的基础。2016年，有线电视网络运营商积极实施"宽带广电"战略，建设广电宽带网络（见图6-3）。如歌华有线、湖北广电网络、江苏有线、陕西广电、贵州广电、新疆广电网络等，全力实施"宽带广电"战略，升级改造广电网络。其中贵州广电共投入资金17.62亿元，新建广电光缆63000多公里，在全国率先实现广电光缆行政村全覆盖。

（三）布局智慧城市、智慧家庭

推进智慧城市、智慧社区和家庭信息中心建设，拓展综合信息服务和智能化应用等新业态，成为广电网络转型发展的突破口。广电有线电视网络运营商积极参与智慧城市建设，布局智慧城市业务。2016年3月，陕西广

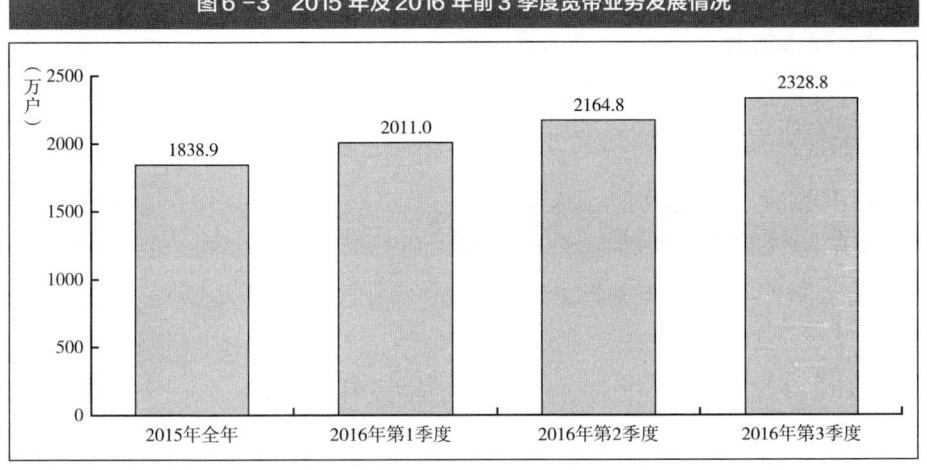

图6-3 2015年及2016年前3季度宽带业务发展情况

资料来源：中国广播电视网络有限公司、格兰研究：《中国有线电视行业发展公报》，《中国有线电视》第6期。

电与同方股份在智慧城市业务上开展战略合作。江苏有线打造"江苏有线智慧广电工程"，并入选江苏省经济和信息化委员会组织评选的"智慧江苏建设重点工程"。广东广电网络未来5年将投资20亿元重点打造"智慧佛山"综合信息服务平台和广电专线网络。①

（四）拓展机顶盒市场

开展终端业务是有线电视巩固用户的基本策略，也是有线网络布局智慧家庭的重要抓手。2016年第3季度，有线智能电视用户新增25.4万户，同比增长162.3%，总量达到320.0万户（见图6-4）。2016年，有线电视运营商推出各种机顶盒，牢牢抓住用户。2016年，贵州广电发布了多款机顶盒，如"魔方"多功能机顶盒、高清互动机顶盒等。2016年5月，歌华有线发布了4K超清智能机顶盒。2016年3月，吉视传媒研发并推出光

---

① 《未来5年省广电网络将投资超60亿元建设智慧佛山》，新浪广东，2016年12月12日，http://gd.sina.com.cn/fs/2016-12-23/city-fs-ifxyxury8131778.shtml。

纤机顶盒,该机顶盒具有看电视和用电视的功能,还可为用户提供高速无线网络接入服务,并成为"家庭管家",实现智能互联。截至2016年年底,吉视传媒机顶盒绑定数量突破60万台,机顶盒手机应用绑定数量达4.5万台。①

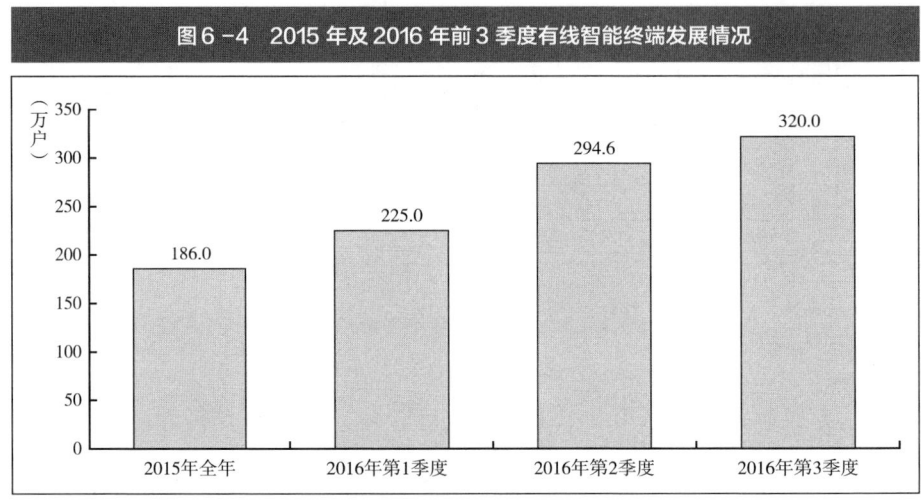

图6-4　2015年及2016年前3季度有线智能终端发展情况

资料来源:中国广播电视网络有限公司、格兰研究:《中国有线电视行业发展公报》,《中国有线电视》第6期。

(五)"广电+"业务快速成长

有线网络通过实施"宽带广电"战略和"广电+"行动,积极发展视频点播、高清超高清电视和宽带接入、VR视频等新业务。一是开展视频点播业务。2016年,超过6成的省网公司开通视频点播业务,有线电视点播用户达到5100万户,占有线数字用户的1/4。其中94.7%为高清视频点播用户。② 如央视和四川广电、歌华有线等10多个省网公司合作,上线

---

① 数据来源于吉林局。
② 陈林:《广电网络进入结构调整升级发展关键期》,国家广电智库(微信公众号),2017年1月25日。

"央视专区",覆盖约 6000 万户有线电视互动用户和宽带用户。二是开展宽带接入业务。① 各省网公司普遍开展宽带业务。2016 年,有线宽带用户数比 2015 年增加 800 万户,规模突破 2500 万户。② 三是开展高清超高清等业务。如"央视专区"互动点播平台以高清、4K 等独家节目内容为主。华数布局 4K 业务,整合上游优质真 4K 内容,为 4K 高端用户提供运营级产品服务。东方明珠与陕西、山西开展高清电视业务和新媒体业务合作,降低高清互动电视用户入网门槛和消费门槛,开创中西部省份"广电 +"业务运营新模式。截至 2016 年第 3 季度,歌华有线高清交互用户达 468 万户,占注册用户数 570 万户的 82.11%③;江苏有线高清用户达到 111 万户;深圳天威高清交互电视用户终端数有 84.6 万个;广西广电高清用户有 100 万户。④

四 布局全产业链,重点投资新领域

2016 年视频创业领域吸引大量资金不断涌入,截至上半年,文娱行业共有 196 家创业企业获得融资,其中 67% 的创业企业与视频相关。⑤

(一)设立投资基金,广泛布局产业链

2016 年,芒果传媒在芒果海通基金的基础上,新设芒果创意孵化基金,建设完成从前端内容孵化到后端投资整合的资本服务链条,形成服务

---

① 数据来源于贵州局。
② 陈林:《广电网络进入结构调整升级发展关键期》,国家广电智库(微信公众号),2017 年 1 月 25 日。
③ 数据来源于歌华有线、江苏有线、深圳天威 2016 年第 3 季度财报。
④ 数据来源于各公司第 3 季度财报。
⑤ 陈林:《网络视听机构解读 2016 行业发展》,《新媒体动态》2016 年第 35 期。

于芒果产业生态的基金体系，投资基金合计管理规模接近40亿元，投资项目大部分为新媒体、直播、影视内容、游戏、体育等行业的龙头企业。芒果文创基金全年实施投资项目12个，投资金额达13.11亿元，其中上海观达影视文化有限公司成功上市。2016年3月1日，腾讯公司正式启动"芒种计划"，对深耕优质内容的媒体、自媒体给予2亿元的资金扶持，以期营造良好的内容创作生态圈。补贴资金年底发放完毕，并于2017年发布"芒种计划2.0"。上海电视台发起设立两个新基金。一是SMG文化创新与创业投资基金，由SMG主投主控，同时向社会资本开放，首期基金规模总额拟为10亿元人民币，针对新内容、新技术和新商业模式，进行较小规模的早期投资，各项筹备工作正在紧张进行。二是东方明珠文化产业基金，通过收购兼并，针对渠道、平台建设，进行较大规模的中后期投资。湖北广电成立星燎投资公司，合资设立2只基金，成立2家基金管理公司，成立3家专业公司。北京广播电台运用合音投资基金、北广文资歌华基金等产业基金，已投资近10个优质项目，对文化创意产业稳步布局。

（二）投资重点新业务，发力网络直播、虚拟现实（VR）、短视频

一是网络直播业务。2016年，集移动化、社交化、视频化三大特征于一体的高互动性娱乐服务网络直播成为视听产业亮点。据中国互联网络信息中心（CNNIC）《第39次中国互联网络发展状况统计报告》，截至2016年年底，网络直播用户规模达到3.44亿人，占网民总体的47.1%。[1] 直播行业规模达到400亿元。直播行业现存平台中，44%为泛娱乐直播平台，34%为秀场直播平台，16%为游戏直播平台。知名的直播平台每日高峰时

---

[1] 《第39次中国互联网络发展状况统计报告》，新浪网，2017年1月22日，http://tech.sina.com.cn/i/2017-01-22/doc-ifxzusws0054915.shtml。

间有三四千个直播间同时在线,吸引的网友量有两三百万人次。但网络直播平台也在快速调整,从顶峰时期的 400 多家回落到年末的 200 多家。2016 年下半年,直播平台融资数量和融资金额都呈下降的趋势。在 PC 端秀场直播市场,老牌巨头 YY、9158、六间房三足鼎立;在移动直播领域,巨头尚未诞生,但整体生态链已初步呈现。①

二是 VR 业务。2016 年,共出现 140 余起 VR 产业投资,总金额近 44 亿元;VR 行业内的企业数量从 200 余家增长至 1600 余家。2016 年 5 月,SMG 召开 VR 大战略发布会,宣布战略投资美国顶级 VR 公司 JAUNT,并联手 JAUNT、微鲸合资成立 JAUNT 中国,为中国用户提供电影级别的高端 VR 影视内容。6 月,SMG 投资的美国硅谷复盛风投参与了 FPS(虚拟现实体验内容工作室,Felix and Paul Studio)680 万美元的 A 轮融资,不断深化双方在资本和内容等方面的合作。10 月,SMG 再次联合复盛风投投资美国 VR 动画顶级公司 Baobab 公司,投资金额合计 700 万美元,成为该轮第二大投资商。SMG 已初步形成了以"内容制作+分发"为主的 VR 战略布局。湖北广电通过全资子公司星燎投资和湖北广电云数传媒共同投资 1000 万元设立威睿科技,专业开展 VR/AR 技术研发应用和市场运营推广;与光线传媒、当虹科技签署"发展广电网 VR 产业"战略合作框架协议,三方将在湖北广电网络率先试行 VR 节目,通过有线网络探索覆盖寻常百姓家的节目运营模式,并利用广电互联网平台将 VR 内容通过互联网分发和营销;携手湖北省鄂旅投置业有限公司,布局 VR 旅游,拟在 VR 线上线下旅游、旅游平台传播、旅游视觉设计和产品创新、资本投资等方面合作。②

三是短视频业务。截至 2016 年 7 月 1 日,短视频行业共获得 43 笔投

---

① 《直播风口〈2016 直播行业报告〉深度剖析》,网易新闻,2016 年 10 月 27 日,http://news.cnfol.com/it/20161027/23705200.shtml。

② 王羽:《2016 年广电网络上市公司都有哪些大动作?》,国家广电智库(微信公众号),2017 年 2 月 17 日。

资，其中截至2016年7月共有9笔投资。许多纸媒和知名从业者转向短视频创业。如前《外滩画报》主编徐沪生，创办垂直短视频平台"一条"，成为国内首个粉丝突破千万人的原创号，短时间内获得1亿元人民币融资；前《三联生活周刊》副主编苗炜推出了"刻画视频"；澎湃前CEO邱兵辞职创业"梨视频"；蓝狮子前主编王留全打造了知识性短视频平台"即刻视频"。2016年，短视频内容应用的垂直化、分众化趋向明显，用户更多更活跃、内容更多更优质、变现方式更多、收入规模更大，短视频市场未来可期。

第七章
中国出版业投资报告

刘建华　靳　柯

刘建华，传媒经济学博士，中国新闻出版研究院传媒所执行所长、副研究员，中国人民大学传媒经济学博士，中国社会科学院文化研究中心博士后

靳柯，云南大学文化发展研究院副教授

一 出版业发展概况[①]

2015年,全国出版、印刷和发行服务实现营业收入21655.9亿元,较2014年增加1688.8亿元,增长8.5%。资产总额为20800亿元,利润总额为1700亿元。[②]

(一)图书出版

2015年,全国共有出版社584家(包括副牌社33家),其中,中央级出版社有219家,地方出版社有365家。从图书规模来看,2015年,共出版图书475768种,增长6.1%。总印数为86.62亿册,增长5.84%。总印张为743.19亿印张,增长5.53%。定价总金额为1476.09亿元,增长8.26%。实现营业收入822.6亿元,增长4.0%。利润总额为125.3亿元,增长7.0%。[③]

(二)期刊出版

2015年,全国共出版期刊10014种,总印数为28.78亿册,降低6.99%。总印张为167.78亿印张,降低8.60%。定价总金额为242.97亿元,降低2.57%。

---

① 本报告数据除注明出处外,其他数据均引自中国新闻出版研究院《2015年新闻出版产业分析报告》。
② 范军:《2015~2016中国出版业发展报告》,中国书籍出版社,2016。
③ 范军:《2015~2016中国出版业发展报告》,中国书籍出版社,2016。

（三）报纸出版

2015 年，全国共出版报纸 1906 种，较 2014 年降低 0.31%。总印数为 430.09 亿份，降低 7.29%。总印张为 1554.93 亿印张，降低 19.11%。定价总金额为 434.25 亿元，下降 2.12%。

（四）音像出版

2015 年，全国共有音像制品出版单位 368 家。出版录音制品 9860 种，增长 3.73%。出版数量为 2.34 亿盒（张），增长 4.46%。发行数量为 2.14 亿盒（张），降低 24.11%。发行总金额为 7.34 亿元，降低 41.09%。出版录像制品 5512 种，降低 5.78%。出版数量为 0.60 亿盒（张），降低 42.86%。发行数量为 0.61 亿盒（张），降低 22.78%。发行总金额为 3.81 亿元，降低 50.39%。

（五）电子出版

2015 年，全国共出版电子出版物 10091 种，降低 14.65%。出版数量为 21438.8 万张，降低 38.83%。

（六）数字出版

2015 年，数字出版实现营业收入 4403.85 亿元，较 2014 年增长 30%，占出版业营业收入的 20.3%，利润总额为 334.55 亿元，较 2014 年增长 25.9%。对出版业营业收入增长贡献率达 60.17%，增长速度与增长贡献率在出版业各类别中均位居第 1。其中，移动出版营业收入为 1055.9 亿元，占数字出版营业收入的 24%。[①]

（七）印刷复制

2015 年，印刷复制业（包括出版物印刷、包装装潢印刷、其他印刷品印刷、专项印刷、打字复印、复制和印刷物资供销）实现营业收入 12245.52 亿元，增长 4.3%；增加值为 3226.95 亿元，增长 4.79%；利润总额为 871.97 亿元，增长 7.0%（出版物印刷、包装装潢印刷、其他印刷品印刷的具体经济指标见表 7 - 1）。

表 7 - 1 印刷复制主要经济指标

单位：亿元，%

类别	营业收入	增长率	增加值	增长率	利润总额	增长率
出版物印刷	1507.92	-0.42	520.12	-0.61	129.77	1.55
包装装潢印刷	9251.21	5.55	2260.63	6.97	600.22	12.96
其他印刷品印刷	1093.47	1.44	357.72	2.38	99.35	-8.07

（八）出版物发行

2015 年，全国共有出版物发行网点 163650 处，降低 3.52%。出版物发行网点从业人员有 69.63 万人，降低 3.20%。全国新华书店系统、出版社自办发行单位共购进 203.09 亿册出版物，花费 2669.38 亿元，与上年相比数量增长 1.62%，金额增长 9.05%。全国实现出版物总销售 199.45 亿册，总金额为 2563.74 亿元，较 2014 年数量增长 0.20%，金额增长 6.14%。出版物纯销售 67.30 亿册，总金额为 779.89 亿元，较 2014 年数量降低 3.66%，金额增长 0.24%。

[①] 范军：《2015~2016 中国出版业发展报告》，中国书籍出版社，2016。

（九）出版物进出口

2015年，全国累计出口图书、报纸、期刊2112.45万册（份、盒、张），实现收入7942.60万美元，较2014年数量降低1.19%，金额增长1.43%；进口2811.75万册（份、盒、张），实现收入30557.53万美元，较2014年数量降低9.84%，金额增长0.64%。全国累计出口音像制品、电子出版物与数字出版物11.98万盒（张），实现收入2542.97万美元，较2014年数量降低54.53%，金额降低12.59%，其中，数字出版物出口112.10万美元；进口11.62万盒（张），实现收入24207.67万美元，较2014年数量降低13.52%，金额增长15.27%，其中，数字出版物进口24098.94万美元。

（十）版权贸易

2015年，全国共输出版权10471种，其中图书7998种，录音制品217种，录像制品0种，电子出版物650种。引进版权16467种，其中图书15458种，录音制品133种，录像制品90种，电子出版物292种。

（十一）上市公司

2015年，32家在中国内地上市的出版传媒企业股市总市值合计6096.0亿元，增加3088.7亿元，增长102.7%。营业收入上百亿元的上市公司分别是长江传媒、中文传媒、中南传媒、凤凰传媒等；利润总额在10亿元以上的分别是中南传媒、康得新（印刷）、中文传媒、凤凰传媒等。

（十二）国家新闻出版产业基地（园区）

2015 年，22 家国家新闻出版产业基地（园区）共实现营业收入 1780.2 亿元，增长 25.2%；利润总额为 281.3 亿元，增长 29.9%。上海张江国家数字出版产业基地营业收入突破 300 亿元，音乐产业基地整体营业收入增速达 439.7%。

二 出版业发展特点

（一）出版产业平稳发展，产业结构发展方向清晰

2015 年，出版业实现营业收入 2.2 万亿元，较 2014 年增加 1688.8 亿元，增长 8.5%。其中，图书出版（占比 3.80%）、数字出版（占比 20.34%）、印刷复制（占比 56.55%）、出版物发行（占比 14.93%）占比合计 95.62%（见表 7-2），四大支柱产业地位稳固，产业结构发展方向基本清晰。报纸、期刊、音像制品等产业继续下滑，面临严峻挑战，但同时这些产业也面临真正转型升级、彻底调整发展方向的机会。

表 7-2 2015 年新闻出版产业结构主要经济指标

单位：亿元，%

产业类别	营业收入	增长速度	比重	比重变动
图书出版	822.55	3.96	3.80	-0.16
期刊出版	200.99	-5.21	0.93	-0.13
报纸出版	626.15	-10.27	2.89	-0.60
音像制品出版	26.25	-10.13	0.12	-0.03

续表

产业类别	营业收入	增长速度	比重	比重变动
电子出版物出版	12.41	13.96	0.06	0.01
数字出版	4403.85	30.00	20.34	3.37
印刷复制	12245.52	4.30	56.55	-2.25
出版物发行	3234.02	6.95	14.93	-0.21
出版物进出口	84.20	13.22	0.39	0.02

（二）数字出版领跑全行业，成为强大增长极

2015年，数字出版实现营业收入4403.85亿元，较2014年增长30.00%，占全行业营业收入的20.34%，比上年增加3.37个百分点，对出版业营业收入增长的贡献率达60.17%，增长速度领跑全行业，成为出版产业的一个强大增长极。

（三）出版物进出口有所回升，数字出版物势头上扬

2015年，相比2014年营业收入降低22.6%、增加值降低22.7%、利润总额降低34.5%的情况，全国出版物进出口有所回升，图书、报纸、期刊等出版物虽然数量继续下降，但无论是出口还是进口，金额均出现增长，说明出版物的知识价值在不断提高。特别是数字出版物，进出口增速较快，将成为出版物进出口的重要支柱。

（四）国家新闻出版产业基地（园区）集群效应明显，发挥龙头驱动作用

22家国家新闻出版产业基地（园区）营业收入增长25.2%，利润总

额增长29.9%。在国家经济新常态背景下，国家新闻出版产业基地能够以这么高的速度发展，除了文化产业作为朝阳产业的强劲发展势头之外，更重要的是基地的集群效应真正启动，成为新闻出版业的龙头驱动力，促进新闻出版企业不断流向有影响力的基地（园区），抱团取暖，最终走上转型升级的道路，实现出版业的融合创新发展。

三 出版业发展趋势与投资机会

（一）发展趋势

1. "十三五"更多有利政策持续推动出版业发展

出版业是文化产业的核心构成部分，一直保持较为稳定的发展趋势，是文化产业的定海神针。国家"十三五"发展规划中，有8个方面涉及新闻出版，如读书看报，推动全民阅读，繁荣发展文学艺术、新闻出版、广播影视和体育事业，加快发展网络视听、移动多媒体、数字出版、动漫游戏等新兴产业，推动出版发行、影视制作、工艺美术等传统产业转型升级，大力发展网络文艺，开展新闻出版传媒企业特殊管理股制度试点，深入开展"扫黄打非"，加强市场监管等。随着《文化产业促进法》《中华人民共和国电影产业促进法》等的实施，未来将有更多有利政策发布，进而加快新闻出版产业发展。2017年全国两会期间，全民阅读再次成为热门话题，提出要大力推动全民阅读，可见党和国家对出版业极为重视。今后，会有更多的关于人才培养、出版管理审批、数字化转型升级、知识服务计划、数字出版"走出去"等方面的政策出台，全民阅读、农家书屋、东风工程的推进，国家出版基金、经典中国、对外图书推广计划、丝路书香等各种出版补贴基金力度的进一步加大，民营书业优惠政策的陆续推出，将从各个方面多管齐下，推动中国新闻出版业的发展。

2. 内容创新不断加强，精品生产长效机制将有突破

从2015年出版业的各项经济数据来看，不论是图书生产、版权贸易还是进出口，虽然在品种数量上较上年有所下降，但营业收入、利润总额、进出口总金额等都呈上升趋势，这就有力地说明了一个问题，图书内容创新在不断加强，质量在不断提高，价值不断被重视，一句话，就是书的含金量高了。纵观新中国成立以来几十年的出版史，精品生产目标从未改变过，尽管发展过程中出现了一些以量取胜、靠卖书号与获取政府出版补贴来确保营业收入的现象，但出版人都认同一个铁的事实，即只有进行精品生产与品牌生产才能永立不败之地，才能获得丰厚的回报。但是，精品生产总是像撞大运一般，很难长久获得，也就是说，精品生产的长效机制还未探索研究透彻，还难以根据一套既定的程式生产出源源不断的精品。当然，像一些出版社如二十一世纪出版社、广西师范大学出版社、社会科学文献出版社，基本上能长期推出精品。相信，"十三五"时期，在政府、业界与学界的共同推动下，精品生产的长效机制将有所突破，内容为王的出版业将迎接发展的曙光。

3. 融合发展不断深入，产业链融合与产业间融合势在必行

传统媒体与新兴媒体融合发展已不能回应当下如此复杂的背景下新闻出版业日新月异的发展态势，融合发展遭遇四大结构性瓶颈：融合创新目的模糊，融合创新主体动力不足，融合创新资本支持乏力，融合创新消费习惯畸变。这些结构性瓶颈的存在，使出版企业不论在融合发展进程中做得再怎么精细与极致，也无法达到既定目标，难免会给从业者带来极大的挫败感，从业者最终会陷入迷茫与自我放弃。因此，必须在方向上加以明确，促进新闻出版业实现真正融合创新发展，必须从传统媒体与新兴媒体融合发展转向产业链的融合发展与产业间的融合发展。为此，企业之间的融合，企业内部业态的融合、渠道的融合、各种技术的融合，市场的融合，体制的融合，如此等等，应该多管齐下，在大数据技术、智能化加工技术、图书传播技术、阅读技术的推动下，实现新闻出版业与新兴媒体、上下游产业和相关产业之间的大融合发展。

4. 出版商业模式悄然重构

在数字技术与移动技术的推动下，在新媒体的冲击下，传统图书出版业发展势头不断被遏制。早在 3 年前，凤凰出版集团对旗下传统出版社的要求就已是零增长，即不需要出版社每年以递增的速度提高营业收入与利润，否则终有一天对利润的追逐会成为压死传统出版社的"最后一根稻草"。出版集团通过自己的品牌优势与集聚效应，积极发展多元产业，打造生态链产业系统，商业模式已悄然重构。在此趋势下，那些依然靠政策垄断、卖书号、申请各种政府项目资助来实现营业收入增长目标的出版社，最终是饮鸩止渴，走向万劫不复的境地。传统出版社应紧抓数字技术与网络技术日新月异的发展机会，利用在线方式提供自己最擅长的内容服务，特别是精品内容服务，这样，传统出版社必然会成为一个吸引较多读者的多功能平台，通过新的商业模式实现盈利目的。

5. 全球化趋势加强，出版业成为国际传播能力建设的重要抓手

世界各国都在积极投身到全球化的洪流中，全球化对中国的影响很大，中国在各个方面都在加快全球化的步伐。2015 年，新闻出版业版权贸易与产品进出口都呈稳定回升态势，由原来的注重出版物数量日益提升到对出版物质量的重视上。在当下碎片化阅读背景下，国际受众亟须通过图书系统了解中国的传统文化与当代文化，从而了解中国的过去与现在，以备将来更好地与中国打交道。中国政府十分重视新闻出版业的国际传播能力建设，通过设立丝路书香工程、经典中国、中国对外图书推广计划等多项图书翻译资助工程，加大对中国图书"走出去"的推进力度，譬如中国对外图书推广计划的翻译资助费用逐年提升，短短几年，翻译资助经费提高到原来的 2 倍，其他如丝路书香工程，借力国家"一带一路"倡议规划，不断加大小语种的翻译资助力度，目的是通过"走出去"的图书影响国际受众，从而提高国家的对外传播能力。

（二）投资机会

1. 精品内容是第一落点

在任何情况下，不论技术、市场、资本、产业等如何变化，不论消费习惯与消费方式如何不同，对于以精神产品生产为主的文化产业而言，现在精品内容是第一落点。精品内容一定能为投资者带来可观的、稳定的经济回报。实践证明，不论是传统出版社如二十一世纪出版社、广西师范大学出版社等，还是原创文学网站如盛大文学、榕树下等，抑或是进行内容的聚合和管理、"一种内容、多种媒体、同步出版"的中文在线等数字出版企业，都通过精品内容保证了广大读者群及市场获利。资本流向精品内容原创与流通领域，是出版投资的第一落点。

2. 童书市场

在数字出版的冲击下，与传统出版受到较大压缩不同，童书市场逆势上扬，领跑出版产业市场。2017年北京图书订货会相关数据显示，2016年童书销量同比增长超过10%，其中绘本童书销售市场尤为火爆，以提升儿童读物阅读体验为出发点的VR、AR等新技术的应用持续升温，成为新一年度的焦点。《大开眼界：西游记》在VR的助力下，取得非常不俗的业绩。绘本童书如《冰雪女王》《白雪公主》《美女与野兽》《爱丽丝梦游仙境》《绿野仙踪》《匹诺曹》等经典童话故事，均深受读者喜爱。中国少年儿童新闻出版总社的《爸爸别怕》《爱妈妈的自言自语》，"植物大战僵尸2"之博物馆漫画、恐龙漫画、中国名城漫画等，曹文轩、张之路经典作品的世界著名插画家插图版，都成为市场上的畅销书。中国父母对童书的投入从来都是毫不吝惜的，相信在未来的市场上，只要有好的童书产品，"70后""80后"这些有强大消费力的父母是不会在意其价格的。童书的原创生产与销售及各种衍生产品市场，具有非常多获利丰的投资项目。

3. 数字教育出版

2015年，数字出版占出版业营业收入的20.34%，已成为出版产业的强大增长极。数字教育出版又是数字出版的核心与主要增长极，"在线教育作为数字教育出版的核心部分，产业发展在2015年取得实质性进展，收入规模达180亿元""江苏凤凰数字传媒公司2015年数字出版收入为8亿元左右，其中约3亿元由数字教育贡献，包括内容方面的数字教材、教辅，软件方面的教学、备课软件，以及技术服务、平台、定制化硬件等"。[①] 我们已进入数字教育时代，人的主体性日益彰显，教育体验日益个性化，用户需求日益多元化，随着大数据、云计算、VR、AR等新技术的深入应用，以在线教育为核心的数字教育出版将有更加广阔的前景，尤其是数字职业教育，会成为一个重要的投资风口。一起作业网、英腾教育科技股份有限公司、中文在线、北大方正、同方知网、龙源等数字出版企业近些年市场影响力猛增，足以说明数字教育出版是投资的一大"金矿"。资本进入这一领域之前，当然还是需要进行充分的市场调研的，考虑到数字教育出版的一些不足与短板，如内容开发问题、数字教育产品与用户需求契合问题、版权保护问题、人才培养问题、应用模式问题、社会责任问题等，都需要投资者以足够的智慧与能力去应对和解决。

4. 网络文学"走出去"

网络文学每年吸引的读者高达2.57亿人次[②]，2016年，中国网络文学"走出去"成绩斐然，引发产业各界对我国内容"走出去"的热议。网络文学之所以能够迅速兴起并走向海外，一是我国网民规模巨大，截至2016年12月，互联网网民有7.31亿人，移动网民有6.95亿人。二是我国网络文学内容储备丰厚，包括传统文学经典作品、当代文学作品与网络原创作品，相关企业投入很大力气做数字化储备工作，如"阅文集团，目前拥有1000万部作品储备、

---

① 尹琨：《数字教育出版蛋糕怎么切》，《中国新闻出版广电报》2016年7月28日。
② 《中国网络文学走出去 打造中国式"好莱坞"》，中国经济新闻网，2016年12月15日，http://www.cet.com.cn/whpd/whrd/1868953.shtml。

400万名创作者,覆盖200多种内容品类,触达6亿用户"①。其他网络文学网站如起点中文网、中文在线、掌阅等,都有强大的网络文学生产与推广能力。三是我国有很多具有国际影响力的作家,如莫言、麦家、刘震云、曹文轩、刘慈欣等,这些作家的作品有很大的英文市场,而且正向阿拉伯文、希伯来文、越南文等多语种、小语种市场扩张,网络作家"我吃西红柿""南派三叔""唐家三少""雾满拦江""天蚕土豆""Fresh 果果"等深受读者喜爱,正逐步走向世界。四是网络文学及其 IP 产品创造了神话般的业绩,如《三生三世十里桃花》《花千骨》《琅琊榜》《盘龙》《逆天邪神》等玄幻小说,其图书和影视产品均取得巨大的市场份额。有数据显示,2016 年上线的网络剧流量在 20 亿次以上的,全部是由 IP 改编的,网络文学有超过 3 亿人的用户规模、800 余万名从业者。② 五是网络文学翻译主体多元,除了中国网络文学网站自组织的翻译、专业翻译公司的翻译、自发翻译网站的翻译之外,还有大量英语世界的中国小说翻译,正是这些翻译力量的推动,使网络文学在国际市场上开疆拓土。六是网络文学有一个不断完善成熟的商业模式,原创文学付费阅读、作家福利、作家品牌、读者粉丝、IP 开发、泛娱乐等的制度安排与思想解放,保证了网络文学的可持续性发展。在网络文学全产业链的任一环节,都能找到适宜的投资机会。

参考文献

范军:《2015~2016 中国出版业发展报告》,中国书籍出版社,2016。
国家新闻出版广电总局规划发展司:《2016 中国新闻出版统计资料汇编》,中国书籍出版社,2016。
黄晓新、刘建华、卢剑锋:《中国传媒融合创新研究报告》,中国书籍出版社,2017。
王志:《北京新闻出版广电发展报告(2015~2016)》,社会科学文献出版社,2016。

---

① 田小军等:《网络文学走出去 机遇挑战同来临》,《中国新闻出版广电报》2017 年 3 月 23 日。
② 李淼等:《影视 IP 开发:沙里淘金需"慧眼"》,《中国新闻出版广电报》2017 年 3 月 28 日。

第八章
中国电影产业投融资发展报告

高利玲

高利玲，中国广播影视报刊协会影视机构委员会副秘书长、中广文投（北京）投资有限责任公司总经理

随着国家对文化产业的扶持力度不断加大,电影产业的发展亦受益颇多。自 2003 年中国电影实施产业化改革以来,我国出台了"影视合流策略""电影精品战略""农村电影放映工程""电影股份制、集团化改革""引进分账大片""院线制"等一系列措施,2010 年国家发布的《关于促进电影产业繁荣发展的指导意见》更是第一次将电影产业提升到战略层面的高度,同时受益于国民经济以及消费水平结构优化的红利带来的文化消费力量增强,当前中国已经成为电影产业发展最快的国家之一。2010 年中国电影票房收入突破百亿元大关,以年均复合增速超过 30% 的速度增长,2015 年达到 441 亿元,2016 年,虽然增速相对放缓,但仍然交出 457.12 亿元的高分成绩单。中国电影稳健增长。2015 年我国年度观影人次达 12.6 亿人次,同比增长 51.4%;2016 年,观影人次为 13.72 亿人次,继续开创新高。2015 年新建影院 1200 家,同比增长 24.8%;2016 年全国新增影院 1612 家,继续保持增长。2015 年新增银幕 8027 块,同比增长 34.0%;2016 年新增银幕 9552 块,年末以 4.1 万块的银幕总数超过美国,成为世界上拥有最多电影银幕的国家。此外,2016 年,中国共生产电影故事片 772 部,动画电影 49 部。全年票房过亿元的影片有 84 部,其中国产电影有 43 部;国产电影海外票房和销售收入为 38.25 亿元,同比增长 38.09%,而 2016 年电影产业投融资也呈现出热于 2015 年的良好发展势头。

一 电影产业私募股权投融资发展情况

据统计,2016 年文化传媒 VC/PE 融资规模为 38.37 亿美元,同比上升 26.75%;融资案例数量为 241 起(见表 8-1),与 2015 年相比上升 15.86%。2016 年文化传媒并购市场宣布交易数量达 316 起,与 2015 年宣布交易数量持平,披露交易规模为 425.91 亿美元,同比上升 14.22%;完成交易方面,2016 年文化传媒并购市场完成交易规模 121.53 亿美元,同比下降 10.80%,案例数量为 161 起,同比下降 2.5%。

表 8-1　2016 年下半年电影产业有代表性的 VC/PE 投融资事件

日期	投资事件	融资方	金额以及轮次	投资方
2016 年 7 月 21 日	创客影视获数百万元融资	创客影视	300 万元(估) Series A	—
2016 年 8 月 09 日	爱迪影业获得融资	爱迪影业	1000 万元(估) Series A	两岸青年(厦门)股权投资基金管理有限公司
2016 年 8 月 09 日	放牛班影视获得数百万元融资	放牛班影视	500 万元(估) Angel	—
2016 年 8 月 10 日	中路集团注资中伟影视	中伟影视	3000 万元(估) Series A	上海中路投资管理中心(有限合伙)
2016 年 8 月 12 日	STX 影业获得融资	STX 影业	2000 万英镑(估)Series B	腾讯科技(深圳)有限公司
2016 年 8 月 22 日	原色映画获得 200 万元融资	原色映画	200 万元 Angel	—
2016 年 8 月 24 日	中和星空获得 C 轮融资	中和星空	1000 万元(估) Series C	—
2016 年 9 月 01 日	奇光影业获和智资本数千万元融资	奇光影业	2000 万元(估) Series B	深圳前海和智资本管理有限公司
2016 年 9 月 01 日	工力影视获国宏嘉信资本注资	工力影视	300 万元(估) Series A	国宏嘉信资本
2016 年 9 月 09 日	BKW Studio 获合一资本 4000 万元投资	BKW Studio	4000 万元 Series A	北京合一科文投资管理有限公司
2016 年 10 月 11 日	派乐传媒获数亿元融资	派乐传媒	20000 万元(估) Series A	易泽资本管理有限公司
2016 年 11 月 1 日	幕和兰道影业完成数百万元融资	幕和兰道影业	200 万元(估) Angel	—
2016 年 11 月 14 日	咸之鱼影视获得普华资本等 350 万元融资	咸之鱼影视	350 万元 Series A	浙江普华天勤股权投资管理有限公司、广东宏太智慧谷投资管理有限公司
2016 年 12 月 5 日	上象娱乐获得 1 亿元融资	上象娱乐	10000 万元 Series A	易泽资本管理有限公司

续表

日期	投资事件	融资方	金额以及轮次	投资方
2016年12月15日	问道创投注资工夫影业	工夫影业（宁波）有限公司	27000万元 Growth	西藏问道创业投资合伙企业（有限合伙）
2016年12月20日	博纳影业获得25亿元融资	博纳影业	250000万元 PIPE	新华联集团、招银国际、国开金融有限责任公司、金石投资有限公司、腾讯科技（深圳）有限公司

注：鉴于篇幅所限，本表仅列出2016年7～12月的VC/PE投融资事件。

从细分领域来看，影视音乐成为2016年VC/PE的重点关注领域，以102起融资案例、11.78亿美元融资规模居于首位，融资案例数量和规模占比分别是50.75%和65.08%（见图8-1）。

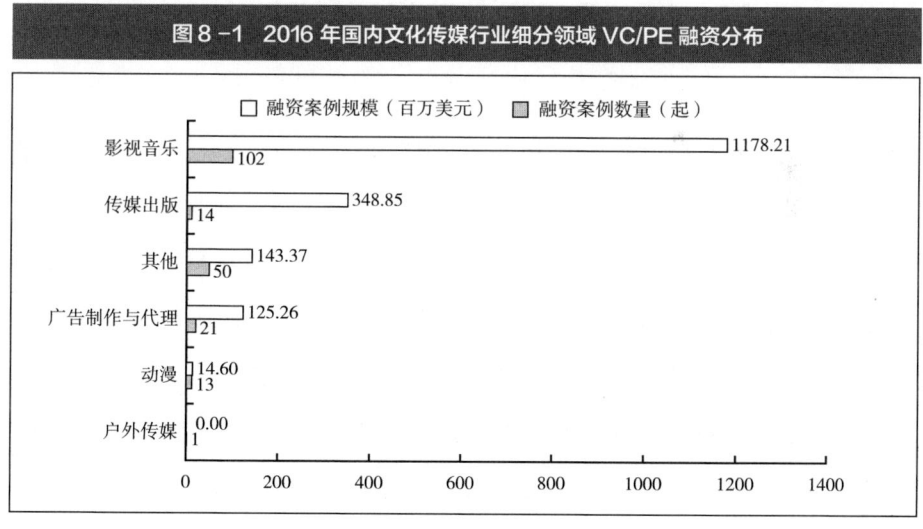

从具体案例来看，在文化传媒投资领域，2016年VC/PE融资案例规模排名靠前的都是高度市场化的电影产业，比如，在该领域排名第1的是博纳影业集团有限公司，2016年获得25亿元融资（约合3.8亿美元），由阿里巴巴影业集团有限公司、腾讯领投，金石投资、国开金融、中植企业

集团有限公司、招银国际（深圳）、中国工商银行股份有限公司、新华联等国内外知名机构参投。融资完成后，博纳影业估值达到150亿元人民币（见表8-2）。

表8-2 2016年国内文化传媒领域获得VC/PE大笔融资的电影企业

企业	CV行业	投资机构	融资金额（百万美元）
博纳影业	影视音乐	腾讯、金石投资等	380.02
阿里影业	传媒出版	鼎晖投资、新浪	258.41
华强文化	影视音乐	致远资本等	154.29
西安曲江春天融和	影视音乐	双子投资	127.26
柠萌影视	影视音乐	弘毅投资、腾讯等	76.00

资料来源：CVSource，2016年12月。

二 2016年电影产业投资并购发展情况

2016年文化传媒并购市场相对于2015年的市场稳中有升，案例数量与规模均有小幅提升（见表8-3和表8-4）。CVSource投中数据终端显示，2016年文化传媒并购市场宣布交易为316起，与2015年持平，披露交易规模为425.91亿美元，同比上升14.22%。其中电影产业并购发生54起，与2015年相比略有上升，披露的并购金额为76亿美元（见表8-2）。

从具体案例来看，2016年国内电影产业也是大的文化传媒产业，并购案例中规模最大的当属大连万达集团股份有限公司旗下的美国AMC院线宣布以9.21亿英镑、约9倍EBITDA并购欧洲第一大院线——Odeon & UCI院线，这是美国AMC院线继宣布并购美国卡迈克院线之后的又一大动作，同时是万达首次对欧洲院线行业的投资。据悉，Odeon & UCI院线是欧洲最大的电影院线，拥有242家影院2236块银幕，绝大多数影城位于欧洲各大城市黄金地段，近12个月收入约为11.56亿美元，占据欧洲约

20%的市场份额，在欧洲主要大国电影市场份额排名中居第1。至此，万达成为横跨中国、美国和欧洲的全球最大的院线运营商。但在美国，有人对万达积极的并购攻势表示警惕。

表8-3 2016年中国电影产业并购事件案例

日期	并购事件	标的企业	金额	买方企业
2016年8月20日	荡麦影业获华策影视千万元级投资	荡麦影业	—	华策影视
2016年8月22日	阿里影业拟增资杭州星际	杭州星际	3900万元	阿里影业
2016年8月25日	华策影视拟向A站增资5000万元	A站	5000万元	华策影视
2016年8月25日	鸣新坊注资影人街	影人街	300万元	鸣新坊
2016年9月13日	完美世界收购今典院线100%股权	今典院线	23088万元	完美世界
2016年9月13日	完美世界收购今典文化100%股权	今典文化	3682万元	完美世界
2016年10月01日	星美联合收购欢瑞世纪100%股权	欢瑞世纪	300000万元	星美联合
2016年10月07日	阿里影业拟战略注资Amblin Partners	Amblin Partners	—	阿里影业
2016年10月17日	中国电影拟收购大连华臣70%股权	大连华臣	55300万元	中国电影
2016年11月04日	文投控股拟以1.87亿美元收购Framestore	Framestore	18700万美元	文投控股
2016年11月07日	汉鼎宇佑拟收购海润影视3.69%股权	海润影视	10339万元	汉鼎宇佑
2016年11月10日	IMAX China获得光线传媒等5000万美元注资	IMAX China	5000万美元	光线传媒等
2016年11月11日	大地梦工厂拟收购广东大地10%股权	广东大地	15000万元	大地梦工厂
2016年11月18日	华谊兄弟注资剧角映画	剧角映画	20000万元	华谊兄弟
2016年11月28日	阿里影业战略注资和和影业	和和影业	—	阿里影业
2016年12月14日	长城影视拟收购首映时代100%股权	首映时代	135000万元	长城影视
2016年12月20日	中植企业等注资博纳影业	博纳影业	—	中植企业等

续表

日期	并购事件	标的企业	金额	买方企业
2016年12月20日	阿里影业等注资博纳影业	博纳影业	—	阿里影业等
2016年12月20日	工商银行等注资博纳影业	博纳影业	—	工商银行等
2016年12月23日	华策影视拟向航美传媒增资4000万元	航美传媒	4000万元	华策影视
2016年12月23日	富春通信拟增资留白影视	留白影视	3520万元	富春通信股份有限公司
2016年12月26日	悦融投资拟收购康曦影业23.74%股权	康曦影业	22078万元	深圳悦融投资管理有限公司

注：受篇幅所限，本表仅列出2016年8~12月并购事件。

表8-4 2016年国内电影企业重大并购案例

标的企业	CV行业	买方企业	交易金额（百万美元）	交易股权（%）
ODEON	影视音乐	万达集团	1313.28	100.00
Dick Cook Studios	影视音乐	嘉视年华	500.00	100.00
欢瑞世纪	影视音乐	星美联合	456.02	100.00
观印象	影视音乐	三湘股份	288.82	100.00
儒意影业	动漫	达禹资产	245.8	49.00
世纪伙伴	动漫	北京文化	205.21	100.00
东方梦幻	影视音乐	恒信移动	196.09	100.00

资料来源：CVSource，2016年12月。

三 中国电影产业IPO上市企业：以新三板上市情况为例

新三板市场是金融创新促进科技创新的重大举措，其开办不仅为资本市场注入了新的生机和活力，而且赋予了各类中小型和创新型企业投融资新渠道。截至2016年年底，我国新三板企业挂牌总数达到10163家，其中中国文化产业投融资数据平台显示，2009~2016年，挂牌新三板的文化企业数量为1279家。

仅 2016 年，便有 818 家文化企业登陆新三板，同期增长 130.42%，挂牌企业数量创历史新高。可见，新三板已然成为我国文化企业争相占领的"高地"。

通过对新三板文化企业的研究，结合电影产业的特点，可以将挂牌新三板的电影企业划分为电影版权交易、电影院线、电影制作发行、电影票务代理、电影相关技术软件制作（简称"软件业"）等几种业务模式。第一，电影版权交易类型的企业一般将小说、剧本、绘画本、卡通形象、游戏等版权的运营作为公司的主要业务。运营模式主要有三种：一是自主研发创意模式，即公司自主研发设计取得版权；二是对外购买相应的版权；三是改良和创新已有版权进而获得新的版权。第二，电影院线类型的企业包含影院和院线两种形式的企业。在运作模式上最主要的是票房分账，即将影院放映所获取的票房收入，扣除国家电影专项资金和增值税及附加后的净票房收入，依约定协议分账给院线，院线同样依照协议将净票房收入分账给电影发行商。另外还包括对影院卖品的销售、基于电影发行的宣传经营等。第三，电影制作发行受市场环境影响，联合摄制的收益分配条款个性化较强，涉及投资比例分配、地区分配、版权类型分配及几种分配方式的结合等，取决于投资方之间的协议。第四，电影票务代理是在电影市场和电子商务市场蓬勃发展的背景下产生的垂直细分领域。这类企业在运营上，通常借助影院运营策划，以互联网平台为基础，提供票务 O2O 服务。第五，电影相关技术软件制作类型的企业主要提供传统影视或者新媒体方面的技术服务，运营上主要采用项目合同模式和通用产品模式，收入和现金流来源于软件的销售和运营服务。

新元文智的中国文化产业投融资数据平台统计，截至 2016 年 12 月底，挂牌新三板的影视、动漫企业共有 156 家。其中电影制作与发行有 25 家（占比 16.03%），电影院线有 8 家（占比 5.13%），电影版权交易有 2 家（占比 1.28%），电影票务代理有 1 家（占比 0.64%），电影网络技术视频制作有 11 家（占比 7.05%），其中电影版权交易、电影票务代理、电影网络技术视频制作涉及电视产业、电视技术产业等。电影产业链节点在 5 个业务类型中开展商业运作，具备一定的行业垂直细分性质，但以电影、电视、动漫为主体的制作发行企业在新三板挂牌的合计占比仍然超过5成，行业内进一步业务细分、企业分工协作仍具有潜力空间。

2016年，挂牌新三板的影视、动漫企业融资有序增长，其中发生融资案例60起，比2015年增长53.85%，包括58起定向发行股票和2起发行债券；融资金额达23.66亿元，相比2015年同期增长7.11%。

从IP潮到爆款剧，新的概念层出不穷，原有的资本与模式不断被重新组合。新元文智的中国文化产业投融资数据平台显示，2016年影视、动漫制作发行领域最受新三板投资者青睐，2016年该领域共发生15起融资案例（占比25%），融资金额为8.78亿元（占比37.11%）。其中电影制作与发行（9起）融资2.42亿元，占比10.23%；电影院线融资1.04亿元，占比4.40%，电影票务代理融资0.39亿元，占比1.65%，电影版权交易融资0.21亿元，占比0.89%，电影网络技术视频制作融资3.88亿元，占比16.40%，其中电影版权交易、电影票务代理、电影网络技术视频制作涉及电视产业、电视技术产业等。

新元文智的中国文化产业投融资数据平台统计，2016年新三板影视、动漫企业投资呈爆发式增长，案例数达228起，相比2015年同期增长418.18%；投资金额合计23.11亿元，相比2015年同期增长345.76%。新三板文化企业的主要投资方式包括并购企业、股权投资、投资基金、设立子公司。其中设立子公司为2016年新三板影视、动漫企业的主要投资方式，案例数达155起，占比67.98%；投资金额达12.87亿元，占比55.69%；占比均已过半。

投资方面，2016年新三板电影制作与发行企业大幅扩张，42起投资案例的投资金额达到8.86亿元，占比38.34%；电影院线投资金额为2.50亿元，占比10.82%；电影版权交易投资金额为0.02亿元，占比0.09%，电影票务代理投资金额为0.25亿元，占比1.08%，电影技术网络视频制作投资金额为1.44亿元，占比6.23%，其中电影版权交易、电影票务代理、电影网络技术视频制作涉及电视产业、电视技术产业等。

四 中国电影的海外投资与国际合作热潮来临

根据报道，2016年文投控股以1.87亿美元的价格获得Framestore 75%的股份，公司的创始人兼CEO William Sargent等管理层将继续在公司效力。"通过与文投控股HIC的合作，Framestore将增强在欧美的竞争力，并将加快公司进入中国市场的进程，并提高进入其他亚洲市场的速度。"William Sargent说道。作为土生土长的英国特效工作室，Framestore大本营在伦敦，但是在洛杉矶、纽约和蒙特利尔都有分公司，在全球有1400名员工。Framestore通过2008年的《黄金罗盘》获得了奥斯卡和BAFTA的特效奖项，其后又参与《地心引力》、《银河护卫队》和《火星救援》等好莱坞大片的制作。在VR方面，Framestore也是最早开始制作VR内容的特效公司，团队制作的VR内容大家应该都很熟悉，或者至少这些IP大家都很熟悉：《冰与火之歌》体验"Ascend the wall"、漫威《复仇者联盟》"复仇塔之战"，还有之前IN2曾经详细介绍的谷歌文化博物馆体验"博物馆之夜"。

无独有偶，阿里巴巴影业集团有限公司（以下简称"阿里巴巴影业"）在2016年10月宣布投资Amblin Partners，并与其制订基于未来全面战略合作的一揽子协同发展计划，合作范围包括电影投资、联合制作、衍生品及宣传发行。根据双方协议，阿里巴巴影业将收购Amblin Partners的部分股权，成为Amblin Partners公司的战略股东之一。此外，阿里巴巴影业将派驻一位代表加入Amblin Partners的董事会，参与公司重大事项的决策。Amblin Partners于2015年12月成立，拥有Amblin、DreamWorks Pictures及Participant三大电影制作品牌，另外还拥有电视内容制作品牌Amblin Television。

其实，北京新原野娱乐传媒投资早在2011年就投入1000万美元，与好莱坞电影公司华纳兄弟等成为科幻大片《云图》的投资方，这也是当时中国企业在海外最大的一笔影视投资。当时业界的有识之士就认为，"中国电影发展到现在这个阶段，必须走向国际市场，并购、合作等方式会让中国电影走得更快，这样生产出来的'混血'电影带有电影强国的基因，生命力会更强"。如果说当时新原野投资《云图》还有些"尝鲜"的意味，那么近几年投资海外影片似乎已成为许多国内电影企业的"必修课"。万达集团继收购美国 AMC 院线之后，又于 2016 年 1 月收购了美国传奇影业公司，成为迄今最大的一起海外文化并购。万达打造的电影制作、院线、发行产业链，极大地增强了万达在全球电影行业的核心竞争力和话语权。不过，像万达这样财大气粗直接收购好莱坞电影生产企业和院线的公司并不多，更为广泛的方式是联合成立公司或合作推出影片。2014 年，奥飞娱乐与美国新摄政娱乐公司达成深度合作，先后投资了新摄政娱乐公司制作的三部好莱坞大片《荒野猎人》《刺客信条》《细胞分裂》，投资总额不超过 6000 万美元。2015 年 9 月，上海华人文化产业投资基金与华纳兄弟在中国香港联合成立旗舰影业公司，共同开发制作华语电影和英语电影，面向全球市场发行。2015 年，电广传媒与曾出品《暮光之城》《饥饿游戏》的美国狮门影业达成了 3 年内合作 50 部电影的协议，预计涉及金额达 15 亿美元。电影频道旗下的 1905 影业公司，则先后参与和投资了《变形金刚 4》《碟中谍 5》《终结者 5》。就连刚刚涉足电影产业不久的阿里影业也在 2015 年参与了《碟中谍 5》的投资（见表 8 - 5），迈出了其"打造全球最大娱乐公司"的第一步。阿里影业相关负责人表示，目前阿里在好莱坞并没有公司并购计划，但合作会持续开展，一方面是参与投资好莱坞国际大片，另一方面是与好莱坞合拍由阿里主导的影片。

中国对海外电影的投资目前已经实现三个突破：中国资本已经从 2011 年一开始的单一项目投资过渡到对海外电影公司尤其是电影院线的股权投资；从单一的财务投资过渡到对电影产业的战略投资；从单一的内容制作投资过渡到了对电影制作、电影院线以及电影技术的全产业链投资。

表8-5 2015年中国电影企业国际化合作的主要行动

电影公司	国际化合作的主要行动
华谊兄弟	2015年4月,与美国STX公司签署协议,在2017年12月31日前,双方将联合投资、拍摄、发行不少于18部影片
博纳影业	2015年11月,以2.35亿美元投资美国TSG娱乐金融,后者是20世纪福克斯长期的融资合作伙伴,此前已与福克斯签署拼盘融资的协议
电广传媒	2015年2月,与狮门影业达成合作,电广传媒可在狮门未来3年内投拍的电影中投资25%,并获得狮门影业每年4部影片的国内代理销售权。狮门影业则参与由电广传媒主导的合拍片的制作和海外发行
万达影业	2015年11月,以22.46亿元收购澳大利亚第二大电影院线运营商Hoyts
乐视影业	2015年11月,宣布与好莱坞达成12部电影项目合作,合作伙伴包括狮门影业、黑马漫画公司、《狮子王》导演罗伯·明可夫等
阿里影业	2015年6月,宣布与美国派拉蒙影业签署合作协议,投资好莱坞大片《碟中谍5》
华策影视	2015年11月,与福斯国际、极光影业和《蝙蝠侠》系列制片人迈克尔·奥斯兰达成多部影片的合作计划
华人文化产业基金	2015年9月,宣布与华纳兄弟合资成立旗舰影业

五 2016年中国电影产业投资需要关注的几个层面

(一)政策层面:电影产业政策的出台为电影产业投资保驾护航

2016年11月7日,第十二届全国人大常委会第二十四次会议通过了《中华人民共和国电影产业促进法》。该法于2017年3月1日实施,同时,实施多年的《电影管理条例》将依据《中华人民共和国电影产业促进法》(以下简称《促进法》)进一步修订完善。《促进法》将推动电影行业由行政法规监管转向专门法监管。有三大看点:一是政府简政放权,降低市场准入门槛，鼓励企业从事电影摄制等活动，监管放松且具有弹性，激发行业内容创作活力；二是政策福利释放，财税、金融、企业用地、设立产业基金、融资信贷支持等扶持措施激励社会资本进入；三是明确违法行为的社会投诉处理制度并建立社会信用档案制度，为维护消费者权益和保护知识产权提供基础。当前，高亏损和严重依赖票房收入是电影产业发展的重要制约因素。2015年生产的686部影片中未上映影片占53%，投资亏损率为80%。中国电影产业80%以上的收入来自票房收入，而美国只有20%的收入来自票房，其余80%均来自衍生品销售。《促进法》提高对国产电影全产业链税收优惠并积极引导社会资金支持电影产业发展，有利于我国电影产业收入结构的调整，促进我国电影衍生品市场发展，有效引导电影产业横向和纵向协同发展。

（二）资本层面：电影基金的投资逻辑与风险

据不完全统计，截至2016年年底，国内的影视基金超过20只，大多成立于2014年和2015年。新生力量的快速发展带来了激烈的市场竞争，特别是对优质IP和大热明星的追逐，在过去两年中较为常见，2016年更为激烈，这本质上是一个基于数量比拼的"跑马圈地"时代。仔细研究电影行业产业链就会发现，电影业的格局比较复杂，导致单个电影项目风险较大。而电影票房经过电影专项基金、院线和影院的分成、发行方提取的"过滤"之后，最后投资方和制作方的分成不到40%（这其中还要扣除前期投资的成本费用）。在这样的收入分配链下，投资方对电影项目的评估带有某种"赌"的成分。因此不难理解，有些影视基金的投资逻辑为"追明星、抢IP"，因为无论是明星还是知名IP，都能迅速营造可观的粉丝效应，因为粉丝即市场。然而，从2016年开始的国庆档票房遇冷揭示了一个现实：观众越来越关注电影内容的质量。简单的明星叠加和IP获取并不一定能够为投资方带来大的回报。IP经济和粉丝经济未来将从攫取资源模式过渡到整合资源模式。而无论投资方在"约定固定投资回报""保本分成"

"同股同权"中选择哪种投资方式，都要求其更加了解影视行业的基本规律。投资方要能够获取优质剧本、优秀制作班底和演员班底，同时要在宣发和院线等渠道端控制成本，进一步降低风险。另外，部分影视基金目前的投资逻辑逐渐趋向"俯瞰全产业链"，除了把握核心内容之外，投资方更加注重优质项目的衍生能力以及与产业上下游的关联性。投资方如果能以产业链并购的方式介入，将在更大程度上优化资源的整合能力，实现效用叠加。例如，随着"视觉大片"的崛起，针对视觉效果的三维建模、图像渲染、虚拟摄像等技术类公司正在不断孕育之中，如果具有投资经验和行业经验的优质资本介入其中，就能很好地推动剧本制作、影片发行及技术支持形成良好的联动关系。换言之，影视基金未来比拼的或许不再是纯粹的资源抢夺，而是更加理性地利用资源、拆解资源、孵化资源、延伸资源，从而沿着产业链形成更加理性的投资策略。

（三）技术层面：2016年VR电影投资的机遇与风险

在电影史上，技术的变革往往会带来产业的重构，如从无声到有声、从黑白到彩色、从2D到3D等，都曾使电影产业发生巨大的变化，而正在蓬勃发展的VR（虚拟现实）技术则被认为最有可能改变当下电影的生态。通过可穿戴设备，VR能向用户呈现360度的画面，提供一种沉浸式的体验，颠覆过往的观影体验。在美国，VR已经引起了投资界很大的关注，2010~2015年，有超过40亿美元资本投向VR领域。高盛集团预测到2025年VR市场营收可能达到800亿美元。在一片追捧声中，Facebook、Google、苹果、微软、三星、索尼、佳能等IT和互联网巨头都在研制VR设备。而好莱坞各大电影公司也在探索VR内容的制作。例如，福克斯在2016年1月推出了电影《火星救援》的配套VR体验，得到了不错的反响。而迪士尼旗下的工业光魔也正在为《星球大战》开发VR体验。

在国内，VR也已引起投资关注。从2015年开始，华人文化基金领投了好莱坞的VR技术和内容开发公司Jaunt。华谊兄弟投资了北京圣威特科技公司，开始布局旗下实景乐园里的VR游玩项目，根据电影《集结号》开发的VR-RIDE（虚拟骑乘）项目将于2017年在苏州华谊电影世界推出；兰亭数字投入百万元拍摄了12分钟的VR短片，动漫电影公司米粒影业创造了一个名为"星核"的IP，开发出配套的VR体验，以线下体验馆的方式经营；原土豆网CEO王微创办的追光动画也运用VR技术推出了动画片《小门神》的预告片《再见，表情》。种种迹象表明，在中国，VR也正在成为新的投资热点。对于电影工业而言，VR时代的来临将激发全新的消费点，如对VR设备和VR体验的购买，很多业内专家预测，VR设备进入平常百姓家只是时间问题。VR将给传统的生产和消费体系带来巨大冲击，如在内容生产上，传统的叙事规律和拍摄方式将被打破，传统的电影叙事往往是线性的，通过限制视角和剪辑引导观众理解，而VR电影打破了这种线性，观众可以四处看，每个人的观看轨迹可能是不同的，那么如何组织叙事，如何在主线故事和观众的个人体验之间实现平衡将成为问题。在技术层面，拍摄时如何进行场面调度，如何处理场景和声音的自然切换这些看似简单的问题也变得艰难。这些问题目前都还没有标准答案，电影公司几乎在同一起跑线上，新一代的影视巨头可能会从成功解决这些问题的公司中产生。而对于传统的电影院而言，VR可能带来的却是灭顶之灾。因为VR电影的入口将是头戴式眼镜等设备，无须前往电影院观看。电影院只有调整自己的功能定位、利用社交性优势，才能在VR电影时代赢得生存空间。对于有意投向VR电影领域的中国资本来说，VR领域仍是一个混沌的领域，可能在较长时间内仍是"烧钱"的游戏，若没有雄厚的资本实力，将面临极高的半途而废的风险，但一旦在探索中发展出独特的技术优势或掌握新的创作规律，生产出受观众欢迎的作品，那么VR企业所得到的回报也将是巨大的。

（作者声明：本文的撰写借鉴并参考了2016年的相关数据以及观点，这些数据和观点来源于投中集团以及新元文智的中国文化产业投融资数据平台等机构，在此作者一并致谢。）

第九章
中国书店零售业投资报告

雷乡丰　牛耘

雷乡丰,管理学硕士,中国建银投资有限责任公司战略发展部业务副经理
牛耘,经济学硕士,建投书店投资有限公司业务发展部业务经理

引 言

书店往往会被赋予特殊的意义，代表的不仅仅是书，还包含着人文、艺术和生活的精神，是有代表性的文化符号。书店长期耕耘于一个城市，不可避免地带有这个城市的文化气质，反过来也会丰富城市的文化底蕴。

前几年，在网络书店快速发展、租金和人力成本不断上升等压力下，实体书店陷入巨大的困境。席殊、明君、思考乐、第三极、风入松、光合作用这些大家耳熟能详的实体书店陆续倒闭，一时间"实体书店已死"的声音甚嚣尘上。但最近两年，实体书店以新的面貌卷土重来，诚品、方所、言几又、西西弗、钟书阁、字里行间、建投书局、单向空间、猫的天空之城这些新兴文化空间成为人们关注的焦点。动辄两三千平方米的文化空间包含几乎所有能想到的文化产品和服务，但书籍本身所占的比重明显下降。那么，过去一年，中国书店零售业的发展环境和发展现状如何？对投资者而言意味着什么？未来又会有什么样的发展趋势和投资机会？

本文以书店零售业为研究对象，试图回答上述问题。一方面，本文将研究图书出版发行市场和书店零售业的整体发展现状和特征，探讨书店在未来应如何调整战略方向、明晰商业模式、找寻一条可持续的发展道路，对书店经营企业改善经营管理具有一定的实践意义；另一方面，本文将梳理书店零售业的投融资状况，分析行业的投资环境和潜力，并在探讨行业发展趋势的基础上指明若干可能的投资方向，对投资人的投资行为也具有一定的指导意义。

本文的主要研究方法有文献阅读法、统计分析法、案例分析法、比较分析法等，主要内容安排如下：第一部分梳理2016年中国书店零售业发展面临的经济环境和政策环境；第二部分讨论中国书店零售业发展的现状；

第三部分从行业规模、发展定位、细分市场、产业链、经营模式等方面对书店零售业进行深入分析，并梳理2016年书店零售业的投融资情况；第四部分通过案例分析探讨目前书店零售业的典型发展模式和资本运作状况；在此基础上，第五部分预测未来一段时间，中国书店零售业可能的发展趋势和其中蕴含的投资机会。

一 2016年中国书店零售业发展环境

（一）经济持续发展，推动文化消费行业发展，并带动书店零售业发展

2016年，我国经济发展稳中有进，延续缓慢增长的新常态。2016年，我国实现GDP 73.5万亿元，较2015年增长6.7%；2012~2016年，我国GDP复合增长率为8.1%，经济发展态势良好。同时，我国居民人均可支配收入也持续增长，2016年，我国人均可支配收入超过2.3万元，较2015年增长7.8%。

我国经济的持续发展，推动了文化消费行业的进一步发展。近年来，我国居民人均教育文化娱乐支出占居民人均消费支出比重逐年上涨。2016年，我国居民人均教育文化娱乐支出为1915元，较2015年增长10%，占居民人均消费支出的比重达到11.2%。2013~2016年，我国居民人均教育文化娱乐支出占居民人均消费支出比重的复合增长率达到11.1%。

文化消费行业的发展，进一步带动了书店零售业的发展。2016年，我国图书零售市场发展速度世界领先，图书产业保持快速增长；同时，出现了图书零售渠道线上线下融合、新型实体书店百家争鸣、实体书店品牌借助资本力量快速扩张的现象。

（二）政府出台政策，扶持书店零售业发展

2016年，我国政府延续对实体书店的扶持，出台了一系列相关政策，重点加强推动实体书店与城市配套发展，并重视通过金融手段推动实体书店发展。

在加强推动实体书店与城市配套发展方面，中宣部、国家新闻出版广电总局等11个部门出台了《关于支持实体书店发展的指导意见》（以下简称《意见》）。《意见》提出到2020年，要基本建立以大城市为中心、中小城市相配套、乡镇网点为延伸、贯通城乡的实体书店建设体系，形成大型书城、连锁书店、中小特色书店及社区便民书店、农村书店、校园书店等合理布局、协调发展的良性格局。

在通过金融手段推动实体书店发展方面，国家新闻出版广电总局出台了《关于征集2016年度文化产业发展专项资金新闻出版广播影视重大项目的通知》。该通知提出继续扶持实体书店发展，对具有示范引领作用的品牌实体书店给予奖励；财政部中央文化企业国有资产监督管理领导小组办公室出台了《关于申报2016年度文化产业发展专项资金的通知》。该通知提出重点支持文化金融扶持计划、开展实体书店扶持试点等内容。

此外，各地方政府也陆续出台了实体书店扶持政策，如北京新闻出版广电总局出台了《北京市实体书店扶持资金管理办法（试行）》《北京市实体书店扶持项目管理规定（试行）》《北京市实体书店扶持项目评审细则（试行）》等政策，对扶持实体书店资金的使用方式予以明确——以奖励为主，必要时可采用购买服务或项目补贴等形式。2016年，北京市对约70家实体书店予以奖励扶持，单个最高奖励金额为100万元；同时，"十三五"期间，北京市将每年制定年度扶持申报指南，对实体书店的扶持重点和方向进行微调，预计五年间重点扶持发展400~500家具有较大社会影响力的实体书店。

国家政府及各级地方政府出台的相关政策，为我国书店零售业发展创造了良好的政策环境。

二 2016年中国书店零售业发展现状

（一）图书产业整体保持较快增长

根据国家新闻出版广电总局2016年8月发布的《2015年新闻出版产业分析报告》，新闻出版产业整体继续保持较快增长。全国共有新闻出版单位31.4万家，实现营业收入近2.17万亿元，同比增长8.5%，利润总额为1662亿元，同比增长6.3%。其中，图书出版分别实现营业收入和利润总额823亿元和125亿元，同比分别增长4.0%和6.7%。2015年，全国共出版图书47.6万种，同比增长6.1%，共86.6亿册，同比增长5.8%，总印张为743.2亿印张，同比增长5.5%，定价总金额为1476亿元，同比增长8.3%。

同时，2015年，全国出版物发行实现营业收入3234亿元，同比增长7%，利润总额为259.7亿元，同比增长1.9%。全国共有出版物发行网点16.4万处，同比降低3.5%，其中集体、个体零售网点有10.8万处，占比65.9%。[①]

（二）"书店"的概念进一步扩展

"书店"一词源于汉代的"书肆"，此后各朝代亦称为"书林""书铺""书坊""书堂""书屋"等。"书店"最早见于清朝乾隆年间，指销售书籍等的商店。但随着时间的推移，售卖书籍只是书店的功能之一，书

---

① 国家新闻出版广电总局：《全国出版物发行业年度发展报告（2015）》。

店的功能趋于多样化，书店传统的定义显然已经不再适用。"书店"的边界不断拓展，开始向整合多种业态的复合文化空间转变，未来其将满足读者全方位、多元化的文化需求。从文化创意产品、特色餐饮，到文化活动空间、深度书房，再到品质服装、创意家居，最后到文化旅游、艺术教育培训，"书店+"的模式不断延伸，文化空间的平台价值被不断挖掘。而且，文化空间以"书"为核心，整合各种产品和文化服务，更加注重营造舒适、高雅的文化氛围，强调顾客消费和体验的场景化。文化空间以顾客为核心，对顾客需求进行深层次的挖掘和开发，强调体验感和仪式感，而这也是其区别于网络书店的重要属性。

（三）线上线下进一步融合

实体书店相较于网络书店最大的劣势在于价格，但是其舒适的体验和优质的服务都是网络书店无法替代的。相对地，网络书店具有价格优惠、便利快捷的优势，但是也存在体验感缺乏、同质化严重、信息过载、畅销书泛滥等瓶颈。因而，网络书店虽然近些年发展迅速并对实体书店造成了非常大的冲击，但始终无法取代实体书店；相反，实体书店通过转型和差异化竞争实现了涅槃。未来，实体书店和网络书店将长期共存、协同发展，线上与线下融合将是书店零售业发展的大趋势。

2015年年底，亚马逊第一家实体书店在美国西雅图市中心以北的购物中心 University Village（大学村）正式对外营业。中国的当当网也宣布计划在全国范围内开设1000家实体书店，其中8成书店将落户县级市。2016年9月，当当梅溪书店落户长沙，经营面积为5000平方米，拥有图书4万余种、12万余册，并根据当当网销售数据进行选书和配书。与此同时，现在很多实体书店也开设网络书店，弥补实体店面销售的不足，形成了线上线下的良性互动发展局面，如四川文轩在线、浙江博库网络两家新华书店系统的网上书店的销售增长迅速，与实体店的销售形成了很好的互补。

三 2016年书店零售业投资分析

(一)行业发展速度领先世界,图书零售市场保持快速增长

2017年1月12日,北京开卷公司发布了《2016年中国图书零售市场报告》。根据开卷公开的全球13个国家的图书出版业的发展数据,2016年中国图书零售市场以12.3%的增长率处于领先位置。如图9-1所示,在中国之后,爱尔兰、英国和美国三国图书市场的增长率分别为10.9%、4.1%和3.4%,德国、意大利和奥地利的图书市场低速下跌,而西班牙、澳大利亚、瑞士、南非、新西兰和巴西的图书市场则出现了较大程度的负增长,增长率分别为-3.4%、-3.4%、-4.6%、-5.8%、-6.4%和-8.4%。

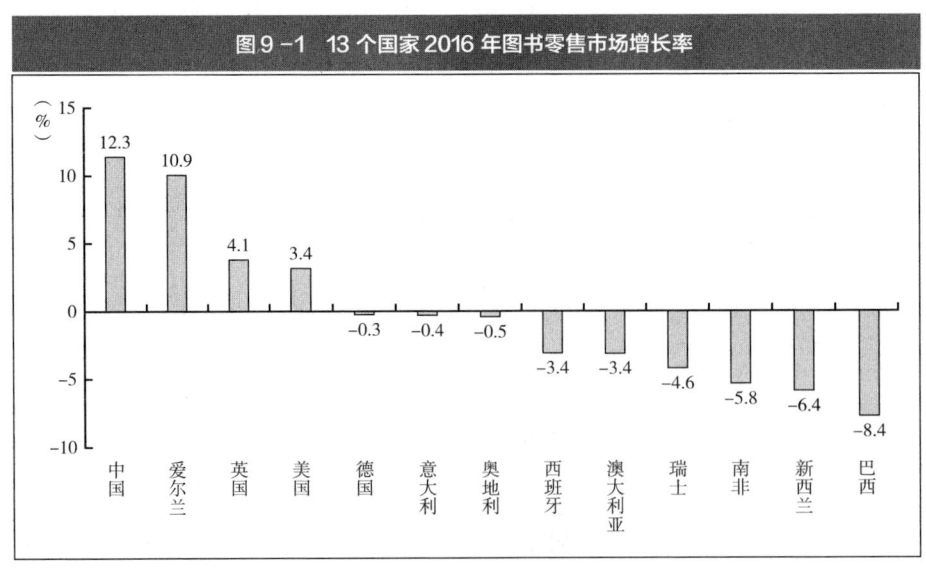

图9-1 13个国家2016年图书零售市场增长率

图 9-2 显示，2016 年中国图书零售市场总规模达到 701 亿元，同比增长 12.3%，延续了 2014 年以来 10% 以上的高增长势头。同时，2012 年以来，新书品种连续 5 年维持在 20 万~21 万种，2016 年图书零售市场动销品种数达到 1725 万种。而图 9-3 显示，2016 年我国新书平均定价呈上升趋势，新书平均定价达到 72.7 元，相比 2015 年的 63.1 元增长了 15.2%。①

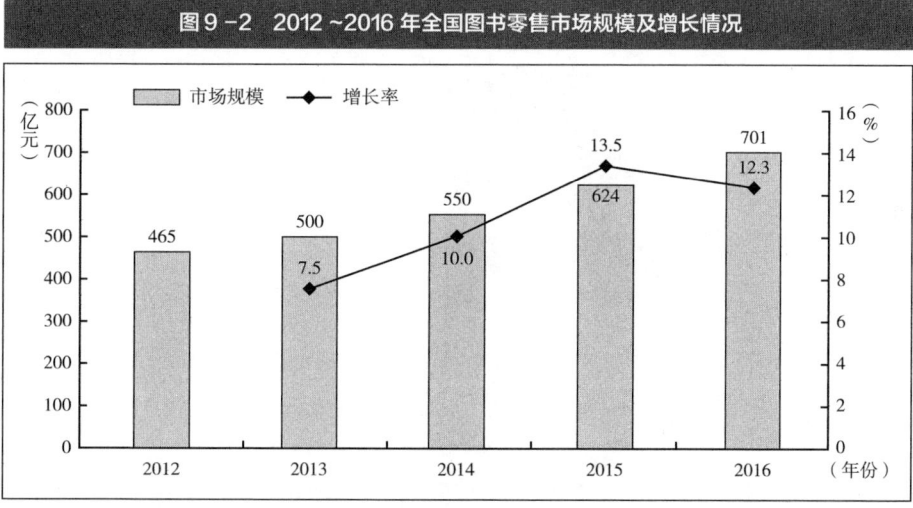

图 9-2 2012~2016 年全国图书零售市场规模及增长情况

图 9-3 2012~2016 年全国新书品种及新书平均定价

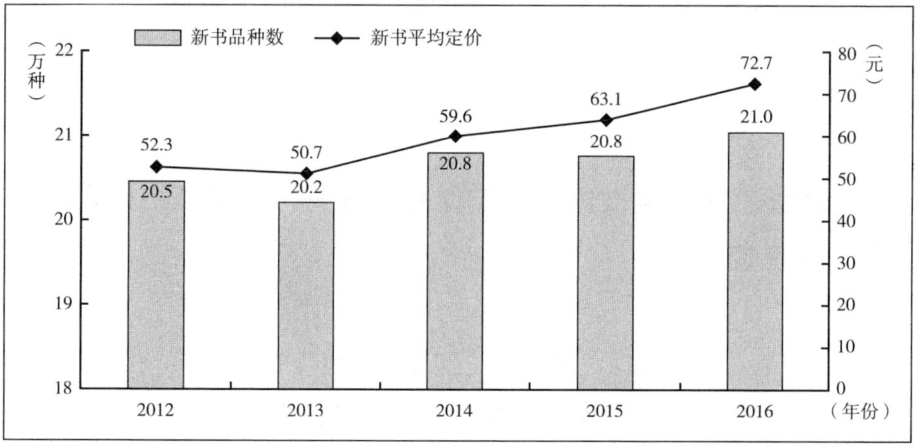

---

① 北京开卷信息技术有限公司：《2016 年中国图书零售市场报告》，2017。

同时，如图9-4所示，从码洋比重来看，2016年，少儿类图书所占码洋比重达到23.5%，大涨28.8%，超越社科类图书成为图书零售市场最大的细分市场。此外，文学类图书和教辅类图书增长率也在10%以上，保持了较快的增长速度。

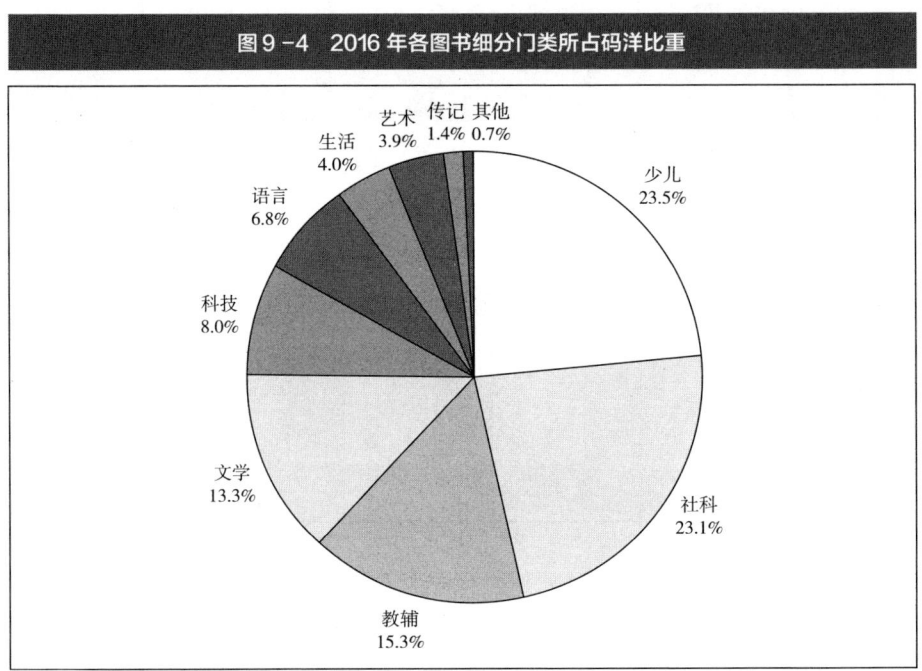

图9-4 2016年各图书细分门类所占码洋比重

（二）网络书店高速发展，但实体书店在一、二线城市也发展势头迅猛

根据开卷公布的数据，2016年，实体书店销售收入为336亿元，同比微降2.3%，未能延续2014年和2015年的复苏态势。网络书店实现销售收入365亿元，同比大涨30.4%，并首次超过实体书店销售收入（如图9-5所示）。天猫图书发布的数据与开卷大致相似，2016年，全国图书销

售实洋约 690 亿元,其中线上销售 347 亿元,同比增长 24%,线下销售 343 亿元,与 2015 年持平,线上销售也首次超过线下销售。

网络书店增长的主要动力来自第三方平台,增长率高达 60%,而自营网络书店增速略微放缓,为 30.1%。在全部线上销售中,天猫书城就有 120 亿元左右的销售实洋,占比约 34.6%,而另一大型线上图书销售平台京东图书用户数量累计有 4600 万人,图书销售占全部线上销售的比重也已经突破 30%。

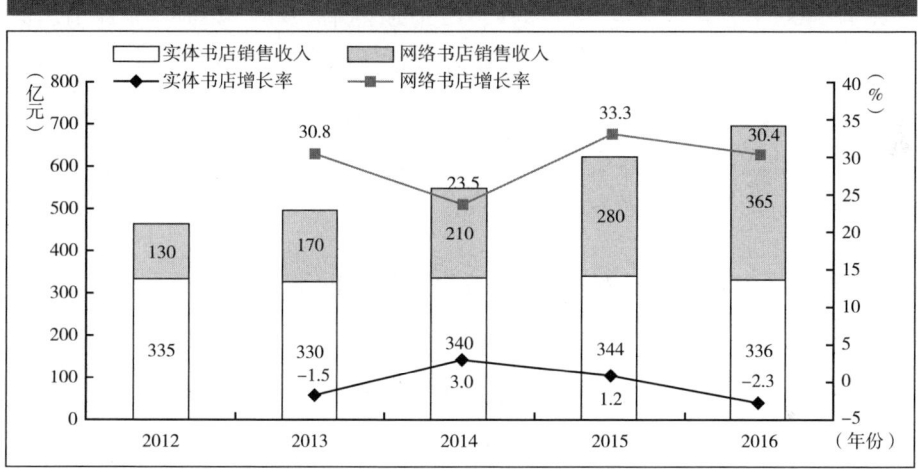

图 9-5 2012~2016 年实体书店和网络书店销售收入和增长率

但与此同时,根据专业商业地产大数据平台方橙科技 2016 年 4 月发布的《中国一、二线城市书店发展数据报告》,实体书店在一线城市和重点二线城市大幅回暖。统计数据显示,一线城市北京、上海、广州、深圳分别拥有 801 家、727 家、520 家和 284 家实体书店,共 2332 家,其中新开业书店有 392 家,占比 16.8%;而二线城市的代表武汉、成都、南京、杭州分别拥有 462 家、442 家、315 家和 261 家实体书店,共 1480 家,其中新开业书店有 351 家,占比 23.7%。①

事实上,2016 年实体书店在一线城市和重点二线城市发展势头迅猛,扩

---

① 北京方橙互联网科技有限公司:《中国一、二线城市书店发展数据报告》,2016。

张迅速,而且店铺越开越大,功能也越来越齐全。成立于1993年的西西弗书店2015年新开20家店,2016年新开近40家店,迅速向全国扩张,品牌影响力进一步增强。同样地,2016年,言几又开设接近30家门店,2017年计划新增21家,继续扩张至广州、上海等城市;2016年钟书阁先后在上海闵行、杭州、扬州开店后,又在上海芮欧百货开设门店,占地850平方米。此外,2016年5月15日,继广州、成都之后,方所重庆店正式开业,面积为2400平方米,涵盖4万多种、14万册图书,6月30日,方所青岛店也正式营业,面积为3400平方米,涵盖5万多种、15万册图书;9月15日,先锋书店第13家门店南京老门东骏惠书屋正式开门营业;4月23日和5月23日,建投书局·北京50+店和杭州欧美中心店相继开业,7月8日,建投书局旗舰店——上海浦江店正式开业,12月8日,建投书局南京金陵店也正式开业。

(三)实体书店平台价值凸显,产业链呈现整合趋势

2016年12月17日,方所成都店获得《新周刊》杂志评选的"年度文化地标"奖,获奖原因是方所成都店"不仅仅是景点,更是当地人的精神家园"。方所并不仅仅将自己看作一家书店,而是新生活美学的倡导者,在建设文化空间的过程中注重与所在地的本土文化融合、互动,努力将自己打造成为当地人们追求美学生活和精神家园的归宿地。同样地,西西弗的价值理念是"参与构成本地精神生活"。言几又秉承"一是复数"的理念,这一理念象征着"无限可能性",言几又致力于打造复合式文化美学空间,而先锋书店坚持"好书总在先锋书店"的读书理念,意在开辟一个独特的思想栖息地,成为南京市亮丽的文化名片。

可见,现在的实体书店已经演变成为文化空间,强调其作为终端和入口的平台价值。在这个平台上,越来越多的功能被吸纳进来,图书文化创意销售、特色餐饮和文化活动已经成为新型文化空间的标配,而收费课程、品质服装、创意家居、文化旅游、少儿夏令营和文化艺术培训等诸多业态也逐渐

融入这个平台，文化空间的包容性不断延展。今天的客户进入实体书店，更像是拿到了一把打开艺术生活之门的钥匙，可以从视觉、听觉、味觉、触觉乃至感觉等多个角度全方位体验艺术与美所带来的享受与刺激。

实体书店正在从售卖图书向售卖生活方式演变，而在此过程中，产业链的加速整合正成为重要趋势（见图9-6），这种整合能力也会成为实体书店脱颖而出的重要优势。无论是简单的共同开发产品，还是更深入的战略合作，乃至自主发展，实体书店都在不断扩大自己对图书和文化创意产品产业链上游的控制，试图从根源上掌握优质IP、产品和内容，从而夯实自身的平台价值，增强差异化竞争能力。而在其他业态上，实体书店将更多地通过战略合作的方式吸引高品质的合作伙伴，通过"书店+"的跨界合作方式撬动更多的优质资源，为客户提供更加丰富和优质的文化增值服务。

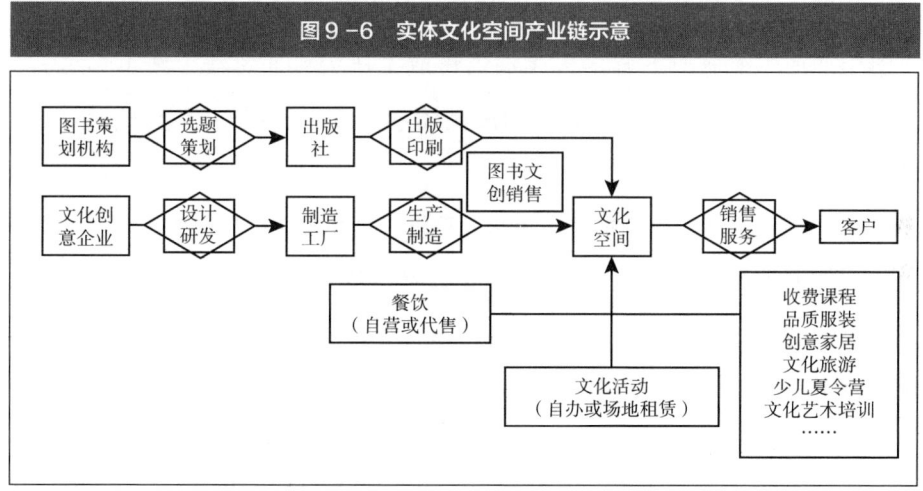

图9-6 实体文化空间产业链示意

（四）创新经营模式出现，推动行业加速发展

1. 创新模式一：以内容生产为驱动因素，整合产业链，发挥零售终端平台价值

日本茑屋书店历经近35年发展，整合了文化创意、消费产业链。产业

链覆盖上游内容生产（包括图书出版、电影制作、明星经纪、动漫制作、音像制品制作、创意设计服务等）、中游产品生产（包括印刷厂、电视台、视听硬件设备制造等）和下游销售终端（包括超过1500家社区店、多家城市店、多家文化消费综合体等多层级零售店铺等），形成了贯通上、中、下游的文化创意、消费产业链。

同时，茑屋书店完善对客服务，注重收集顾客消费反馈，掌握顾客消费需求变化趋势，进而指导内容生产。茑屋书店自2003年起逐步建立了会员积分联盟，截至2016年12月，茑屋书店已与108家公司共享会员积分消费，茑屋书店T-Card持卡人可通过T-Point（茑屋书店会员积分）在67031个店铺中消费，消费可积累积分。现阶段，茑屋书店已发展会员4811万人。

茑屋书店以图书零售为切入点，逐步培养强大的内容生产能力，控制上游生产成本，分担下游零售终端销售成本压力，通过线上线下多方式、多层级的渠道建设，形成了强大的产销体系，成为日本乃至全球著名的实体书店和生活方式提案品牌。

2. 创新模式二：以图书零售为切入手段，发挥多业态协同效应

实体书店正在逐步转型为文化空间，成为以"书"为核心、满足多元消费需求的多功能消费、体验场所。实体书店经营模式开始逐步发展，不再局限于以图书零售为主业的单一经营空间，而是以图书零售和文化活动为手段，为消费品零售、金融服务、自媒体、民宿等业态提供增值服务。

中信书店依托中信集团旗下中信银行的网点优势，携手中信银行推出"云舒馆"，为中信银行银行卡持卡人提供阅读增值服务。持卡人可凭信用卡，通过预授权方式，在机场中信书店、城市中信银行各营业网点的"云舒馆"内，借阅、归还图书，如超出图书借阅期，将视为购书，并扣除预授权金额。"云舒馆"一方面可为中信银行卡客户提供增值服务；另一方面无形中拓展了中信书店的线下渠道，进一步提升了品牌知名度，在一定程度上也可带动图书销售。

日本知名生活消费品品牌无印良品开设了实体书店"MUJI BOOKS"，将图书与无印良品生活消费品一起陈列，吸引顾客在阅读、选购图书的同时，体验无印良品销售的文具、生活杂货、家居产品，丰富顾客体验，发挥图书销售与自有产品销售的协同效应，带动整体销售。

十点读书是我国知名文化分享自媒体，目前已形成了包括读书、读书会等品牌在内的自媒体品牌矩阵，通过将图书零售与文化内容分享结合，推荐书目、阅读电台等与阅读相关的内容，利用线上渠道实现图书销售、文化创意产品销售，实现盈利。现阶段，十点读书已拥有粉丝1300万人，2016年实现收入约3635万元人民币。

（五）外部资本介入，为行业发展注入动力

近几年，随着实体书店的转型发展，我国书店零售业的投资热度不断高涨，投资热点主要围绕规模扩张、产业链延伸。

言几又通过借助外部资本，实现了规模的迅速扩张。2013年，言几又脱胎于今日阅读，2014年4月就获得700万元天使投资。2014年6月，全国第一家言几又门店——北京中关村创业大街店正式开业。2015年4月，言几又通过京东众筹进行A轮融资，融资金额为2500万元人民币，投前估值为3亿元人民币。言几又将融资所得主要用于店面扩张，预计2017年年末，言几又将开设近80家店铺。

单向空间通过借助外部资本，推进了产业链的拓展和整合。2014年，单向空间获得挚信资本千万美元投资后，推出"单系列"产品和"微在"新媒体平台，衍生出包括新媒体、"单系列"产品、Young Thinkers 三条产品线，其中"单系列"产品包括文化创意、图书、餐饮等细分产品线，初步构建了覆盖上游内容生产，下游多产品、多渠道的产业链。2016年8月，"微在"从单向空间脱离，单独获得千万元级别Pre-A轮融资，致力于探索效率更高的原生场景内容营销，商业化路径进一步清晰。

四 书店零售业案例分析

（一）诚品书店——复合型文化空间经营模式的开创者

2015年年底，诚品在苏州开设诚品生活，经营面积达45000平方米。诚品打破了传统书店的经营模式，通过树立鲜明的"生活方式"品牌形象，带动商场、书店与零售的"复合型经营"，推动书店跨界经营，与画廊、花店、餐饮、商场复合经营，为消费者提供精致优雅的阅读空间，演讲、座谈、表演等延伸阅读活动和优质的餐饮服务，使书店成为多元、动态的文化消费综合体。

诚品的复合经营，体现在书店与商场的营收对比上。2010~2014年诚品书店业务营业收入占比仅为商场业务营业收入的1/3。现阶段，在诚品的复合型门店中，单店图书销售区平均占比仅为20%~30%，其他区域引进了服饰、文化创意、家居、美容、餐饮、儿童等多种业态。

在此经营思路下，诚品进一步强化品牌形象，不断吸引文化创意品牌、设计品牌、餐饮品牌入驻，通过转租，将书店外的70%~80%经营区域租赁给入驻品牌。以诚品台北信义店为例，自营书店业务经营收益占总收益的30%，转租给入驻品牌的租金收益占总收益的70%。

随着借助品牌形象增加商业地产价值模式的形成，诚品进一步向文化地产转型，融合书店、商场、住宅等多种业态。诚品生活是诚品作为房地产开发商，以文化产业撬动房地产的重要尝试。据测算，诚品生活项目投入金额超过20.48亿元人民币，公寓销售即可实现23亿元人民币收入，此外，诚品生活书店及商场区域每年还可产生超过2.5亿元人民币的营业收入和租金收入，诚品在苏州诚品生活项目中获得的利润远高于普通商业地产利润。

此外，诚品在台湾信义还开设了诚品行旅，2015年中旬正式营业。诚品行旅将人文阅读、音乐电影、文化创意销售融合，同时，诚品在诚品行旅内探索了自营餐厅、酒窖业务，再次延续诚品复合型文化空间的经营理念。预期未来，诚品将进一步整合文化消费类业态，进一步布局探索文化地产的复合经营。

（二）言几又——历史基因和资本推动下的快速扩张

2006年，言几又的前身今日阅读书店在成都的高端社区——紫荆小区开业，是一家不到100平方米的社区店，主要售卖畅销书籍和杂志以及文具小件。两年之后，今日阅读书店开遍成都的大小社区，甚至开拓至西安市场，最多的时候同时运营超过60家连锁书店，以标准化的客户服务和管理体系给客户留下良好的印象。但好景不长，2009年，实体书店行业开始遭受互联网的巨大冲击，今日阅读书店也没能幸免，被迫闭店转型并最终在西南地区幸存了下来。

2013年，言几又从今日阅读中脱离出来，获得700万元天使投资，并进行整体转型，开始进驻购物中心。从此，言几又重启区域扩张，遍布成都、北京、上海、天津、西安等城市。2015年4月，言几又上线京东股权众筹进行A轮融资，并于6月顺利完成，融资金额为2500万元。2016年8月，言几又启动B轮融资，计划加快言几又和今日阅读品牌的区域扩张，实现全国一线城市和主要二线城市的全覆盖。

可见，言几又快速扩张的野心与其历史基因和资本运作不无关系。资本推动既给言几又的快速发展提供了充足的动力，也对其区域扩张增加了更大的压力。2016年12月23日，言几又成都国际金融中心旗舰店开业，面积为4000平方米，除了图书、咖啡饮品和文化创意产品外，还引入了港式餐饮、进口超市、美发店、照相馆、鲜花作坊等诸多业态，受到广泛关注。事实上,言几又和子品牌言几又·今日阅读整个2016年新开了将近30家门店,2017年计划新增21家,加速在广州、上海、深圳等城市的扩张。例如,言几又计划在2017年第二季度开设广州店,位于K11艺术购物中心,面积仍在4000平方米左右。

五 书店零售业未来发展趋势和投资机会

(一)书店零售业未来发展趋势

1. 文化综合体正在显现

从书籍贩卖终端到文化空间,实体书店的定位已经经历了一次蜕变。这次蜕变是在传统书店承受互联网的巨大冲击下被迫进行的,同时也充分把握了国家鼓励全民阅读和推行扶持实体书店发展的政策,抓住了商业地产同样面临困境、愿意通过减免租金等方式引进文化空间转型升级和吸引人流的良好契机。但即便如此,实体书店的经营情况并不乐观,大部分仍处于盈亏平衡的边缘甚至处于亏损状态,需要进一步探索可持续的发展模式。

在此过程中,实体书店会更加注重文化空间的合理布局和业态的合理搭配,而不仅仅是把一系列产品和服务加进书店中。未来,实体书店将逐渐演变成为文化综合体,真正从客户出发,更加注重客户需求的挖掘与维护,强调各项产品和服务的融合,为客户提供各种特色化的文化增值服务,满足客户美学享受、艺术修养、生活体验、文化社交等全方位的文化需求。

2. 产业加速整合

现阶段,我国实体书店销售的图书、文化创意产品仍以代销为主,实体书店仅作为经销商,赚取中间销售差额,在商业地产租赁价格持续走高的情况下,实体书店将持续面临经营成本压力。随着复合型文化空间的发展,文化空间、文化综合体将成为提供多种文化消费的场所,消费终端的平台价值将更为突出。

在此背景下,掌握上游内容设计源头,控制中游产品生产能力,在下游文化空间实现销售,将极大程度地提升文化空间的盈利能力,并丰富文化空间的经营业态和产品,可进一步提升文化空间、文化综合体的平台效应,吸引更多顾客消费,增强文化空间、文化综合体的经营及盈利能力。未来,按照经营特色,沿着产业链向上游内容设计、中游产品生产整合,掌握内容设计核心,控制生产经营成本将是书店零售业发展的重要趋势之一。

3. 细分市场存在发展机会

1966年,世界上第一家儿童书店——往事书店在美国诞生,以售卖童书为主要业务;1989年,美国菩提树儿童书店引入"体验式"概念,推出儿童故事会和音乐会。2005年,蒲蒲兰绘本馆开业,是我国第一家真正意义上的儿童书店。目前,中国最具代表性的儿童主题书店是海豚传媒下的海豚书店,其已在武汉等地开设五家分店。海豚书店已经探索出相对成熟的商业模式,针对不同年龄段孩子的身心发展特征量身打造相应的阅读产品和增值服务,包括读书会、观影会、手工制作、社会公益、生日派对、科学实验室等,还为家长提供专业的一体化育儿和家教方案。海豚书店的模式受到广泛关注,发展前景被业界看好。

随着书店零售业的发展,客户的需求必然会进一步分化。专注于某一特定客群的实体书店能够更好地理解和满足客户的需求,为客户提供更加优质的产品服务,能够增强客户体验和认同感,很可能会得到更快的发展。未来存在发展机会的细分市场除了儿童书店外,还可能有校园书店、机场书店、女性主题书店、明星书店等。

4. 新技术推动行业发展

随着体验式消费的进一步发展,提升顾客消费体验将成为推动行业发展的重要环节。未来,书店零售业将进一步提升智能化水平,通过信息采集、数据跟踪、物联网、射频扫描、VR等技术为顾客提供更为人性化的消费环境。如茑屋书店采用射频扫描系统，为每一本在库图书提供编码，在经营空间内，数据库可实时读取图书的摆放位置，便于顾客快速找到所需图书，为顾客提供了极为便捷的消费条件。

现阶段，我国能够实现以上智能技术支持的实体书店凤毛麟角，大部分实体书店仅可实现以上某几种技术支持。该现象一方面与我国实体书店经营成本压力较大、技术投入成本较高有关；另一方面与我国相关技术的普及和应用程度有关。随着相关技术的逐渐成熟，技术投入成本将逐步下降，新技术将进一步助推书店零售业的发展。

（二）书店零售业投资机会分析

1. 复合型文化空间

随着国内中产阶级消费群体的不断扩大、文化产业的转型升级和文化需求的扩张，具有设计感、体验性、高品质的轻奢型文化创意产品和文化服务将越来越受到中高端人群的青睐。在此背景下，"书店+"概念将获得进一步发展，未来实体书店将与其他业态进一步整合。现阶段，我国书店零售行业中的领军品牌相对较少，现有品牌相对更专注于图书零售领域，产业链整合能力相对薄弱，还未能真正实现多业态的融合发展。但文化空间作为产业链的终端，是重要的布局领域。

复合型文化空间建设可借鉴诚品模式、日本茑屋模式，通过扩大单店规模、丰富单店业态、建设领军品牌、整合产业链、扩大连锁经营，形成规模效应。此外，随着文化空间经营整合能力的提升，提供人性化服务、智能化设备、多元化业态的复合型文化空间将成为书店零售业未来发展的一个重要方向。

2. 数字出版和电子阅读

根据前瞻产业研究院2017年1月发布的《中国数字出版行业转型升级与商业模式创新分析报告》，2016年全球数字出版市场规模为153亿美元，占全部数字媒体市场的 18.2%①,仍具有广阔的发展前景。"十三五"规划也明确提出加快发展网络视听、移动多媒体、数字出版、动漫游戏等新兴产业,数字出版首次列入国家五年规划纲要。

作为可能在一定程度上替代传统出版产业的产业,数字出版产业的产业链比传统出版业更加复杂,包含内容提供、平台服务、网络运营、硬件生产、数字发行和电子阅读等诸多环节,参与角色众多,目前仍然处于探索商业模式的阶段。但是,作为出版产业和信息技术产业相互交叉和渗透的新兴产业,未来随着出版内容和信息科技在产品形式、业务模式、合作流程、盈利模式等方面的进一步融合,数字出版会迎来更大的发展机遇,而电子阅读也会在很大程度上改变人们的阅读和购书习惯。在此过程中,通过投资并购进行资源优化整合成为一条快速的发展通道,会吸引众多投资者特别是产业投资者的关注。

3. 文化创意产业

在日、韩、欧美等发达国家和地区,文化创意产业已经成为非常重要的产业之一。相比之下,中国的文化创意产业发展程度仍然较低,但随着消费升级趋势日益明显和中产阶级的崛起,中国的文化创意产业将迎来快速发展期。文化创意产业作为文化产业发展的高级形态,具有附加值高、盈利能力强、延展性广的特点,蕴含着很大的发展潜力。

但是,我国文化创意产业还处在发展的起步期,面临诸多问题,整个产业呈现小而散的状态,尚没有形成产业集聚优势,自主品牌十分缺乏,生产水平整体还不高,产业链中的各个环节还没有形成有效联动。在未来文化创意产业的发展过程中,资本驱动和产业整合的趋势将更加明显,对文化创意企业而言,仅仅依靠提升效益进行内生式发展往往是不够的,需要引入产业资本来加速规模的扩张。对于投资者而言,掌握优秀设计研发能力和先进生产制造能力的文化创意企业将成为重点关注对象,实体书店

---

① 前瞻产业研究院:《2016~2021年中国数字出版行业转型升级与商业模式创新分析报告》,2017。

等销售服务终端通过投资并购等手段向产业链上游延伸,整合优质文化创意企业将是重要的趋势之一。

4. 自媒体

自媒体内容按照呈现形式,可划分为图文、短视频、动图、长文章、纯文字、直播视频等。其中,图文、长文章、纯文字等自媒体内容,与图书的阅读、分享特性契合。近年来,手机网民规模持续增长,以新媒体媒介为载体的自媒体行业得到蓬勃发展,市场容量巨大。2015年年底,我国移动智能终端月度活跃数达9亿台,手机网民规模达到6.56亿人,2012~2015年,手机网民规模CAGR接近12%。截至2016年6月,微信月活跃账户数超过8亿人,2012~2015年CAGR高达403%;截至2016年6月,微信公众号达到1206万个,2012~2015年CAGR接近490%。

现阶段,自媒体行业中已出现融合图书零售业务的经典案例,如罗辑思维和十点读书,通过分享内容、推荐好书等,带动图书销售,实现公司盈利,自媒体的线上平台成为图书零售的线上渠道;此外,由于文化空间复合经营的需要,内容传播将成为增强文化空间经营能力的重要手段,如单向空间旗下的"微在"、建投书局旗下的拾贰象岛等,已成为传播各自品牌价值的重要阵地。具有优质头部内容生产能力的自媒体,也将成为文化空间经营者布局的重要一步。未来,随着市场的进一步细分,与罗辑思维和十点读书等商业模式相似的自媒体还将不断涌现,特别是母婴、儿童教育、养老、金融等用户需求较为明确的细分行业,将可能成为书店零售业通过自媒体渠道发展的切入口。

参考文献

陈德:《拓展实体书店发展的新空间:实体书店转型升级的现状与路径选择》,

"首届新华书店发展创新论坛"主题演讲，2015年8月，http://www.wtoutiao.com/p/s54zsw.html。

陈含章：《转型中的实体书店发展现状、问题与建议》，《出版发行研究》2016年第3期。

黄什：《传统实体书店应对网上书店竞争策略分析——以实体书店建立整合网上书店为视角》，《"决策论坛——基于公共管理学视角的决策研讨会"论文集（下）》，2015。

厉春雷、孙博文：《网络时代实体书店的困局解析与出路探讨》，《编辑之友》2012年第2期。

凌力：《网络书店和实体书店如何并存发展，各自如何做到"虚"、"实"结合》，《新形势下的城乡出版物发行网点建设》，2013。

刘沫沫：《实体书店发展方向研究——以方所为例》，《江苏商论》2014年第10期。

盛菊艳：《浅析实体书店的寒冬与回暖》，《传播与版权》2016年第4期。

谢晓如、封丹、朱竑：《对文化微空间的感知与认同研究——以广州太古汇方所文化书店为例》，《地理学报》2014年第69期。

曾强美、吴智雪：《浅析纸质书衰弱浪潮下的实体书店将何去何从》，《大众文艺》2017年第1期。

张鸽盛：《传统书店应对网上书店冲击的策略》，《出版发行研究》2009年第1期。

赵渊：《实体书店的经营现状及其突围路径——兼论新文化业态冲击下传统文化产业的转型升级道路》，《现代营销》（学苑版）2012年第6期。

第十章
中国网络媒体
投资报告

谭云明　彭 轸

谭云明，中央财经大学新闻传播系主任、教授
彭轸，中国青年政治学院新闻传播学院

一 2016 年网络媒体资本市场投融资情况概述

2016 年互联网与媒体的融合进入深耕细作的阶段,网络媒体内容更趋丰富多彩,网络媒体的变现模式呈现多样化,盈利收入迅速增长,网络媒体的作用和影响日益扩大,给中国媒体市场和传播格局带来了新的挑战和机遇。国家统计局的最新数据显示,2016 年文化及相关产业 10 个行业的营业收入均保持增长,文化服务业快速增长。其中,实现两位数以上增长的 3 个行业分别是:以"互联网 +"为主要形式的文化信息传输服务业,营业收入为 5752 亿元,增长 30.3%;文化艺术服务业,营业收入为 312 亿元,增长 22.8%;文化休闲娱乐服务业,营业收入为 1242 亿元,增长 19.3%。持续良好的营收增速使网络媒体成为资本追逐的热点。

根据 IT 桔子收录的数据信息,截至 2016 年年底,国内互联网领域发生融资 2825 起,网络媒体领域共发生 123 起融资事件(见表 10 - 1),在互联网所有投融资事件中占 4.35%,与 2015 年发生的 92 起网络媒体类融资相比,增长了 33.70%,保持了良好的增长趋势。

表 10 - 1 2016 年我国网络媒体资本市场投融资事件详情

时间	公司名称	融资阶段	融资规模	投资方
2016 年 1 月 5 日	找记者	天使轮	数百万元人民币	西山天使会
2016 年 1 月 6 日	橘子娱乐	B 轮	1500 万美元	真格基金、经纬中国、Ventech China
2016 年 1 月 11 日	洋葱范	天使轮	200 万元人民币	盈动资本
2016 年 1 月 16 日	猛科技	A 轮	1000 万元人民币	JJ 比赛(竞技创投)
2016 年 1 月 17 日	新智元	天使轮	276 万元人民币	未透露
2016 年 1 月 18 日	闹客邦	天使轮	200 万元人民币	传媒梦工场、老鹰基金
2016 年 1 月 22 日	Wonder News	天使轮	数百万元人民币	七煋瓢虫投资
2016 年 1 月 27 日	商业人物	天使轮	数百万元人民币	高樟资本

续表

时间	公司名称	融资阶段	融资规模	投资方
2016年1月28日	三厚科技	天使轮	数百万元人民币	高樟资本
2016年1月28日	ONE一个	A轮	6000万元人民币	华创资本
2016年1月31日	即刻	A轮	数千万元人民币	未透露
2016年1月31日	麻瓜网络	天使轮	数百万元人民币	杭州创想基金
2016年2月1日	互动百科	新三板	数千万元人民币	未透露
2016年2月5日	希鸥网	天使轮	数百万元人民币	苏河汇、易一天使、集素资本
2016年2月16日	挖贝网	A轮	数千万元人民币	山行资本
2016年2月22日	三声娱乐	天使轮	数百万元人民币	高樟资本
2016年2月25日	水贝传媒	新三板	数千万元人民币	未透露
2016年2月26日	水贝传媒	IPO上市后	2000万元人民币	深创投
2016年2月26日	微金科技	A轮	1500万元人民币	分享投资
2016年2月26日	政商参阅	A轮	1500万元人民币	未透露
2016年2月29日	高博前沿数控	天使轮	数百万元人民币	狐狸元素基金
2016年3月1日	飞芒书房	天使轮	500万元人民币	未透露
2016年3月3日	慧保天下	天使轮	数百万元人民币	高樟资本
2016年3月7日	啼鸥	天使轮	800万元人民币	未透露
2016年3月18日	二更网络	A轮	5000万元人民币	真格基金、基石资本
2016年3月18日	微头条	战略投资	未透露	未透露
2016年3月22日	硅谷密探	天使轮	300万元人民币	中科创星集结号资本
2016年3月22日	粉红幻想	天使轮	数百万元人民币	梅花天使创投
2016年3月23日	长物报告	天使轮	数百万元人民币	高樟资本
2016年3月24日	懒熊体育	Pre-A轮	1200万元人民币	九合创投、华人文化产业基金
2016年3月25日	正和岛新媒体	A轮	未透露	头头是道投资基金
2016年3月28日	钛媒体	战略投资	数千万元人民币	盛大资本、盛大网络、奇虎360
2016年3月29日	亿欧网	A+轮	数千万元人民币	高榕资本、盛景嘉成
2016年3月30日	Via人物	种子轮	数百万元人民币	36氪
2016年3月30日	果麦文化	B轮	8500万元人民币	华盖资本、小村资本、孚惠资本
2016年3月31日	听闻APP	Pre-A轮	1000万元人民币	梅花天使创投
2016年3月31日	泡果网络	Pre-A轮	1000万元人民币	梅花天使创投
2016年4月1日	攻城兵	Pre-A轮	1600万元人民币	天使湾
2016年4月2日	鸵鸟电台	Pre-A轮	数百万元人民币	中科创星
2016年4月4日	九零APP	天使轮	300万元人民币	未透露

续表

时间	公司名称	融资阶段	融资规模	投资方
2016年4月6日	天麦文化职职帮	天使轮	数百万元人民币	臻云创投
2016年4月7日	JSFamily集视家	天使轮	数百万元人民币	博派资本
2016年4月7日	New Break	A轮	数百万美元	未透露
2016年4月7日	创客猫	种子轮	数百万元人民币	原链资本
2016年4月7日	第一传媒网	天使轮	数百万元人民币	狐狸元素基金
2016年4月13日	热巢	Pre-A轮	100万元人民币	未透露
2016年4月15日	百思不得姐	C轮	数千万元人民币	腾讯
2016年4月19日	拇指阅读	天使轮	2200万元人民币	经纬中国、峰瑞资本
2016年4月21日	电影头条	天使轮	500万元人民币	金种子创投
2016年4月22日	铁血网	IPO上市后	3900万元人民币	光线传媒
2016年4月22日	朝丝慕赏	天使轮	数百万元人民币	黑蚁资本
2016年4月26日	豆丁网	C轮	亿元人民币及以上	清科创投、东方福海、盛景嘉成
2016年4月26日	韬联文化传媒	天使轮	360万元人民币	高樟资本
2016年5月1日	有书	天使轮	数千万元人民币	梅花天使创投
2016年5月6日	市值风云	天使轮	360万元人民币	高樟资本
2016年5月8日	博凡时间	天使轮	数百万元人民币	盈动资本
2016年5月12日	91智库	天使轮	数百万元人民币	91金融
2016年5月15日	即刻	B轮	数千万元人民币	未透露
2016年5月16日	功夫财经	A轮	1500万元人民币	优酷土豆集团
2016年5月18日	读懂新三板	A轮	未透露	未透露
2016年5月21日	知新派	天使轮	数百万元人民币	澎湃资本
2016年5月30日	速途网	新三板	未透露	未透露
2016年5月31日	今日排行榜	A轮	数千万元人民币	未透露
2016年6月1日	金色岚辰	天使轮	未透露	国宏嘉信
2016年6月6日	掌柜攻略	Pre-A轮	1000万元人民币	风云资本
2016年6月8日	真实故事计划	天使轮	300万元人民币	中国平安
2016年6月16日	餐饮老板内参	A轮	5000万元人民币	源码资本、美团
2016年6月18日	博望志	天使轮	200万元人民币	BWVC泽厚资本
2016年6月21日	蛋解创业	天使轮	300万元人民币	华盖资本
2016年6月21日	YHOUSE悦会	C轮	未透露	未透露
2016年6月23日	iDaily每日科技	新三板	未透露	未透露
2016年6月26日	君临	天使轮	数百万元人民币	高樟资本
2016年6月29日	蓝鲸传媒	B轮	1亿元人民币	猎豹移动、小米科技
2016年7月2日	界面	B轮	3亿元人民币	昆仑信托
2016年7月4日	百度文学	战略投资	亿元人民币及以上	完美世界

续表

时间	公司名称	融资阶段	融资规模	投资方
2016年7月5日	VRZINC	天使轮	500万元人民币	UCCVR
2016年7月7日	阿基米德	天使轮	未透露	未透露
2016年7月8日	金融八卦女	天使轮	200万元人民币	91金融
2016年7月12日	Newsdog	A轮	数千万美元	未透露
2016年7月12日	橘子娱乐	B+轮	1000万美元	奇虎360、华创投资
2016年7月13日	竺道印度洞察	天使轮	数百万元人民币	合力投资
2016年7月15日	辛里有束	天使轮	450万元人民币	真格基金、罗辑思维
2016年7月15日	三厚科技	Pre-A轮	1800万元人民币	高榕资本
2016年7月19日	毒舌电影	A轮	数千万元人民币	贝塔斯曼亚洲投资基金
2016年7月23日	一点资讯	D轮	数千万美元	OPPO欧柏
2016年7月28日	Ping West 品玩	A轮	3000万元人民币	挚信资本
2016年8月3日	大话铲屎	天使轮	500万元人民币	华耀资本
2016年8月10日	睿信传媒	新三板	未透露	未透露
2016年8月18日	蓝鲸教育	天使轮	数十万元人民币	兰象资本
2016年8月19日	变态说	种子轮	40万元人民币	蚂蚁天使
2016年8月19日	差评（麻瓜网络）	Pre-A轮	数千万元人民币	未透露
2016年8月24日	微在WeZeit	Pre-A轮	1000万元人民币	未透露
2016年8月28日	车叫兽	天使轮	200万元人民币	高樟资本
2016年8月30日	石更化贝	天使轮	100万元人民币	互联网电影集
2016年8月30日	行周末	天使轮	800万元人民币	头头是道
2016年9月1日	WeMedia自	A+轮	4000万元人民币	永柏资本PGAVentures
2016年9月1日	GOGAL够格	天使轮	500万元人民币	迅雷
2016年9月1日	众瑞网络	天使轮	数百万元人民币	高樟资本
2016年9月4日	天天不上班	天使轮	300万元人民币	真格基金刘元
2016年9月5日	新浪阅读	战略投资	3.5亿元人民币	新浪微博中文在线
2016年9月12日	Via人物	天使轮	500万元人民币	恩斯
2016年9月12日	GET资讯	天使轮	数千万元人民币	未透露
2016年9月19日	懒熊体育	A轮	4200万元人民币	华人文化产业
2016年9月20日	创客猫	天使轮	数百万元人民币	紫辉创投雷雨资本
2016年9月29日	今日嘴炮	天使轮	60万元人民币	未透露
2016年9月29日	笔记侠	天使轮	400万元人民币	高维资本
2016年10月17日	话本小说	种子轮	250万元人民币	极客帮创投
2016年10月18日	变态说	天使轮	100万元人民币	缘创派王
2016年10月25日	野马财经	天使轮	500万元人民币	未透露
2016年10月26日	Wonder News	Pre-A轮	1000万元人民币	艾瑞资本
2016年10月28日	新华网	IPO上市	14.37亿元人民币	未透露

续表

时间	公司名称	融资阶段	融资规模	投资方
2016年11月3日	铅笔道	Pre-A轮	720万元人民币	软银中国
2016年11月4日	九零APP	Pre-A轮	数千万元人民币	神州泰岳
2016年11月7日	灵魂有香气的女子	Pre-A轮	数千万元人民币	头头是道
2016年11月15日	猎云网	B轮	数千万元人民币	五月天下资本
2016年11月21日	爱范儿	新三板	未透露	未透露
2016年11月25日	WeMedia	新三板	未透露	未透露
2016年11月25日	知识分子	A轮	数千万元人民币	好未来（学而思）
2016年12月1日	AI100	天使轮	数百万元人民币	极客帮创投
2016年12月8日	云酒头条	天使轮	150万元人民币	未透露
2016年12月15日	星享网络	Pre-A轮	3000万元人民币	未透露
2016年12月19日	场景实验室	A轮	2500万元人民币	盛景网联
2016年12月27日	掌勺攻略	战略投资	数百万元人民币	未透露
2016年12月28日	澎湃新闻网	战略投资	6.1亿元人民币	上海国资

二 2016年网络媒体资本市场投融资特点

结合统计的数据，2016年互联网领域媒体资讯类投融资呈现以下特征。

（一）投资轮次以天使轮为主，新媒体占比高

2016年网络媒体领域的投融资事件中，天使轮投资数量为56起，与2015年相比，增加了10起，在所有网络媒体融资事件数中占据了近一半。天使轮投资次数的增加说明投资方持续看好互联网媒体的发展，通过分散投资有发展潜力的新产品进行产业布局。天使轮的新公司或者新产品可能没有明确的盈利方式，但是只要有一个像在行分答这样成功的产品，投资方的预期就达到了。

2015年天使轮投资的媒体类型以小型垂直媒体为主，2016年新媒体天

使轮投资数量达到了 43 起，占 76.79%。这些新媒体依托微信微博等自媒体平台将某一领域的内容细化精耕，不仅提供某一领域的最新动态，而且提供窗口让网络用户上传文章设立讨论区。与网站、APP 形式相比，新媒体只要选择好细化的领域或者产业，做好内容的创新，就可以借助自媒体平台的海量用户迅速完成用户的积累。同时，通过互动提高用户的参与度，增加用户的黏度，弥补网站和 APP 内容生产力的不足，具有发展快、成本低的特点。在媒体内容上，除了财经、科技、教育、娱乐等领域，2016 年还出现了聚合跨国信息的媒体，如 Wonder News 关注阿拉伯地区的新闻，竺道联结中印的科技媒体。

（二）新三板融资方式发展势头迅猛

2015 年登陆新三板的网络媒体有 4 家，而 2016 年这一数量达到了 18 家，增长了 3.5 倍。新三板面向全国中小企业股份转让系统。登陆新三板的企业必须主营业务突出，具有持续经营能力，有两年以上存续期。新三板的挂牌标准意味着网络媒体近两年得到持续良性发展，在自己细分的领域找到了立足之地。网络媒体依托新技术，运营推广创立品牌需要大量的资金，登陆新三板后融资优势明显，挂牌公司的信息在一个全国性平台上公开展示，面对的投资者范围扩大。同时，登陆新三板不仅不会影响网络媒体公司未来继续登陆创业板市场或者主板市场，反而向网络媒体公司提供了与资本市场对接的通道，让网络媒体公司更早地适应和熟悉上市后的环境。另外，银行对于新三板挂牌企业也是非常愿意增加授信并提供贷款的，这对网络媒体的未来会有很大的好处。

（三）视频类媒体保持稳定的增长，短视频内容制作公司居多

短视频是指一种视频长度以秒计算，一般在 5 分钟之内，主要依托于

移动智能终端实现快速拍摄和编辑美化,可在社交媒体平台上实时分享和无缝对接的新型视频形式。短视频融合了文字、语音和视频,在当下移动互联网时代,短视频更符合大众碎片化的媒体使用习惯。从新闻业角度来看,短视频是一个新兴的传播领域。随着移动直播的发力,短视频被认为是下一波流行应用的爆发点。国内互联网巨头已经纷纷以重金入局。新浪微博投资了小咖秀(E轮,5亿美元)和一下科技(E轮,5亿美元),奇虎360投资花椒网(A轮,3亿元人民币)。

根据IT桔子统计的数据,2011年获得投融资的视频类媒体数量为12家,经过5年的发展,2016年数量达到了109家,增加了8倍(见图10-1)。按照投资轮次,A轮投资数量占到了总量的近一半,资金偏好投资视频播放平台,视频制作类媒体获投数量较少。

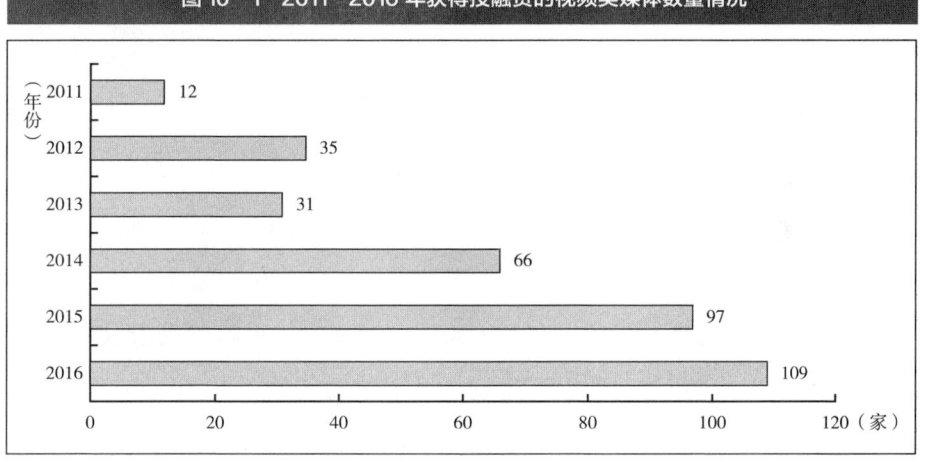

图10-1 2011~2016年获得投融资的视频类媒体数量情况

(四)媒体投融资事件主要集中在经济发达地区,北京居于榜首

图10-2显示,网络媒体投融资事件主要集中在北上广以及沿海沿江经济富裕城市。这些城市经济发达,商贸往来频繁,为适应快速变化的市场和环境,人们需要及时快速地获取信息,客观上形成了媒体发展

需要的信息传播市场，出现了较大规模的真实读者。在网络媒体成为盈利可观产业的现实下，这些经济发达地区的媒体市场必然成为资本关注的焦点。

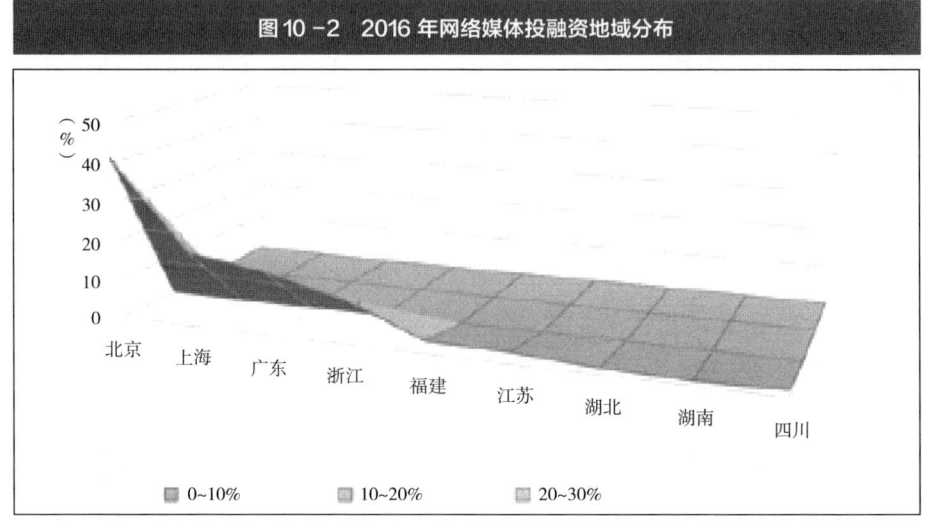

图10-2　2016年网络媒体投融资地域分布

1. Papi酱和灵魂有香气的女子

Papi酱，属于视频自媒体。Papi酱2015年在微博上发布了一系列秒拍视频，用接地气的草根气质叙事，结合时事热点，调侃生活、娱乐、两性关系中的槽点，诙谐有趣，在网络上迅速蹿红，微博粉丝量为1200万人以上。Papi在微信公众号累计发布几十条图文消息，几乎每条点击量均为10万次以上，其短视频在优酷累计播放次数超3000万次。2016年3月，Papi酱拿到了罗辑思维、真格基金、光源资本和星图资本的1200万元投资。业内人士曾经预测，Papi酱估值可能已经达到3亿元。

灵魂有香气的女子，是由知名女作家李筱懿和闺蜜陶妍妍共同创立的自媒体公众号，以中国中产阶级女性为目标群体。公众号灵感来源于李筱懿同名畅销书籍《灵魂有香气的女子》，凭借图书上百万人的粉丝以及源源不断的内容产出，形成了一个闺蜜经济的媒体矩阵。2015年获得狮享家新媒体基金300万元人民币天使轮投资。2016年11月获得头头是道投资基金数千万元的资金。

Papi酱和灵魂有香气的女子都是依托社交平台发展起来的自媒体，自媒体经济的本质实际是社群经济，其商业架构以原创内容为链接，开发衍生品，重视跨界合作。灵魂有香气的女子公众号以一本畅销书为基点，开创具有女性生活特点的栏目，建立图书出版、女性服装、母婴类产品、IP电影版权、网络剧的商圈。自媒体的核心竞争力是原创能力，不管媒介载体怎么变化，不变的是以内容为王。正如头头是道基金曹国雄所说，"创始团队自身的才华就是文化产业中最核心的竞争力，也能形成公司的独特性，而独特性就是项目的壁垒"。

2. 澎湃新闻

澎湃新闻是上海报业集团改革的第一个成果，是上海《东方早报》的新媒体平台，2014年7月22日上线，有网页、APP客户端等一系列新媒体平台，生产并聚合中文互联网世界中优质的时政思想类内容。

澎湃新闻的创新在于致力于问答式新闻与新闻追踪功能的实践，在新闻内容后面设置"评论""问答""跟踪"按钮，"评论"和"问答"用于把UGC贡献内容上传，转化为新闻源。关于"跟踪"按钮，用户通过此选项可持续关注某一条内容，当该新闻有新进展时，系统会把最新动态推送给用户。

2016年12月28日，上海国资以6.1亿元战略入股澎湃新闻。增资完成后，上海报业集团对东方报业公司的持股比例由100%变更为82.2%。作为上海报业集团旗下的新媒体项目，澎湃新闻资本多元是上海贯彻落实中央要求、推动传统媒体和新兴媒体融合发展的重要探索。从2017年1月1日起《东方早报》休刊。《东方早报》原有的新闻报道、舆论引导功能，将全部转移到澎湃新闻。《东方早报》和澎湃新闻的"一休一增"，将再次引领媒体融合，成为传统媒体向新媒体整体转型的标志性案例。

3. 今日头条

今日头条本身就是基于数据挖掘的推荐引擎产品。当用户使用微博、QQ等社交账号登录今日头条APP时，它能在5秒钟内通过算法解读使用者的兴趣"DNA",在用户每次操作后,10秒便可更新用户模型,让用户便捷地看到感兴趣的和热门的资讯,并从宏观的角度得到大众群体的阅读趋势。今日头条的融资过程见表10-2。

表10-2 今日头条融资过程

日期	投资轮次	金额	投资方
2012年7月1日	A轮	数百万美元	SIG海纳亚洲
2013年9月1日	B轮	数千万美元	DST
2014年6月1日	C轮	1亿美元	红杉资本中国、新浪微博创投

今日头条能够从门户垄断的格局中脱颖而出,所依托的是其独到的推荐引擎技术,其倡导的"个性化阅读"理念已经成为行业的发展趋势,并且被众多老牌互联网公司模仿。

4. 在行分答

在行分答,是以一对一、面对面的形式帮助用户解决个性化问题的一套互联网服务,2016年推出了分答付费、语音付费服务。在行分答的融资过程见表10-3。

表10-3 在行分答的融资过程

日期	投资轮次	金额	投资方
2015年9月28日	Pre-A轮	未透露	昆仑万维、阿尔法公社、黎万强
2016年6月27日	A轮	2500万美元	元璟资本、罗辑思维资本、红杉资本中国、王思聪
2016年11月24日	A+轮	数千万元人民币	腾讯

在平台上,回答者自己定价,回答自己愿意回答的问题,获得90%的酬劳以及所有偷听者每人0.5元的偷听费;提问者提出问题需要支付问题酬金,同时可获得所有偷听者每人0.5元的偷听费;偷听者听自己感兴趣的内容,每次支付1元偷听费;平台从提问者的酬金中收取10%。

在线分答延续了知识传播分享方式,拉开了知识付费时代的大幕。知名自媒体人罗振宇入驻分答后表示,在线分答的诞生有两个重要意义:"提问和回答的双方都应参与收入分配;内容收费是大势所趋。"不仅是科学家,很多名人和各领域的专家也都加入在线分答的付费问答。"知识经济和粉丝经济并不对立,反而粉丝经济是知识经济的放大通路。"在创始人姬十三的设想中,分答的未来就是要向"粉丝经济"的方向发展,打造一堆知识经济的网红。2016年6月,在线分答宣布获得A轮融资,估值1亿美元。

5. 铁血网

2016年4月22日,铁血网完成了3900万元人民币的第4轮融资,投资方为光线传媒,估值飙升到8亿元人民币(见表10-4)。

表10-4 铁血网融资过程

日期	轮次	金额	投资方
2012年12月1日	A轮	数千万元人民币	东方富海
2015年3月26日	B轮	数千万元人民币	经纬中国、力合清源
2015年11月5日	新三板	数千万元人民币	投资方未透露
2016年4月22日	IPO上市后	3900万元人民币	光线传媒

铁血网是新三板中第一家军事网站,也是第一家在新三板挂牌的社区电商公司。铁血网创立于2001年,最初只是一个主打军事资讯的垂直网站。经过十余年的发展,铁血网已经从最初的单一媒体发展成为国内领先的军品服务综合平台,打造了铁血社区军事交流平台、铁血读书原创网络小说平台、覆盖全国的实体店铺和电子商务网站的铁血君品行、铁血游戏、铁血广告5种业务。

一个垂直网站要做大做强,最重要的莫过于对业务类型和可持续的盈利模式的选择。铁血网用内容黏住用户,围绕军事这个垂直领域,通过电商变现,开拓线上线下服务和产品,建立了一个军事小说、军用服装、军事游戏的商业闭环。光线传媒注资后,铁血网表示,铁血网在内容上将以军事原创内容为切入点,以剧本、版权为占领文化市场的桥头堡,并以此为据点扩大地盘,从上游往下游做,建立自有品牌。

三 2016年网络媒体资本市场加速发展的原因

(一)政策驱动

传媒产业因其巨大的影响力,一直是我国政府管控比较严格的行业。传媒业的发展受国家政策的影响巨大。2014年以来,我国网络媒体发展迅速与政策的倡导和支持不无关系。

2014年2月,中央网络安全和领导小组正式成立,习近平总书记亲自担任组长,小组的成立标志着国家把网络安全和信息化放在与国家战略同等重要的地位。同年8月,中央全面深化改革领导小组审议通过了《关于推动传统媒体和新兴媒体融合发展的指导意见》,把推动传统媒体与新媒体融合的工作正式提上社会经济发展日程,将我国媒体融合发展提升到深化改革的战略层面。2014年11月,财政部发布了《关于继续实施文化体制改革中经营性文化事业单位转制为企业若干税收政策的通知》,为国有媒体改制提供了政策依据。"宽带中国2014年专项行动"同时上线。

2015年3月,李克强总理在十二届全国人大三次会议的政府工作报告中提出制订"互联网+"计划。同年9月,国务院办公厅公布《三网融合推广方案》,要求简化电信网、广播电视网和互联网三网开展双向许可申报和审批的手续,提升光纤网络速度和承载能力。2016年的政府工作报告要求"培育健康网络文化"。

持续的政策红利为传媒产业的转型、升级、创新提供了强有力的上攻动力。未来网络媒体影响力日益强化，网络媒体业仍然会是受政府扶持明显的亮点行业。

（二）经济利益驱动

广告收入是媒体盈利的主要方式。近年来，报纸、杂志以及广播、电视传统媒体受到网络媒体的冲击，特别是纸媒，广告收入不断下滑，报纸停刊成为业界的趋势。由中国社会科学院新闻所发布的《新媒体蓝皮书：中国新媒体发展报告 No.7（2016）》指出，2015 年中国互联网媒体广告收入首次超过电视、报纸、广播和杂志四大传统媒体行业广告收入之和。数据显示，2015 年中国互联网广告市场规模达 2096.7 亿元，同比增长 36.1%；而 2015 年电视广告收入为 1219.69 亿元，同比下跌 4.6%；报纸为 324.08 亿元，同比下跌 35.4%；杂志为 65.46 亿元，同比下跌 19.8%；广播为 134.30 亿元，同比上涨 1.1%；2015 年四大传统媒体行业的广告收入之和为 1743.53 亿元，低于互联网广告市场的规模。互联网媒体正在成为真正的主导。

2016 年广告收入的差异越发明显。随着越来越多的人上网，未来传统媒体的发展会进一步受到影响。根据 CNNIC 发布的《第 39 次中国互联网络发展状况统计报告》，2016 年中国网民的规模为 7.31 亿人，连续 3 年增长率超过 10%。"中国"域名注册量保持全球第 1。按此趋势看，未来新媒体等广告收入还会迅猛增长。网络媒体良好的营收回报吸引着投资者的目光。

（三）市场需求变化的驱动

互联网技术打破了信息的时空不对称，改变了信息传播的方式和人类的交流方式，进而逐步改变了媒体行业的商业形态和模式，使其出现全方位转变。

CNNIC 数据显示，2016 年中国手机网民数量达到 6.95 亿人，仅仅在

2016年下半年,通过社交媒体获取过新闻资讯的用户比例就高达90.7%,在微信、微博等社交媒体参与新闻评论的用户所占的比例分别为62.8%、50.2%,通过朋友圈、微信公众号转发新闻的用户所占的比例分别为43.2%、29.2%。社交媒体成为网络新闻获取、评论、转发、跳转的重要渠道。社交媒体正在成为网络社会热点事件产生和发酵的传播源头,形成传播影响力后带动新闻网站、传统媒体跟进报道,最终形成更大范围的舆论浪潮。"两微一端"传播矩阵成为各家新闻网站和新闻媒体的标配。媒体在渠道、内容等领域的融合不断加快,意味着具备先发优势的品牌在过去两年已经迅速完成用户积累,对于后入者而言,开发潜在客户的成本将日益增长,在网络媒体内容资源、商业资源、渠道资源上的创新难度将大增,更多的机会将在资本优势中体现。

四 2016年网络媒体投资中的问题与启示

(一)版权问题增加投资风险

2016年,互联网版权行业不平静。因为版权问题,一点资讯被行政处罚,360云盘被关停,百度公司封停盗版网文类贴吧。国家版权局、国家互联网信息办公室、工业和信息化部、公安部联合开展了打击网络侵权盗版"剑网2016"专项行动,查处行政案件514件,行政罚款467万元;移送司法机关刑事处理案件33件,涉案金额2亿元;关闭网站290家。下架、整改、关停成为版权事件的主要处理方式,版权问题带来了投资风险。

2016年8月,世界知识产权组织(WIPO)发布《2016年全球创新指数报告》。报告显示,中国作为中等收入国家首次跻身前25名俱乐部。知识产权是连接创新和市场的桥梁和纽带,对创新和价值链的提升具有重要意义。随着知识产权日益普及,人们对内容版权的保护也更加重视。2016

年 9 月，中国网络文学版权联盟成立，掌阅科技股份有限公司、阅文集团等 33 家单位参与并发布了自律公约。2016 年 12 月，人民日报社、中央网信办等几十家党报机构宣布成立党报联盟，共同应对版权保护难题。对于自媒体作者，第三方版权服务商成为其首选的维权方式。所谓第三方版权服务商就是为互联网环境中原创内容的作者提供国家法律认可的版权确权、侵权申诉服务以及帮助用户结算版税的公司。2016 年，新榜、快版权等多家互联网版权服务公司完成了融资，根据公开的数据，融资总金额上亿元。一定数量的自媒体作者维权通常"依赖"所属的自媒体平台，但难以处理跨平台侵权，而第三方的专业版权服务商尽可能地解决了这一问题。

当前，中国正处于加快经济发展方式转变和产业结构转型升级的关键时期，这需要我们更好地通过创新来支撑和引领经济结构优化升级。要实现这一目标，保护好知识产权，既是必要条件，也是必然选择。对于网络媒体，原创内容生产是网络媒体取胜之根本和生命。在内容生产成为风口之时，无视版权规则，以技术手段剽窃他人原创内容以快速获取用户和流量，将有可能带来极大的投资风险。

（二）监管风险

传媒业是所有国家监管比较严格的行业，中国也一贯如此，产业新政策的出台通常会带来传媒业的巨变。2016 年被认为是网络直播的元年，直播产业作为新生事物发展迅猛，但政府及相关管理部门监管法律法规相对落后，导致违反社会公俗的产品盛行却无法可依，行业出现野蛮无序生长的现象，资本蜂拥而入，只见利益，无视道德。文化部 2016 年 4 月公布，斗鱼、虎牙直播、YY、熊猫 TV 等 26 家网络直播平台因涉嫌提供含宣扬淫秽、暴力、教唆犯罪等内容的互联网文化产品，被列入查处名单。2016 年 9 月初，国家新闻出版广电总局提出开展网络视听节目直播服务应具有相应资质。而自 2016 年 12 月 1 日《互联网直播服务管理规定》正式施行以来，北京互联网信息办公室已对快手、花椒、六间房等属地直播平台的数千个违规账号进行封停。封停意味着投资无法收回，因此资本在产业布局"押宝"选择时，也应考虑政府产业和监管新政策的变化可能带来的投资风险。

（三）经济风险

在经济活动中，任何投资都有可能因为经营不善、消费要求变化等各种有关因素产生超预期的经济损失。从本文的网络媒体投资市场特点分析中可以看到，2016年的网络媒体投资大部分还是集中在天使轮。这些新生的网络媒体刚刚成立，未经历市场的风雨，处于"摸着石头过河"的初级阶段。虽然对于网络媒体来说，目前迎来了行业的大发展，但网络媒体的盈利模式依旧没有跳出传统的"二次售卖"方式，在没有开发出更好的商业模式和运转模式的背景下，新生网络媒体发展的可持续性需引起投资方注意。

另外，移动端已经成为网络新闻市场的主战场。腾讯新闻和今日头条竞争优势明显，霸主地位日益强化。在"强者更强"的互联网空间里，有限资源已经被占用，制造同款产品将很难吸引新用户。因此投资方在投资之前应对网络媒体进行充分的调研和评估，寻找能颠覆用户的习惯或者能满足用户尚未被满足的需求的标的品。

五 网络媒体资本市场投资趋势预测

未来网络媒体行业的发展将呈现怎样的新趋势？资本市场中投资方青睐的网络媒体的风口会在哪里？

笔者认为，经过近三年的高速发展，网络媒体的用户、内容、产品、服务等资源开发得比较完善，2017年新生网络媒体和小型细分垂直媒体的新增数量将减少，网络媒体行业将进入并购融合的规模经济时代。无论是传统媒体、新媒体领域的"领头人"还是互联网公司,都将依托自身的品牌影响力,运用不同的资本运作手段,通过收购、注资、参股、上市等多种融资方式重新匹配资源,实现跨媒体、跨行业发展,增强自身优势,掌握话语权和主导权。2016年6月,人民日报社宣布与腾讯公司达成战略合作。双方约定在内容、渠道、平台、经营、管理等多方面深度合作,构建媒体融合大体系。电子商务出身的阿里巴巴近年来也不断加快对媒体产业的收购,《商业评论》《南华早报》《文化中国》等已经成为其媒体产业战营中的一员。在互联网与媒体融合的时代大背景下,互联网媒体整合传统媒体的路径同样具有可行性。国际上已有先例可循,如美国的亚马逊收购《华盛顿邮报》之后,经过近两年的改造和整合,《华盛顿邮报》已经重新焕发出生机,发展势头良好,这充分说明互联网收购整合传统媒体也是一条可行之路。

另外,"视听+"业务将迎来繁盛期。传媒业的发展在很大程度上依赖前沿技术的创新。随着移动互联网技术以及 VR/CR 技术的进步,带给用户更好的视听业务将是下一场资本竞逐的风口。2016年9月,今日头条宣布投资10亿元来补贴短视频创作。2017年2月,今日头条宣布全资收购美国短视频应用 Flipagram。行业领军人物的投资动向通常是业内投资者的风向标,在引导行业的投资发展趋势方面发挥着重要作用。

参考文献

《东方早报整体转型,澎湃新闻引进6.1亿国有战略投资》,微信公众号"澎湃新闻",2016年12月28日。

《数字背后有深意 今日头条发布年度移动阅读数据》,环球网,2015年1月20日,http://tech.huanqiu.com/it/2015-01/5452128.html。

《语音"偷听"成"分答"知识变现新渠道》,新华网,2016年6月7日,http://news.xinhuanet.com/fortune/2016-06/07/c_129044754.htm。

第十一章
中国移动媒体投资报告

邓 倩

邓倩,传播学博士,河海大学公共管理学院新闻传播学系讲师

2015年以来,国务院发布《关于积极推进"互联网+"行动指导意见》,明确了推进"互联网+",促进创业创新、协同制造、现代农业、智慧能源、普惠金融、公共服务、高效物流、电子商务、便捷交通、绿色生态、人工智能等若干能形成新产业模式的重点领域发展的目标任务,成为我国"互联网+"顶层设计。在这一背景下,移动互联网迎来高速发展期。移动互联网投资领域的激烈竞争促进移动媒体内容、入口和终端转型升级,将互联网的创新成果深度融合于经济社会各个领域之中。

一 移动互联网的发展及投资

当前,我国传统PC端互联网应用服务已全面向移动互联网转移,移动互联网应用服务正逐渐成为主角,2016年中国移动互联网行业进入相对平稳的发展期。CNNIC发布的《第39次中国互联网络发展状况统计报告》显示,截至2016年12月,我国互联网普及率为53.2%,较2015年年底提升2.9个百分点。我国网民规模达7.31亿人,2016年共计新增网民4299万人。手机网民规模达6.95亿人,占比由2015年的90.1%提升至95.1%,网民手机上网比例在高基数基础上进一步攀升。我国网民规模经历近10年的快速增长后,人口红利逐渐减退,网民规模增长率趋于稳定。截至2016年12月,我国移动智能终端设备规模突破13.7亿台,较2015年第4季度增长0.9亿台,基本实现人均1台移动终端设备。但移动互联网用户规模增长速度明显放缓,移动智能终端用户逐渐趋于饱和。随着网民人口红利减退,充分挖掘、经营现有流量成为移动互联网发展的全新挑战与机遇。

从终端设备来看,智能手机用户数量远远超过平板电脑,呈现上升趋势。用户对智能手机的依赖程度逐渐加深,日常生活中出现越来越多智能手机嵌入的移动化场景。从移动终端消费理念可以看出,与过去更多用户愿意选择低价位移动终端设备的消费倾向不同,近20%的用户表示更愿意购买4000元以上的移动终端设备。同时,超过1/3的用户更愿意选择5英寸以上的大屏移动终端设备,这也在一定程度上使移动终端设备生产商和移动互联网服务提供商的产品开发策略倾向于大屏化与多屏互动。移动互联网消费者的需求也趋于多元化,从基础网络业务向多样公共服务拓展,如在线医疗、在线教育、网络金融等新兴应用迅速崛起。

(一)移动互联网基础资源现状

1. 移动技术发展状况

2016年,国内三大运营商围绕国家进一步推动4G网络发展战略,以4G网络升级和VOLTE为主部署各自的规划。中国移动2016年建立10万个4G载波聚合CA基站;中国联通发布了"沃4G+"战略,集中火力发展4G;中国电信承诺2016年将实现"4G+"网络的全国覆盖。2016年是真正意义的"4G+"年,我国进一步发展4G移动通信技术,扩大4G技术的覆盖范围,探索5G、6G技术,让移动互联网升级成为通信技术未来发展的重要方向。

根据中国互联网络信息中心发布的《第39次中国互联网络发展状况统计报告》统计,截至2016年12月,我国IPv4地址数量约为3.38亿个,拥有IPv6地址21188块/32;域名总数约为4228万个,其中".CN"域名总数年增长率为25.9%,达到2061万个,在中国域名总数中占48.7%;我国网站总数约为482万个,年增长率为14.1%,".CN"下网站数约为259万个。国际出口带宽为6640291Mbps,年增长率为23.2%(见表11-1)。从数据中可以看出,包括IP地址、域名、网站、国际出口带宽等在内的要素,作为构成移动互联网的技术因子与2015年相比都获得了较大发展,这就为移动互联网的发展提供了必要的物质保障。

表 11-1　2015 年 12 月~2016 年 12 月中国互联网基础资源对比

基础资源	2015 年 12 月	2016 年 12 月	年增长量	年增长率(%)
IPv4（个）	336519680	338102784	1583104	0.5
IPv6（块/32）	20594	21188	594	2.9
域名（个）	31020514	42275702	11255188	36.3
".CN"域名（个）	16363594	20608428	4244834	25.9
网站（个）	4229293	4823918	594625	14.1
".CN"下网站（个）	2130791	2587365	456574	21.4
国际出口带宽（Mbps）	5392116	6640291	1248175	23.2

资料来源：根据中国互联网络信息中心发布的《第 39 次中国互联网络发展状况统计报告》统计。

2. 移动网络覆盖情况

自 2015 年国务院办公厅印发《关于加快高速宽带网络建设推进网络提速降费的指导意见》以来，2016 年我国网络技术设施水平进一步提升，全国所有地市基本建成光纤网络城市，光纤宽带用户占比达到 72%；全国固定宽带平均接入速率是 2015 年年底的 2 倍，固定宽带单位带宽和移动流量平均资费水平进一步下降。政府支持的各类信息基础设施建设和提速降费释放出的巨大红利，有效地支撑了网络经济社会的转型升级。

我国网民使用的个人移动上网设备正在逐步向手机集中，手机接入互联网的占比呈现出不断增长的趋势。近 3 年的数据调查显示（见表 11-2），使用手机接入移动互联网的人数不断上升，台式电脑、笔记本电脑、平板电脑的上网使用率总体呈下降趋势。截至 2016 年 12 月，我国网民中使用手机上网的比例为 95.1%，较 2015 年年底增长了 5 个百分点。使用台式电脑、笔记本电脑上网的比例分别为 60.1%、36.8%，较 2015 年年底均有所下降。智能电视作为家庭娱乐上网设备，截至 2016 年年底上网使用率增长至 25%，上网比例逐渐攀升。此外，作为移动互联网终端之一的智能可穿戴设备的使用份额在 2016 年也出现较大幅度增长。伴随 4G 网络的不断普及、提速、降价，用户的移动上网环境不断改善，移动互联网环境下的智能设备类型也趋向多元化。

表 11-2 移动上网设备使用率

单位：%

移动设备上网使用率　　　　年　份	2014	2015	2016
手机接入移动互联网	85.8	90.1	95.1
平板电脑接入移动互联网	34.8	31.5	31.5

资料来源：根据中国互联网络信息中心发布的《第37次中国互联网络发展状况统计报告》与《第39次中国互联网络发展状况统计报告》统计。

在国家相关政策改革与激励下，我国移动互联网基础资源日益完善。一方面，拉动了相关产业上下游企业的增长，推进了互联网应用的移动化转型；另一方面，大大促进了"互联网+"融合创新，为云计算、大数据、物联网、车联网等新兴产业的发展提供了网络保障和支持。

（二）移动互联网的投资类型

2016年是中国移动互联网理性驱动与价值回归之年，中国互联网产业竞争走向"平台+生态"模式，各互联网企业立足于核心平台型产品投资，打造优势业务生态。数据表明，2016年全球互联网风险投资市场从高峰回归理性。伴随全球市场周期，中国互联网风险投资市场2016年前3季度的投资数量总计3011起，较2015年同期下降了29%；但2016年前3季度的投资金额达到4273亿元人民币，较2015年同期上升了8%（见图11-1）。[①] 然而，2016年中国互联网行业的大额风险投资明显增加，增加了总投资金额，平均投资金额不降反升。其中超过80亿元人民币的投资有8起，如滴滴F轮共计融资55亿美元、蚂蚁金服B轮融资45亿美元、美团E轮融资33亿美元。[②] 在经历了行业爆发式增长之后，市场逐渐规范化，行业门槛提高，标准化平台聚合，资本投入放缓。

---

① 数据来源于IT桔子，由中国信息通信研究院整理分析。
② 中国信息通信研究院：《互联网发展趋势报告（2017）》。

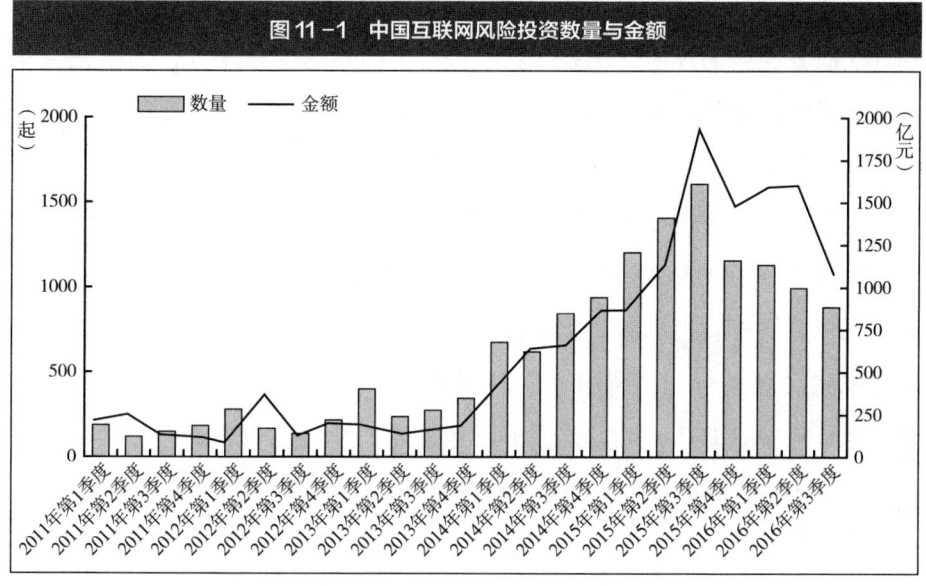

图 11-1 中国互联网风险投资数量与金额

资料来源：IT 桔子，由中国信息通信研究院整理。

1. 基于移动社交平台的内容与娱乐应用类投资

随着移动互联网成熟度不断提高，即时通信成为用户渗透率和用户黏性较高的应用类型，个人端的微信、QQ 等，企业端的 Slack 成为网民最常使用的即时通信应用，充分满足了用户的移动社交需求。作为移动互联网流量的中坚力量，社交通信的刚性需求在近几年已基本释放完毕，而以社交通信为核心拓展的细分类内容与娱乐应用的市场潜力仍然巨大，网络直播、网络视频、网络游戏等现象级投资不断涌现。

基于社交通信应用所拥有的庞大用户规模和活跃用户关系网，网络内容与娱乐应用开发商开始借助社交平台优势拓展商业思路，在创新技术驱动下构建以移动社交为核心的泛内容和娱乐产业生态，促使移动互联网投资市场不断细分。如腾讯公司 2012 年组建社交网络事业群，将即时通信平台与社区平台进行整合，形成更具规模效应的移动社交网络平台。近年来，腾讯运用微信公众平台、开放平台、微信支付功能打造"微信生态体系"，并致力于人与服务的全面连接，构建以内容为主体的泛文娱产业生态。2016年腾讯的投资重点主要集中在泛文娱领域的影视、游戏业务,利用社交服务连接的排他性优势逐步渗透各类内容与娱乐服务,加速完善移动社交市场商业化模式,再次彰显和巩固了腾讯公司在移动互联网市场的领导者地位。

网络直播服务作为网络娱乐类应用的代表,2016年在资本力量的驱动下持续出现井喷式发展。业界称2016年是移动在线直播元年,也可以说是网络视频直播正式迈出商业化步伐的元年。各大互联网企业巨头纷纷进军网络视频及直播行业,腾讯系(腾讯直播、QQ空间视频版、bilibili、斗鱼、龙珠直播、TGA)、百度系(百秀直播、爱奇艺)、阿里系(淘宝直播、优酷土豆、AcFun)、新浪(秒拍、一直播、MSeeTV)、网易(网易Bobo、网易CC)、360、YY、万达、小米等全线入场。截至2016年12月,网络直播用户规模达到3.44亿人,占网民总体的47.1%,较2016年6月增长1932万人。其中,游戏直播的用户使用率增幅最大,演唱会直播、体育直播和真人聊天秀直播的使用率相对稳定。①

虽然2016年有关部门对网络直播的监管力度不断加大,但网络直播所具有的品牌传播影响力和现金营收能力,使资本对网络直播这一商业模式依然保持高度热情。斗鱼、花椒等具有一定规模的网络直播平台2016年获得大量融资,而乐视、盛大、PPTV等平台纷纷投资跟进网络直播业务。随着大量资本的涌入,直播行业蛋糕越做越大,大大小小的平台如雨后春笋般出现,未来网络直播领域的市场竞争会越发激烈。值得观察的是,目前国内网络直播市场中互联网行业巨头组建的"独角兽"企业初步显现,超百亿元的资本市场规模是否意味着一场行业大洗牌?这一问题就埋伏在不远的前方。

2. 网络商务与金融类投资

在"互联网+"背景下,2016年网络电商继续深入发展O2O模式,

---

① 中国互联网络信息中心:《第39次中国互联网络发展状况统计报告》。

行业主题为O2O的多元化转型。经历规模化发展后,在餐饮外卖、交通出行等专门服务领域,网络电商的投资专注度不断提高,同时带动相关服务业转型。从餐饮外卖行业看,截至2016年12月,我国网上外卖用户规模达到2.09亿人,其中手机网上外卖用户规模已达到1.94亿人,使用比例由16.8%提升至27.9%。[①] 网上外卖的配送服务也由商户单独配送转向寻求专业外卖配送平台,形成生态化产业集群模式。2016年网上外卖进行市场整合后集中度进一步提高,形成了阿里巴巴投资的饿了么、腾讯投资的美团外卖与百度外卖三足鼎立格局,三者约占据8成以上网上外卖市场份额。2016年网上外卖行业一系列市场投资行为反映出当前外卖领域面临获取盈利的巨大挑战,需发挥数据挖掘和O2O信息化优势,提高物流时效与用户服务体验。

网络金融类投资以互联网企业和传统金融企业纷纷涉足互联网理财为代表,互联网理财从产品先导阶段进入产品集成化矩阵阶段,网络已成为网民理财的常规渠道。截至2016年12月,我国购买过互联网理财产品的网民数量为9890万人,网络理财网民使用率为13.5%,较2015年年底提升了0.4个百分点[②],网络理财用户规模增长进入相对平稳期。企业理财成为2016年互联网理财投资拓展的新领域,多家平台开始从事企业定制理财和现金管理业务,但网络理财市场仍缺乏带动行业二次高速增长的现象级产品。基于此类投资,网络电商巨头致力于以网络商务与金融为核心的开放平台构建。如阿里巴巴以电商开放为中心,利用数据分享战略、无线开放战略等搭建"云数据服务+电商+开发者"开放平台、积极向移动端拓展与融合O2O、金融、社交、物流等业务。

3. 在线公共服务类投资

移动互联网发展为打造在线公共服务平台、创新共享经济模式提供了

---

① 中国互联网络信息中心:《第39次中国互联网络发展状况统计报告》。
② 中国互联网络信息中心:《第39次中国互联网络发展状况统计报告》。

支持。2016年,领先互联网企业基于资金、技术、渠道优势,以自家核心业务为基础延伸承载多项在线公共服务,不断创新布局新业务生态。如百度基于技术开放优势,推动轻APP开放平台战略和LBS平台化等战略,依托信息搜索逐步形成应用分发、安全、地图、医疗等平台体系,着力打造以搜索为入口、以流量为核心的闭环生态。在线公共生活服务领域的投资主要集中在行车交通、在线教育和在线医疗三大业务。

截至2016年12月,我国网络预约出租车用户有2.25亿人,较2016年上半年增长41.7%;网络预约专车用户规模为1.68亿人,比2016年上半年增加37.9%。网约车作为共享经济的代表性服务,在盘活交通资源、满足用户出行需求方面发挥了重要作用,各地相关政策的出台逐步进入规范发展期。截至2016年12月,中国在线教育用户规模达1.38亿人,较2015年年底增加2750万人,年增长率达25%。在线教育用户使用率为18.8%,在2015年的基础上增加2.7个百分点。我国互联网医疗用户规模为1.95亿人,占网民规模的26.6%,年增长率为28%。相关在线业务包括医疗信息查询、网上预约挂号、网上咨询问诊、网购药品/医疗器械/健康产品等。

二 手机媒体的发展与投资

2016年手机媒体发展以及投资模式与往年相比,用户量持续增长,终端技术不断升级,投资类型日益丰富,呈现出新的特征和趋势。

(一)手机媒体的发展现状

1. 手机媒体发展概况

根据CNNIC《第39次中国互联网络发展状况统计报告》,截至2016

年12月，我国手机网民规模达6.95亿人，较2015年年底增加7550万人。手机网民占整体网民比例由2015年的90.1%提升至95.1%（见图11-2）。

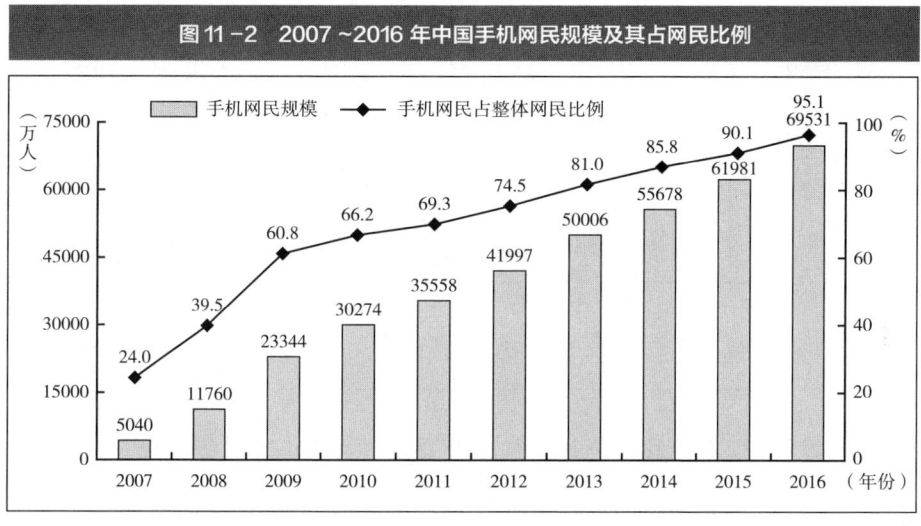

图11-2　2007~2016年中国手机网民规模及其占网民比例

资料来源：中国互联网络信息中心：《第39次中国互联网络发展状况统计报告》。

根据中国信息通信研究院发布的数据计算得出，2016年中国手机市场全年总出货量为5.60亿部（见图11-3），同比增长8.1%。2016年4G手机出货量为5.2亿部，同比增长18.2%，占比92.9%，增速明显变缓，但占比增大。在4G网络建设完善、国内手机厂竞争越发激烈等因素的影响下，中国智能手机出货量将持续保持增长状态，手机媒体普及化程度将不断提高。

2. 手机媒体各项业务发展概况

一是围绕即时通信应用打造综合服务平台。2016年我国手机即时通信用户规模达6.66亿人，较2015年年底增加了4219万人，占手机网民总体的91.1%。手机即时通信的用户使用率依然为所有应用中最高，并且规模仍在不断扩大，从市场细分类型看，不同类型即时通信应用的发展方向呈现出明显差异。以微信、QQ等即时通信应用为基础，其功能不断向外扩展，

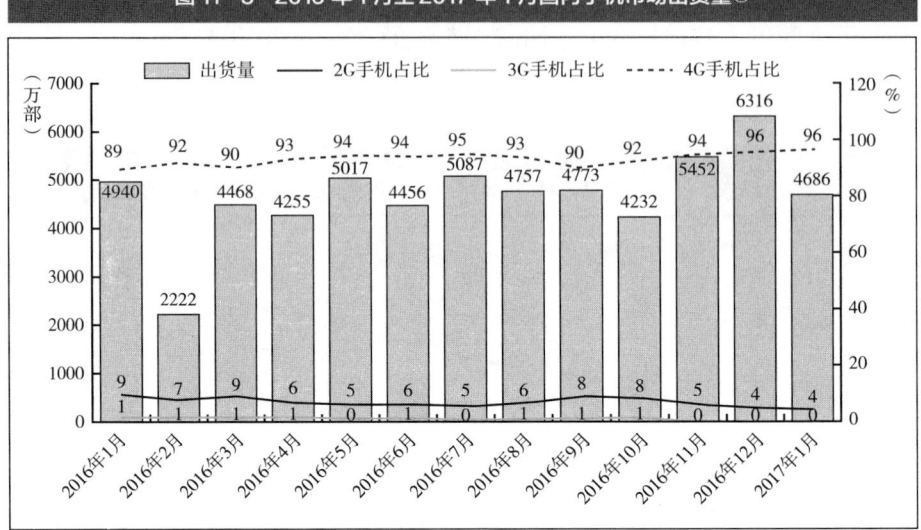

图11-3　2016年1月至2017年1月国内手机市场出货量①

延伸至内容、娱乐及其他公共服务，并逐步建立起广告与营销、内容运营并重的盈利模式。如微信依托个人与企业公众号持续拓展朋友圈广告与营销业务，其市场营收能力突出。手机即时通信应用逐渐成为具备高用户黏性且服务于用户日常生活各个方面的多功能、综合性平台。

二是手机信息与搜索应用不断增长。在内容市场"两微一端"浪潮下，2016年传统主流媒体与互联网企业巨头跨界合作继续推出大量定位细分化的新闻客户端产品，纷纷进军网络新闻业务，如无界新闻、封面传媒、并读和"南方+"等。我国手机网络新闻用户规模达到5.71亿人，占手机网民的82.2%，年增长率为18.6%，手机网络新闻成为手机互联网应用中用户使用率第二高的应用。同时，2016年移动搜索市场仍然呈现迅猛增长势头。一方面，移动搜索用户数量增速仍然领先于领域整体。2016年我国手机搜索用户数已达5.75亿人，使用率为82.7%，用户规模较2015年年底增长9727万人，增长率为20.4%。另一方面，多平台数据显示PC端产生的搜索流量远不及移动端，百度、搜狗等搜索引擎超过2/3

---

① 中国信息通信研究院：《2016年12月份手机市场运行分析报告》。

的流量来自移动端,移动端收益在总体营收中的比重也有所增长。手机搜索是手机互联网应用中使用率仅低于手机即时通信和手机网络新闻的第三大应用。

三是手机娱乐类应用市场份额扩张。手机娱乐类应用以网络文学、手机音乐、手机视频和直播为主。截至2016年12月,中国手机视频用户规模接近5亿人,与2015年年底相比增长9479万人,增长率为23.4%;手机网络视频使用率为71.9%,相比2015年年底增长6.5个百分点。随着4G网络的进一步完善以及手机资费的下调,网民在社交媒体上观看短视频的行为越发普遍。2016年,爱奇艺、优酷土豆、腾讯视频三家视频网站继续领跑网络视频行业。2016年我国网络视频行业走向成熟,其发展特点主要表现在:一是各大视频网站基于IP开发加大了内容自制的投入,涌现了一批颇具市场关注度和影响力的自制节目和剧集,并与泛娱乐产业链中的文学、游戏、动漫等密切互动;二是内容运营付费的商业模式初步形成,视频网站收入结构更加多元、合理。随着国家有关部门版权管理的严格规范、网络视频用户付费意愿增强、在线支付的便利与普及,网络视频内容运营市场发生了质变,基于内容的用户付费收入在视频总体收入中的占比逐渐增长。

四是手机商务交易应用日益普及。伴随智能手机终端和在线手机支付业务大规模扩张,手机用户的商务消费习惯发生了从线下到线上的转变。截至2016年12月,我国手机网络购物用户规模达到4.41亿人,占手机网民的63.4%,年增长率为29.8%。其中,用手机预订机票、酒店、火车票和旅游度假产品的网民规模达到2.62亿人,较2015年年底增长5189万人,增长率为24.7%。我国使用手机进行旅行预订的网民所占的比例由33.9%提升至37.7%。①

---

① 中国互联网络信息中心:《第39次中国互联网络发展状况统计报告》。

（二）手机媒体业务的投资类型

1. 手游类业务投资

在互联网应用市场排名中，网络游戏类占据市场主导地位，应用数量和应用分发规模均居领域榜首。截至2016年10月，游戏类应用规模超过400万个，远高于分别排名第2、第3的主题类应用和咨询阅读类应用（规模分别为81万个、69万个）。应用分发规模方面，游戏移动应用凭借庞大的用户基础和良好的用户活跃度长期稳居应用分发规模第1位，2016年10月下载量达到4734亿次。紧随其后的社交通信应用下载量为2593亿次，系统工具类应用下载量为2428亿次。[①] 从国内手游行业来看，在经过前几年的用户爆炸式增长后，国内手游行业在2016年逐步趋向平稳，具体表现可以分为三个方面：其一，借助手机终端软硬件技术水平的提高使手游用户的游戏体验增强；其二，手游用户的付费能力显著提高；其三，手游的类型细分得到市场的认可，游戏类型的多样化不仅让手游开发者拥有更多创意表达的空间，而且改善了手游行业前期存在的游戏同质化的状况。部分上市公司调整战略布局，通过资本收购方式布局泛娱乐产业，逐渐向游戏、电影、小说和动漫等产业渗透，并形成产业联动效益。

2. 手机支付类业务投资

随着移动互联网技术和在线支付应用的不断发展，我国网民手机支付普及化进程加快。CNNIC发布的报告显示，截至2016年12月，我国手机网上支付用户规模增长迅速，达到4.69亿人，年增长率为31.2%，网民手机网上支付的使用比例由2015年的57.7%提升至67.5%。在线支付应用一方面运用补贴营销策略激励商户和消费者开通移动支付业务，让在线

---

① Trust Data：《2016年下半年中国移动互联网行业发展分析报告》。

支付向线下支付领域快速渗透；另一方面通过开通外币支付业务，将消费支付市场拓展到海外。线上与线下支付渠道的融合为网民营造了便捷、丰富的支付场景，充分发挥了手机支付的"电子钱包"功能。国内互联网巨头和主要运营商陆续涉足移动支付业务，从网络、通信、终端、应用等多个层面把控和优化移动支付，打造便捷、智能、安全的移动支付，让移动支付产业从松散走向集约。

三 移动媒体投资趋势分析

（一）移动互联网的投资趋势

在"互联网+"战略引导的跨界融合大背景下，移动互联网与线下经济日益紧密，未来移动互联网投资将呈现两大发展趋向。一是智能终端设备的发展推动移动互联网场景多元化与服务纵深化。移动互联网广泛普及和智能可穿戴设备快速兴起，促使智能家居、智能工业等服务供需方即时交互和匹配，大大降低服务提供与获取成本。移动互联网用户线上线下消费不断融合，让互联网消费场景多元化、服务范围向更深更广扩大。

二是"万物互联"带动移动互联网投资从消费领域向产业领域拓展。第一，互联网企业增强产业链控制能力，推进上下游垂直整合，打造协同业务体系。如阿里巴巴着力发展电子商务业务，强化资金流、物流、数据流协同服务能力，布局推出金融支付、菜鸟物流、阿里云平台等创新业务，快速增强其产业实力。第二，面向传统产业加快跨界融合进程，深化产业空间布局。如腾讯以数十亿元资金大规模补贴投入，全力抢占互联网交通出行业务领域，促成小桔科技与 Uber 中国合并。阿里巴巴推出阿里钉钉业务，聚焦企业市场，协助企业办公，同时研发推出淘工厂业务，服务中国众多服务制造企业，高效助其发展柔性制造，精准满足市场需求，推动智能制造快速落地。随着物联网应用技术持续精简升级，产业互联网将成为未来几年互联网投资的重点领域。中国移动互联网发展正处在由简单应用向高端应用转变、由单点发力向平台生态体系转变、由政府投入向市场主导转变的关键时期。

（二）手机媒体的投资趋势

基于物联网与互联网融合的背景，手机媒体呈现出信息复杂化、场景碎片化、需求多元化等诸多新现象，给手机媒体投资带来了机遇与挑战。未来手机媒体的投资将围绕"智能化"这一关键词展开。智能化具体可表现为两大趋向：一是手机终端智能化；二是应用服务智能化。

随着虚拟现实（VR）、增强现实（AR）、人工智能、生物识别等新技术的发展，加上新材料、处理器及显示屏技术的进一步突破，智能手机终端将具有更多更新的属性，如目前人工智能与移动终端结合的产品有iPhone开发的Siri，谷歌推出的语言服务Google Now以及微软的个人智能助理小娜等。智能手机将在终端智能化前提下，衍生出面向大众用户和特定细分用户的智能应用和服务，极大提高手机媒体用户体验，改变未来移动互联网设备的操作方式。

有学者指出，中国移动媒体发展不断深化，主要体现在新闻客户端社交化的深化、UGC和众包式生产模式的升级、部分自媒体的专业化、入口向平台转化的加速、服务媒体的兴起等方面。[1] 近年来，移动新媒体领域投资逐步向深度布局，在"互联网+"的基础上，投资者注重移动新媒体

---

[1] 彭兰：《移动媒体的创新线索与发展趋向》，载《中国移动互联网发展报告（2015）》，社会科学文献出版社，2015。

孵化，并在移动社交、信息与娱乐应用、网络公共服务等领域加大投资。当然，媒体投资需要遵循其价值规律，就移动媒体而言，媒体用户所具有的商业价值是主要标准，媒体的定位和发展空间判断也是投资选择的参考标准。在媒体泛化时代，由技术推动其变革的移动媒体与资本的联姻是一个永恒的主题。

第十二章
中国游戏产业投资报告

陈京炜　仝嵩泽

陈京炜，中国传媒大学艺术学部动画与数字艺术学院游戏设计系主任
仝嵩泽，中国传媒大学艺术学部动画与数字艺术学院

一 2016年游戏产业概况

(一)中国游戏产业增长继续放缓,增长量保持稳定[①]

2016年,中国游戏市场实际销售收入为1655.7亿元,同比增长17.7%,增长率相比2015年减少5.2个百分点。自2014年,游戏产业增长率一直在下降,但每年的增长量仍然保持稳定。

在中国游戏市场收入构成中,移动游戏占据49.5%的份额,超过客户端游戏成为份额最大的细分游戏市场。此外,客户端游戏占35.2%,网页游戏占11.3%。三者共占据96.0%的份额,是当前细分市场的主要类型。

(二)细分市场发展变化,用户规模增长率上升

2016年,客户端游戏和网页游戏市场规模首次出现了负增长。其中,客户端游戏市场实际销售收入为582.5亿元,同比下降4.8%;网页游戏市场实际销售收入为187.1亿元,同比下降14.8%。不同的是,受电子竞技游戏火热的影响,2016年客户端游戏的用户规模小幅回升,而由于自身创新程度不够、市场竞争激烈等因素,以及移动游戏的影响,网页游戏用户规模仍在逐年缩小。

客户端游戏市场规模的减小,与很多游戏厂商将自己的明星产品改编成移动游戏导致用户分流有关。不过,由于电子竞技游戏的强势表现,客户端游戏的用户规模仍然出现了小幅上涨。考虑到客户端游戏的画面、操

[①] 数据来源于《2016年中国游戏产业报告(摘要版)》。

作等表现能力上限要高于网页游戏和移动游戏，未来有望吸引更多成熟的游戏玩家。

相比前两者，移动游戏仍然保持迅猛发展。2016年，中国移动游戏市场实际销售收入为819.2亿元，同比增长59.2%，用户规模为5.28亿人，同比增长15.9%。由于智能手机的普及，加上自身的轻量化特点，以及最近几年影游融合的泛娱乐模式，移动游戏吸引了大量用户。不过，移动游戏在市场火爆的同时，也出现了同质化严重、营销成本过高等问题。

（三）电子竞技游戏和游戏直播

电子竞技游戏和游戏直播对游戏产业有十分重大的影响。2016年，电子竞技游戏收入为504.6亿元，占比30.5%，已经成为游戏市场的重要部分。逐渐完善的电子竞技赛事体系，不断增强玩家对游戏的忠诚度，也吸引了更多玩家进入。同时，电子竞技也在逐渐改变大众对游戏的认知，沉迷游戏可能不再是一种玩物丧志的行为，而是更多地与团队合作、拼搏、奋斗、英雄等概念联系在一起，甚至可以使一些玩家获得名望和直接的利益。

游戏直播是游戏传播和推广的一种至关重要的媒介。各种游戏在直播中以最直观的状态展示给观众，开拓了玩家的游戏视野；另外，新的游戏精神也在主播的直播和观众的讨论中逐渐形成。

此外，游戏直播与电子竞技的联系越来越密切，二者的互动有利于双方的共同发展，以电竞为内容、游戏直播为形式的泛娱乐形态正在形成。

（四）二次元热潮

2015年兴起了三大风潮，即二次元、移动电竞、VR。其中，二次元在2016年得到了充分发展并获得广泛关注。例如，网易的《阴阳师》成为2016年的现象级产品，对特定人群具有强大的变现能力。二次元的其他成功产品还有《崩坏学园3》《FGO》等。

但是，由于二次元用户对游戏品质、游戏内容和口碑有着较高要求，许多急于入局二次元市场的产品并没能成功复制优秀产品的模式。

二 投资环境分析

（一）国家政策与政策分析

中国游戏产业规模不断扩大，在社会经济中的影响也越来越大。国家十分重视游戏及相关产业在文化产业发展中的作用，不断出台新的政策支持和规范游戏产业发展。

1. 网络出版新规为游戏产业定下基调

2016年2月，国家新闻出版广电总局发布《网络出版服务管理规定》，[①] 以规范网络出版服务秩序。该规定将游戏明确为"网络出版物"，主要内容包括从事网络出版服务，必须依法经过出版行政主管部门批准，取得许可；实行责任编辑制度，对网络出版物内容进行审查，确保合法；以属地管理原则对网络出版服务进行监督；国家制定相关政策保障、促进网络出版服务业的发展与繁荣，对有助于形成先进网络文化的优秀网络出版服务进行奖励。

《网络出版服务管理规定》规范了游戏产业的方方面面，奠定了游戏产业有序发展的基础。

[①] 《网络出版服务管理规定》，中华人民共和国工业和信息化部网站，2016年2月14日，http://www.miit.gov.cn/n1146290/n4388791/c4638978/content.html。

2. 移动游戏分类审批管理，提高效率

为了规范市场秩序、提高审批效率，2016年5月24日，国家新闻出版广电总局办公厅发布了《关于移动游戏出版服务管理的通知》，[①]对移动游戏进行分类审批管理，针对不含政治、军事、民族、宗教等敏感信息，且无故事情节或者情节简单的消除、跑酷等类型的休闲益智国产移动游戏，简化审批程序。流程包括游戏出版服务单位负责审查内容，审计出版主管部门进行审核，最后由国家新闻出版广电总局进行批复。

新的审查程序对游戏分类审批，极大地提高了移动游戏的审批效率，规范了移动游戏市场。

3. 对网游运营加强监管

为了进一步规范网络游戏市场秩序，保护消费者和企业的合法权益，促进网络游戏行业健康有序发展，文化部于2016年12月1日发布了《文化部关于规范网游运营加强监管工作的通知》（以下简称《通知》）。《通知》明确了网络游戏的运营范围，对网络游戏虚拟道具发行服务进行了规范，特别是对道具抽奖进行了严格规定。

《通知》的目的是倡导游戏玩家理性消费，消除游戏中的赌博和诱导消费成分，避免其过度影响游戏的公平性。这一做法，虽然使追逐短期利益的资本受到限制，但有利于游戏市场的长期健康发展。

4. 推进"中国原创游戏精品出版工程"

2016年11月4日，国家新闻出版广电总局办公厅印发《关于实施"中国原创游戏精品出版工程"的通知》。该通知指出，为了引导游戏企业增强创新能力，提高游戏品质，创建优质品牌，促进民族原创游戏的发展，满足广大人民群众特别是青少年不断增加的精神文化需求，2016～

[①] 《关于移动游戏出版服务管理的通知》，中华人民共和国新闻出版广电总局，2017年2月26日，http://www.sapprft.gov.cn/sapprft/contents/6588/298011.shtml。

2020年，国家新闻出版广电总局将建立健全扶持游戏精品出版工作机制，累计推出150款左右游戏精品，对其实行研发、审批和宣传等方面的支持，支持优秀游戏企业做大做强。

5. 国家出台政策推动电竞发展

2016年4月，国家发改委等24个部委联合印发了《关于促进消费带动转型升级的行动方案》，明确提出将电子竞技游戏游艺赛事，列入十大转型升级消费行动之一。同时，文化部、教育部等相关部门也纷纷出台了推动电竞发展的政策。

（二）电子竞技对游戏产业的影响

自2003年11月国家体育总局将电子竞技列为正式体育竞赛项目以来，中国电子竞技产业一直在艰难发展。而在近年的网络直播和优秀网络游戏的影响下，电子竞技越来越火爆，受到越来越多人的关注。对于游戏产业来说，电子竞技的兴起所产生的影响也是巨大的。

1. 电子竞技改变大众对游戏和游戏产业的认识

一直以来，数字游戏在大众的认识中都是与娱乐乃至玩物丧志联系在一起的，游戏产业也被很多人视为正在毒害下一代的产业。而电子竞技则赋予了数字游戏更为积极的意义。虽然仍然是在"玩游戏"，但电子竞技从本质上来说，是人与人之间智力与体力的体育对抗，它遵循着体育精神，有着严格的规则，具有激烈的对抗性。针对电子竞技产业人才匮乏的问题，2016年4月，教育部将"电子竞技运动与管理专业"列入2016年高职招生的13个增补专业。

随着电子竞技逐渐深入大众生活，人们对电子竞技游戏的态度也在改变。2016年12月21日，由中国社会科学院、社会科学文献出版社等共同发布的《社会蓝皮书：2017年中国社会形势分析与预测》指出，26岁以下的青年中有52%的被访者对电子游戏感兴趣，而38%的青年愿意选择电子游戏玩家作为职业。① 随着电子竞技游戏的火爆，游戏受到了越来越多的关注，这对游戏行业本身也是极大的机遇。

2. 电子竞技为游戏培养深度玩家

作为一种强调技巧与合作的游戏类型，电子竞技游戏在吸引玩家方面有着很大的优势。特别是目前热门的电竞游戏如《英雄联盟》《守望先锋》等，具有"易上手、难精通"的特点，促使玩家不断提高自己的游戏技巧，向重度玩家转变。这些特定游戏的玩家在接受其他游戏时，会有更快的上手速度，而游戏厂商需要根据玩家特点，开发相应游戏将其转化成核心用户群体。

电子竞技吸引玩家的另一种手段是群体效应和明星效应。电竞游戏用户群体的扩大，会对社会群体中的其他成员产生群体趋同效应，促使非游戏玩家向游戏玩家转化。另外，由于竞技游戏具有多人互动的特点，娱乐明星和游戏明星的游戏行为往往会得到粉丝们的追捧，而相关的游戏也会因此受到更多人的关注。

电子游戏需要借助一定的设备才可运行。由于电子竞技游戏的技巧性在很大程度上基于较高的硬件要求，玩家需要更频繁地更新自己的游戏平台。许多对硬件要求很高的电竞游戏能够提供较好的游戏体验，具有吸引更多玩家的机会。

3. 电子竞技影响游戏制作

电子竞技游戏的火爆，会让更多游戏开发商加大对电竞领域的投入，游戏开发的方向也会发生变化。

首先，电竞游戏的火爆会催生更多的电竞游戏。这点不仅体现在电竞游戏的数量上，而且体现在平台、类型的多样性上。现在的电竞游戏多为MOBA、RTS和FPS等类型，平台多为PC。而随着"移动电竞""休闲竞

---

① 《报告精读 | 社会蓝皮书：2017 年中国社会形势分析与预测》，社会科学文献出版社，2017 年 2 月 26 日，http://www.ssap.com.cn/c/2016 - 12 - 21/1048295.shtml。

技"等概念的兴起,移动竞技游戏以其轻量化、重社交的特点吸引了很多的用户。

其次,电子竞技使游戏需要频繁更新,以保证游戏的平衡性、延长游戏周期。由于电子竞技游戏的重复性很高,所以游戏中的某些不平衡设计会使游戏失去悬念和公正性,也就没有了竞技的必要。同样地,即使是再平衡的游戏,没有了新内容的加入,也会让玩家逐渐流失。

最后,电竞的相关概念也将拓展到非电竞游戏中。越来越多注重多人竞争与合作的游戏开始流行,多人互动和联机成为许多游戏必备的功能。

4. 电子竞技拓展游戏产业链

只有电子竞技的游戏产业无法满足年轻人的娱乐需求,需要形成完整的产业链。电子竞技产业链主要包括内容授权、赛事参与、赛事执行、内容制作、内容传播和监管部门。①

对于游戏产业来说,与之相关的主要有内容授权和赛事执行。游戏厂商握有游戏版权,可以授权第三方组织电竞赛事,也可以自己组织,但只有部分有实力的厂商能够自己组织。

三 游戏产业大事

(一)国内游戏、电竞行业投融资、收并购大事及其分析[②]

2016年,国内游戏资金变动358.9亿元,同比减少约41.0%。2016

---

① 艾瑞咨询:《2016年中国电子竞技及游戏直播行业研究报告》。
② 《壹周游戏资本丨2016年国内游戏行业资本分析:融资358.9亿,电竞、VR领域受青睐》,手游那点事,2017年2月27日,http://www.sykong.com/2017/01/155912。这里的游戏产业资本流动不考虑游戏产业向影视、金融和直播等行业的投资,以及向国外的投资。

年国内游戏资本流动发生155起，同比减少约49.8%，国内游戏产业融资的数量和金额都有所减少。2016年资金变动的减少，很大原因是2016年过亿级别的融资或并购的金额与2015年相比有很大的减少。

电子竞技与游戏产业密切相关，2016年电竞方面发生12起融资，资金变动达到11亿元。这里的数据还不包括2016年兴起的许多电子竞技第三方服务公司。

在国内游戏投融资方面，除了移动游戏之外，VR是2016年的投资热点，投资项目达到30个，金额变动8.03亿元。在H5游戏方面，2016年共有3次融资，其中Layabox 1亿元的融资金额最大。在大屏游戏（电视游戏）领域，发生的融资共有2起，金额为1亿元。

2016年共发生49起并购案，并购股权比例达100%的有20起。[①] 2016年共有9家公司一年发生两轮融资，有13家公司进行了多轮投资，其中三七互娱参与了4起投资，英雄互娱参与了3起投资。

（二）大公司战略及其分析

1. 网易

根据网易2016年第四季度及全年财报，2016年网易在线游戏净收入为279.80亿元（40.30亿美元），2015年为173.14亿元。2016年第四季度在线游戏服务净收入为89.59亿元（12.90亿美元），同比增长62.8%。

2016年，网易旗下新游戏《阴阳师》的表现十分突出，一举拿下了全球游戏IOS收入榜的冠军之位。在游戏产品方面，网易拥有极大比例的自主研发游戏，并借助传统优秀IP进行跨平台改编，同时还代理了许多世界级优秀游戏；在用户方面，网易游戏用户基数大，付费比例高，对网易的产品（包括网易的其他互联网产品）有一定的忠诚度和黏性。网易在掌控

---

① 不含7起并购股权比例未透露的并购行为。

游戏发行和渠道商的定价权的同时，也拥有自己的发行渠道。网易还推出了自家的 CC 直播平台，在未来可以对游戏进行推广。

2. 腾讯

2016 年，腾讯继续保持自己在中国游戏企业中的龙头地位。2016 年，腾讯预计游戏收入近 720 亿元，占中国整体游戏市场的 43.5%，占据中国游戏市场的半壁江山。拥有丰厚财力的腾讯，积极收购国际热门游戏的开发商，提高全球化水平。在自身产品的研发和运营上，其能力也得到了提高。

腾讯最核心的优势是依托 QQ、微信等社交平台建立起来的庞大用户群。2016 年腾讯意图将腾讯网游平台（TGP）升级为类似 Steam 平台的"全球游戏玩家与厂商的综合服务平台"，以抢占国内 PC 游戏市场，与国际接轨。在移动游戏方面，腾讯充分利用自身庞大的用户群，通过不同的策略，满足广大用户各种个性化的需求，同时集中优质资源，推广市场需求最高的产品品类。围绕竞技性手游，持续发展移动电竞相关产业。

3. 完美世界

完美世界在 2016 年上半年的游戏收入为 18.48 亿元，约占总收入的 87.4%。其中，PC 端网游收入为 10.74 亿元，移动网络游戏收入为 6.44 亿元，主机游戏收入为 9916 万元，与游戏相关的其他收入为 3065 万元。

2016 年，完美世界已经尝试启动多个"影游联动"计划。其中，《射雕英雄传》手机游戏和新版电视剧已经开始尝试协作与互动，并且未来的产品营销也将实现全产业链的配合。此外，完美世界与环球影业签订了合作协议，借助完美世界游戏的全球化经验，再加上与海外知名影业公司的合作，完美世界还将积极助推中国电影"走出去"。

4. 盛大游戏

盛大游戏控股公司世纪华通发布的财报显示，2016 年，盛大游戏未经审计的营收为 38.6 亿元，净利润为 16.2 亿元。营收净增长率为 17.6%，净利润大增 113%，是除 BAT 和网易以外最赚钱的公司。

5. 畅游

畅游 2016 年财报显示，2016 年畅游总收入为 5.25 亿美元，而 2015 年为 7.62 亿美元；其中网络游戏收入为 3.96 亿美元，而 2015 年为 6.37 亿美元。收入下滑较为严重，但总营收超出公司预期 100 万美元。

（三）新兴公司发展策略分析

1. 英雄互娱

英雄互娱成立于 2015 年 6 月 16 日，以泛娱乐为战略目标，推广移动电竞。英雄互娱主营业务为移动游戏研发、发行和电子竞技赛事组织。围绕移动电竞这一核心，英雄互娱建立了移动游戏研发和发行以及电竞赛事服务与直播这两大支柱。

在电子竞技产业方面，英雄互娱旗下拥有多款高品质移动电竞手游且组织发起了亚洲最大的移动电竞赛事 HPL（Hero Pro League）英雄联赛，包含线上赛、巡回赛、职业联赛、校园赛、海外赛和总决赛等专业移动电竞赛事。HPL 已成功运营两年，目前英雄互娱赛事游戏的注册用户已达到 4 亿人。据易观智库发布的《中国电子竞技赛事专题报告 2016》，英雄互娱目前在中国移动电竞产品研发商中排名第二，旗下公司英雄体育在中国电竞赛事运营商中排名第二，均仅次于腾讯。

2. 三七互娱

2016 年，三七互娱的市值为 500 亿元左右，其在前三季度利润达到 7.52 亿元，是最赚钱的 A 股上市游戏公司之一。

在主营业务上，三七互娱保持了在网页游戏领域的优势，在网页游戏的研发和运营上，均处于一线领先位置；在移动游戏的发行上，借助其网页游戏发行和运营的经验，成为国内移动游戏发行和运营的一线企业。

3. 浮冬数据

浮冬数据是一家面向 B 端的电竞数据平台，为俱乐部提供大数据分析、个性化建议等服务，同时也为赛事举办方和解说提供数据支持。目前，它已与 LGD、VG、DC 等国内外多家俱乐部建立合作，Ti6 等国际赛事也在采用它的服务。

四 投资前景展望

（一）电子竞技

随着未来受众对电竞认识的不断深入、资本在电竞领域布局的扩大，以及国家政策的支持，电竞将迎来发展的新时期。2016 年接触过电竞的人数超过 10 亿人，爱好者超过 2 亿人，超过传统体育篮球、足球的单项人数，并且有望在 2020 年成为奥运项目。仅在中国，电子竞技就有超过 1 亿名爱好者，整体产业产值超过 500 亿元，中国已经超越美国成为全球第一大市场。

1. 政策支撑与大众认可

国家政策对电子竞技的影响主要有两方面：一是支持；二是规范。

国家认识到电子竞技既是一种具有积极意义的体育运动，也是大众生活娱乐的重要部分。除了前文提到的政策，在 2016 年 3 月 19 日的全国移动电子竞技大赛（CMEG）新闻发布会上，体育总局体育信息中心主任丁东表示体育总局正在研究探索开放电竞赛事竞猜事宜。此外，国家还设置电竞专业，培养电竞领域高端人才。

对电子游戏的规范包括将游戏发行和直播纳入监管，关于游戏发行的相关政策，前文已有描述。关于游戏直播，2016 年 9 月 9 日，国家新闻出版广电总局下发《关于加强网络视听节目直播服务管理有关问题的通知》，重申未持有《信息网络传播视听节目许可证》的直播机构不得开展相应的直播业务，同时，未经审批的游戏不得直播。

随着电子竞技热度的增加及其发展规模的不断壮大，电竞现在已经逐渐被接受和认可。电子竞技不再是不务正业的代名词了，电竞比赛不再被边缘化，也已成为年轻人喜爱的项目。

2. 资本热炒电子竞技

随着电竞游戏的火热与政策的放开，各方资金开始涌入电子竞技及相关行业，尤其游戏直播行业。由于直播平台本身对优质直播内容的依赖性较强，对大主播的竞争异常激烈。在资本的强势介入下，游戏主播的开价水涨船高，其年收入上千万元的新闻早已不绝于耳。这不仅使电竞选手的社会地位得到提高，而且吸引了越来越多的人投入电子竞技的行业。最重要的是，它缓解了困扰电竞赛事多年的变现问题，为电竞选手退役后的生活提供了更多出路。

据《2016体育创业白皮书》统计，2015年1月至2016年3月这十五个月中，电竞领域共完成34起融资，融资金额达35.8亿元，仅次于体育媒体。资本的大量涌入不仅提高了电竞行业的吸引力，而且为行业生态圈的构建提供了强劲动力。

3. 电子竞技产业的盈利模式

以电竞俱乐部、选手、主播以及赛事运营和节目制作方为核心的电子竞技内容生产环节，是整个电竞产业链最大的价值来源。此外，电竞赛事的电视和网络直播、转播平台也越来越受到各方重视。未来，兼具内容生产能力和内容播放渠道的游戏厂商经过市场整合会占据优势，电竞赛事和游戏运营相辅相成，将培养大量忠实用户。

目前，国内电竞产业的变现方式主要是两种：一种是流量变现；另一种是内容变现。目前，国内电竞行业的变现方式主要还是前者，不过随着游戏电竞直播的发展，内容变现的份额也将增长。

4. 电子竞技行业当前存在的问题

电子竞技产业越来越受到关注，资本、网络巨头等纷纷制定电竞战略,抢占市场。但是目前电子竞技行业仍然存在许多问题,在一定程度上制约着电竞进一步发展。

首先,电子竞技并未形成成熟的产业链,盈利能力尚不够。目前,电子竞技产业链初步形成,从上游的内容提供至下游的用户,以及周边衍生的新兴产业等,已经形成初步的运作模式。但总的来说,电子竞技产业依然需要借助游戏产业、资本市场等外部投入,缺乏独立性。

其次,电子竞技是内容产业,而游戏本身有一定的生命周期,也有固定的用户群。这使电子竞技产业的内部竞争变得异常激烈。

最后,职业电子竞技运动员、电子竞技管理者、电子竞技从业者等电竞人才十分缺乏,对职业选手的培养仍不完善。部分职业玩家很容易陷入追逐名利的陷阱,甚至在其中迷失自我,在电竞领域停滞不前。

(二)创业公司与原创游戏

1. 创业公司

根据 IT 桔子的数据,2016 年新成立的创业公司为 2053 家,不足 2014 年(9262 家)、2015(9169 家)年的 1/4。2016 年成立的游戏产业相关公司为 83 家,相比 2015 年减少 170 家。其中,游戏开发商为 52 家,相比 2015 年减少 97 家。

在 83 家创业公司中,IT 桔子收录的已获投资的创业公司共有 24 家,[1] 主要集中在三个领域:第一,休闲游戏、手机游戏开发,共 12 家;第二,VR 相关,共 8 家;第三,电竞游戏开发、电竞相关产业方面,共 4 家。其中,获得千万元以上投资的有以下 5 家:乐客游戏(Pre-A,数千万元)、刃意科技(A 轮,3000 万元)、天天电竞(A 轮,9000 万元)、威魔纪元(天使轮,数千万元)、糖谷游戏(A 轮,1 亿元)。

---

[1] 统计日期为 2017 年 2 月 27 日。

2. 原创游戏

2016 年，自主研发网络游戏市场实际销售收入达到 1182.5 亿元，同比增长 19.9%。在发展最快的移动游戏领域，出现了现象级产品《阴阳师》，还有许多利用客户端平台原创 IP 进行的改编。

在单机游戏领域，随着 Steam 平台和腾讯 TGP 平台的发展，国人的版权意识逐渐增强，2016 年出现了不少优秀的国产单机游戏，如《失落城堡》、《归家异途》和《ICEY》等。这些原创游戏品质优良，获得了国内 Steam 玩家的热捧。

（三）国际化趋势

1. 2016 年全球游戏产业概况

全球游戏玩家在 2016 年共创造 996 亿美元的收入，比 2015 年增长 8.5%。移动平台以 369 亿美元的收入首次超越 PC，全球增幅达 21.3%。亚太地区继续主导全球市场，占 47%。仅中国市场就占到了全球游戏收入的 1/4。[①]

从全球范围来看，PC 游戏仍是十分赚钱的类型，其中大部分来自（中）高端的电脑/网游，而休闲网页游戏收入持续缩水，紧随其后的是家庭娱乐主机。智能手机平台以 23.7% 的同比增长率保持增速冠军的地位，并将于 2018 年在收入总额方面主导市场。其他移动平台（平板电脑与掌机）市场份额最小。值得一提的是，Newzoo 认为虚拟现实游戏在短时间内难成气候，其收入将在很大程度上替代主机、PC 和移动平台的游戏消费。

2. 中国游戏企业的国际化之路

2016 年，国内自主研发网络游戏海外市场实际销售收入为 72.3 亿美

---

① Newzoo：《全球游戏市场报告》。

元,同比增长 36.2%。随着国内游戏市场日趋成熟,海外市场成为越来越多游戏企业的关注目标。

在走向海外的过程中,国内游戏企业形成了两种不同的方式:一种是侧重自主研发原创产品,并借助海外发行体系开拓市场,如智明星通利用研发运营一起推动海外市场开拓;另一种是与国内企业"分工",通过将国内精品投入海外市场,积累海外运营经验,推动海外收入的增加。

3. 中国 PC 游戏市场越来越受到国外游戏公司重视

在 PC 游戏方面,中国市场越来越与国际接轨。2016 年,Steam 平台中国区账号达到 1150 万个,占全球玩家的 5.61%,平均拥有 11 款游戏,排名第十位。随着中国 Steam 用户的增长,以及玩家们所表现出的越来越大的购买欲望,越来越多的国外厂商甚至是小成本的独立制作人都开始重视中国市场,为游戏加入中文甚至中文配音。

第十三章
中国互联网
金融投资报告

吴立波

吴立波，绿地金控另类投资部负责人

互联网金融作为2012年以后愈演愈烈的金融乱象中的一朵奇葩,在2016年政府正式拉开的监管大幕下,开始逐步现出原形。谁在裸泳,会成为今后几年的主要行业景观。

在经过三年的高速增长之后,2016年互联网金融,尤其是细分的P2P行业的跑路、诈骗等犯罪行为屡发高发,进而引起社会和政府的高度关注,政府强力整顿,互联网金融行业进入强监管和整合阶段。

一 行业发展数据

（一）P2P行业

1. 参与者不断增加

2016年P2P网贷行业投资人数约为1375万人,借款人数约为876万人,分别同比增加134.64%和207.37%,投资者继续涌入（见图13-1）。

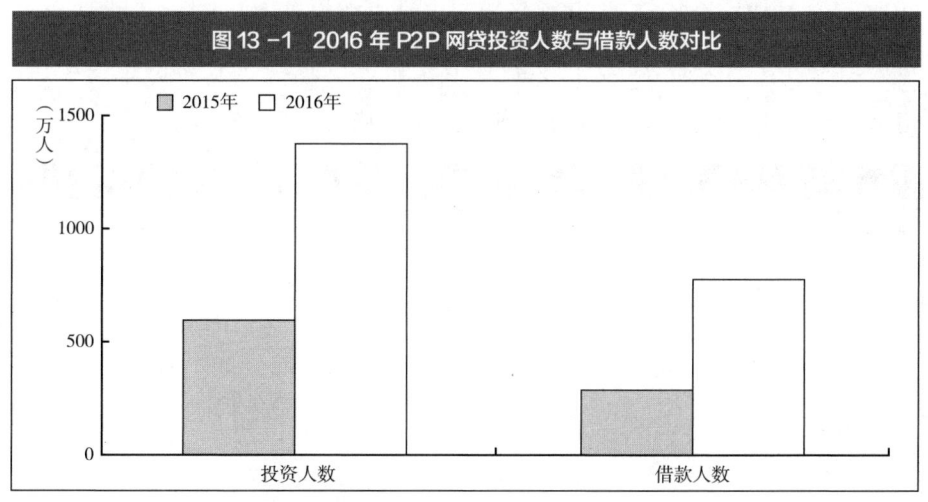

图13-1 2016年P2P网贷投资人数与借款人数对比

资料来源：网贷之家、盈灿咨询。

从成交量较大、运营较稳定的 P2P 平台数据分析来看，投资者 2016 年单月单平台投资金额小于万元的人数最多，占比达 50.31%，1 万~10 万元的投资者占 35.23%，投资额在 100 万元以上的仅占 1.29%（见图 13-2）。

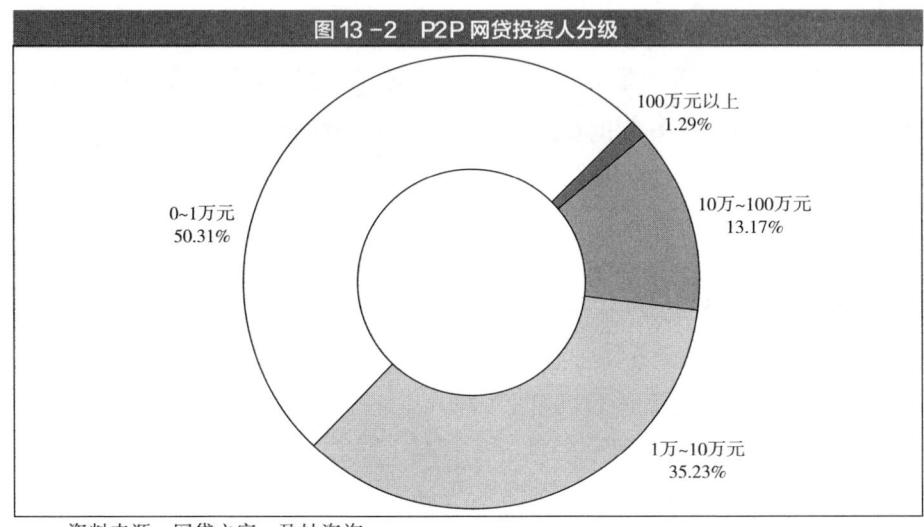

图 13-2 P2P 网贷投资人分级

资料来源：网贷之家、盈灿咨询。

2. 成交量继续增长

2016 年中国 P2P 网贷行业成交金额为 20638.72 亿元，同比增长 110%，单月成交金额突破 2000 亿元，单日成交突破 100 亿元（见图 13-3）。2016 年 1~12 月，P2P 网贷行业成交金额以月均 5.15% 的速度增长，相比 2015 年增速有所放缓，行业发展趋于平稳（见图 13-4）。

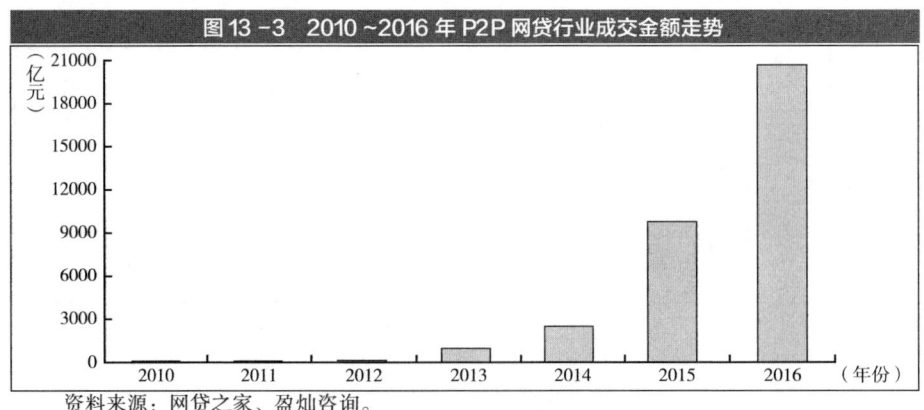

图 13-3 2010~2016 年 P2P 网贷行业成交金额走势

资料来源：网贷之家、盈灿咨询。

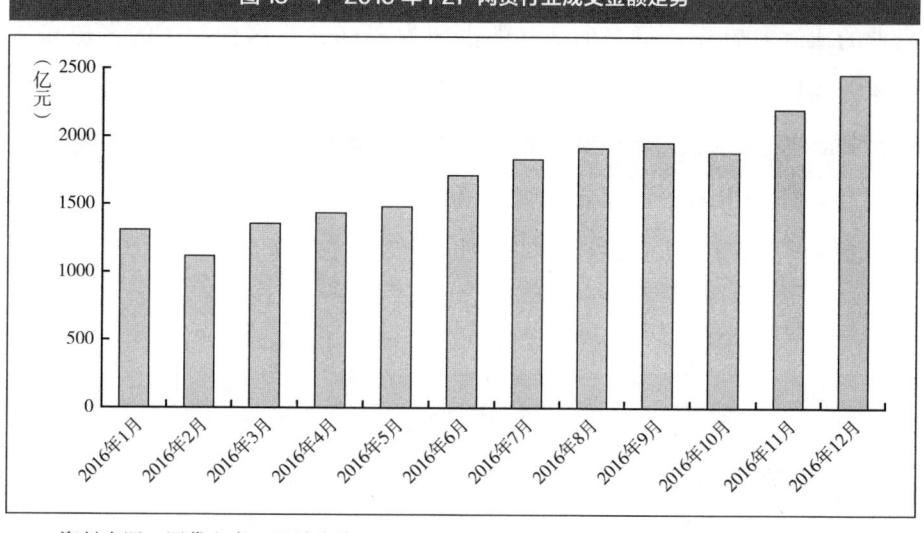

图 13-4 2016 年 P2P 网贷行业成交金额走势

资料来源：网贷之家、盈灿咨询。

从地域看，P2P 网贷行业愈来愈集中于北京、上海、广东、浙江四个地区，2016 年 12 月这四个地区的 P2P 网贷行业的成交金额占全行业的 88.65%，比年初提高了约 4 个百分点，集中度不断上升（见图 13-5）。

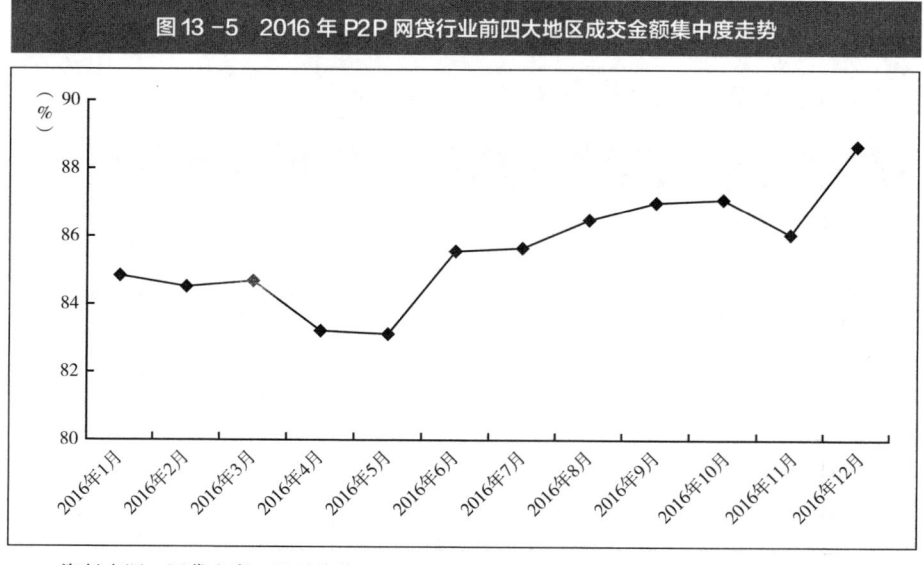

图 13-5 2016 年 P2P 网贷行业前四大地区成交金额集中度走势

资料来源：网贷之家、盈灿咨询。

2016年12月，P2P网贷业成交金额排名前100的平台的成交金额占全行业的比例为78%；排名前200的占比为87%；排名前300的占比高达91%，相比2016年年初均有上升，行业整合刚刚开始（见图13-6）。

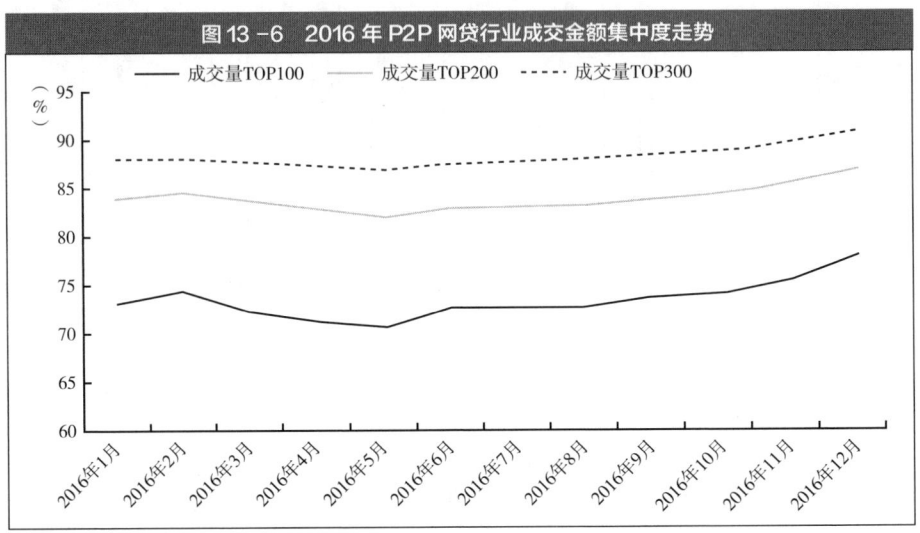

图13-6 2016年P2P网贷行业成交金额集中度走势

资料来源：网贷之家、盈灿咨询。

3. 贷款余额翻番

截至2016年年底，P2P网贷业贷款余额为8162.24亿元，同比上升100.99%，资金涌入仍较多（见图13-7）。

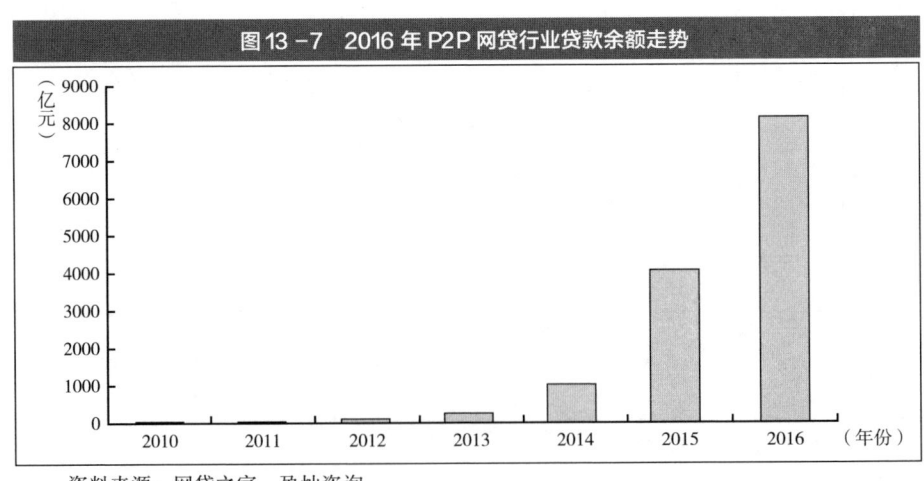

图13-7 2016年P2P网贷行业贷款余额走势

资料来源：网贷之家、盈灿咨询。

4. 收益率与期限呈相反走势

与此同时，收益率在不断下降。2016 年 P2P 网贷行业主流收益率区间为 8%～12%，综合收益率为 10.45%，比 2015 年下降了 2.84 个百分点，延续了多年来收益不断下行的趋势（见图 13-8）。

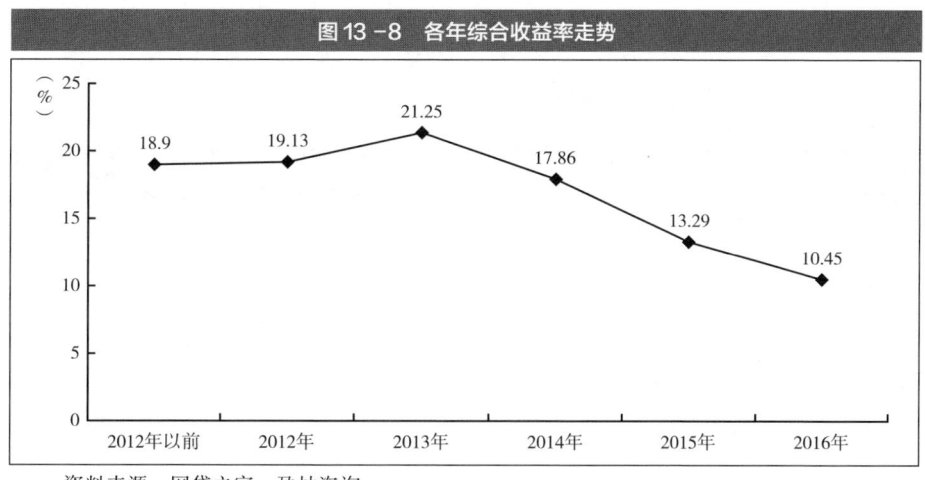

图 13-8　各年综合收益率走势

资料来源：网贷之家、盈灿咨询。

从借款期限看，多数借款集中在半年之内，占比为 77%，同时借款期限出现拉长的趋势。2016 年 P2P 网贷行业平均借款期限为 7.89 个月（见图 13-9），同比延长 1.08 个月。

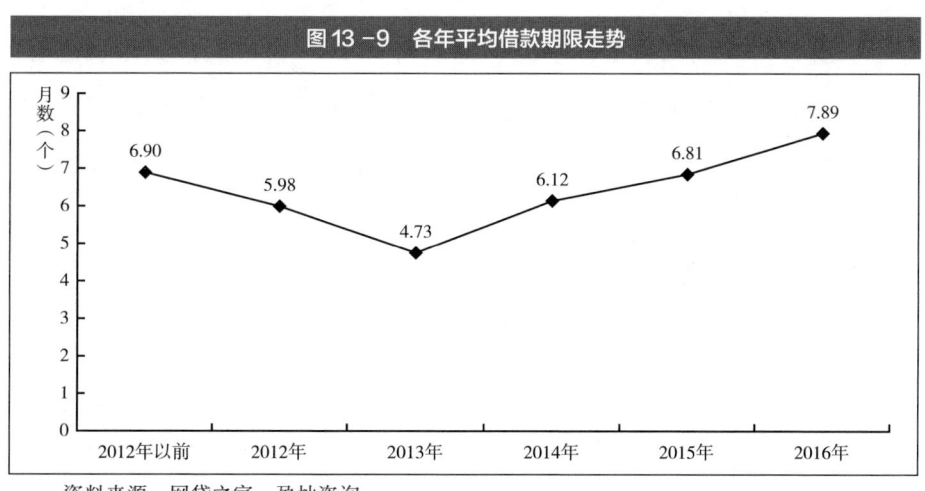

图 13-9　各年平均借款期限走势

资料来源：网贷之家、盈灿咨询。

（二）股权众筹行业

1. 众筹平台上线时间分布

据人创咨询不完全统计，2011～2016 年，众筹平台正常运营、下线或转型的具体情况如图 13-10 所示。

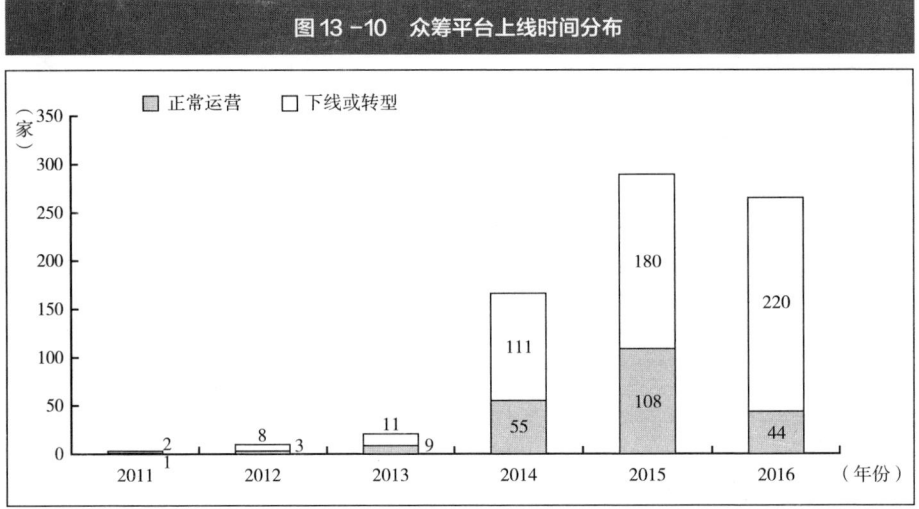

图 13-10　众筹平台上线时间分布

从图 13-10 可以看出，经历了 2014 年和 2015 年的爆发式增长之后，2016 年股权众筹行业的新创平台数量开始明显回落。到 2016 年年底，累计 752 家上线平台中，因行业竞争及监管等各种原因下线或转型的有 220 家，正常运营的 532 家。

2. 众筹平台类型分布

众筹平台回报模式目前可分为股权型、权益型、物权型、公益型和综合型等。股权型是指互联网非公开股权融资；权益型指项目发起方以提供产品或服务作为投资回报；物权型指众筹收购实物资产资金，以资产升值变现获利回报投资者的模式；公益型是指无偿捐赠型筹资；综合型包括两种及以上众筹模式。其主要数量和比例如图 13-11 和图 13-12 所示。

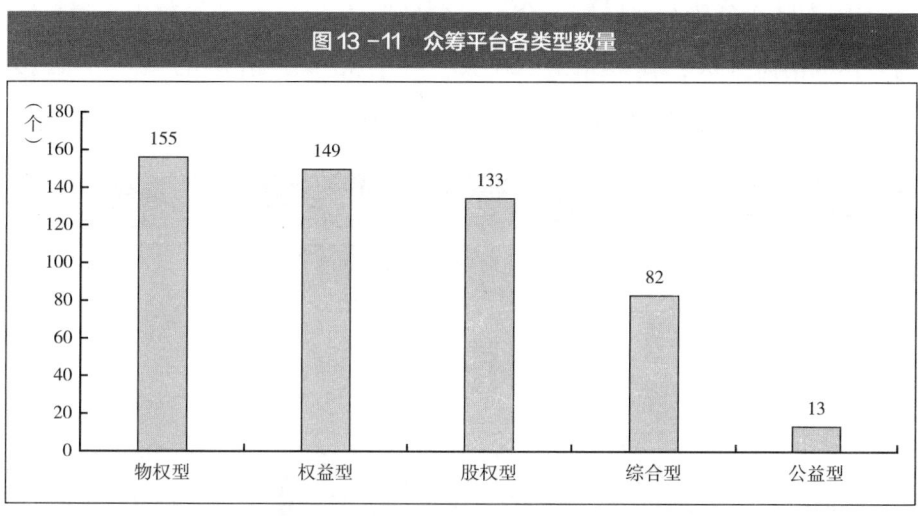

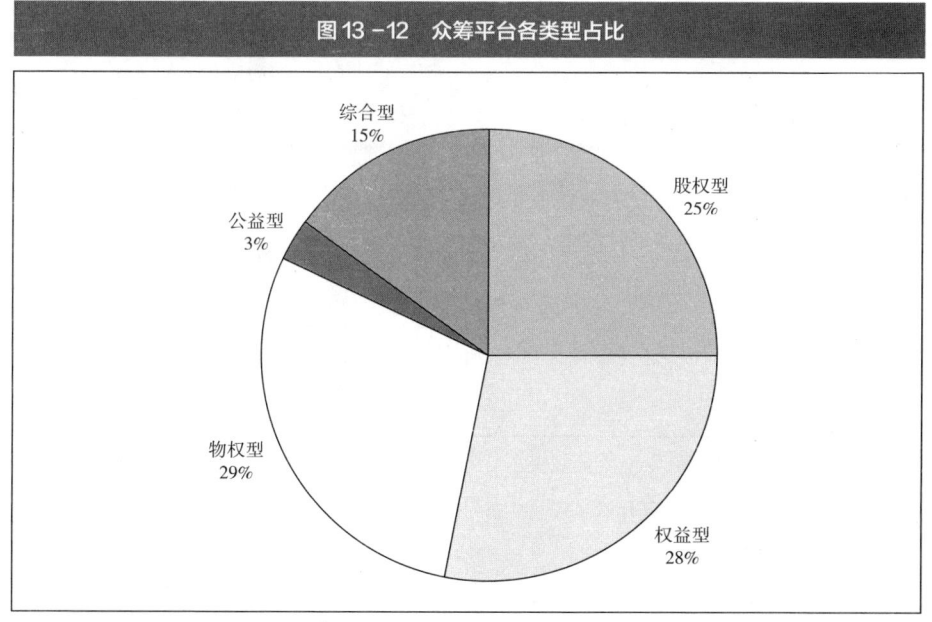

目前物权型平台主要包括房地产众筹平台和二手车众筹平台两类，2016 年，二手车众筹全面爆发，大量平台上线，使物权型平台在各类型平

台中占比最高。

3. 众筹平台地域分布

中国34个省级行政区中,众筹平台已覆盖29个,主要集中在经济较为发达的沿海地区,其中北京100家,广东96家,山东85家,上海62家,浙江42家,江苏29家。

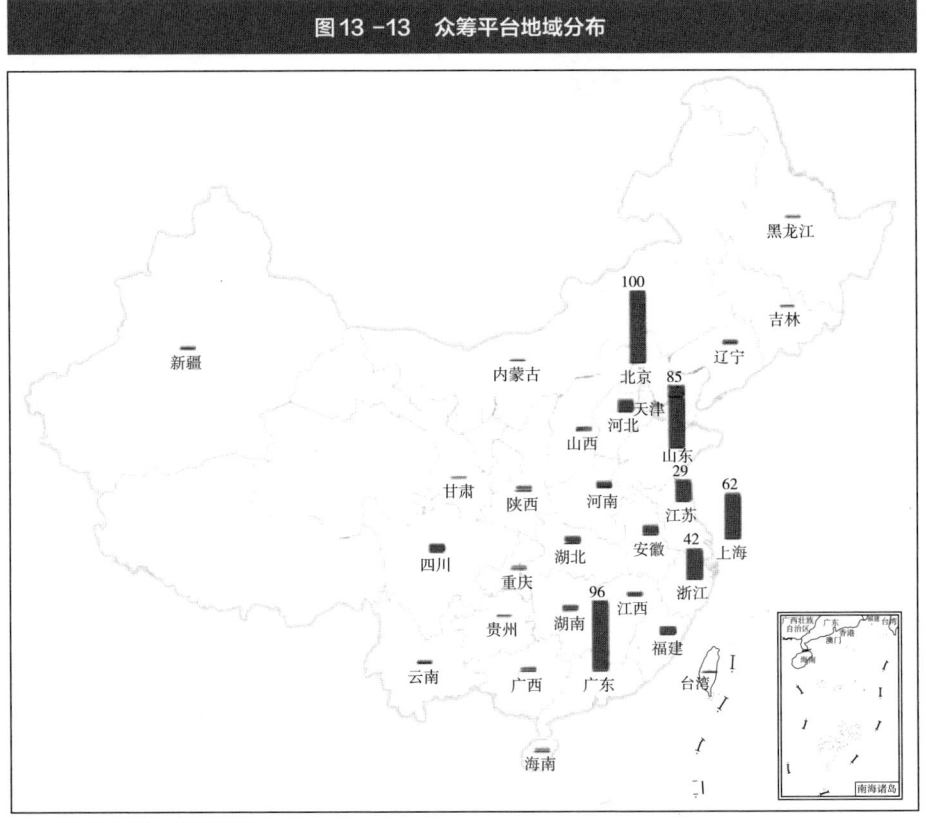

图13-13 众筹平台地域分布

资料来源:人创咨询。

4. 众筹项目统计分析

据不完全统计,2016年全年上线58605个众筹项目,成功的有48437个,占82.65%,成功项目的实际融资额高达217.44亿元,2016全年成功项目的实际融资额约为2015年及之前所有成功项目总融资111亿元的2倍。其细分比例如表13-1所示。

表 13-1 2016 年全年四种众筹类型情况

众筹类型	全部项目数（个）	成功项目数（个）	成功项目预期融资额（亿元）	成功项目已筹金额（亿元）	成功项目支持人次（万人次）
公益型	13081	10695	20.40	8.89	10260.17
股权型	1609	1087	49.78	58.70	5.26
权益型	20765	13562	20.47	62.39	3466.58
物权型	23150	23093	87.50	87.46	43.81
合 计	58605	48437	178.15	217.44	13775.82

从表 13-1 可以看出，无论是全部项目数还是成功项目数，物权型项目最多，权益型次之，然后是公益型，股权型最少。从成功项目已筹金额来看，物权型最高，权益型和股权型次之，公益型最少。权益型成功项目的超募率最高，达到了 204.79%，可见，权益型成功项目的众筹结果远远超出预期。从支持人次来看，公益型成功项目的支持人次最多，其次是权益型，然后是物权型，最后是股权型。

众筹项目的行业划分的统计结果如表 13-2 所示。

表 13-2 众筹细分市场发展概况

细分市场	全部项目数（个）	成功项目数（个）	成功项目预期融资额（亿元）	成功项目已筹金额（亿元）	成功项目支持人次（万人次）
二手车	22627	22575	83.16	83.19	42.15
科技	2907	2233	18.77	41.31	894.06
实体场所	1580	999	15.34	18.89	23.37
旅游	449	301	1.70	5.73	15.87
农业	4400	2793	3.11	4.68	826.16
影视	1096	433	2.33	2.66	7.56
音乐	1567	691	0.52	0.64	157.71
出版	561	374	0.17	0.28	24.42
游戏	168	80	0.10	0.15	4.47

从单项融资额看，股权型众筹前十个成功项目的实际融资额已超过 7000 万元（见表 13-3）。

表13-3 股权型众筹成功项目融资额前十项目概况

项目名称	预期融资额（万元）	实际融资额（万元）	已达比例（%）	投资人数（人）	所在平台
国内大型互联网电影公司股权投资项目	10000.00	11700.00	117	—	长众所
精品三号	11000.00	10170.00	92.5	2	云投汇
棕榈旅游信息化服务平台	9300.00	9300.00	100	—	粤科创投界
豆丁网	8205.00	9045.00	110	34	共筹
凹凸租车	2500.00~10000.00	8880.00	355	62	京东东家
启赋资本"互联网+"基金	7600.00~9100.00	8137.00	107	20	京东东家
J公司影视文化公司投资项目	6000.00	8000.00	167	—	长众所
奇虎360—下一支私有化妖股来袭	5000.00	7340.00	146.8	20	智金汇
中盛文化	7000.00	7100.00	101	15	爱就投
花花草草	7000.00	7000.00	100	—	米筹金服

但大额融资项目存在两个主要问题：一是项目涉嫌私募拆分，以"奇虎360—下一支私有化妖股来袭"为例，该项目疑为私募机构在众筹平台将所获份额进行拆分转让，风险完全转移到散户投资人手中；二是以"中盛文化"项目为例，该项目成功融资7100万元，其中包含5000万元的领投方投资。

（三）互联网保险行业

据保监会数据，2016年全国共有117家保险机构开展互联网保险业务，实现签单保费2347.97亿元。其中，财产险公司有56家，实现签单保费403.02亿元；人身险公司有61家，实现签单保费1944.95亿元。

另外，2016年新增互联网保险保单61.65亿件，占全部新增保单件数的64.59%。其中，退货运费险签单件数达44.89亿件，同比增长39.92%；签单保费为22.36亿元，同比增长24.97%。

每日金融认为助推互联网保险蓬勃发展的原因有以下几点。

一是政策扶持。在 2016 年 2 月的国务院"中央一号文件"中，互联网保险作为九类保险之一被首次提及。国家政策支持为互联网保险健康发展提供了基本保障。

二是资本流入。据每日金融不完全统计，2015 年以来，共发生 27 起互联网保险融资，融资总额超过 70 亿元人民币，其中千万元以上融资有 15 起，亿元以上有 4 起。

三是原有营销渠道增长乏力，促使保险公司把资源更多转向网络，而互联网的便利性，也逐渐改变了客户的投保习惯。

二 不断升级的监管措施

2016 年上半年，以"快鹿""中晋系"为首的 P2P 企业爆雷事件使整个 P2P 网贷行业受到了社会舆论的质疑和抨击，政府开始强力介入并出台一系列法规和政策。

（一）全国范围内互联网金融专项整治启动

2016 年 4 月，国务院组织央行、银监会、证监会、保监会、公安部等 14 个部委在全国范围内开展为期一年的互联网金融的专项整治工作，发布了网络支付、网络借贷、股权众筹和互联网保险等领域的专项整治细则，公安机关也密切配合参与其中。

（二）新三板出新规，P2P 挂牌及借壳之路基本堵死

2016 年 5 月 27 日，全国股转公司正式发布施行《全国中小企业股份

转让系统挂牌公司分层管理办法（试行）》，明确互联网金融行业挂牌公司暂不进入创新层。

（三）P2P资金存管指引、备案登记指引相继发布

2016年8月，银监会向各银行下发《网络借贷资金存管业务指引（征求意见稿）》，规定网贷中介达到要求才能开展存管业务，要求"存管银行应对客户资金履行监督责任，不应外包或由合作机构承担，不得委托网贷机构和第三方机构代开出借人和借款人交易结算资金账户"。2016年11月，银监会联合工信部、工商局发布了《网络借贷信息中介机构备案登记管理指引》，为新注册及已经设立并开展经营的网贷平台备案登记给予指引。

（四）《网络借贷信息中介机构业务活动管理暂行办法》正式出台

2016年8月24日，银监会、公安部、工信部、国家互联网信息办公室四部委联合发布《网络借贷信息中介机构业务活动管理暂行办法》，提出了严厉的监管措施，同时提出了12个月的过渡期安排，在过渡期内通过采取自查自纠、清理整顿、分类处置等措施，进一步净化市场环境，促进机构规范发展。

（五）中国互联网金融协会出台"史上最严信披"，涉96项指标

2016年10月，中国互联网金融协会发布《互联网金融信息披露个体网络借贷》标准（T/NIFA1－2016）和《中国互联网金融协会信息披露自律管理规范》，定义并规范了96项披露指标，其中强制性披露指标逾65项，鼓励性披露指标逾31项，分为从业机构信息、平台运营信息与项目信息三方面。

2016年中央政府出台的行业监管政策如表13-4所示。

表13-4 2016年P2P网贷行业相关监管文件

发布时间	文件	发布机构	具体内容
2016年4月	《关于加强校园不良网络借贷风险防范和教育引导工作的通知》	教育部、银监会	指出部分不良网络借贷平台采取虚假宣传的方式和降低贷款门槛、隐瞒实际资费标准等手段，诱导学生过度消费，甚至使学生陷入"高利贷"陷阱，侵犯学生合法权益，造成不良影响。要求加大不良网络借贷监管力度；加大学生消费观教育力度；加大金融、网络安全知识普及力度；加大学生资助信贷体系建设力度
2016年5月	《2016网络市场监管专项行动方案》	工商局	治理互联网虚假违法广告中要求充分发挥整治虚假违法广告部际联席会议作用，加强部门间的协调沟通、信息共享和执法协作，开展互联网金融广告专项整治工作
2016年8月	《网络借贷资金存管业务指引（征求意见稿）》	银监会	共五章二十六条，给出网贷平台作为委托人及银行业金融机构作为存管人的各项要求，以及资金存管的业务规范
2016年8月	《网格借贷信息中介机构业务活动管理暂行办法》	银监会、工信部、公安部、国家网信办	共八章四十七条，其中给出十三条红线，如要求平台不得为自身或变相为自身融资；不得直接或间接接受、归集出借人的资金；不得直接或变相向出借人提供担保或者承诺保本保息等
2016年9月	《关于开展校园网贷风险防范集中专项教育工作的通知》	教育部	明确提出三项要求：做好校园网贷教育引导工作；做好校园网贷风险防范工作；做好经济困难学生精准帮扶工作
2016年10月	《关于互联网金融风险专项整治工作实施方案的通知》	国务院办公厅	专项整治重点覆盖：P2P网络借贷和股权众筹业务、通过互联网开展资产管理及跨界从事金融业务、第三方支付以及互联网金融领域广告

续表

发布时间	文件	发布机构	具体内容
2016年10月	《P2P网络借贷风险专项整治工作实施方案》	银监会	专项整治工作重点是整治和取缔互联网企业在线上线下违规或超范围开展网贷业务，以网贷名义开展非法集资等违法违规活动。将网贷机构划分为三类（合规类、整改类及取缔类），并实施分类处置
2016年10月	《互联网金融信息披露个体网络借贷》	中国互联网金融协会	定义并规范了96项披露指标，其中强制性披露指标逾65项；鼓励性披露指标逾31项
2016年11月	《网络借贷信息中介机构备案登记管理指引》	银监会、工信部、工商局	主要分为新设机构备案登记申请、已存续机构备案登记管理和备案登记后管理三部分。网络借贷平台备案工作正式全面启动

资料来源：盈灿咨询、网贷之家。

与此同时，上海市、北京市、广东省等P2P网贷平台聚集的地区，先后出台了相应的监管政策，如表13-5所示。

表13-5 2016年各地区P2P网贷行业相关监管文件

发布时间	法律规范	发布机构
2016年3月	《进一步做好防范和处置非法集资工作的实施意见》	上海市人民政府
2016年3月	《广东省非法集资监测预警工作制度》	广东省人民政府金融工作办公室
2016年6月	《关于做好互联网金融风险专项整治工作的通知》	上海监管局
2016年6月	《重庆市金融去杠杆防风险专项方案》	重庆市人民政府办公厅
2016年7月	《进一步加强要素市场风险防控工作》	重庆市人民政府办公厅
2016年10月	《广东省互联网金融风险专项整治工作实施方案》	广东省人民政府办公厅
2016年10月	《北京市互联网金融风险专项整治工作实施方案》	北京市人民政府办公厅
2016年10月	《山东省互联网金融风险专项整治工作七个分领域实施方案》	山东省互联网金融风险专项整治工作领导小组办公室
2016年10月	《黑龙江省互联网金融风险专项整治工作实施方案》	黑龙江省人民政府办公厅
2016年10月	《福建省互联网金融风险专项整治工作方案》	福建省人民政府办公厅
2016年10月	《安徽省互联网金融风险专项整治工作方案》	安徽省人民政府办公厅

资料来源：盈灿咨询、网贷之家。

三 整合与转型刚刚开始

（一）全世界互联网金融整合大幕开启

在 P2P 的鼻祖地美国，2016 年发生了三件对行业影响巨大的事件。

首先，5 月，世界第一家主板上市的 P2P 网贷平台 Lending Club 在内部评估中被发现违规出售 2200 万美元贷款，导致其联合创始人、首席执行官 Renaud Laplanche 辞职，并使公司股价狂跌近 35%，引发美国网贷行业的"地震"。

其次，10 月，美国另一家大型 P2P 平台 Prosper 关闭了其债权转让市场（Secondary Market），原因是很少有投资人使用这一平台。

最后，由于美国网贷资产质量受质疑，而且机构资金占比较高，2016 年美国网贷平台面临机构资金的大面积撤离带来的资金短缺困境，导致增速放缓，多家平台也被迫裁员，如 Lending Club 裁员 12%、Prosper 裁员 28%、Avant 裁员 7%。

（二）中国整合转型更为迅速

政府严厉的监管措施改变了行业野蛮成长的局面，以 P2P 为主的互联网金融行业进入整合期。

1. 数量减少

截至 2016 年年底，P2P 网贷行业正常运营平台数量有 2448 家（见图 13-14），同比减少 985 家，与 2015 年平台数量大幅增加呈现截然相反的走势，网贷行业进入规范整合的新阶段。

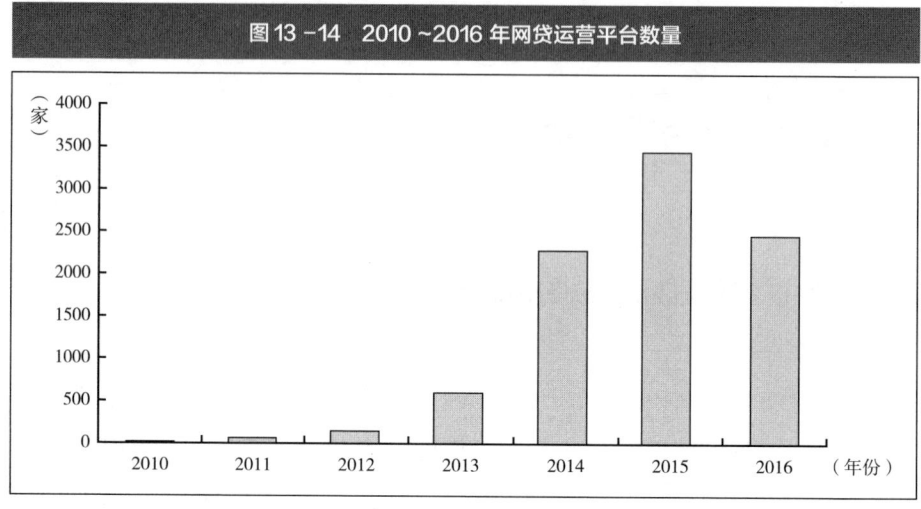

图13-14 2010~2016年网贷运营平台数量

资料来源：网贷之家、盈灿咨询。

另外，网贷行业内问题平台数量同比大增，一年间停业及问题平台数量累计达到1741家（见图13-15）。

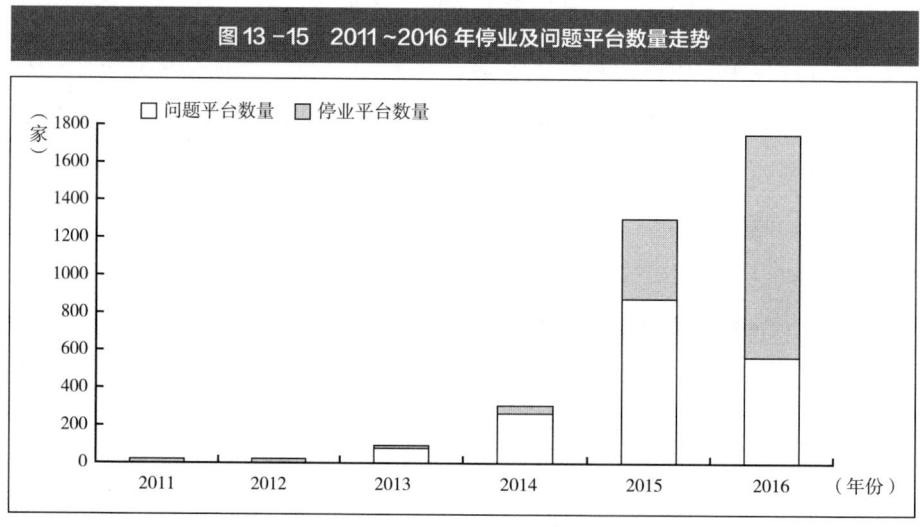

图13-15 2011~2016年停业及问题平台数量走势

资料来源：网贷之家、盈灿咨询。

2. 转型求生

为了生存并规避监管，P2P转型方向主要有两个。

一是集团化、平台化。2016年年中开始，积木盒子、美利金融、趣分期、优分期、银客集团、易贷网、品钛集团、团贷网、开鑫贷等20余家P2P平台先后宣布成立综合金融集团或金融服务集团，弱化P2P标签，向综合性理财、投资、资产管理等金融集团转变，以寻找新的盈利点。

标志性的事件是陆金所于2016年年底宣布将P2P业务转移到陆金服，陆金所正式转型为在线理财机构。

二是转型其他行业。据零壹研究院数据中心统计，截至2016年年底，共有30家网贷平台转型为非网贷业务公司，其中2016年转型的平台有23家，转型方向为互联网众筹、电子商务等。

第十四章
中国传媒上市公司报告

郭全中

郭全中,国家行政学院社会和文化教研部高级经济师,管理学博士

2016年,虽然受我国经济增速继续放缓、宏观经济疲软、资本市场监管力度加大以及二级市场剧烈震荡等不利因素的影响,但在消费升级、IPO放开、新技术日新月异的大背景下,传媒业上市公司整体发展状况良好,上市公司的资本运作方式更为丰富多样,互联网传媒类上市公司整体快速发展。

一 传媒类上市公司的整体外部环境利大于弊

1. 我国正处于消费升级的新时代,大大有利于传媒类上市公司

传媒业整体上属于精神消费的范畴,消费升级的重要方向是重精神消费而轻物质消费,尤其是中产阶层规模的进一步壮大,为传媒类上市公司提供了良好的发展环境。

第一,根据国家统计局数据,2016年,我国GDP为744127亿元,同比增长6.7%;人均GDP为53816.56元,将近8000美元;全年全国居民人均可支配收入为23821元,同比增长6.3%,其中,城镇居民人均可支配收入为33616元,同比增长5.6%。根据西方发达国家文化产业的发展实践与经验,当一国的人均GDP超过5000美元时,该国的消费结构会出现根本性的升级,其主要表现是精神需求层面的文化消费和传媒消费的比重会快速增加。

第二,中产阶层的形成,为传媒产业发展奠定了坚实的基础。瑞士信贷银行发布的《2015全球财富报告》显示,中国中产阶层人数达到1.09亿人,成为全球中产阶层人数最多的国家;《大西洋月刊》联合高盛全球投资研究所发布了2015年《中国消费者新消费阶层崛起》,报告指出,中国城市中产消费者的人数已经过亿人,约有1.46亿人,他们的人均年收入为11733美元。毫无疑问,中产阶层对精神类产品有着更为强烈的需求,这必将助推精神需求的进一步增长。

2. 国家政策对传媒业发展支持的力度加大,对新媒体的管控趋严

第一,在鼓励和支持传媒业发展方面,《中共中央关于制定国民经济和社会发展第十三个五年规划的建议》中指出,到 2020 年文化产业的发展目标是成为国民经济的支柱性产业,文化产业的整体市场规模将超过 10000 亿元。为了顺利完成该目标,2016 年国家出台了相应的"十三五"分规划及配套政策,文化传媒业的利好政策不断。

第二,在对新媒体的管控方面,2016 年,国家新闻出版广电总局、国家网信办、文化部等多个部门出台各种新规,互联网媒体受到越来越严格的监管,这也将对新媒体产业的发展产生一定的影响。具体见表 14 - 1。

表 14 - 1 2016 年相关主管部门出台的新规

文件名称	发布机关	主要内容
《关于进一步加强电视上星综合频道节目管理的通知》	国家新闻出版广电总局	"限童令"——亲子类节目淡出荧屏
《网络出版服务管理规定》	国家新闻出版广电总局、工业和信息化部	中外合资经营、中外合作经营和外资经营的单位不得从事网络出版服务
《电视剧内容制作通则》	国家新闻出版广电总局	电视剧制作机构应积极制作通则中倡导的内容,不得制作通则中禁止的内容
《专网及定向传播视听节目服务管理规定》	国家新闻出版广电总局	媒体定位、管理机制、创新发展、市场价值
《关于移动游戏出版服务管理的通知》	国家新闻出版广电总局	移动游戏版号审批、总局审核
《关于进一步加快广播电视媒体与新兴媒体融合发展的意见》	国家新闻出版广电总局	媒体融合、"十大体系建设目标"
《国家新闻出版广电总局办公厅关于加强网络视听节目持证机关参与"全国中小企业股份转让系统"管理有关问题的通知》	国家新闻出版广电总局	网络视听企业登陆新三板前要审批
《国家新闻出版广电总局关于进一步加强社会类、娱乐类新闻节目管理的通知》	国家新闻出版广电总局	加强社会类、娱乐类新闻节目的管理

续表

文件名称	发布机关	主要内容
《关于加强网络视听节目直播服务管理有关问题的通知》	国家新闻出版广电总局	加强网络视听节目直播服务管理，电视不能播的，网络也不能播
《网络表演经营活动管理办法》	文化部	网络表演经营单位须有许可证，表演者要实名注册
《互联网直播服务管理规定》	国家网信办	实行"主播实名制登记""黑名单制度"等强力措施，且明确提出了"双资质"的要求

资料来源：根据网络相关资料整理。

3. IPO 进度加快

IPO 在 2015 年 7 月中断、2015 年 11 月重启后，进度大大加快，2016 年全年新股发行数量达到 245 只，仅次于 2010 年的 347 只和 2011 年的 277 只，在 A 股历史上排名第 3。中影股份、新华网、南方传媒等传媒类企业纷纷通过 IPO 上市融资。

4. A 股市场监管趋严，定增和并购大幅度降温

2016 年，境内资本市场监管偏严格，表现为战略新兴板暂停推出、中概股回归和跨界并购不断受到垂询、"借壳新规"政策出台、A 股宣告终止的并购交易数量持续上升，这也使传媒类上市公司的资本运作活动大大减少，尤其是各类跨界并购大幅度降温。

5. 网络广告市场规模为 2769.4 亿元，增速将近 30%

根据艾瑞咨询的数据，2016 年我国网络广告市场规模达到 2769.4 亿元，比 2015 年增长近 700 亿元，同比增长 32.1%。32.1% 的增速自 2010 年以来首次很接近 30%，这一增速是在百度等搜索类公司的医疗类广告大幅度减少的情况下取得的，如果搜索类公司的医疗类广告不大幅度减少，2016 年网络广告市场规模的同比增速会超过 32.1%。2010~2016 年，我国网络广告市场规模从 2011 年的 325.5 亿元增长到 2769.4 亿元，增长了 7.51 倍，年均增长率为 42.9%。具体见表 14-2。

表14-2 2010~2016年我国网络广告市场规模

单位：亿元，%

年份	广告市场规模	同比增速
2010	325.5	—
2011	513.0	57.6
2012	753.1	46.8
2013	1100.0	46.1
2014	1540.0	40.0
2015	2096.7	36.1
2016	2769.4	32.1

资料来源：根据艾瑞咨询的报告整理。

尤其需要指出的是，在传统媒体广告收入持续下滑的情况下，我国互联网广告收入远远超过电视、广播、报纸、杂志四大传统媒体广告收入之和，差距超过1000亿元。

6. 游戏产业市场增速放缓，规模超过1600亿元

中国音数协游戏工委、伽马数据和国际数据公司共同发布的《2016年中国游戏产业报告》显示，2016年中国游戏市场销售收入为1655.7亿元，同比增长17.7%，其中自主研发的网络游戏销售收入达到1182.5亿元，同比增长19.9%；自主研发的移动游戏用户规模达5.28亿人，同比增长15.9%；全年海外市场销售收入达到72.35亿元。相对于游戏市场销售收入17.7%的增速，游戏用户规模的增速只有6.0%，达到5.66亿人。具体见表14-3。

表14-3 2008~2016年我国游戏市场用户规模和销售收入

单位：亿人，亿元，%

年份	用户规模	同比增速	销售收入	同比增速
2008	0.67	—	185.6	72.5
2009	1.15	71.6	262.8	41.6
2010	1.96	70.4	333.0	26.7
2011	3.30	68.4	446.1	34.0

续表

年份	用户规模	同比增速	销售收入	同比增速
2012	4.10	24.2	602.8	35.1
2013	4.95	20.7	831.7	38.0
2014	5.17	4.4	1144.8	37.6
2015	5.34	3.3	1407.0	22.9
2016	5.66	6.0	1655.7	17.7

资料来源：根据中国音数协游戏工委等发布的《2016年中国游戏产业报告》及历年游戏产业报告资料整理。

根据《2016年中国游戏产业报告》，2016年，移动游戏市场销售收入为819.2亿元，市场份额为49.5%，首次超过客户端游戏的582.5亿元和35.2%。具体见表14-4。

表14-4 2016年游戏市场收入及市场份额

单位：亿人，亿元，%

项目	游戏用户数	同比增速	销售收入	同比增速	市场份额
移动游戏	5.28	15.9	819.2	59.2	49.5
客户端游戏	1.56	1.4	582.5	-4.8	35.2
网页游戏	2.75	-7.5	187.1	-14.8	11.3
社交游戏	—	—	57.95	—	3.5
家庭游戏机游戏	—	—	6.62	—	0.4
单机游戏	—	—	1.66	—	0.1

资料来源：根据中国音数协游戏工委等发布的《2016年中国游戏产业报告》整理。

二 传媒类上市公司分行业发展分析

1. 新上市公司6家

2016年，南方传媒、中国电影、广西广电、上影股份、新华网和贵州广电6家传媒类公司在上海证券交易所上市，广电网络和电影各有2家，其中南方传媒是 2016 年 A 股第一股，中国电影是目前中国娱乐业规模最大的 IPO 上市公司，目前广电网络行业的上市公司已经有 10 家，成为我国传媒类上市公司的重要组成部分。具体见表 14-5。

表 14-5 2016 年传媒类主要上市公司

上市公司	股票代码	上市地点	发行股份	发行价格	募资总额	募资用途
南方传媒	601900	上海证券交易所	1.6910万股	5.85元	9.9亿元	用于品牌教育图书出版、连锁门店升级改造、数字化印刷系统、跨网络教育内容聚合服务平台、信息化系统等项目及补充流动资金
中国电影	600977	上海证券交易所	46700万股	8.92元	41.66亿元	12亿元用于补充影视剧业务运营资金、7亿元投向数字影院投资、14亿元投向数字放映推广应用等项目，另外，5.3亿元偿还2007年中国电影集团企业债券本金及最后一期利息
广西广电	600936	上海证券交易所	30000万股	4.80元	14.40亿元	全媒体支撑网络建设项目、全媒体综合信息服务平台项目、补充流动资金
上影股份	601595	上海证券交易所	9350万股	10.19元	9.53亿元	用于影院新建及升级改造、信息系统与网络平台建设等
新华网	603888	上海证券交易所	5190.29万股	27.69元	14.37亿元	投向全媒体信息应用服务云平台，移动互联网集成、加工、分发及运营系统业务，政务类大数据智能分析系统，新媒体应用技术研发中心，在线教育等领域
贵州广电	600996	上海证券交易所	2.1亿股	14.98元	31.46亿元	用于广播电视综合信息基础网络建设项目、广电新媒体全业务系统建设项目、网络媒体融合内容建设项目

资料来源：根据上市公司资料整理。

2. 海外传媒类上市公司纷纷通过私有化退市

前些年，由于我国资本市场不完善、规模小，很多互联网传媒类公司纷纷到海外资本市场融资，而随着我国资本市场规模的快速发展，尤其是在我国对互联网企业加强监管等因素的推动下,海外上市公司有的出于安全需要,有的出于分享国内资本市场高估值的需要,纷纷从海外资本市场私有化退市。

准备私有化的海外上市公司数量大大增加。2016年,爱奇艺、奇虎360、合一集团、巨人网络、博纳影业等积极进行私有化。

已经完成私有化的有巨人网络、奇虎360、合一集团和博纳影业。而其中的巨人网络借壳世纪游轮在国内资本市场成功上市,搜房网借壳重庆万里上市失败,而奇虎360、合一集团和博纳影业尚未在国内上市,而其他公司因为各种原因取消了私有化。2016年5月22日,世纪游轮发布公告称,巨人网络100%股权已过户至上市公司,并完成相关工商登记变更手续,巨人网络100%股权的估值为131亿元,并新发行约5139万股股份,募集了近50亿元资金。截至2017年2月17日收盘时,世纪游轮的总市值高达1185亿元,史玉柱也获益甚丰。

3. 互联网传媒类上市公司整体高速增长但分化严重

2016年,在魏则西事件等的冲击下,百度等搜索类互联网媒体的广告收入增速出现大幅度下滑,但是阿里巴巴、腾讯、新浪微博、今日头条等基于新一代技术的互联网媒体依然保持高速增长,呈现严重分化状态。根据已经披露的财报,2016年百度的广告收入为645.25亿元,同比增速仅为0.76%;2016年阿里巴巴的销售收入超过1400亿元,同比增长52.44%,虽然阿里巴巴没有公布其广告数据,但是预计增长速度将超过50%。需要指出的是,阿里巴巴2016年的净利润同比大幅度下降是因为阿里巴巴2015年的投资收益很高;腾讯的销售收入超过1500亿元,同比增长47.71%,广告收入高达269.00亿元,同比增长54.00%(见表14-6)。

与腾讯和阿里巴巴广告收入高速增长形成鲜明对比的是,门户网站的广告收入出现了较大幅度的下滑,2016年,新浪门户网站的广告收入同比下降1.28亿美元;搜狐门户网站的广告收入为11.08亿美元,同比下降4.73%;凤凰新媒体的广告收入为12.30亿元,与2015财年持平,主要是由于其移动广告营收同比增长53.8%,但移动营收的高速增长被PC广告营收的下降抵消。

表14-6 2016年互联网媒体广告收入及增速

公司	销售收入 2015年	销售收入 2016年	同比增速(%)	净利润 2015年	净利润 2016年	同比增速(%)	广告收入 2015年	广告收入 2016年	同比增速(%)
百度(亿元)	663.82	705.49	6.3	336.64	116.32	-65.45	640.37	645.25	0.76
阿里巴巴(亿元)	943.84	1438.78	52.44	688.44	366.88	-46.71	541.00	—	—
腾讯(亿元)	1028.63	1519.38	47.71	291.08	410.95	41.18	174.68	269.00	54.00
搜狐(亿美元)	19.41	16.50	-15.00	—	-2.26	—	11.63	11.08	-4.73
新浪(亿美元)	8.81	10.31	17.05	0.26	2.25	775.87	7.43	8.71	17.22
新浪微博(亿美元)	4.79	6.56	37.00	0.35	1.08	211.24	4.02	5.71	42.00
网易(亿元)	228.03	381.79	67.43	67.35	116.05	72.31	17.89	21.52	20.29
凤凰新媒体(亿元)	16.10	14.40	-10.56	0.736	0.81	9.51	12.30	12.30	0

资料来源:根据上市公司财报整理。

尤其需要指出的是,智能传播平台的典型代表今日头条2016年的广告收入超过60亿元,同比增速为275%左右,估值已经高达110亿美元。

4. 报纸类上市公司发展情况

2016年,7家报纸类上市公司(其中北青传媒在港交所上市)的发展情况如下。一是营业收入、归属于上市公司股东的净利润和总资产的增速普遍较低。在营业收入方面,华闻传媒、浙报传媒和华媒控股实现同比增长,其中华媒控股同比增长17.42%,增速超过15%,而博瑞传播、新华传媒、粤传媒和北青传媒4家都出现下滑,其中博瑞传播同比下滑18.55%,粤传媒同比下滑20.93%;在归属于上市公司股东的净利润方面,华闻传媒、浙报传媒实现同比增长,而华媒控股、博瑞传播和新华传媒3家出现负增长,需要指出的是,粤传媒和北青传媒2015年都为亏损,而粤传媒2016年之所以出现了1.90亿元的净利润,根本原因是其旗下的广州日报社的发行和印刷获得了广州市财政局3.5亿元的巨额补贴;在总资产方面,华闻传媒、浙报传媒、华媒控股和粤传媒4家实现同比增长,而博瑞传播、新华传媒和北青传媒3家则为负增长。二是业绩分化严重。2016年,华闻传媒的营业收入为45.70亿元,是北青传媒的9.46倍,华闻传媒归属于上市公司股东的净利润为8.73亿元,是新华传媒的18.19倍,华闻传媒的总资产超过100亿元,是北青传媒的8.93倍,浙报传媒的市值是北青传媒的111.51倍。具体见表14-7。

表14-7 2016年报纸类上市公司发展情况

单位:亿元,%

序号	公司简称	营业收入	同比增速	归属于上市公司股东的净利润	同比增速	总资产	同比增速	市值
1	华闻传媒	45.70	5.30	8.73	4.18	134.0	4.69	220.90
2	浙报传媒	35.50	2.60	6.12	0.33	93.2	16.21	236.40
3	华媒控股	18.20	17.42	2.23	-21.48	29.6	23.85	80.60
4	博瑞传播	10.10	-18.55	0.60	-19.45	43.4	-3.56	75.33
5	新华传媒	15.20	-3.18	0.48	-16.23	39.5	-8.56	79.83
6	粤传媒	10.20	-20.93	1.90	—	46.9	7.32	76.63
7	北青传媒	4.83	-5.10	0.59	—	15.0	-3.45	2.12

注:①总资产为截至2016年12月31日的总资产;②市值为2017年4月28日收市时的市值。
资料来源:根据上市公司财报整理。

2016年,浙江日报报业集团旗下的上市公司浙数文化开始进军大数据产业。2016年,浙数文化的前身浙报传媒通过非公开发行募集19.5亿元资金,并以此为基础推进包括浙江大数据交易中心、"富春云"互联网数据中心、大数据创客中心、大数据产业投资基金的"四位一体"大数据产业生态圈建设。目前,浙江大数据交易中心已经正式上线运营,"富春云"互联网数据中心进入实质性建设阶段,大数据创客中心定址完成,总额10亿元的大数据产业投资基金也设立完成,并对若干优质项目完成出资。2017年浙报传媒把新闻传媒类资产从上市公司剥离,并更名为浙数文化。

5. 出版类上市公司基本情况

2016年,出版类上市公司主要有14家。整体来说,呈现如下特点。

第一,出版类上市公司的营业收入、归属于上市公司股东的净利润和总资产的规模都相对较大。在营业收入方面,13家实现同比增长,而只有读者传媒1家出现下滑,其中长江传媒、中文传媒、中南传媒和凤凰传媒4家企业形成了稳定"百亿元俱乐部"第一梯队。大地传媒、皖新传媒、时代出版、新华文轩和南方传媒收入在40亿~80亿元,除了南方传媒营业收入增长率为6.96%以外,其余几家均实现了两位数的增长率。在归属于上市公司股东的净利润方面,中南传媒依旧以18.04亿元居首位,中文传媒和凤凰传媒以12.95亿元和11.69亿元分列第2位、第3位。在这三家巨头之后,皖新传媒2016年归属于上市公司股东的净利润首次突破10亿元,为10.91亿元,同比增长37.13%。在此之外,大地传媒、新华文轩、长江传媒、南方传媒和时代出版均实现了5亿元左右的归属于上市公司股东的净利润;在总资产方面,凤凰传媒、中文传媒和中南传媒位居前3,均超过180亿元。在这三家巨头之外,皖新传媒与大地传媒总资产首次超过百亿元,加上回归A股的新华文轩,目前A股市场共有6家出版上市企业资产超百亿元,而长江传媒与南方传媒也分别以接近百亿元的97.46亿元和86.1亿元总资产位列其后。

第二,业绩分化明显。营业收入居首的长江传媒(138亿元)是居尾的中文在线(6.02亿元)的22.9倍;归属于上市公司股东的净利润居首的中南传媒(18.04亿元)是居尾的中文在线(0.35亿元)的51.5倍;总资产居首的凤凰传媒(193.18亿元)是居尾的读者传媒(19.37亿元)的9.97倍。具体见表14-8。

表14-8 2016年出版类上市公司发展情况

单位:亿元,%

序号	公司简称	营业收入	同比增速	归属于上市公司股东的净利润	同比增速	总资产	同比增速	市值
1	中南传媒	111	9.90	18.04	5.88	186.00	11.38	301.7
2	长江传媒	138	15.97	5.92	82.15	97.46	3.50	95.88
3	中文传媒	128	10.34	12.95	22.64	189	7.39	297.5
4	凤凰传媒	105	5.00	11.69	4.46	193.18	7.82	249.4

续表

序号	公司简称	营业收入	同比增速	归属于上市公司股东的净利润	同比增速	总资产	同比增速	市值
5	大地传媒	78.9	10.50	6.73	-4.27	101.00	8.60	114.7
6	皖新传媒	75.9	15.35	10.91	37.13	110	38.71	299
7	时代出版	67.7	12.46	4.03	2.54	76.5	11.68	102.8
8	新华文轩	63.56	10.88	6.47	0.03	122.55	14.07	215.6
9	南方传媒	49.2	6.96	4.22	11.94	86.1	24.24	110.4
10	城市传媒	17.7	14.94	2.72	16.74	28.9	9.89	70.42
11	出版传媒	16.4	5.13	1.23	57.59	30.7	1.99	51.9
12	天舟文化	7.8	43.38	2.44	38.64	49.4	136.36	131.9
13	读者传媒	7.51	-8.97	0.84	-17.40	19.37	1.04	68.05
14	中文在线	6.02	54.36	0.35	12.13	28.5	224.23	106.2

注：①总资产为截至2016年12月31日的总资产；②市值为2017年4月28日收市时的市值。
资料来源：根据上市公司财报整理。

第三，积极布局转型。出版类上市公司进行转型升级的措施主要是整合升级传统主业线上线下销售渠道、多元布局文化产业、转型资本投资市场。在整合升级销售渠道方面，线下以新华集团实体书店为核心，升级建设卖场；线上以建设电商平台为主，开展新媒体营销推广业务。在多元布局文化产业方面，在线教育、网络游戏、影视文化等渐成多元化发展热点。在转型资本投资市场方面，以成立文化产业投资基金为主要方式。

6. 影视类上市公司发展情况

影视类上市公司整体依然保持较快的增长速度，在营业收入方面，万达院线首次突破100亿元，高达112亿元，同比增长40.00%；华策影视、华录百纳、长城影视、唐德影视、印纪传媒、万家文化、慈文传媒和当代明诚的同比增长率都超过30%；在归属于上市公司股东的净利润方面，万达院线为13.7亿元，超过10亿元，万家文化同比增长294.78%，当代明诚同比增长128.17%；在总资产方面，万达院线和华谊兄弟均超过190亿元，华策影视为104亿元，光线传媒超过90亿元，近百亿元；在市值方面，万达院线超过600亿元。具体见表14-9。

表14-9 2016年影视类上市公司发展情况

单位：亿元，%

序号	公司简称	营业收入	同比增速	归属于上市公司股东的净利润	同比增速	总资产	同比增速	市值
1	万达院线	112.00	40.00	13.7	15.13	191.00	23.23	619.1
2	华谊兄弟	35	-9.56	8.08	-17.21	199	11.17	239
3	华策影视	44.4	66.92	4.78	0.63	104	27.61	189.2
4	光线传媒	17.3	13.82	7.41	84.33	91.5	11.72	252.9
5	华录百纳	25.7	36.70	3.78	41.57	71.3	51.70	162.7
6	新文化	11.1	7.77	2.65	6.85	44.5	19.62	79.72
7	长城影视	13.6	36.96	2.56	10.34	29.8	2.05	57.9
8	唐德影视	7.88	46.74	1.79	59.82	25.3	70.95	98.96
9	印纪传媒	25.1	33.51	7.31	27.35	36.2	37.64	275.8
10	万家文化	7.17	98.07	1.09	294.78	19.5	1.56	75.18
11	当代明诚	5.69	32.02	1.22	128.17	35.8	193.44	81.8
12	慈文传媒	18.3	113.8	2.9	45.73	39.6	37.02	118.3
13	中视传媒	5.15	0.19	-1.25	-573.84	13.6	-7.48	58.3
14	申科股份	1.39	-39.83	-0.26	—	6.07	-15.22	23.94

注：①总资产为截至2016年12月31日的总资产；②市值为2017年4月28日收市时的市值。
资料来源：根据上市公司财报整理。

7. 广电网络类上市公司基本情况

在9家主要的广电网络类上市公司中，东方明珠新媒体的营业收入、净利润、总资产和市值都居于首位，其中营业收入为194亿元，归属于上市公司股东的净利润为29.3亿元，总资产为368亿元，市值为550.3亿元。但是整体来说，一是增速不高。在营业收入方面，东方明珠新媒体和天威视讯同比下滑，电广传媒、江苏有线同比增速超过10%，其他公司的同比增速都为个位数；在归属于上市公司股东的净利润方面，电广传媒、湖北广电和吉视传媒都出现了同比下滑。二是实力差距较为悬殊。具体见表14-10。

表 14-10　2016 年广电网络类上市公司发展情况

单位：亿元，%

序号	公司简称	营业收入	同比增速	归属于上市公司股东的净利润	同比增速	总资产	同比增速	市值
1	东方明珠新媒体	194	-8.06	29.3	0.69	368	4.25	550.3
2	电广传媒	74.9	25.04	3.33	-12.60	225	11.39	176.3
3	江苏有线	54.2	16.31	8.74	12.92	317	70.43	402.8
4	华数传媒	30.8	7.69	6.02	12.73	140	10.24	232.8
5	湖北广电	24.8	2.90	3.03	-18.55	81.2	6.70	85.83
6	天威视讯	16.9	-5.59	3.03	11.40	37.8	5.59	80.94
7	歌华有线	26.6	3.50	7.25	7.73	151	7.86	213.9
8	广电网络	26	8.79	1.33	0.00	65.2	20.52	67.09
9	吉视传媒	22.1	1.38	3.66	-10.95	98.4	0.10	118.5

注：①总资产为截至 2016 年 12 月 31 日的总资产；②市值为 2017 年 4 月 28 日收市时的市值。
资料来源：根据上市公司财报整理。

8. 广告类上市公司基本情况

在 8 家主要的广告类上市公司中，蓝色光标、省广股份和分众传媒的营业收入和总资产都超过 100 亿元，成为名副其实的"双百亿元"企业。分众传媒归属于上市公司股东的净利润和市值最高，分别为 44.5 亿元和 1104 亿元。具体见表 14-11。

表 14-11　2016 年广告类上市公司发展情况

单位：亿元，%

序号	公司简称	营业收入	同比增速	归属于上市公司股东的净利润	同比增速	总资产	同比增速	市值
1	蓝色光标	123.00	47.31	6.4	845.35	165.00	0.61	170.9
2	省广股份	109	13.19	6.11	11.50	105	34.96	184.9
3	分众传媒	102	18.19	44.5	31.27	121	-3.20	1104
4	华谊嘉信	34.5	6.15	1.31	2.34	33.5	29.84	50.94
5	思美传媒	38.2	53.41	1.42	60.76	26	53.85	90.79
6	引力传媒	17.3	-6.99	0.33	21.66	8.93	-1.00	46.44
7	龙韵股份	9.67	-26.74	0.35	-14.24	8.79	-20.81	50.7
8	朗玛信息	3.98	25.55	0.85	-13.47	13.7	13.22	86.72

注：①总资产为截至 2016 年 12 月 31 日的总资产；②市值为 2017 年 4 月 28 日收市时的市值。
资料来源：根据上市公司财报整理。

9. 动漫类上市公司基本情况

奥飞娱乐的营业收入为 33.61 亿元，归属于上市公司股东的净利润达到 4.98 亿元；拓维信息和长城动漫的营业收入和归属于上市公司股东的净利润均不高，长城动漫的营业收入甚至呈现负增长。具体见表 14 - 12。

表 14 - 12　2016 年动漫类上市公司发展情况

单位：亿元，%

序号	公司简称	营业收入	同比增速	归属于上市公司股东的净利润	同比增速	总资产	同比增速	市值
1	奥飞娱乐	33.61	29.73	4.98	1.84	83.7	74.01	222.7
2	拓维信息	10.28	33.80	2.12	0.99	42.43	-1.85	132.9
3	长城动漫	3.27	-8.40	-0.81	—	13.7	-7.43	31.92

注：①总资产为截至 2016 年 12 月 31 日的总资产；②市值为 2017 年 4 月 28 日收市时的市值。
资料来源：根据上市公司财报整理。

10. 网络游戏类上市公司发展情况

第一，网络游戏类上市公司的市场占有率进一步提升。2016 年，腾讯、网易、畅游 3 家上市的网络游戏公司的收入之和为 1013.82 亿元，同比增长 29.95%，是全国游戏收入增速（17.7%）的 1.69 倍。而整个游戏市场的集中度进一步提升，2016 年腾讯、网易和畅游 3 家上市公司的市场占有率之和为 61.23%；腾讯的游戏收入为 708.44 亿元，同比增长 25.19%，市场份额为 42.79%；网易的游戏收入为 279.80 亿元，同比增长 61.60%，市场份额为 16.90%。具体见表 14 - 13。

表 14 - 13　网络游戏类上市公司收入及增速

单位：亿元，%

公司	2013 年	2014 年	2015 年	2016 年	2016 年同比增速	市场占有率
腾讯	357.37	447.56	565.87	708.44	25.19	42.79
网易	83.09	92.66	173.14	279.80	61.60	16.90
畅游	39.39	40.61	41.15	25.58	-37.83	1.54
合计	479.85	580.83	780.16	1013.82	—	61.23

资料来源：根据上市公司财报整理。

第二，7家主要的网络游戏类上市公司增速较快。在营业收入方面，7家公司都呈现10%以上的同比增速，其中完美世界、昆仑万维、互动娱乐、掌趣科技和天神娱乐的增速都在25%以上；在归属于上市公司股东的净利润方面，完美世界和星辉娱乐的净利润都超过10亿元，其中完美世界为11.7亿元，同比增长773.13%；在总资产方面，各公司也呈现高速增长态势，其中完美世界的总资产超过100亿元，为163亿元，同比增长230.63%。具体见表14-14。

表14-14 2016年网络游戏类上市公司发展情况

单位：亿元，%

序号	公司简称	营业收入	同比增速	归属于上市公司股东的净利润	同比增速	总资产	同比增速	市值
1	完美世界	61.6	25.97	11.7	773.13	163	230.63	405.2
2	星辉娱乐	52.5	12.66	10.7	111.46	63.9	38.31	471.4
3	恺英网络	27.2	16.24	6.82	4.12	40.6	200.74	237
4	昆仑万维	24.2	35.20	5.31	31.11	63.1	62.21	254.4
5	互动娱乐	23.9	43.11	4.58	30.11	51.2	55.15	107.7
6	掌趣科技	18.5	65.18	5.09	8.30	104	31.98	244.9
7	天神娱乐	16.7	77.47	5.47	51.10	73.9	1.09	226.6

注：①总资产为截至2016年12月31日的总资产；②市值为2017年4月28日收市时的市值。
资料来源：根据上市公司财报整理。

三 传媒类上市公司发展的新特点

1. 主动进行跨境并购，布局海外市场

第一，游戏行业跨境并购金额超过800亿元。根据中国音数协游戏工委发布的游戏产业报告，中国游戏用户数量增长率连续5年下降，2016年，我国游戏市场的实际销售收入达到1655.7亿元，同比增长17.7%，增速回落，而且腾讯、网易两家公司游戏收入占据中国游戏市场的半壁江山，说明国内游戏市场已经饱和。在这种情况下，国内游戏企业为了增强自身的核心竞争力以及更好地拓展国际市场，大力实施跨境并购并进行国际布局。全球游戏市场目前正处于整合期，市场领先者的市场份额正在扩大，领先优势进一步凸显，我国的游戏企业纷纷通过跨境收购来应对这种挑战。

具体来说，一是腾讯用86亿美元收购了芬兰手游巨头Supercell 84.3%的股份；二是世纪游轮斥资305亿元收购以色列游戏公司Alpha 100%的股权；三是游族网络拟以5.8亿元收购德国游戏开发商Bigpoint 100%的股权；四是掌趣科技以11亿元收购韩国游戏公司网禅19.24%的股权；五是中技控股以16.32亿元收购英国知名游戏开发商和发行商Jagex。

第二，国内影视巨头大有买下好莱坞的势头。一是2016年1月，万达以35亿美元现金收购著名电影制片厂美国传奇影业公司；二是万达集团相继收购好莱坞娱乐整合营销公司Propaganda GEM及制作金球奖等颁奖典礼的电视节目制作公司DCP；三是2016年7月，万达旗下美国AMC院线买下欧洲最大的院线公司Odeon & UCI，12月，又买下美国第四大院线，万达成为全球最大的院线运营商；四是2016年6月，腾讯收购好莱坞制片公司IM Global的控股权，又在8月投资好莱坞制片厂STX娱乐公司；五是2016年10月，阿里巴巴旗下的阿里影业入股斯皮尔伯格旗下的Amblin Partners，并达成一系列战略合作。

2. 商誉减值成为上市公司收购后管理的重要问题

近几年来，传媒类上市公司为了实现战略转型和业绩快速增长，纷纷通过并购方式来实现外延式增长。为了降低风险，通常采取由被收购方进行利润承诺的对赌方式，但是被收购方完不成承诺利润，就会导致商誉的大量减值，进而对公司造成重大影响。例如，粤传媒收购的香榭丽出现重大问题，2015年粤传媒也因商誉减值净亏损4.45亿元，2016年如果不是广州市财政补贴 3.5 亿元和售卖一部分房产，粤传媒也会出现较大的亏损。

对于未来，外部宏观经济环境不确定性加强，而技术对传媒业的影响会进一步加强，在资本市场管控加强的背景下，传媒业资本运作的方式会更加丰富和多元化，而尤其需要注意的是，巨额资金并购尤其是没有利润承诺的跨境并购有可能因为并购后业绩没有达到预期而产生巨大的商誉减值，进而把上市公司拖入亏损的深渊。

3. 传媒类上市公司严重分化

第一，互联网传媒类上市公司增速远远超过传统类。腾讯、阿里巴巴等互联网传媒类上市公司以及完美世界等网络游戏类上市公司，不仅收入、净利润和市值高，而且增速也远远高于报纸类、出版类和广电网络类上市公司。

第二，不同类型的上市公司分化严重。无论是互联网传媒类、网络游戏类，还是报纸类、出版类、广电网络类等，营业收入、净利润、总资产和市值都差距悬殊。

4. 新媒体产业的整体增速开始放缓

目前，居于新媒体产业主体地位的广告、游戏产业等已经具有较大的规模，由于新媒体产业的基数已经很大，新媒体产业整体再保持 30% 以上的增速已经很难，整体增速将放缓。

5. 新媒体产业依然是技术驱动

大数据、直播、VR 等新媒体产业正在快速成长，而这些产业高速发展的背后主导因素依然是技术变革，未来能对 BAT 等互联网巨头产生巨大冲击的必然是基于新一代技术的互联网巨头，如正在快速发展的今日头条。

参考文献

《第 37 次中国互联网络发展状况统计报告》，CNNIC，2016 年 1 月 22 日，http：//

www.cnnic.net.cn/gywm/xwzx/rdxw/2016/201601/t20160122_53282.htm。

《2015年国产电影发行市场白皮书》,199工厂,2016年1月14日,http://www.199it.com/archives/429652.html?from=timeline。

《2015中国广告市场回顾》,中华广告网,2016年2月17日,http://www.a.com.cn/info/domestic/2016/0217/287401.html。

《2015年中国游戏产业报告》,流媒体网,2015年12月24日,http://data.lmtw.com/yjbg/201512/125237.html。

第十五章
中国传媒产业并购报告

向志强　李瑢瑢　李雅雯

向志强，湖南大学新闻传播与影视艺术学院副院长、教授
李瑢瑢、李雅雯，湖南大学新闻传播与影视艺术学院

2016年是传媒产业艰难前行的一年，在市场和政策的双重作用下，传媒运行规则不断被打破，传媒产业价值回归，并购市场泡沫逐渐被挤出。然而，在电影票房遭遇寒潮、电视剧监管政策收紧、游戏业用户红利渐消、股市文化传媒板块跌幅高达31.64%的恶劣形势下，相关传媒公司的资本运作步伐并没有减缓。应该说，2016年中国传媒产业并购市场在理性回归的大趋势下，仍然展现出高涨热情。

一 传媒产业并购态势

（一）总体态势

尽管2016年中国宏观经济步入下行，资本市场经历了寒冬，但传媒产业并购浪潮并未消退，相较于2015年反而有所回升。根据Wind数据，2016年中国传媒产业并购重组事件共发生284起，披露总金额合计约2815亿元（其中41起未披露金额），交易完成84起，完成效率为29.6%，与2015年相比略有提升，但失败和未通过的案例多达21起。每月交易数量及金额如图15-1所示。

从交易数量来看，第一季度并购事件最多，为80起，第二季度为79起，与第一季度基本持平，第三季度并购事件最少，为55起，第四季度为70起（如图15-1所示）。从并购规模来看，尽管第一季度并购交易数量最多，但交易金额仅有553亿元，第二季度并购交易金额全年最高，交易金额达到1246亿元，第三季度并购交易金额为512亿元，第四季度交易金额为503亿元（见表15-1）。其中2016年第三季度末，腾讯宣布以86亿美元的高价收购Supercell 84.3%的股权，为传媒市场单项交易金额最大的并购案例，这也是腾讯历史上金额最大的一笔并购，腾讯也凭此交易从一家中国互联网龙头企业变身为全球游戏巨头。2016年万达集团在传媒领域并购频频，旗下的万达院线、大连万达和AMC院线分别进行了并购，并在中国传媒产业排名前十的并购中占据三席，其中大连万达以230亿元人民币收购传奇影业，成为迄今中国企业在海外最大的文化产业并购案。从披露的并购交易金额来看，2016年中国传媒产业排名前十的并购事件如表15-2所示。

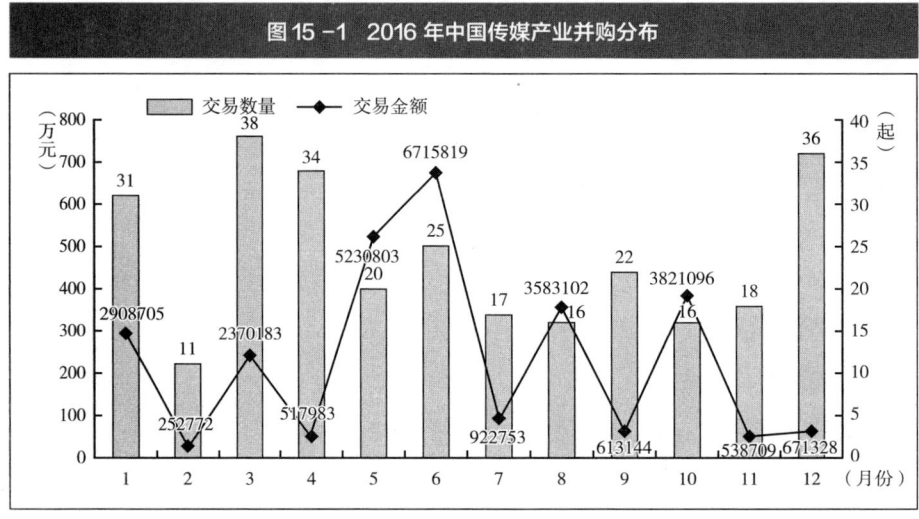

图15-1　2016年中国传媒产业并购分布

资料来源：根据Wind数据整理。

表15-1　2016年传媒产业各季度并购规模

季度	交易金额	季度	交易金额
第一季度	553亿元	第三季度	512亿元
第二季度	1246亿元	第四季度	503亿元

资料来源：根据Wind数据整理。

表15-2　2016年中国传媒产业排名前十的并购事件

交易首次披露时间	交易标的	交易买方	交易金额（亿美元）
2016年6月21日	Supercell 84.3%股权	腾讯	86.0
2016年5月13日	万达影视100%股权	万达院线	53.1
2016年8月1日	Playtika部分股权	巨人网络	44.0
2016年10月21日	Alpha 99.9783%股权	世纪游轮	43.6
2016年1月12日	传奇影业100%股权	大连万达	35.0

续表

交易首次披露时间	交易标的	交易买方	交易金额（亿美元）
2016年5月7日	乐视影业100%股权	乐视网	14.0
2016年3月4日	Carmike100%股权	AMC院线	10.3
2016年10月18日	ACP公司部分股权	大连万达	9.3
2016年6月3日	幻想悦游93.5417%股权；合润传媒96.36%股权	天神娱乐	5.9
2016年7月30日	天翼视讯100%股权；炫彩互动100%股权；天翼阅读100%股权；爱动漫100%股权	号百控股	5.6

资料来源：根据Wind数据整理。

另外，2016年，华策影视继续通过并购布局泛娱乐全产业链，尤其在VR领域频繁出手，如投资国内顶级的VR/AR制作公司兰亭数字。腾讯除了收购Supercell以外，还收购了泰国最大的门户网站Sanook，与此同时，腾讯还收购旗下拥有酷狗、酷我的中国音乐集团，并将自身的QQ音乐与其整合，组建成腾讯音乐娱乐集团。中南文化也以近5亿元现金并购北京新华先锋文化传媒有限公司，刷新了出版界的投资纪录。

（二）各传媒子行业并购态势

2016年，不同传媒子行业均发生了并购交易，其中电影与娱乐业仍为重头戏，而广告业超过互联网软件与服务业，跃升第二（见图15-2）。

1. 影视巨头布局全产业链

自2010年以来，中国内地电影业高速发展。连续5年电影票房收入都保持40%以上的增速。如此火爆的电影市场也引起了资本市场的持续关注，近年来影视公司并购重组频繁，传统行业也纷纷跨界试水，以期在火热的电影市场中分一杯羹。然而2016年，影视业的发展不尽如人意。猫眼数据统计，2016年全年电影票房收入约为450亿元人民币，同比增长2%，这与十年内电影票房收入保持的平均增速相去甚远。在电影票房收入不尽

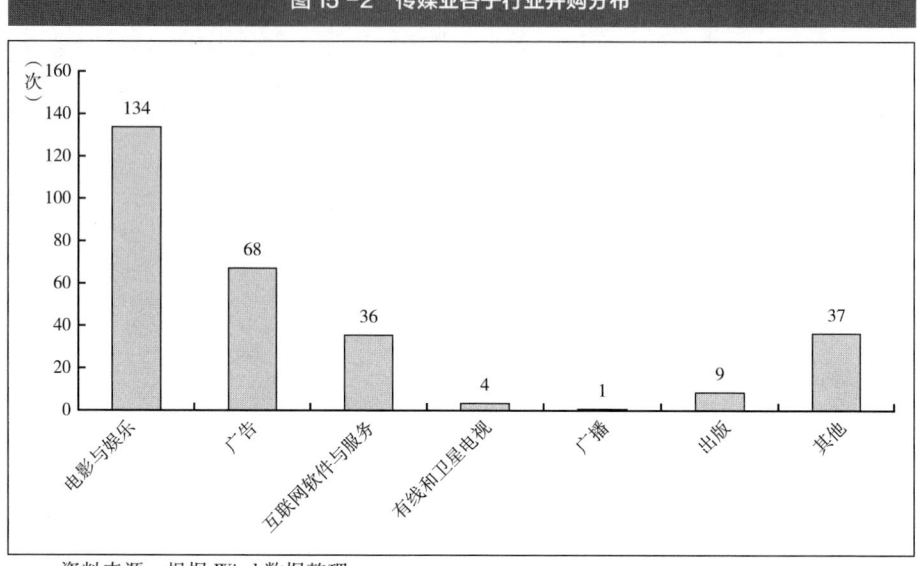

图 15-2 传媒业各子行业并购分布

资料来源：根据 Wind 数据整理。

如人意的情况下，各影视行业巨头纷纷在国内积极进行全产业链式的布局，以并购方式积极进军未涉足领域。

一些中小院线在市场压力下，努力寻求转型或者升级，或者扩充影院实体，或者延伸产业链，或者完善产业业态；而大型影视公司则掀起了院线并购的浪潮，著名的并购公司有万达以及阿里等。其中以并购起家的阿里影业2016年的并购运作异常频繁（见表15-3）。而与靠并购起家的阿里影业不同，万达2016年积极涉足线上宣发领域，以获得全产业链卡位（见表15-4所示）。

表 15-3 2016 年阿里影业并购事件

时间	事件	交易额
4月	博纳影业8.29%股份	8600万美元
8月底	杭州星际80%股权	1亿元人民币
10月	收购Amblin Partners部分股权	未知
11月28日	和和影业30%股份	未知

资料来源：根据 Wind 数据整理。

表 15-4　2016 年万达院线并购事件

时间	事件	交易额
1月12日	收购美国传奇影业公司100%股权	35 亿美元
2月3日	收购大连奥纳影城100%股权	未知
2月3日	收购广东厚品和赤峰北斗星	未知
5月	收购互爱互动游戏发行公司	未知
7月27日	收购时光网	2.8 亿美元

资料来源：根据 Wind 数据整理。

2. 互联网行业并购市场降温

2016 年，互联网行业并未延续 2015 年的火热。整体市场受到资本寒冬、经济下行、股市震荡的冲击，亟待稳定。除此之外，A 股监管趋严以及各项新政的出台，赋予市场缓冲调整恢复的条件，整个市场活跃度在下降，这充分表明，2016 年互联网行业并购市场正变得更加理性与务实。2016 年，互联网行业共发生并购交易 36 起，与 2015 年相比，降低了约 37%，其中主要并购事件如表 15-5 所示。

表 15-5　2016 年互联网行业部分并购事件

时间	交易标的	交易买方	交易额
1月29日	数禾科技70%股份	分众传媒	1 亿元人民币
3月31日	上海凯淳19%股份	省广股份	6175 万元人民币
5月4日	浙江齐聚36.3792%股权	光线传媒	1.3 亿元人民币
6月21日	Getty 香港50%股权	视觉中国	3.1 亿元人民币
9月8日	极光网络90%股权	中南文化	6.7 亿元人民币
11月22日	弹幕网络13.51%股权	中文在线	2.5 亿元人民币

资料来源：根据 Wind 数据整理。

除此之外，三大互联网 BAT 巨头也愈加关注产业生态布局，腾讯、阿里巴巴、百度共进行投资并购交易 123 起（如表 15-6 所示）。

表15-6 2016年互联网三大巨头投资并购交易

项目	腾讯	阿里巴巴	百度
交易数量（投资并购）	64起	42起	17起
重点行业	企业服务；游戏影视；互联网金融	企业服务；电商；影视	互联网金融
重点交易	Supercell；Sanook；博纳影业；酷狗音乐；斗鱼直播；柠萌影业	亚博科技；杭州星际；豌豆荚；Lazada；大地影院；三江购物	李叫兽；斗米兼职；链家网；Circle

资料来源：根据Wind数据整理。

3. 游戏业掀起"出海浪潮"

2016年全球游戏市场收入为996亿美元，年均增长8.5%。亚太地区游戏收入为466亿美元，其中中国游戏市场收入为244亿美元，较2015年增长30.8%。全国互联网用户数为7.9亿人，其中游戏玩家达到5.59亿人，占71%，并且有2亿名中国游戏玩家为游戏付费，付费率达到35.8%。目前腾讯、网易两家巨头占据了中国游戏产业的半壁江山，而完美世界、盛大、掌趣科技等公司紧随其后跻身中国游戏行业第二梯队，从而形成游戏产业两超多强的局面。

当前全球游戏市场正处于整合期，市场领先者的市场份额不断扩大，领先优势进一步凸显。为应对这一挑战，中国游戏企业纷纷加紧跨境收购交易。2016年以来，在行业巨头带领下中国游戏公司纷纷将目光投向海外市场，大手笔布局海外市场（见表15-7）。可以预计未来中国游戏产业，仅关注国内市场将困难重重，全球化已成为游戏产业的发展趋势。

表15-7 2016年游戏业海外并购事件

时间	事件	交易额
1月20日	昆仑集团投资美国人工智能开发商Woobo	80万美元
3月7日	三七互娱收购加拿大VR公司Archiact 10%股权	317万美元
3月8日	掌趣科技收购韩国Webzen 19.24%股权	2038亿韩元
3月23日	游族网络收购德国Bigpoint 100%股权	8000万欧元
6月22日	腾讯收购Supercell 84.3%股权	86亿美元
8月1日	巨人网络收购Playtika	44亿美元

资料来源：根据Wind数据整理。

4. 传统媒体外延式并购与转型

自新媒体蓬勃发展以来,许多有线广播电视、出版等传统媒体企业纷纷参与并购,力争通过资本运作谋求外延式并购转型。2016年,出版业内发生并购交易9起,较2015年有所上升,2016年中国出版业并购案例如表15-8所示。上市已成为出版企业转型的必经之路,这不仅是由于大部分出版企业为国有媒体、国有股份比重大、外延转型股权可稀释的空间大,而且是由于出版上市公司目前在传统媒体中保持较大的现金流和较高的净资产收率,转型风险相对较小。

表15-8 2016年出版业并购事件

时间	交易标的	交易买方	交易额
1月4日	磨铁图书13.6204%股权	合一信息	1.5亿元人民币
4月20日	书网教育4%股权	—	未知
5月4日	书网教育4.89%股权	—	未知
9月1日	新浪阅读23.334%股权	中文在线;新浪微博	3.5亿元人民币
10月11日	华亿传媒25%股权	文创体育	250万元人民币
10月29日	朗朗教育部分股权	长江证券;中信证券;广发证券	1.4亿元人民币
11月5日	发行集团45.19%股权	南方传媒	11.9亿元人民币
11月9日	中印文化50%股权	南国置业	3073万元人民币
11月19日	华闻传媒部分股权	兴顺文化	未知

资料来源:根据Wind数据整理。

广告上市公司加大了外延式并购力度,不断助力内生式增长,2016年共发生并购事件68起,比2015年增长1倍多(见表15-9)。外延式并购的增长应为未来广告业的发展趋势,但如何在外延式并购后实现并购主体的整合与融合,将决定未来中国广告业的发展前景。

表15-9 2016年广告业部分并购事件

时间	交易标的	交易买方	交易额
1月9日	西藏欢欢4.5%股权	欢瑞世纪	90万元人民币
1月22日	泰一指尚100%股权	浙江富润	12亿元人民币
1月22日	双行线10%股权	明家联合	1000万元人民币
3月2日	中联畅想1%股权	微传播	1314万元人民币
4月20日	小度互娱22%股权	新文化	5000万元人民币
12月9日	上海精准100%股权	精传传媒	3300万元人民币

资料来源：根据Wind数据整理。

二 传媒产业并购特征

（一）政策监管收紧，并购市场泡沫挤出

投中集团数据显示，2016年并购市场完成交易数量4010起，同比下降23%，完成交易总规模2532.6亿美元，同比下降26%。与之对比，并购市场在达到顶峰的2015年，完成交易数量和完成交易规模分别同比增长62%和68%。市场交易理性化以及政策监管趋严是导致2016年并购市场转冷的最主要因素。2014年与2015年之所以并购风起云涌，一方面是由于一级市场与二级市场的估值差异；另一方面是由于相对宽松的监管环境。但进入2016年，资本市场监管政策更为严厉与规范，因而并购市场不如以往热闹。实际上政府以往对传媒产业并购重组无条件通过，但2016年政策被调整为一事一议，由此可以看出资本市场监管的导向非常明确，通过收紧传媒产业资本市场的监管帮助一级市场挤出泡沫。

具体来说，2016年9月，国家正式实施《上市公司重大资产重组管理办法》，同时监管部门对Virtue Reality、游戏、互联网金融、影视等纯概念

题材并购的审核趋于严格,传媒产业资本市场的并购交易面临比往年更大的监管压力,从而导致许多媒介资产并购重组失败。譬如,2016年6月,万达院线曾发布重组方案,拟收购万达影视100%股权,该笔交易的交易对价高达372亿元,成为2016年十大并购交易案之一,方案发布后,万达影视旗下传奇影视的高业绩承诺引起市场关注。而事实上传奇影视在2014年以及2015年分别亏损22亿元与36亿元,但其承诺在2016年、2017年、2018年三年累计实现净利润31亿元;2016年8月,万达院线选择主动终止重组方案。随后暴风集团收购稻草熊影业被否决,乐视网宣布终止收购乐视影业,三七互娱终止收购中汇影视,传媒行业并购失败案例层出不穷(见表15-10)。

表15-10 2016年传媒产业部分并购交易失败案例

时间	交易标的	交易买方	涉及金额
1月1日	宁夏传释100%股权; 菲洋广告100%股权; 银川领航100%股权	网虫股份	1亿元人民币
1月26日	信立传媒100%股权	金利华电	6.8亿元人民币
3月5日	万达影视6.61%股权; 青岛万达影视7.59%股权	泛海控股	25亿人民币
3月15日	千足文化100%股权	新文化	21.6亿人民币
3月15日	甘普科技100%股权; 稻草熊影业60%股权; 立动科技100%股权	暴风集团	31亿人民币
4月21日	小度互娱10%股权	天神娱乐	1.9亿元人民币
4月27日	快闪科技100%股权	天龙集团	8.9亿元人民币
5月13日	万达影视100%股权	万达院线	372亿元人民币
5月24日	致趣广告100%股权	金运激光	7亿元人民币
7月12日	新线中视100%股权	国旅联合	4亿元人民币
7月23日	隆麟网络100%股权; 快屏网络100%股权	万家文化	7.8亿元人民币
7月30日	小子科技86.50%股权; 无锡线上线下90%股权	明家联合	10亿元人民币

资料来源:根据Wind数据整理。

（二）全球化进程加速，传媒产业布局海外市场

2016年，中国企业海外并购潮迸发，中国首次取代美国成为全球最大的海外资产收购者。中国传媒企业也紧随这股潮流，纷纷开始跨境并购。据Mergermarket并购市场资讯数据，2016年上半年，中国传媒产业与科技及工业化学品业成为最受中国企业欢迎的并购领域。其中传媒产业海外并购案例中最受人关注的仍然是影视业大佬万达影业所属的万达集团的并购交易。作为中国影视产业巨无霸，万达集团于2016年1月以35亿美元买下电影制片公司传奇影业，这是其收购的第一家好莱坞公司，同时也是中国影视业历史上在外国最大的并购投资。在此之后，万达集团又以10亿美元收购全球最大的电视直播制作商之一——Dick Clark Productions（DCP）。

除万达外，腾讯也加紧布局海外市场。2016年6月，腾讯以86亿美元的价格收购了芬兰手游开发商Supercell 84.3%的股权，成为全球游戏史上最大规模的一笔收购，也成为中国互联网史上最大的一笔海外并购。中国传媒企业跨境并购热潮，首先得益于政策的支持。自2014年起中国对外投资审批环节开始简化，国家发改委于2014年颁布了《境外投资项目核准和备案管理办法》，商务部同年颁布了新修订的《境外投资管理办法》，随后两年内各部委也出台多项政策鼓励实体经济"走出去"，特别是2016年上半年，国家发改委鼓励试点企业境内母公司直接发行外债，列出了21家试点企业，其中包括海航和华为两家非国有控股企业。另外，人民币贬值的趋势也是中国传媒企业跨境并购热潮的重要原因之一，因为人民币长期处于贬值状态，在很大程度上推动不少企业加速谋划资产的全球配置，以此对冲汇率风险。

（三）并购趋向全产业链模式，以求强强联合与优势互补

传媒企业兼并重组的目的在于向纵深化、产业链整合的方向发展，以

求强强联合，优势互补。随着传媒市场进一步细分，传媒产业转型升级加快，行业整合并购日趋活跃。2016年电影票房遭遇滑铁卢，影院运营出现困难，并且售票软件割裂了电影院与消费者之间的联系，破坏了影院传统会员运行体系，与此同时，视频网站在电影行业的话语权越来越大，窗口期越来越短，从而导致电影院线的溢价空间进一步被挤压，院线的并购案层出不穷。

实际上可以说，2016年电影票房的寒冬在一定程度上带来了院线并购热潮。阿里向大地影院和博纳影业投资21亿元，又以1亿元收购杭州星际影城80%的股权。完美世界以13.53亿元交易对价收购今典集团，将其旗下的217家影院收入囊中。中影IPO上市之后的第一笔投资——收购大连华臣70%股权，收购价为5.53亿元。博纳影业与新华联签署协议，新华联出资1.5亿元在影视院线方面与博纳影业展开积极合作。万达收购了电影门户网站时光网、文化传播公司新媒诚品，进军宣传发行领域，而且万达更是在海外进行院线布局，动作频频，2016年1月宣布以35亿美元现金收购美国传奇影业公司100%股权，其旗下的AMC院线于3月宣布以11亿美元收购美国连锁影院卡迈克影业，7月AMC院线以9.21亿英镑并购欧洲第一大院线Odeon & UCI院线，11月万达又宣布以10亿美元收购美国好莱坞电视制作公司Dick Clark Productions。2016年万达通过院线并购，逐步在北美、欧洲电影市场占据领先地位，基本完成全球电影院线的布局，从而成为具有绝对优势的世界第一院线，在世界电影产业的话语权和影响力大幅提升。

（四）明星股东参与资本运作，明星证券化趋势愈加明显

随着影视资本逐步被关注，明星股东也登上了传媒产业资本运作舞台。2016年传媒产业并购市场交易中，不乏各明星的参与，明星证券化已成为传媒业并购市场的一大特点。一方面，明星低价认购影视娱乐等公司

股份，成为上市公司股东。2016年5月，乐视网宣布以98亿元人民币的价格收购乐视影业100%的股权，而其中共有19位明星进入乐视影业股东名单，其中张艺谋出资的208万元在并购交易完成后升值至1.4亿元。另一方面，许多明星将成立不久的公司，高溢价卖给上市大公司。2016年3月，暴风集团宣布将收购吴奇隆、刘诗诗占股的稻草熊影业60%的股权，涉及交易金额为10.8亿元人民币；收购完成之后，刘诗诗将获得6480万元人民币现金。另外唐德影视曾宣布进行重大资产重组，拟收购范冰冰旗下爱美神公司51%的股权。

尽管在更为严厉的监管之下，乐视网、暴风集团及唐德影视的重大并购交易都未完成，但2016年发生的多起明星参与资本运作的事件充分表明了明星证券化已成为更加明显的发展趋势。其中最引人注目的当为赵薇控股的万家文化。2016年12月底，万家文化宣布公司第一大股东玩家集团将其持有的1.85亿股股份转让给赵薇控股的龙薇传媒，转让股份占公司股份总数的29.135%，交易额为30.599亿元人民币，转让完成后，赵薇作为龙薇传媒的实际控制人，成为万家文化第一大股东。

三 结语

在经历2015年的并购热潮以及2016年的理性回归，特别是2016年并购政策收紧之后，2017年中国传媒产业并购将更加趋于理性，传媒产业将进入新的整合与变革时期。长期来看，中国传媒产业发展潜力与空间仍将持续存在，仍将继续活跃于国内国际资本市场，未来传媒产业并购会呈现外延并购力度加大、多元化等特点。对于传媒企业来说，无论是产业巨头还是上市公司，服务生产性的并购仍是大势所趋，而真正具有成长性的公司也将继续借助资本力量快速发展。在未来一段时间内，互联网、在线视频以及直播将成为中国传媒产业并购的新热点。

参考文献

《行业数据：2016中国游戏收入244亿刀 广东是游戏大省》，多玩游戏，2017年1月14日，http：//www.duowan.com/news/348320130266.html。

《2016年中国产业经济年度报告之传媒篇》，证券日报网，2017年1月4日，http：//www.ccstock.cn/finance/hangyedongtai/2017-01-04/A1483461293637.html。

《投中统计：2016年中国境内并购市场放缓》，投中网，2017年1月19日，http：//chinaventure.baijia.baidu.com/article/748446。

《中企海外并购遭遇"拦路虎"》，参考网，2017年3月1日，http：//www.fx361.com/page/2017/0301/906843.shtml。

第十六章
中国海外传媒
投资报告

陈秋云

陈秋云,北京中医药大学讲师,北京大学新闻与传播学院博士生

一 2016年中国海外传媒投资的特点

2016年是中国的"十三五"开局之年,中国的对外投资整体上实现了较快增长,投资结构也更加合理,中国对外投资仍处于重要的战略机遇期。商务部发布的数据显示,2016年我国共对164个国家和地区的7961家境外企业进行了非金融类直接投资,实现投资金额1701.1亿美元,同比增长44.1%。中国已由一个资本净输入国变成一个资本净输出国。传媒类的投资也有不俗的表现。虽然受监管趋严等因素的影响,2016年国内文化传媒行业的投资和并购与去年相比有所下滑,但海外传媒投资热度依然不减。据不完全统计,2016年共发生海外传媒投资72起,涉及金额高达325亿美元,高于2015年的52起和76亿美元。具体而言,2016年中国海外传媒投资呈现如下几个特点。

第一,民营企业成为中国对外投资的主要力量。以万达和BAT为代表的公司已成为中国企业海外投资的主力军。一方面,这些企业具备先进的技术和管理经验,拥有自主品牌和自主知识产权;另一方面,民营企业"走出去"具有政治因素小的特点,在对外投资过程中容易被目标投资国接受。当然,随着我国经济发展和国际地位的提高,政府放宽了外资投资准入的相关限制,也为中国企业"走出去"提供了保障。

第二,对外投资合作与国家"一带一路"倡议结合成为亮点。自2013年被提出以来,"一带一路"倡议在中国乃至世界得到了积极的响应。我国政府高度重视,从战略规划到具体投资项目的落地,政府都给予大力支持,这为我国企业"走出去"提供了良好的政策保障和宝贵的投资机会。中国企业结合国家的"一带一路"倡议,纷纷加快布局"一带一路"沿线国家。商务部合作司负责人表示,2016年,我国企业对"一带一路"沿线国家的直接投资金额达145.3亿美元；对外承包工程新签合同额达1260.3亿美元，占同期我国对外承包工程新签合同额的51.6%；完成营业额759.7亿美元，占同期总额的47.7%。传媒类的投资也有了较大幅度的增长，如"丝路书香工程"和出版企业在"一带一路"沿线国家的书展和投资就得到了广泛关注。

第三，海外并购地位凸显。商务部数据显示，2016年，我国企业共实施对外投资并购项目742起，实际交易金额为1072亿美元，涉及73个国家和地区的18个行业大类。其中对信息传输、软件和信息技术服务业实施的并购项目有109起，占我国境外并购项目总数的14.7%。2016年6月，腾讯以86亿美元收购芬兰移动游戏开发商Supercell 84.3%的股份；11月，万达集团以10亿美元的价格收购美国DCP集团100%的股权。这两起并购案例位列2016年中国企业海外并购案例的前十。

第四，海外投资以欧美国家为主。近年来，虽然中国传媒业投资也涉及亚洲、欧洲等地区，但整体上对美国的投资热度不减，投资事件最多。2016年总共72起，涉及美国的有37起。美国是世界上最发达的经济体，在技术、研发、创新和知识产权保护等方面均处于世界领先地位，在美国投资更容易获得较高的回报。同时，在美国投资的企业可深度参与国际合作，极大地提升国际化程度。

二 2016年中国海外传媒投资领域分析

2016年，中国企业海外传媒投资事件超过72起，涉及金额超过325亿美元，比2015年增长了9倍多。投资领域主要涉及企业服务及技术、游戏动漫、影视、电子商务、出版等。投资方主要以民营企业为主，百度、阿里巴巴和腾讯等互联网企业仍然是海外传媒投资的主力军。

1. 企业服务及技术领域

投资企业服务及技术领域的事件主要有 20 起,涉及金额达 98.6 亿美元,投资方仍然主要是腾讯、阿里巴巴和百度。其中腾讯在这个领域的投资事件最多,共有 5 起。但同时,一些有实力的公司也纷纷投资技术和云数据等领域。如广东珠海民企艾派克科技股份有限公司以 39 亿美元完成对美国利盟国际 100% 股权的收购,是中国最大的海外打印机收购案;中航信托和江苏沙钢集团以 31 亿美元收购全球领先的云数据中心开发和运营商 Global Switch 49% 的股份(见表 16-1)。

表 16-1 2016 年投资企业服务及技术领域事件一览

序号	投资方	标的方	地区	时间	金额	轮次	其他投资方
1	乐视	雅虎	美国	2016 年 6 月	2.5 亿美元	购买土地	
2	真格基金	Taste Analytics	美国	2016 年 3 月	340 万美元	Pre-A 轮融资	聚合数据、华创资本
3	真格基金	Polly.ai	美国	2016 年 8 月	120 万美元	种子轮	Amplify Partners、Tempo Ventures、天堂硅谷
4	蚂蚁金服	EyeVerify	美国	2016 年 9 月	1 亿美元	收购	
5	蚂蚁金服	Ascend Money	泰国	2016 年 11 月	未知	战略合作	
6	阿里巴巴	PlaceIQ	美国	2016 年 10 月	2500 万美元	D 轮	
7	阿里巴巴	Barefoot	美国	2016 年 11 月	2300 万美元	融资	腾讯
8	阿里巴巴	Redmart	新加坡	2016 年 11 月	5000 万美元	收购	
9	携程	Universal Vision、Ctour、Tours for Fun	美国	2016 年 10 月	未知	投资	
10	携程	Skyscanner	英国	2016 年 12 月	17.4 亿美元	收购	
11	奇虎	Opera	美国	2016 年 11 月	5.75 亿美元	收购	昆仑万维

续表

序号	投资方	标的方	地区	时间	金额	轮次	其他投资方
12	京东、百度	ZRobot	美国	2016年11月	未知	合资	美国大数据公司 Zest Finance
13	艾派克科技	利盟国际	美国	2016年12月	39亿美元	100%股权收购	PAG Asia、朔达投资
14	百度	Dynamic Yield	美国	2016年12月	2200万美元	C轮融资	祥峰投资、ClalTech、Vertex
15	中航信托	Global Switch	英国	2016年12月	31亿美元	收购49%的股份	江苏沙钢集团
16	腾讯	Planetary Resources	美国	2016年5月	2073万美元	A轮	创新工厂、Seraph Group、OS Fund
17	腾讯	Skymind	美国	2016年9月	300万美元	种子轮	曼图资本、SV Angel、YC等
18	腾讯	Petuum	美国	2016年11月	1500万美元	A轮	
19	腾讯	Barefoot	美国	2016年11月	2300万美元	战略投资	阿里巴巴
20	腾讯	Clear Labs	美国	2016年12月	1300万美元	B轮	Google、Wing Venture Partners

资料来源：根据虎嗅、IT桔子等网站提供的数据整理而成。

2. 电子商务领域

2016年，阿里巴巴继续保持电子商务领域海外投资的领先地位。电子商务领域共发生投资事件5起，涉及金额达11亿美元。其中涉及金额最大的一项投资是阿里巴巴于2016年4月以10亿美元收购了被称为"东南亚版亚马逊"的东南亚电商巨头——新加坡电商Lazada 51%的控股权。Lazada的业务涵盖新加坡、印度尼西亚、马来西亚、菲律宾、泰国和越南等市场。阿里巴巴计划未来从东南亚市场获得近半数的营业收入，收购Lazada可以让阿里巴巴迅速占领市场（见表16-2）。

表16-2　2016年投资电子商务领域事件一览

序号	投资方	标的方	地区	时间	金额	轮次	其他投资方
1	阿里巴巴	Groupon	美国	2016年2月	未知	IPO上市后	
2	阿里巴巴	新加坡电商Lazada	新加坡	2016年4月	10亿美元	收购	
3	戈壁创投	Nuren	马来西亚	2016年3月	200万美元	A轮融资	
4	百度	Circle Internet Financial	美国	2016年6月	6000万美元	D轮投资	IDG、Breyer Capital、General Catalyst Partners、百度、中金甲子、光大投资管理公司、万向和宜信
5	复星集团	GrubMarket	美国	2016年8月	2000万美元	B轮	纪源资本

资料来源：数据来自创业邦、投资界等网站。

3. 文化艺术及相关服务等领域

2016年，腾讯在游戏领域继续保持排头兵的地位。2016年，游戏动漫领域投资事件主要有7起，涉及金额近91亿美元，其中腾讯共投资5起，金额超过86亿美元。值得一提的是，2016年6月，腾讯以86亿美元收购芬兰移动游戏开发商Supercell 84.3%的股份，这是腾讯有史以来最大的一笔并购，也是中国互联网公司最大规模的收购案，更是近年来全球手机游戏行业最大金额的并购案。此次收购也使腾讯一跃成为全球收入最高，同时也是最大的游戏公司。另外，2016年2月，Magic Leap获得阿里巴巴和谷歌7.935亿美元的融资，该轮融资由阿里巴巴集团领投，将Magic Leap的估值推至45亿美元。2016年8月，有"印度WhatsApp"之称的实时通信软件Hike Messenger获得腾讯、富士康科技集团等1.75亿美元的投资。有意思的是，腾讯旗下的微信在印度与Hike Messenger是竞争对手。2016年11月，苏宁以7.21亿美元获得了2019~2022年英超联赛的转播权（见表16-3）。

表16-3 2016年文化艺术及相关服务等领域投资事件一览

领域	序号	投资方	标的方	地区	时间	资金	轮次	其他投资方
游戏动漫	1	腾讯	Discord	美国	2016年1月	2000万美元	B轮投资	Grey Lock Partners、Benchmark Capital
	2	腾讯	VC Mobile Entertainment Inc.	美国	2016年1月	451万美元	天使轮	Pacific Sky Investments、Jan Van Caneghem
	3	腾讯	Kamcord	美国	2016年4月	1000万美元	C轮投资	时代华纳等
	4	腾讯	Paradox Interactive	瑞典	2016年5月	认购5%股份（约2000万美元）	IPO上市后	
	5	腾讯	Supercell	芬兰	2016年6月	86亿美元	收购	
	6	福建森宝食品	Splash Damage	英国	2016年7月	1.5亿美元	收购	
	7	苏宁	龙珠战队	韩国	2016年11月	2.9亿美元	收购	
广告	8	真格资金	Crosswise	以色列	2016年		投资	李嘉诚
泛娱乐	9	腾讯	women.com	美国	2016年1月	175万美元	天使轮	Advancit Capital
	10	腾讯	Meta	美国	2016年6月	5000万美元	B轮融资	联想、高榕资本等
	11	腾讯	YG娱乐	韩国	2016年6月	8500万美元		微影资本
	12	腾讯	WME/IMG	美国	2016年6月	4500万美元	A轮	红杉资本中国、分众方源体育基金
	13	腾讯	Hike Messenger	印度	2016年8月	1.75亿美元	D轮	Soft Bank Capital、富士康科技集团等
	14	阿里巴巴	S.M. Entertainment	韩国	2016年2月	0.283亿美元	IPO上市后	
	15	阿里巴巴	Magic Leap	美国	2016年2月	7.935亿美元	C轮融资	谷歌
	16	戈壁创投	MAVCAP	马来西亚	2016年3月	1500万美元	种子基金	MAVCAP
	17	君联资本	Musical.ly	美国	2016年		投资	
	18	华谊兄弟	SIM公司	韩国	2016年3月	1830万美元	买入股权	
	19	上海浸鑫投资基金	MP&Silva	英国	2016年5月		收购65%股份	
	20	苏宁	英超联赛转播权	英国	2016年11月	7.21亿美元	购买	

资料来源：根据虎嗅、IT桔子等网站提供的数据整理而成。

4. 影视领域投资

2016年,国内影视市场增速明显放缓,但是中国的影视企业尤其是民营企业积极出海,大规模布局海外市场。影视领域主要投资事件有16起,涉及金额超过106亿美元,其中万达已知的投资金额近70亿美元,约占影视投资总额的66%。2016年也是万达海外并购最多的一年。万达在海外的并购一直主打文化娱乐业务,其2016年在影视领域的表现可圈可点。1月,万达集团以35亿美元现金收购美国传奇影业公司100%股权,这是中国企业在海外最大的文化并购事件,也使万达影视控股公司成为全球收入最高的电影企业。3月,万达旗下AMC院线以11亿美元收购了美国连锁影院卡迈克影业。AMC娱乐控股公司现已是美国最大的连锁影院运营商。7月,AMC娱乐控股公司又以9.21亿英镑(约11.925亿美元)收购总部位于伦敦的欧洲最大院线Odeon & UCI。11月,万达集团以10亿美元收购美国DCP集团100%的股权(见表16-4)。目前,万达在北美、欧洲和中国的电影市场占据绝对的领先地位,成为全球最大的院线运营商。

表16-4 2016年影视领域投资事件一览

序号	投资方	标的方	地区	时间	资金	轮次	其他投资方
1	万达	美国传奇影业公司(Legendary Entertainment)	美国	2016年1月	35亿美元	收购	
2	万达	卡迈克影业	美国	2016年3月	11亿美元	收购	
3	万达	Oden&UCI	英国	2016年7月	11.925亿美元	并购	
4	万达	索尼影视娱乐	美国	2016年9月	未知	战略合作	
5	万达	Dick Clark Productions	美国	2016年11月	10亿美元	收购	
6	阿里巴巴	Amblin Partners	美国	2016年10月	未知	投资入股	
7	阿里巴巴	TBS	日本	2016年11月	未知	合资	
8	乐视	VIZIO	美国	2016年7月	20亿美元	收购	
9	乐视	乐视美国影视公司	美国	2016年9月	未知	成立新公司	
10	完美世界	环球影业	美国	2016年2月	2.5亿美元	直投	

续表

序号	投资方	标的方	地区	时间	资金	轮次	其他投资方
11	腾讯	HB Entertainment	韩国	2016年3月	3425万美元	IPO上市后	华谊兄弟
12	君联资本	Bighit Entertainment	韩国	2016年5月	879.6万美元	投资	
13	华谊美国	Oakaton Circle LLC	美国	2016年8月	2.5亿美元	合资	
14	基美影业	Europa Corp S. A.	法国	2016年9月	6530万美元	投资入股	
15	文投控股	Framestore	英国	2016年11月	1.87亿美元	收购	
16	上影集团	派拉蒙影业	美国	2016年12月	10亿美元	合投	华桦传媒

资料来源：根据虎嗅、IT桔子等网站提供的数据整理而成。

5. 出版领域

随着"一带一路"倡议的推进，2016年，中国出版业"走出去"的力度进一步加大，影响力也得到进一步提升。在"走出去"的出版方中，既有大型的出版集团，也有民营出版机构。在合作方式方面，既有海外投资或并购出版机构，也有在海外建立的分社等。中国的出版物在海外受到越来越多的关注，截至2016年10月底，《习近平谈治国理政》海外发行超过60万册，发行到世界100多个国家和地区，出版语种有中、英、法、西、葡、德等十几种，该书的发行量是近年来我国政治类图书在海外发行量的最高纪录。一些少儿图书、历史图书也受到了国外读者的欢迎。此外，中国出版机构积极参加国际书展，足迹遍布五大洲的30多个综合性和专业性国际书展，尤其在"一带一路"沿线国家的书展受到广泛关注。2016年8月，在北京举行的"2016全球出版50强峰会"上发布的2016年全球出版业五十强排名报告显示，中南出版传媒集团、凤凰出版传媒集团两家公司进入全球出版企业十强，中国出版集团、浙江出版联合集团、中国教育出版集团等进入二十强。2016年10月，在法兰克福书展上举行的国际出版商协会（IPA）年度大会上，李朋义、于春迟、林丽颖、于洋四位中国出版人首次进入 IPA，国际出版商协会从此有了中国声音。过去一年，中国出版机构进一步加强版权输出，开展与国外出版机构的合作，建立国际合作机制。值得注意的是，中国出版机构"走出去"日趋重视本土化战略，成果也非常显著。如中国人民大学出版社在以色列设立第一家海外分支机构——以色列分社，广西师范大学出版社集团成功收购英国 ACC 出版集团；人民出版社旗下的东方出版社成立东京分社，社会科学文献出版社成立俄罗斯分社——"斯维特"出版社，青岛出版集团收购日本大王造纸渡边淳一文学馆会社，中国社会科学出版社成立智利分社，湖北科学技术出版社联合中科院中－非联合研究中心设立我国在非首家出版机构——非洲出版中心（见表16－5），浙江出版联合集团在莫斯科开设第一家中文书店等。

表16－5 2016 年出版领域投资事件一览

序号	投资方	标的方	地区	时间	投资方式	其他投资方
1	中国人民大学出版社	以色列分社	以色列	2016 年1 月	成立分社	
2	中国人民大学出版社	中国－罗马尼亚学术出版合作中心	罗马尼亚	2016 年5 月	合资	罗马尼亚文化院
3	中国人民大学出版社	中国主题图书翻译出版中心	蒙古	2016 年10 月	合资	蒙古国立师范大学
4	新经典文化股份有限公司	法国菲利普·毕基埃出版社	法国	2016 年5 月	战略投资	
5	湖北科学技术出版社	非洲出版中心	肯尼亚	2016 年7 月	合资	中科院中－非联合研究中心
6	青岛出版集团	日本大王造纸渡边淳一文学馆会社	日本	2016 年7 月	收购	
7	广西师范大学出版社集团	ACC 出版集团	英国	2016 年8 月	收购	

续表

序号	投资方	标的方	地区	时间	投资方式	其他投资方
8	东方出版社	东京分社	日本	2016年9月	成立分社	
9	社会科学文献出版社	俄罗斯分社——"斯维特"出版社	俄罗斯	2016年9月	新成立	
10	二十一世纪出版社集团	德国分社	德国	2016年10月	成立分社	
11	中国社会科学出版社	智利分社	智利	2016年11月	成立分社	

资料来源：根据《2016年中国出版业发展报告》等内容整理而成。

同时，结合国家的"一带一路"倡议，中国出版机构加快了对"一带一路"沿线国家的布局。如"丝路书香工程"资助五洲传播出版社、社会科学文献出版社等10家出版机构在阿联酋、俄罗斯开设了分支机构。数字出版也有了较大的提高，依托丰富的内容资源，借助互联网发展平台，中国出版业积极推动数字出版向海外延伸，抢占国际网络出版空间和舆论阵地。

当然，中国出版业"走出去"还存在很多问题。我国的图书版权卖到西方发达国家和地区的还不多；在亚洲，我国的图书版权还无法像日本、韩国的图书版权那样被重视；我国数字出版虽然发展迅速，但与欧美发达国家和地区相比仍存在较大差距等，这些都是比较突出的问题。

出版企业"走出去"，是大势所趋，也是中国出版业自身发展的迫切需要。在文化"走出去"和"一带一路"倡议的大背景下，出版社应该把握好机遇，利用好国家的支持政策，制定具有自身特色的"走出去"战略，同时加强原创，在收购或成立海外分社的基础上，真正做到出版在海外落地，为外国读者所喜爱。

三 2016年中国海外传媒投资领域和区域分布

2016年中国海外传媒投资事件主要有72起,其中企业服务及技术领域有20起,电子商务领域有5起,游戏动漫领域有7起,广告领域有1起,泛娱乐领域有12起,影视领域有16起,出版领域有11起,用百分比表示的分布情况如图16-1所示。

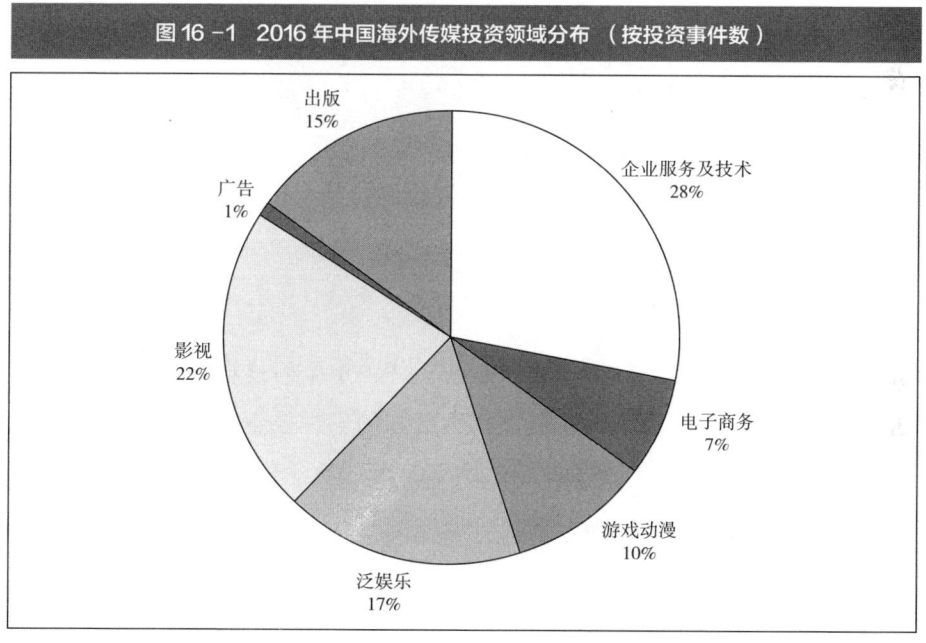

图16-1 2016年中国海外传媒投资领域分布(按投资事件数)

可以看出,企业服务及技术占比仍然最大,由此可以窥见互联网等企业出海投资的重点领域。值得注意的是,2016年的影视投资占比为22%,比2015年增长8个百分点,投资事件总数也超过2015年并列第二的泛娱乐和游戏动漫。出版业海外投资也有较大的增长,投资事件总数超过2015年的出版投资事件总数,而且借助国家的"一带一路"倡议,中国出版业"走出去"的步伐在2016年明显加快。

尽管有些投资事件没有透露具体交易金额，但我们仍可以从总体上把握各个领域的投资总额。具体如图 16-2 所示。

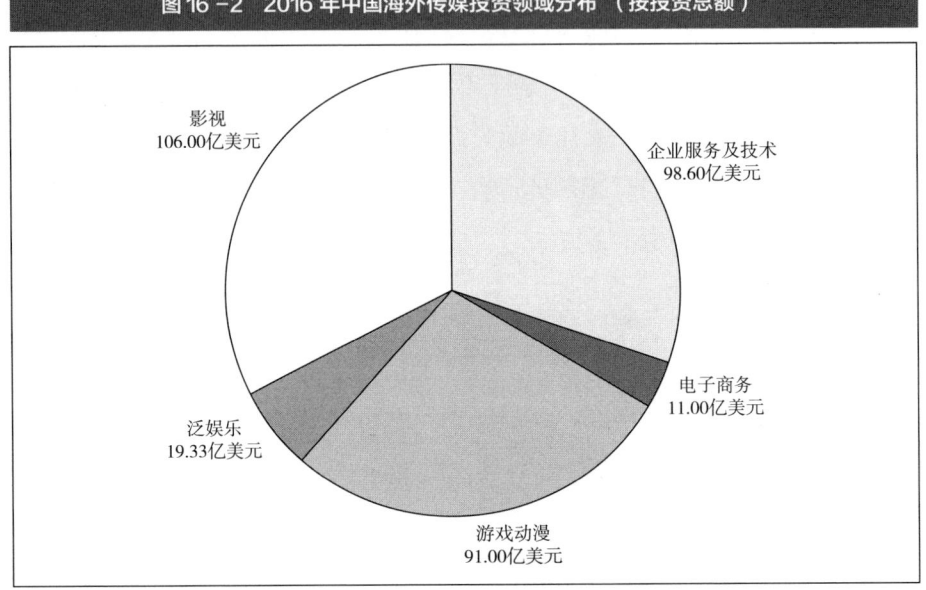

图 16-2　2016 年中国海外传媒投资领域分布（按投资总额）

影视投资金额为 106.00 亿美元，继 2015 年之后再次排名第一，且投资金额比 2015 年增长了 10 多倍。万达已知的影视投资金额近 70 亿美元，成为影视领域的绝对"霸主"。乐视、基美影业、上影集团、完美世界、华谊美国等也有不俗的表现。另外，企业服务及技术和游戏动漫仍然为投资的热点领域，吸引中国企业进行大手笔的投资。

2016 年，中国海外传媒投资主要涉及的国家有近 20 个，具体如图 16-3 所示。

2016 年中国海外传媒投资仍主要发生在美国，所梳理的 72 起投资事件中有 37 起发生在美国，约占总投资的 51%。比排名第二的英国足足多出 29 起，比第三名的韩国多出 31 起。尽管有些国家的投资事件不多，但一个明显的趋势就是 2016 年中国企业围绕国家的文化"走出去"战略和"一带一路"倡议，开始在有关国家进行投资布局。

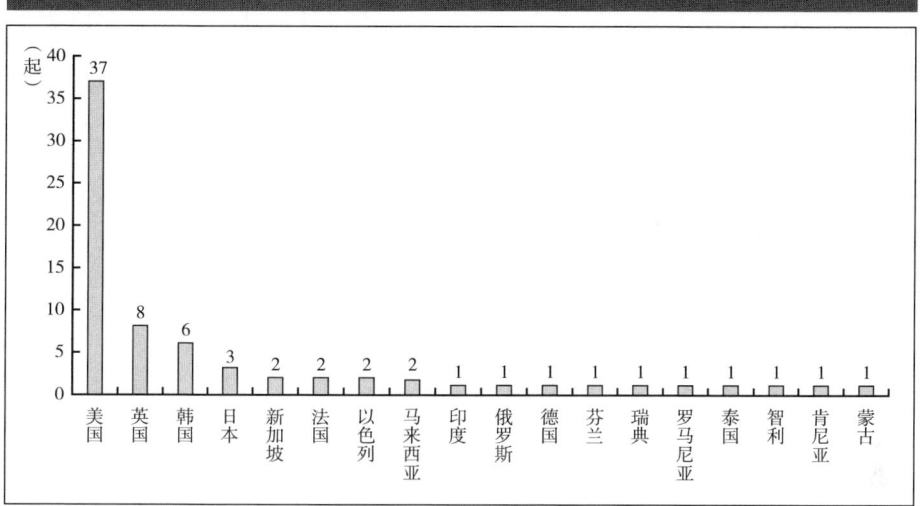

图16-3 2016年中国海外传媒投资地域分布

四 中国海外传媒投资面临的问题和解决办法

2016年,中国企业出海的热情高涨,传媒类投资也创下了近几年的新高。在全球化深入发展的格局下,中国企业"走出去"和本土化不再是语言上的呼吁,而是具体化为各个投资项目和为国外提供产品和服务。越来越多的中国企业参与到海外传媒投资和并购中,有些取得了举世瞩目的成绩,但同时遭遇的阻力也越来越大,遇到的困难也越来越多。

第一,多种风险并存。除政治风险外,债务风险、海外经营风险、资本外流等都是中国企业在海外投资需要注意的风险,在一些不发达国家进行投资尤其如此。为使海外投资顺利进行,企业须遵循国际规则,尊重投资目的国的法律法规和文化习俗。同时要主动承担社会责任,积极帮助投资目的国发展经济、保护环境、改善民生等,真正做到企业海外投资本土化。

第二，投资方式较单一。据报道，1998年以来交易规模最大的20笔中国企业海外收购中，除3笔未披露交易方式以外，其余交易全部以现金方式完成。中国企业海外并购往往给人"暴发户"的感觉。对于这点，很多外国企业不理解。中国企业的经济实力是有目共睹的，但是既然在海外投资，就应该尽量按照目标投资国的方式操作，可以通过购买股权、收购等多种方式进行投资，避免盲目投资、重复投资。在与国外企业合作的同时，还需注意企业的长远发展。

第三，中国企业品牌信任度低。品牌对一个企业的可持续发展来说举足轻重，没有品牌的企业是没有生命力的。目前，中国企业在海外的品牌推广与海外消费者对中国品牌的认知之间还存在较远距离，与发达国家相比，中国品牌的认知度还比较低。要解决这个问题，中国企业在海外进行传媒投资时要树立品牌意识，加大对产品质量的监控力度，加强与客户之间的互动和情感沟通。同时要提升企业的公共外交水平，时刻维护企业在外的形象。

第四，跨文化管理能力有待进一步提升。跨文化管理是企业在外投资必须认真做好的一项工作。由于政治、文化、宗教等因素的影响，中国企业在外投资所面临的环境是十分复杂的，尤其是在"一带一路"主体国家和欠发达国家的投资，其政治风险高、法律环境差、民族关系复杂等都是摆在投资者面前亟须解决的问题。做好跨文化管理工作，必须主动了解和学习投资目的国的语言文化，同时建立专业的跨文化管理队伍，建立跨文化冲突的预警机制，并及时了解本国和目标投资国的相关政策，做到有的放矢。

第十七章
中国传媒投资舆情报告

王亚敏
王亚敏,人民网舆情监测室、人民在线副总编辑

2016年，传媒投资舆情呈现如下特点：传统媒体对采编流程和工作机制进行了重大调整，议程设置能力和话语权把控能力极大增强，内容生产能力和技术支撑水平得到极大提升。与此同时，新媒体的发展也呈现出鲜明的特点。目前，国内大部分媒体还没有实现采编业务、组织机构和资本方面的全面融合，缺乏具有市场号召力的传播平台和融合发展的路径，没有清晰的盈利模式。在融合发展中，传统媒体必须有市场意识，注重市场开发，培育市场运营能力。

一 2016年媒体融合发展取得实质性成效

自2015年3月，国家新闻出版广电总局、财政部联合印发《关于推动传统媒体和新兴媒体融合发展的指导意见》后，媒体融合工作以中央主要媒体为龙头、以重点项目为抓手，在重点工作、重要领域和重大项目上布局，进展顺利。2016年中国媒体融合发展成效显著，人民日报社的"中央厨房"、新华社的写稿机器人"快笔小新"、中央人民广播电台的中国广播云平台以及北京新媒体集团"北京时间"新闻视频直播平台等媒体在媒体融合发展方面取得骄人业绩。按照"提升创新力、增强吸引力"的思路，中国青年报社与北京新媒体集团进行战略合作，已成功进行了"天涯共此时"中秋晚会、杭州G20峰会等直播，还打造了"高校新闻联播""共青团新闻联播"两档特色节目。其中，杭州G20峰会直播实现了58小时不间断全景直播，原创报道、直播、流量和用户互动量刷新了同类型报道的纪录，总点击量达到3723.3万次，访问人数达974.5万人。

在采编平台建设方面，中央主要新闻单位对原有采编平台进行数字化、全媒化、集约化改造。人民日报全媒体新闻平台上线6个功能模块；新华社全媒体报道平台每天生产多种新媒体产品；求是杂志社实现了杂志数字化转换等。在传播渠道拓展方面，中央主要媒体的"两微一端"项目进展顺利。截至 2016 年年底，人民日报、新华社客户端累计下载量均突破 1.2 亿次，"央视影音"客户端下载量达 1.67 亿次。人民日报、新华社、中央电视台微博微信的粉丝总量均过亿人。

有了平台基础，新闻生产力大幅提升。2016 年，各媒体调整采编机制流程，建设内容生产"中央厨房"，推出一大批重头报道。比如，人民日报新媒体刊发的《总理给您送快递》等引起网上刷屏式转发，2016 年全国两会期间，人民日报多媒体产品《傅莹邀请你加入群聊》24 小时点击量即突破 300 万次，收到良好传播效果。同时，传统媒体的融合报道在各类热点、突发事件舆论引导中，以权威信息和深度分析起到了放大主流声音、引领网络舆论的作用。

（一）新成就：人民日报"中央厨房"开启融合发展新征程

在经历了长达 1 年的试运行之后，被习近平总书记"点赞"的人民日报全媒体平台"中央厨房"于 2016 年 2 月 19 日正式上线运行。"中央厨房"是推进媒体融合发展的全媒体大平台，生产丰富多彩的新闻大餐。正如人民日报社社长杨振武所说，"中央厨房"在人民日报的融合发展史上具有里程碑意义，其运行"开启了人民日报融合发展的新征程"。

在组织架构上，"中央厨房"打破了过去媒体的板块分割的运作模式，专门设立总编调度中心，建立采编联动平台，统筹采访、编辑和技术力量，实现"一次采集、多元生成、多渠道传播"的工作格局。除了在顶层指挥上的创新，还在工作机制上创新推出"融新闻工作室"，鼓励优秀编辑记者跨部门、跨媒体、跨地域、跨专业地组织新闻工作室，并给予他们资金支持、技术支持、传播推广支持、运营支持和线下活动支持。

2016 年 1 月，人民日报社全媒体新闻大厅正式启用，"中央厨房"机制也首次被运用到"新春走基层"活动中。人民日报"中央厨房"工作机制，在领导人高访、9·3 阅兵、习马会、G20 峰会等重大战役性报道中已启动运行 20 次，有效提升了人民日报的网络传播力和国际影响力。目前，人民日报"中央厨房"可以给国内外 400 多家主流媒体和网站提供 18 个外语语种的内容定制服务，不断扩大主流媒体的主流舆论阵地。

（二）深转型：新媒体理念深化，媒体组织机构融合运转

媒体融合上升为国家战略以来，传统媒体便纷纷通过融合新媒体等形式加快融合发展步伐，以在新媒体时代掌握话语权，占领信息制高点。媒体人以正视新媒体地位、重塑报道理念等为起点，通过思想转变行为，使微传播逐渐成为主流传播方式。

在微信平台上，人民日报全媒体平台、光明日报等微信公众号推送的重点信息在微信朋友圈形成了刷屏之势。在媒体客户端方面，人民日报客户端在两会专题页面上开设"两会朋友圈""两会直播""两会 e 客厅"等栏目，丰富报道形式，将两会信息分类汇总，便于有目的性地阅读。

（三）新视角：中国媒体融合云让技术"隐身"

技术创新是媒体融合发展的核心驱动力，但也是传统媒体转型中的难点和痛点。人民日报媒体技术股份有限公司和腾讯云为推动媒体融合发展合力打造的中国媒体融合云，将为所有合作媒体提供各类新型内容生产、大数据运营、人工智能等应用，一站式解决融合发展技术难题，从选题策划、采编生产、分发传播、盈利分成全流程突破融合瓶颈。中国媒体融合云通过让新型媒体技术"工具化""傻瓜化"，实现技术的"隐身"，让媒体人重新关注内容创作的核心竞争力。

作为中国媒体行业的"排头兵"，人民日报在新的传播格局下致力于打造面向受众、面向国际、面向未来的融合传播体系，通过全媒体平台

"中央厨房"建设推动社属媒体乃至全国媒体行业实现内容生产、传播和运营的打通融合,创新新闻生产、再造生产流程,运用前沿科技延伸传播触角。而腾讯是云计算、大数据分析和社交网络等领域拥有众多发明专利的国内互联网企业,腾讯云是腾讯提供企业服务的核心窗口,也是国内领先的云服务提供商。通过腾讯云,腾讯将新媒体领域积累的音视频技术、内容分发渠道等,分享给媒体行业的合作伙伴,共同探索融合发展的新生态。

二 2016年传媒投资舆情回顾

所谓传统媒体"空壳化",就是指传统媒体核心业务的弱化,当前主要是指媒体核心原创内容生产的弱化。随着互联网的普及以及新兴媒体的崛起,人们获取资讯和进行娱乐的途径向网络转移,传统媒体的渠道优势不再显现。随着新兴媒体资讯分发优势的凸显和内容自制能力的提升,曾标榜"内容为王"的传统媒体在内容上的优势受到极大挑战。如果渠道和内容优势双双丧失,一家传统媒体也就成了"空壳"。

传统媒体"空壳化"迹象早已出现,并已成趋势,主要表现在以下几个方面。

(一)党报相对稳定,都市报大幅下滑

2016年,中国报业经济整体面临前所未有的困难与挑战。传统报业的发行收入和广告收入呈现断崖式下滑局面;报业数字化转型的盈利模式和发展路径依旧处于探索中,年轻人读报的越来越少,读者日趋老年化;报业多元化业务虽有发展,但囿于规模较小因素,远远弥补不了发行收入和广告收入的巨大下滑。

在传统报业收入大幅下滑的背景下，党报得益于拥有大量政治资源和国家财政政策支持，而保持相对稳定甚至增长的态势。而都市报则因互联网技术的冲击和实体经济增速的放缓，出现"崩盘"加速的局面，两种不同类型的报纸呈现明显"分化"的局面，表现为：党报的发行量、广告收入继续保持增长态势，而都市报的发行量、广告收入则呈现加速"断崖式"下滑局面。据不完全统计，目前《内蒙古日报》《吉林日报》等党报的订阅均由地方政府以政府购买服务的形式全额"买单"，而《河北日报》《四川日报》《广州日报》等党报的发行则由地方财政以财政划拨的形式支持，比如，河北省财政2016年划拨1.88亿元，支持《河北日报》扩大发行等的经营活动；而《广州日报》2016年则获得广州市财政局3.5亿元的政府补贴资金，将其用于印刷和发行支出。与此同时，各级党报还能享受地方政府的税收、资源等各项优惠政策，比如，重庆市政府采取先征后返的方式对重庆日报报业集团缴纳的营业税、增值税、所得税等进行全部返还；云南省等地区则将优质旅游资源交给传媒单位运营。

（二）厚报向薄报转化

20世纪90年代中后期，办厚报、增加版数是报纸凸显实力、获取读者和广告主青睐的重要竞争手段。如今，人们对报纸的需求量逐步下降，报纸经营困难。为了压缩成本，报业出现了厚报向薄报转型的趋势。同业竞争催生了厚报，与网络新媒体的竞争则催生了薄报。由厚到薄，是不得已而为之的选择，却折射出报纸媒体内容生产"量"的下滑。

（三）大报向小报转化

当前，互联网的资讯内容呈现碎片化、浅表化等特点。这种内容取向也潜移默化地影响了报纸媒体，突出表现为很多报纸深度报道的弱化。

2015年5月18日,《京华时报》内部宣布裁撤深度报道部。为了与网络媒体抢夺受众注意力,报业出现了类似于电视媒体上的"泛娱乐化"现象,深度报道、发展报道让位于民生新闻、娱乐新闻、服务信息,"大报"也就沦为了"小报"。"薄报化"凸显了报纸媒体内容生产"量"的下滑,"小报化"则体现了报纸媒体内容"质"的沦落。

(四)从"减版""停刊"看报业的供给侧改革

综观2016年,先传出某家报纸停刊、然后被辟谣、最后再确认的消息不绝于耳。与此同时,"减版"已成多数报纸"节流"的主要手段。通过这些现象,我们可以看出,这或许是报业市场结构调整的一个信号,中国报业的供给侧改革已迫在眉睫。

2016年年初,江西都市类报纸《九江晨报》宣布正式停刊;8月27日,由上海文汇新民联合报业集团创办于2003年的定位高端的报纸《东方早报》则宣布于2017年1月1日停刊;8月31日,曾为辽宁日报集团四大报纸之一的《时代商报》正式休刊;9月27日,共青团河南省委机关报《河南青年报》因经营不善被迫与员工解除合同、宣布停刊;而到了2016年年底,有着15年历史的北京老牌都市报《京华时报》也宣布将于2017年1月1日停刊,归入北京日报报业集团,与《北京晨报》合并。如今,报纸"停刊"已经屡见不鲜,一方面是因为互联网技术对报纸媒介利润的大量侵蚀,另一方面是因为政府机构逐步推进"报刊出版退出机制"。可以预见,随着报纸利润的进一步流失和市场化机制的逐步完善,越来越多的报纸将退出市场。

在报业市场需求相对饱和、报业"增收"难以实现的情况下,各大报社为节省成本、更好地满足读者的阅读需求,纷纷开始采取"减版""合版"等策略。2016年2月,3家报社先后发表声明——《东南快报》从日报转为周五报,深圳《晶报》、湖北《楚天金报》将周六日报纸进行合刊。

由此可见，在互联网技术和实体经济增速放缓的双重冲击下，中国报业市场已呈现"供给大于需求"的相对饱和局面，面对这一局面，越来越多的报纸开始通过"减版""合版"等策略，减少动态信息类报道的版面，通过高质量和有深度的新闻报道重新赢得市场。

（五）人才流失与人力"矮化"

传统媒体人才流失已成普遍现象，这是当前整个传统媒体面临的困境，近两年以央视为代表的电子媒体人才流失以及一大批泛生活类报刊和都市报纷纷停刊就是明证。其中很多人到新媒体就业或自主创业。另外，传播技术的发展也令报业人力资源出现"矮化"迹象。例如，新闻写作机器人代替了人类劳动，有可能代替一批不称职的编辑记者。又如"中央厨房"的建设在强化编辑岗位的同时，有可能弱化记者队伍，因为同一素材全媒体共用，派去新闻现场的记者也就减少了。

三 2016年传媒投资舆情原因分析

（一）强化内容，重塑报纸核心竞争力

当前报纸媒体纷纷转战互联网，如《东方早报》和《京华时报》从2017年起主打新媒体矩阵。内容"空壳化"是当前报纸媒体所面临的更急迫的问题，也是更本源的问题，须尽快采取应对举措。

1. 将优质内容作为新兴业态的引流入口

在互联网时代，渠道众多，网站、客户端、微博、微信等对所有人开放，渠道不再是"入口"。对于报纸来说，优质的内容才是最终的"引流

入口"。强化内容,才能重塑报纸的核心竞争力。当前很多报纸媒体以多元化经营的方式寻找主业之外的商业机会,以应对广告下滑带来的生存危机。例如,浙江日报报业集团2005年的经营业务就已经涉及媒体、印刷、物流、房地产、物业管理、高新技术等行业。很多报社通过外引内联设立"生活馆",满足读者休闲、旅游、保健等需求。这些新兴业务的开展都必须基于报纸作为"官方媒体"与生俱来的公信力资源,而报纸公信力的积累来源于权威、可信的内容生产与发布。

2. 理顺渠道与内容关系,提升内容生产的专业性

专业化的内容生产是传统媒体区别于聚合类资讯平台和各类自媒体的核心优势。在全媒体环境下,记者需要就同一题材为不同媒体写稿,在很大程度上,记者是在为媒介服务,而不是为内容服务,这也导致了内容品质的弱化。媒体运作因此进入恶性循环:渠道投入伤及内容生产,内容弱化导致入口价值降低、渠道流量下滑,渠道建设的意义也就大打折扣。

在新的媒介环境下,应如何避免渠道与内容的冲突,提升内容生产的专业性?对此,中宣部部长刘奇葆在2017年1月11日发表于《人民日报》的《推进媒体深度融合　打造新型主流媒体》中给出了一种思路,即"统""分"结合:所谓"统",就是改变报网分办的做法,编辑力量既管报纸版面,又管网站、"两微一端"的栏目内容;所谓"分",就是按业务领域分设经济、政治、文化、国际等专业编辑部门。这样的机制安排就理顺了渠道与内容的关系,编辑和记者既服务于所有媒介,又有自己最擅长的专业内容领域,除了常规报道,也有能力以及更多的精力涉足更具引领性的新闻评论和深度报道。

3. 理顺人与技术的关系,强化人才队伍

传统媒体向互联网转型,绕不开技术这一关,但对技术的取舍应结合媒体自身的特点,不应盲目跟风。以"中央厨房"为例,行业报或地方性的报纸,自身体量不大,面向的市场不大,在制度和理念上借鉴"中央厨房"的做法就可以了,没有必要投入大量资金建设"中央厨房"。传统新闻媒体作为党和人民的喉舌,其新闻传播必须具有引领性,不能像聚合类资讯平台那样发展智能分发技术,把新闻价值的判定完全交给机器和算法,因此,打造聚合类资讯平台的技术路径对大多数报纸行不通。归根结底,传统新闻媒体的核心资源仍然是"人",是政治觉悟高、业务能力强、具有新闻理想和"工匠精神"的一线采编人员。要避免报纸的"空壳化",人才是关键。

(二)追求可视化表达的内容形式

随着互联网媒体的崛起,传统媒体的内容表达已经不仅仅限于文字、图片和视频等形式,而开始根据不同传播介质的特点,按照读者最易接受的方式呈现内容,构建"融媒体产品矩阵",从而最大可能地聚合读者资源。2016年,以网络视频、直播、无人机、写稿机器人、虚拟现实等为代表的新技术正不断革新新闻的信息采集和发布方式,极大丰富了新闻生产内容的多样性,不仅受到了广大受众的追捧,而且受到了资本的广泛青睐。

譬如,在 2016 年的两会报道中,光明日报、法制晚报、新京报等诸多媒体采用全景相机和 VR 技术为公众提供了全新的新闻体验。通过专栏,用户可以 360 度地自主选择新闻图像的拍摄角度和呈现画面,大大增强了新闻报道的现场感和真实感。新京报的"动新闻"在 2016 年则推出了《长画短说:全国两会为何是"双鱼座"》《变身北京人 2 分钟动画看懂积分落户管理办法》《洪荒少女后又出个哪吒 游泳队的段子手全在这了》等一系列优秀作品,以可视化和直观化的视频形式,生动形象、轻松幽默地展现给读者,以提升新京报的品牌知名度。今日头条则在 2016 年里约奥运会期间,推出了 AI 机器人"Xiaomingbot",通过对接奥组委的数据库信息,实时撰写新闻稿件,并实现新闻推送,发稿超过 450 篇,单篇阅读量高达 11 万人次。此外,新闻游戏也成为互动性新闻的新尝试,如 2016 年两会期间,成都日报正式上线游戏《大家找不同 快来测你是不是成都的真爱》,受到广大用户的好评。

2016年网络直播市场的火爆发展，也推动了传统报业与直播平台的合作。2016年夏季南方洪灾期间，湖北日报荆楚网便联合直播平台斗鱼一起进行灾区抗洪直播，直播高峰期间同时在线人数达10万人；2016年8月，台风"妮妲"袭击深圳，深圳ZAKER联合腾讯、网易平台进行24小时不间断直播，吸引了用户广泛关注：深圳ZAKER上的直播累计约有102万人参与，腾讯上的直播累计约有329万人参与，约有1070万人全程参与了网易新闻上的直播。

（三）资本运作方式更为多元化

媒体融合是一项长期投入、复杂的系统性工程，需要足够的资金链力量作为基础和保障。2016年，中国报业的资本运作方式更为丰富，或通过联合成立新媒体基金，或通过新媒体公司融资（挂牌新三板、公开上市、定向增发）等方式，积极进军资本市场，不断拓宽募集资本的渠道，做大做强，进而逐渐重拾公信力和社会影响力。

在新媒体基金方面，2016年3月，南方报业传媒集团、羊城报业传媒集团、南方广播影视传媒集团、广东省出版集团和海通创意资本管理有限公司及中赛信合（北京）投资管理有限公司牵头发起设立广东南方媒体融合发展投资基金，筹资目标为100亿元；5月，上海报业集团、元禾母基金和华映资本等共同发起八二五新媒体产业基金，第一期规模为12亿元，第二期规模达20亿元；7月，广东省委宣传部、省财政厅联合发起设立广东省新媒体产业基金，筹资目标为100亿元；8月，人民日报社、招商局集团和深圳市共同组建媒体融合产业投资基金"伊敦基金"，规模为50亿元；9月，蓝鲸传媒集团联合天风证券、澎湃资本成立鲸天使基金，规模为5亿元；11月23日，由中国报业协会主办、河南日报报业集团发起并承办的"中国报业投资联盟大会暨首届投融资峰会"在郑州举行，会上宣布成立了中报砥石文化产业发展基金，规模为100亿元，基金采用母子基金方式,下设媒体融合发展基金、文化旅游产业基金、传媒并购基金、上市公司定增基金等子基金,聘请专业化的公司和团队进行市场化运作。

在新媒体公司融资(挂牌新三板、公开上市、定向增发)领域,2016年7月,上海报业集团旗下新媒体项目界面(上海)网络科技有限公司完成总额超过3亿元的B轮融资,以推进原创视频和音频产品开发工作;9月,浙报传媒定增申请获证监会审核批准,拟募集不超过19.5亿元资金建设大数据项目;10月,新华网正式挂牌上交所,旨在通过募集资金完成全媒体信息应用服务云平台、移动互联网集成、加工、分发等媒体融合发展项目;12月,沈阳地铁报业传媒股份有限公司挂牌新三板,以丰富媒体资源、开发文化创意产品等。

四 2017年传媒投资舆情展望

2016年,传媒产业依旧保持快速的发展,传媒产业的投资在不断增加,预计这样的趋势将延续到2017年。展望2017年的市场,我们有理由相信传媒市场将保持不错的发展。

(一)融媒体工作室:多频分众,满足多元化需求

新媒体生态下,信息需求的分众化趋势明显。为适应受众的不同需求,融媒体工作室以专业化、垂直化原则分类,内容覆盖时政、财经、国际、文化、教育、反腐、社会、健康、艺术等,形成自己的品牌特色。以人民日报为例,截至2016年12月19日,已有麻辣财经、学习大国、新地平线、半亩方塘、2050、一秒世界、冷观察、一本政经、文艺九局、智理行间、碰碰词儿、国策对话场12个融媒体工作室开始运行,来自15个部门(单位)的近60名编辑记者参与其中。融媒体工作室发挥了人民日报在政策深度解读上的优势,自2016年10月18日以来,共推出文字、音视

频、图解、H5 等各类融媒体作品 103 件，综合点击量超过千万次，转载媒体过百家。融媒体工作室在充分利用人民日报的传统优势的同时，着力发掘特色优势，工作室对《人民日报》版面原有内容进行拓展延伸，生产文字、音视频（脱口秀）、H5、图解、VR 等各类融媒体作品。不少工作室优秀作品倒灌回版面，提升了报纸选题的丰富性和内容的可读性。

（二）新兴自媒体平台崛起，"去公众号"时代即将到来

随着大量新兴自媒体平台的崛起，除了微信、微博类社交软件外，还有今日头条、网易号、QQ 公众号、搜狐新闻、凤凰新闻等资讯类，秒拍、美拍、AB 站、快手等视频类，映客、花椒等直播类自媒体平台（见图 17-1），几乎所有互联网公司都在打造自己的自媒体平台。

图 17-1 新兴自媒体渠道

资料来源：运营直升机（ID：yunyingzhishengji）。

大量新兴自媒体平台的迅速崛起，使"去公众号"时代的自媒体格局发生了巨大变化。

第一，流量分散。今日头条、网易号、企鹅号、百度号，以及支付宝的生活号等多种自媒体账号可以同时建立，公众号已经不再是自媒体人的唯一选择。

第二，定制运营。不同的自媒体平台拥有不同的用户属性和内容属性，这就需要运营人员有的放矢地制定不同的运营策略。

第三，数据整合。大量自媒体平台同时运营，公众号的"10W+"不能再作为判断内容好坏及运营是否成功的唯一标准，全网平台的数据整合至关重要。

（三）"专业壁垒+多维度变现"的商业模式为短视频提供了机会

2016年，短视频内容创业领域已发生超过30笔融资，投资机构中出现了红杉资本、真格基金、经纬中国等知名创投基金（见表17-1）。对于短视频生产者来说，广告是最基本的变现手段。目前阶段主要有两种：贴片广告；内容即广告。第一种方式较为简单，但不是短视频专有的特色，第二种方式则更加考验内容生产者的创意能力。

根据秒拍平台数据，之前短视频以纯搞笑类、娱乐明星八卦内容为主，流量获取容易，但内容趋于同质化，商业转换困难。2016年，专注于美妆、美食、生活方式等垂直领域的创作者集中发力，其他垂直品类也开始逐步出现短视频内容创作者，至2016年第四季度，短视频创作者覆盖的垂直品类已经超过40个。而之前，非娱乐明星、非新闻现场、非纯搞笑内容获得的流量所占的比例不足20%，2016年各个垂直类内容的流量占比累计已超过了60%。在用户市场、商业市场的共同驱动下，2017年垂直类内容的增速必将非常迅猛。

表17-1 2016年短视频融资清单

名称	融资	分类
奇遇记 MEET	种子轮数千万元	母婴
Papi 酱	天使轮1200万元	搞笑
VS Media	天使轮数百万元	综合
即刻视频	天使轮1300万元	生活
旅行者镜头	天使轮数千万元	旅游
尚脸科技	天使轮300万元	美妆
星座不求人	天使轮960万元	搞笑
壹父母	天使轮数百万元	母婴
30秒懂车	Pre-A轮1500万元	汽车
罐头视频	Pre-A轮2000万元	生活
鼹鼠文化	Pre-A轮1000万元	文化
以梦为马	Pre-A轮650万元	动漫
优匠传媒	Pre-A轮1000万元	综合
陈翔六点半	A轮千万元	搞笑
二更视频	A轮5000万元以上	生活
功夫财经	A轮1500万元	财经
何仙姑夫	A轮2260万元	娱乐
化妆师MK	A轮500万元	美妆
米未传媒	A轮1亿元	综合
微在公司	A轮1000万元	生活

资料来源：腾讯科技根据公开数据整理。

（四）加强传统媒体的版权理念已成为共识

2016年，对好内容的需求不仅是广告主，各大互联网自媒体平台也对优质内容表现出了渴求的姿态。2016年1月20日，一点资讯发布"点金计划"，宣布自媒体大规模补贴计划。3月1日，腾讯推出了企鹅媒体平台，推出2亿元的自媒体扶持计划。4月12日，北京电视台和360公司一起推出北京时间，号称视频版的"今日头条"，加大对自媒体内容的布局。5月10日，阿里巴巴旗下UC公众号也推出了自媒体服务计划，宣布要让媒体像天猫品牌商家一样拥有自己的"内容店铺"。

（五）"互联网+"助推文化新业态走向混业

当前互联网导致媒体的产业格局发生巨大改变，内容供给多元，广告客户的选择面更是大为拓宽。互联网的信息渠道优势在无形中帮助很多技术类企业跨界踏入媒体市场。以 BAT 为例，当前文化市场的各要素主体正在不断走向混业，互联网的发展在今后将推动越来越多的媒体、演艺、出版、影视、旅游等文化业态向混业发展。这包括通过市场的兼并重组来延伸和整合原有的产业链条。

第十八章
传媒企业的特殊管理股制度及其在中国的应用建议

向 南

向南,资深文化传媒投资并购专家,曾在香港晨兴集团、中央电视台等多家投资以及传媒机构供职

一 特殊管理股的特殊性

特殊管理股也称"黄金股制度",或者是通过特殊股权结构设计,使创始人股东(原始股东)或其他重要股东在股份制改造和融资过程中,有效防止恶意收购,并始终保有最大决策权和控制权。特殊管理股在制度设计上,设置两种股权结构也即资本市场上的双股权结构,这种制度设计在市场化的欧美企业股权设置中很普遍,尤其在创业型的互联网公司的股权结构中更是屡见不鲜,它可以使公司创始人及其他大股东在公司上市后仍保留足够的表决权以控制公司。纽约证券交易所和纳斯达克市场均允许上市公司采用这样的股权结构。

一类法律规定股份公司只能发行每股 1 票的普通股和无投票权优先股,不得发行每股有多票投票权的股份,如日本、新加坡以及中国香港地区和中国台湾地区等。另一类法律对公司发行股份的种类不做强制规定,公司可以根据具体情况,根据股东会决议或公司章程规定,发行任何种类投票权的股份,如美国、英国、加拿大和韩国。1994 年,美国纽约证券交易所修改投票权规则,允许通过 IPO 上市和公司行为限制或减少普通股的投票权,包括分期投票权计划、限制性投票权计划、发行超级投票权股票以及发行投票权少于普通股的股票等。根据对 1994~2000 年财富五百强公司的调查,约 12% 的公司有双重或多级股权。目前,双重股权结构多集中在传媒、互联网、制造业和高科技公司等,如谷歌、高朋、领英、脸书、纽约时报、新闻集团、经济学人、华盛顿邮报、道琼斯、福特、惠普等知名国际大公司。2013 年以来,在纽约证券交易所和纳斯达克市场上市的中国互联网公司,半数以上采用了双重股权结构,如百度、京东、58 同城、途牛、新浪微博、兰亭集势、去哪儿。

Facebook(脸书)和 Google(谷歌)等美国大型科技公司均采用双重

股权结构。风险投资者投资的企业上市后，往往很快卖股份兑现。但创始人不愿意卖掉自己辛辛苦苦创立起来的企业，所以设计出双重股权结构。将股票分为A、B两类。向外部投资人公开发行的A类股，每股只有1票的投票权，管理层手上的B类股却能投10票。如果公司被出售，这两类股票将享有同等的派息和出售所得的分配权。B类股不公开交易，但可以按照1∶1的比例转换成A类股。即使持有约1/3B类股的创办人，以及重要内部人员失去多数股权，也能继续掌控公司的命运。

其实特殊管理股制度被广泛运用是在20世纪七八十年代的欧洲，尤其是英国撒切尔政府开始采用自由主义经济政策，对国有企业进行私有化改革，在航空、电信、水利、电力等行业陆续出售国有股份。英国政府在这场改革中设置了"黄金股"，并以法律法规形式规定了政府在这些公司中的特殊权力。

持有特殊管理股的股东，一般包括三种：一为创业者（自然人）；二为企业机构；三是政府机构或者政党。一般前两种股东占有的股份比较多，而第三种股东，只象征性地拥有很少的股份，他们虽然掌握重大经营决策（或者方向性的决策）的"一票否决权"，但一般不参与企业管理层人员任免、企业管理、利润分配等。这种结构在股票公开上市公司中虽然少见，但也受到主张优良的企业治理人士的责备。他们认为，大量权力集中在少数人手里，是不民主的做法。同样地，正是由于双重股权结构和合伙人制度不能被广泛接受，伦敦、香港等证券交易所已对此下达禁令，但是既鼓励充分市场化创新又保护原有股东利益的美国资本市场部分接受了这种结构。

根据京东商城提交的IPO文件，京东集团董事长兼CEO刘强东虽然仅持有该公司21%的股权，但可以凭借其拥有的具有20票投票权的特殊股票控制该公司83.7%的投票权，这便进一步增强了他对公司的控制力。京东商城正在向投资者大力宣传自身的创收和发展前景，但它看重的只是投资者的钱，在涉及公司事务的问题上，它不想赋予股东太多话语权。

Facebook 和 Google 等美国大型科技公司均采用双重股权结构。Facebook 的创始人马克·扎克伯格就享受了这样的待遇，他自己不仅持有 B 类股，而且签订了"表决权代理协议"，即 B 股投资者可授权他代为表决，加上他本身持有的 B 股，扎克伯格拥有公司 56.9% 的投票权。

然而，发行 AB 双股的股权架构、AB 股拥有不同投票权以及扎克伯格指定接班人的种种公司管理制度，与十年来美国机构投资者倡导的保护股东权益原则相违背，成为投资者担忧的因素，也被认为是 Facebook 在 IPO 上市后不久就跌破发行价的原因之一。

二 关于国际传媒企业的特殊管理股制度

根据学者研究，英国报业企业的股权制度和治理结构呈现多元化的特点：一方面，股权结构和治理模式多元化，有类似 AB 股的双重股权结构，如《每日邮报》《每日电讯报》；有家族控股模式，如《泰晤士报》；有公众持股所有制模式，如三一镜报集团；有信托基金所有制，如《卫报》；还有非上市的私人公司所有制模式，如北壳集团及《每日快报》。另一方面，由于收购并购等问题，有在境外上市的报业企业，如《泰晤士报》《太阳报》《世界新闻报》属于在纽约上市的默多克新闻集团，《每日电讯报》属于在纽约上市的霍林格国际公司等；也有在英国本土上市的报业企业，如《每日镜报》《独立报》《金融时报》等报纸的母公司在伦敦上市。

第一，《每日邮报》《每日电讯报》的双重股权结构。《每日邮报》隶属于每日邮报和通用信托联合报业集团，目前日发行量为 183 万份左右，是英国广告收入最多、效益最好的报纸。《每日邮报》自 1896 年创办以来，100 多年来一直由罗斯米尔家族控制，这与其特殊的双重股权结构不无关系。《每日邮报》董事、总经理盖伊·则特（Guy Zitter）向我们介绍说，报纸的股权分为投票股和非投票股两种，只有 5% 的股权是投票股,其他的95%是非投票股,只有非投票股才能在股票市场上流通。老板罗斯米尔第四持有75%的投票股,他有能力对任何经营管理的重大决策说"是"或"不是"。他同时还持有40%的非投票股。这种股权结构保证了罗斯米尔家族对公司绝对的控制权,同时也给公司撑起一把保护伞,防止被收购。

《每日电讯报》隶属于跨国报业集团——霍林格国际公司,目前日发行量为54万份,是英国很有影响力的大报。1992年,该报在美国纽约证券交易所上市,霍林格国际公司持有报社68%的股份。英国电讯传媒集团流媒体总监詹姆斯·威克斯（James Weeks）接受我们的访谈时说,霍林格国际公司采用类似于《每日邮报》双重股权结构的AB股制。拥有投票权的B股是非流通股,牢牢掌握在家族成员手中。

第二,《卫报》的信托基金所有制。20世纪30年代,《卫报》原主人J. R. 斯科特为避免报纸被收购,确保办报路线贯彻始终,创立了信托基金所有制这一独特的报纸所有制形式,他把《卫报》的所有权全部转移给基金会。斯科特信托基金会的章程规定：《卫报》不再属于任何家族或个人,不得把报纸卖给任何个人或财团,办报盈余必须全数投入报纸的经营与品质的提高,报纸必须坚持本来的政治立场。信托基金会由10位理事负责管理,理事除了原斯科特家族一些成员以外,还包括《卫报》的主编及一些高层管理人员,他们不能从基金会获取股份分红。他们的责任是确保《卫报》能继续经营下去,并确保其独立路线不会改变。1992年,信托基金会进一步明确其宗旨,强调保护财政和编辑永远的独立性,明确了基金会的理事们无权出售《卫报》。

第三,三一镜报集团的公众持股所有制。1999年7月,英国最大的地区性报业集团——三一集团宣布收购镜报集团48.4%的股权,购并后两家集团合二为一,取名"三一镜报集团",成为英国最大的报纸出版集团。公司实行完全的上市公司管理,股权分散在个人和机构投资者手中。新的集团拥有3家全国性报纸和260多家地方性报纸,平均每周总发行量达

1600万份,年营业额达10亿英镑。

第四,《每日快报》的非上市的私人公司所有制。《每日快报》是英国发行量排名第六位的报纸,隶属于北壳集团。无论是北壳集团还是快报集团公司,都是非上市公司,老板理查德·戴斯孟德长期持有北壳集团100%的股份。

剑桥大学贾吉商学院 EMBA 主任塞蒙·兰默特(Simon Learmount)教授认为,英国报业是一个特殊的行业,多数是家族控股。控股结构很特殊,采编人员想控制报业采编,家族成员想控制报业企业,这两点与其他行业差别很大。如《每日邮报》实行"黄金股"特殊管理股制度,就是为了实现家族对报业企业的完全掌控。英国各报纸的政治立场十分鲜明,如《每日邮报》《每日电讯报》是支持保守党的,《卫报》是支持工党的。这种立场,也决定了报纸不能完全市场化。兰默特说,从某种意义上说,英国用家族的观点来影响报纸。"如果没有特殊股权制度,随着时间的推移,总有一天会丧失对报纸股权的控制。特殊股权制度决定谁是报纸的最后控制者。"英国知名独立媒体人、剑桥大学教师秋希(Tricia Levasseur)认为,特殊管理股制度,有利于保证报业企业从长远角度考虑发展战略,而不会受股市短期波动和股东压力的影响。《每日邮报》不太在乎资本市场人士的评价,这一点反而成为《每日邮报》的优势,《每日邮报》无论是发行还是广告,业绩都很不错。《每日邮报》的老板罗斯米尔第四认为,按所有权分配权力的做法并不符合决策的科学化程序,"真理往往掌握在少数人手中"。

特殊管理股制度的法理依据在哪里?英国 BBC 新闻在线网站创办人、总编麦克·斯马特勋爵(Mike Smartt OBE.)认为,报业是一种特殊的文化创意产业,不同于一般的工商企业,需要保持相对的独立性和连续性。《每日邮报》有利于家族控制和文化传承的双重股权结构很多年前就已存在,这在奉行案例法系的英国,是一项重要的法理基础。1965 年,英国议会通过第二届皇家报业委员会提出的反垄断法规及以后的系列补充法规,防止报业被恶意或垄断性地兼并收购。而《每日邮报》等报纸实行的双重股权结构，有利于防止报纸被外界资本大鳄收购。可以说，报业反垄断法规在防止恶意收购和反垄断方面，为报业双重股权结构的存在提供了法理支持。

1979 年英国开始对电信、铁路等行业推行国有企业民营化，考虑到股改后，政府可能无权对企业的经营管理进行干预、控制，为保证国家的利益，英国政府设立了"黄金股"制度。英国政府保留股金较少（1%～5%）、权力较大的"黄金股"，掌握重大经营决策的"一票否决权"，而不针对企业管理层人员任免、企业管理、利润分配等。此情形下即使转变为全民营企业，政府仍可通过"黄金股"行使对企业的管理控制。《每日邮报》等报纸实行双重股权结构在先，英国政府施行"黄金股"制度在后，"黄金股"制度本来与《每日邮报》等报企无关。但"黄金股"制度采用了与《每日邮报》双重股权结构类似的不同投票权制度，这就在事实上给报企的双重股权结构补充了一项法理依据。

三 特殊管理股制度在当下中国传媒体制中的应用

国际传媒企业实行"双重股权"等特殊管理股制度的意义在于，既可使家族对报业实现控制，又可以实现报业股权多元化，安全地从资本市场获得资金。这对我国传媒上市和股权分置改革有着以下启示。①我国传媒企业可以借鉴"双重股权"等特殊管理股制度，制定最符合我国报业现状的特殊股权政策。允许传媒企业上市公司设置特殊股权，做到既保证党管媒体落到实处，保证舆论导向、编辑方针的正确性，又能让报业企业实现正常的经营管理和资本运作。②我国传媒企业可借鉴双重股权结构中合理的治理模式，保证产品内容的意识形态属性不受干扰、长远发展能在资本市场中不受短期股价波动的干扰。尤其是在经济条件不好时，让传媒企业能经受住股市风浪和收购压力。③我国可以根据传媒企业的特殊性，实行特殊的战略投资者定向配售股票制度。对配售部分的股票规定更长的禁售期和更严格的出售条件，防止股权被任意收购，为我国传媒企业今后健康、有序、快速地发展提供条件。

一般由于意识形态的需要，传统传媒企业上市不仅需要证监会批准，而且需要传媒企业主管部门批准，且一般需要国有资本控股。但在资本市场上，国有控股的传媒上市企业一般为以传统媒体业务为主的传媒企业，而以互联网以及移动互联网为代表的新媒体上市企业则一般由民营资本和外来资本控制，成为非国有控股的传媒上市企业。传统传媒企业由国有资本控制，且一开始处于计划经济体制之内，意识形态主管部门对其牢牢把控，民营资本和外来资本一般很难进入，且上市融资需要国有控股，所以国家各级主管部门包括意识形态主管部门能够牢牢掌控传统媒体的上市企业。

对于当下中国传媒企业而言，媒体的意识形态属性以及传媒体制改革不断深入，在传媒企业中推行特殊管理股制度势在必行。国有传媒企业为国外资本和民营资本设置门槛和障碍，无非是怕被外来资本和民营资本控股，进而失去国有资本对传媒企业的掌控权，影响国家的文化安全以及意识形态安全。现行规定是国有企业必须占51%的股份，这虽保证了国有资本的控制权，但影响国有传媒企业的进一步发展壮大。如何既能保证国有资本对传媒企业的绝对控制权，又能最大限度地吸收外来资本和民营资本，从而释放国有传媒企业的发展潜能，探索特殊管理股制度将是一个有益的尝试。

2013年11月，党的十八届三中全会通过的《中共中央关于全面深化改革若干重大问题的决定》提出，要对按规定转制的重要国有传媒企业探索实行特殊管理股制度。2014年2月，中央全面深化改革领导小组第二次会议审议通过的《深化文化体制改革实施方案》，把在传媒企业实行特殊管理股制度试点列为2014年工作要点。2014年4月，《国务院办公厅关于印发文化体制改革中经营性文化事业单位转制为企业和进一步支持文化企业发展两个规定的通知》明确提出"对按规定转制的重要国有传媒企业探索实行特殊管理股制度，经批准可开展试点"。

结合中国传媒管理制度，对传统媒体提出如下建议。中国传媒管理制度的一个重要特点是主管主办制度，比如，传统媒体报纸杂志都有主管主办方，管理的原则一般是"谁主管谁负责"，结合特殊管理股制度我们可以把主管主办方作为报纸杂志的品牌拥有者，人为设定主管主办方的品牌拥有者的特殊管理股地位，比如，将10%~20%的股本比例作为特殊管理股以及无形资产注入新的股份制公司，其股本的表决权可以数倍于普通股本，这样在总股本中国有绝对控股的规定可以解除，进而可以最大限度地吸收外来资本和民营资本。

而以互联网和移动互联网为基础的新媒体企业，就比较复杂。实际上，因为意识形态传播的需要，国有资本也想进入新媒体领域，甚至控制新媒体企业，但为时已晚。在国有资本牢牢把控传统媒体的时候，以技术推动为引擎的新媒体在广阔的市场环境中借助资本的力量已经迅速发展壮大，意识形态主管部门和国有资本由于制度与体制等原因尚未有所反应，外来资本和民营资本由于预先的体制设计早已捷足先登，目前较大的互联网公司如百度、阿里巴巴、腾讯都为外来资本和民营资本所控制。等意识形态主管部门和国有资本反应过来，新媒体企业已经很难控制。目前腾讯的年收入已经超过了全国所有报纸的广告年收入，其微信的影响力已经超过任何一家传统媒体。而据统计，中国超过80%的网上消费是通过阿里巴巴旗下的网站完成的。具有媒体属性的今日头条，其下载量、日活跃度以及影响力，已经超过任何一家传统媒体。

如何在资本和内容以及技术层面管理以互联网和移动互联网为代表的媒体企业已经是国家领导层非常重视的一个问题，目前国家在各个领域的网络安全和信息化上尤其是在内容层面和技术层面开展了许多工作，但是资本层面的工作力度还需进一步加大。对于高度市场化的中国互联网以及移动互联网媒体企业，我们建议国家以市场化的方式注资或者购入相关企业1%或者更多的股份作为特殊管理股，对内容管理行使"一票否决权"，并由国家成立的如中国互联网股权管理公司对特殊管理股进行统一管理。

关于国际媒体的特殊管理股制度，中国投资机构在中国境外进行媒体投资并购时屡屡碰壁，必须引起注意。2015年8月培生集团（Pearson）以约4亿英镑的价格出售其所持有的《经济学人》（The Economist）杂志出版社以及相关资产（以下简称"经济学人集团"）的50%股权，买方为德罗斯柴尔德（De Rothschild）家族以及意大利阿涅利（Agnelli）家族旗下投资机构Exor。不过，由于特殊管理股制度的限制，培生集团要出售经济学人集团的股权，必须先获得该集团四位受托人的批准。这些受托人所拥有的特殊管理股就是为了不让任何一家股东取得绝对控股地位，这被视为维护该杂志独立性的一条有效途径，同样中国投资者对《经济学人》的股权收购也同样受制于特殊管理股的限制。而更早的中国投资机构博瑞传媒等对美国历史悠久的《新闻周刊》的收购也同样被特殊管理股一票否决，最后美国数码新闻（IBT Media）收购了《新闻周刊》，交易金额尚未公开，但同时承担了4000万美元的债务，而《新闻周刊》最后与每日野兽（The Daily Beast）合并。

总之，中国国有传媒企业的特殊管理股制度的实施有如下好处。第一，特殊管理股制度有利于加强意识形态管理，保证各级党委政府的控制力和意识形态导向不变。第二，特殊管理股制度有利于实现股权多元化，完善现代企业制度。第三，探索实行特殊管理股制度，有利于发展混合经济，最大限度地吸收外来资本和民营资本。第四，探索实行特殊管理股制度，有利于顺利实现管理层持股和普通员工持股，最大限度地激发管理层和普通员工的积极性。

参考文献

张向东：《试论中国传媒业的几种体制形态——兼论特殊管理股制度以及管理层持股》，《新闻记者》2015年第1期。

周成华、文远竹等：《英国报业的股权制度及治理结构》，《青年记者》2013年第25期。

第十九章
中国文化传媒企业债券融资报告

魏鹏举　王　雨

魏鹏举，中央财经大学文化与传媒学院院长、教授、博士生导师
王雨，中央财经大学文化与传媒学院

文化传媒产业的发展离不开资本的支持。债券融资是文化传媒企业重要的融资方式之一。目前，我国文化传媒企业债券融资规模虽不及股权融资和银行贷款，但随着我国文化传媒产业近年来的迅猛发展，债券融资对文化传媒企业的支持力度越来越大。当然，债券融资的优势依赖一定的条件。建立发达的企业债券市场、构建成熟的债券融资模式是解决文化传媒企业债券融资难问题的关键。除此之外，政府政策等因素也影响企业债券融资优势的发挥。

一 2016 年中国文化传媒产业发展环境

（一）居民文化消费需求日益增长，政府财政支持力度亟须扩大

近年来，我国中央及地方政府对文化产业的财政投入规模呈增加的趋势。但随着我国居民文化消费需求的日益增长，我国政府对文化传媒产业的财政支持显得不足。2015 年，我国文化事业支出总额为 682.97 亿元，占国家财政总支出的 0.39%，全国人均文化事业支出为 49.68 元。我国文化事业支出占国家财政总支出的比重，多年来一直在 0.3%～0.4%。[1] 这表明我国公共文化投入总量少、比重低，对群众有直接影响的人均文化事业支出也较低。政府在加大对传媒产业的财政支持力度、引导社会各类资金投向文化传媒产业方面有很大的提升和发展空间。

（二）文化传媒资本市场回暖，融资数量和规模创新高

投中集团旗下金融数据产品 CVSource 统计显示，2016 年，国内文化传

---

[1] 《文化部：2015 年全国文化事业费 682.97 亿元》，中国经济网，2016 年 4 月 25 日，http://www.ce.cn/culture/gd/201604/25/t20160425_10845325.shtml。

媒产业向 VC/PE 的平均单笔融资规模为 1592 万美元。其中，腾讯、金石投资等机构以 3.8 亿美元注资内地影视内容制作公司博纳影业，以及鼎晖投资、新浪以 2.58 亿美元投资阿里影业成为年度融资规模较高的两起案例。2016 年文化传媒产业回暖，向 VC/PE 的融资金额达 38.37 亿美元，同比增长 26.75%，[①] 融资事件和单笔融资金额较 2015 年有所上升，如图 19－1 所示。从绝对额看，单笔融资金额高达数百万美元，单笔融资规模较大。

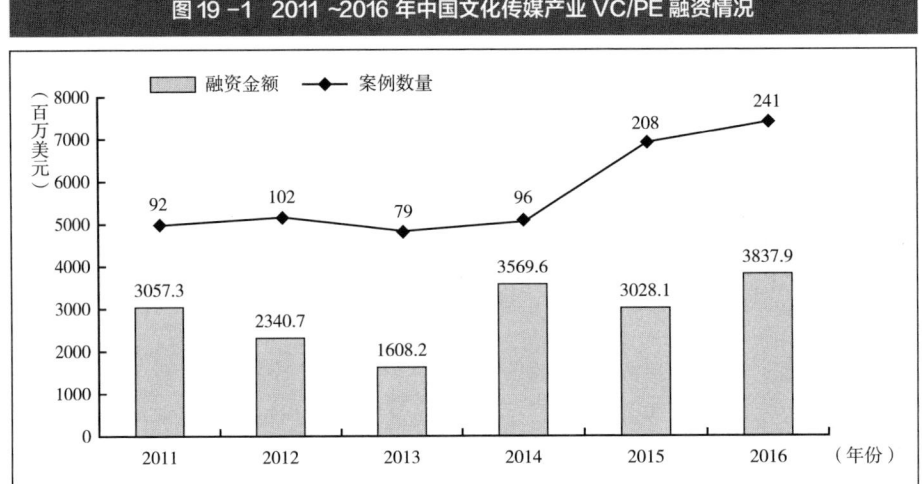

图 19－1 2011～2016 年中国文化传媒产业 VC/PE 融资情况

二 2016 年中国文化传媒企业融资现状

（一）银行信贷融资保持增长

银行信贷是企业债务融资的主要途径之一，我国文化产业的银行贷款

---

① 《投中统计：2016 年度文化传媒资本市场一路回暖 融资规模创新高》，投中网，2017 年 1 月 3 日，https://www.chinaventure.com.cn/cmsmodel/report/detail/1226.shtml。

额呈逐年增长的趋势。中国银行业协会发布的《2015年度中国银行业社会责任报告》显示，到2015年年末，我国21家主要银行为文化产业提供的贷款额超过5328亿元，较年初增长12.3%以上。① 其中，北京银行创新推出的"创意贷"，涵盖了知识产权、供应链融资、并购贷款、集合票据等多个领域。截至2016年年末，"创意贷"贷款余额为434亿元，累计约发放1400亿元，支持了4000余户文化创意企业。②

（二）上市融资规模不大

文化传媒企业进入资本市场的方式主要有直接上市、买壳或借壳上市、传媒企业与上市公司合作。截至2016年12月末，国内A股资本市场共有80家文化传媒企业是通过IPO或借壳方式上市，总市值达14840.8亿元，占A股市场总市值的3.79%。

在行业领域方面，目前我国已上市的文化传媒企业主要集中于新闻出版发行、广播电视及传输、影视制作、广告公关等经营性领域。

在资产规模方面，文化传媒业的规模不大。截至2016年12月末，A股资本市场上市公司共有3034家，其中文化传媒企业有80家，占上市企业总数的2.64%，传媒板块的市值占3.79%。

（三）债券融资增长放缓

近年来，我国债券市场发展越来越成熟，债券发行量逐步增长。北京新元文智的研究报告显示，2016年我国文化企业债券融资事件有118起，

---

① 高一村：《中国银行业协会〈2015年度中国银行业社会责任报告〉》，《中国社会组织》2016年第6期。
② 《北京银行"贷"动文化产业金融 累计发放贷款近1500亿》，中国产业信息网，2017年5月4日，http://www.chyxx.com/qiye/201705/519422.html。

融资规模为864.6亿元,与2015年相比,这一数字略有下降。其中,文化传媒类企业债券融资事件有38起,与2015年的49起相比有所减少。其中,以发行中期债券和短期债券为主,相应地,短期债券的融资规模也较大。据不完全统计,2016年文化传媒类企业在中国银行间市场上的短期融资券和中期票据事件分别有22起和13起,分别占总体的57.9%和34.2%。

从短期看,受国内外宏观经济增速下行影响,2016年文化传媒企业债券融资事件和融资规模同2015年相比有小幅下降。但从长期看,我国文化传媒企业债券融资事件和融资规模增长幅度较大,发展潜力有待开发。

(四)政府引导的文化产业投资基金进一步扩大

文化产业投资基金在20世纪80年代末90年代初开始萌芽。2000~2009年,是我国政府引导的文化产业投资基金设立的尝试与摸索阶段,取得了一定的成效。之后,政府引导的文化产业投资基金发展得越来越快。2010年3月,江苏省财政部、江苏高科技投资集团等共同发起成立江苏紫金文化产业发展基金,首期募资20亿元,是最早一批由政府引导的文化产业投资基金。2011年7月,财政部、中银国际等联合发起成立中国文化产业投资基金,目标总规模为200亿元。其主要投资方向包括传统媒体、新媒体、文化艺术、综合娱乐等相关行业,是最早的国家级文化产业投资基金。据不完全统计,自2009年以来,截至2016年12月,由政府财政资金直接出资引导设立的文化产业投资基金大约有20个,首期募集资金总额达到210亿元,总目标融资规模超过690亿元。

(五)私募股权投资日益活跃

随着资本市场的快速发展,我国文化产业的股权投资日益活跃,文化产业投资基金越来越成为助推文化传媒企业发展的重要力量。从目前已有的案例来看，我国文化产业私募股权投资基金所涉及的方向主要聚焦在影视产业、出版发行产业、音乐、动漫等政策指向的项目领域。据不完全统计，自2009年以来，截至2016年12月，我国文化传媒产业私募股权投资基金大约有15只，募集资金总额在500亿元左右。

三 2016年中国文化传媒企业债券融资分析

（一）短期融资券

作为率先利用资本市场发展的"中国传媒第一股"，湖南电广传媒于2006年2月在全国银行间债券市场发行了年度第一期短期融资券，募资3亿元，期限为365天。同年10月，湖南电广传媒发行了4亿元第二期短期融资券，期限为1年。此后，湖南电广传媒分别于2008年1月和12月分别发行了两期短期融资券，共计筹得资金10亿元。[1] 截至2016年12月末，湖南电广传媒通过债券融资募集的资金总额为25亿元。其中，短期融资券发行规模达17亿元，占公司债券融资总额的68%。

在出版发行领域，2008年1月25日，大型国有出版传媒集团江西省出版集团发行短期融资券，规模4亿元，期限为365天。公告中称，募集资金用于补充短期流动资金，调整负债结构，降低融资成本。[2] 本期短期融资券到期日为2009年1月27日，江西省出版集团成功兑付了融资券本息，未出现债务违约的情况。[3] 作为我国出版发行第一股，上海新华传媒

---

[1] 《湖南电广传媒股份有限公司短期融资券发行公告》，中国证券报，2008年12月25日，http://m.sohu.com/n/261427652/。
[2] 《江西出版集团1月25日将发行4亿元短期融资券》，和讯网，2008年1月22日，http://m.hexun.com/news/2008-01-22/103145997.html。
[3] 《江西省出版集团公司2009年度第一期短期融资券兑付公告》，上海清算所，2010。

股份有限公司的主营业务既包括出版发行，也包括办刊经营。公司在2010年3月、6月以及2011年6月分别发行了规模4亿元的短期融资券，合计资金募集12亿元，约占公司债券融资总额的57%。公告中称，补充流动资金、优化融资结构是此次资金募集的主要目的。①

在影视制作与发行领域，2011年11月17日，华谊兄弟传媒股份有限公司发行了3亿元规模的短期融资券，期限为366天。此次债券发行的主要目的是发展公司的影视剧制作、发行及衍生业务。② 华谊兄弟传媒股份有限公司是我国首家获准公开发行股票的传媒娱乐公司，自2009年在创业板上市以来，公司以短期融资券为主要融资工具。截至2016年年末，华谊兄弟共发行短期融资券6期，合计募集资金达18亿元。

在电影院线领域，2014年8月，万达集团发行了两期短期融资券，融资规模为9亿元，2015年9月和11月，万达集团再次发行两期短期融资券，募集资金共计12亿元。从已有记录来看，2014～2015年，万达集团发行短期融资券总额为21亿元，约占债券融资的63.63%。在广告创意与代理领域，同样属于民营文化传媒公司中运营得比较好的蓝色光标传播集团，2014～2015年共发债两次进行融资，两次均发行短期融资券。

在广播电视及数字电视领域，江苏省国有大型广电文化企业——江苏省广电有线信息网络股份有限公司分别于2012年、2014年和2015年发行短期融资券融资，融资规模高达40亿元。除此之外，中广有线、江苏广电集团、国广控股、河南有线等一批广播电视及数字电视文化企业的债券融资工具均以短期融资券为主，部分公司的短期融资券融资额占公司债券发行融资总额的90%以上。

---

① 《上海新华传媒股份有限公司2011年度第一期短期融资券发行情况公告》，中国债券信息网，2011。
② 《华谊兄弟传媒股份有限公司2011年度第一期短期融资券发行公告》，中国债券信息网，2011。

根据国内文化传媒企业发行短期融资券的情况可以得出如下结论：目前我国文化传媒类短期融资券年度累计总发行规模相对较大、事件多、发行覆盖面广，几乎涉及文化传媒所有的垂直细分类领域；短期融资券的单期发行规模与中期票据相比相差不大；短期融资券在单个企业总发债规模中所占比重相对较大；此外，短期融资券的发行主体大部分是资产规模较大、信用状况较好的上市公司或有国企背景的大型文化传媒企业，中小型民营文化传媒企业较少；企业发行短期融资券的主要目的是缓解短期资金周转压力、优化企业债务结构。

（二）中期票据

中期票据在发行期限、成本和效率等方面的优势，使很多文化传媒企业愿意采用其进行融资。2009年11月，凤凰出版传媒集团发行了规模为20亿元的中期票据，这是中国出版传媒界第一次发行票据。[1] 通过这次债券市场融资，凤凰出版传媒集团平稳度过了金融风暴的不稳定期，并为最终成功上市做了有效的资本铺垫。

在出版与发行行业，2010年3月，安徽出版集团有限责任公司发行了6亿元的中期票据，这是该公司首次发行票据，此后安徽出版集团有限责任公司于2011年和2015年多次发行中期票据，募集资金合计22亿元，主要用于补充子公司的周转资金、归还银行贷款等。[2] 此外，江西中文天地出版传媒股份有限公司于2011年和2015年发行中期票据，募资7亿元；河北出版传媒集团有限责任公司于2011年、2012年和2015年发行中期票据，募集资金共达22亿元。南方报业传媒集团有限公司、中原出版传媒投资控股集团有限公司、上海世纪出版集团等一批非上市类的出版与发行公司在

---

[1] 魏鹏举：《中国文化产业投融资体系研究》，云南人民出版社，2014。
[2] 《安徽出版集团有限责任公司2015年度第一期短期融资券募集说明书》，中国债券信息网，2015。

2010~2015年均通过发行中期票据募集资金。据不完全统计，从2009年年初至2016年年末，出版与发行行业中期票据发行规模达174.5亿元。

在影视制作与发行行业，万达集团成为行业中期票据融资的主力军。2015年，万达集团共发行4期中期票据，发行总额达30亿元，期限均为3年。2016年11月，文投控股股份有限公司首次发行票据，融资10亿元。据不完全统计，从2009年至2016年年底，影视制作与发行行业中期票据融资金额达40亿元。

在广播电视及数字电视行业，湖南电广传媒股份有限公司分别于2010年和2015年发行5亿元和10亿元中期票据，融资期限分别为5年和3年；吉视传媒股份有限公司于2013年和2014年共发行10亿元中期票据；江苏省广播电视集团在2013年发行期限为3年的10亿元中期票据。此外，安徽广电传媒产业集团有限责任公司、陕西广电网络传媒股份公司、华数数字电视传媒公司等均发行了上亿元的中期票据。据不完全统计，自2009年至2016年年底，广播电视与数字电视行业中期票据融资共计48亿元。

在传媒类器材设备制造行业，2013年和2016年上海飞乐音响股份有限公司共发行了6亿元中期票据，用于乐器、玩具及视听设备制造；①2014年6月，隶属于印尼金光集团旗下亚洲浆纸业的金光纸业投资有限公司发行了30亿元的中期票据。2015年10月，金光纸业再次发行中期票据，募资25亿元。山东晨鸣纸业集团作为我国第一家在A股、B股、H股均上市的公司，于2015年9月首次发行中期票据，募资13亿元，期限为3年。据不完全统计，自2009年至2016年年底，传媒类器材设备制造行业发行中期票据融资共计87亿元。

根据国内文化传媒企业发行中期票据的状况，可以得出如下结论。相比其他债券融资方式，发行中期票据是我国文化传媒企业比较青睐的一种

---

① 《上海飞乐音响股份有限公司2016年度第二期中期票据募集说明书》，中国债券信息网，2016。

融资方式。通过发行中期票据募集资金的文化传媒企业一部分是大型的上市公司，比如，凤凰出版传媒集团、中文天地、华闻传媒投资集团、万达集团等，这些公司的发行金额相对较大；另一部分则是资产实力相对雄厚或信用状况良好的非上市但具有一定知名度的企业，比如，安徽出版集团、南方报业、华数数字电视、地方广电等，这些企业因为具有资金运转和企业信用方面的优势，也选择发行成本相对较低的中期票据来募集资金。

对文化传媒企业垂直细分领域分析发现：其一，出版与发行行业中期票据融资事件更多，行业整体融资金额相对更大；其二，传媒类器材设备制造行业单个企业比其他传媒类细分行业单个企业的发行规模大很多。具体分析其中原因：前者是由于出版与发行行业中的企业大部分有国企背景和政府支持，无论是大型企业还是小型企业，只要信用口碑良好，都更容易通过中期票据获得融资；后者是因为传媒类器材设备制造行业具有"马太效应"，只有具有稳定现金流的大型企业才具有发行中期票据的资格，企业的规模大相应地企业通过中期票据一次性融资的资金需求较大。

（三）中小企业集合票据

集合票据分别负债、集合发行的优点解决了单个文化传媒企业独立发行规模小、流动性欠缺的问题，降低了中小文化传媒企业的融资门槛和融资成本。按照规定，我国发行集合票据的企业以及集合票据本身的融资额度要限制在企业净资产的40%以下，大大降低了企业债务风险。此外，我国对中小企业集合票据的发行期限没有严格的限制，给予了文化传媒发债企业和主承销商结合市场环境自主协商的空间。

2009年11月，我国第一批中小企业集合票据发行。2010年3月，中国人民银行、国家新闻出版广电总局等九个部委联合发布《关于金融支持文化产业振兴和发展繁荣的指导意见》，支持文化企业进入债券市场融资，该指导意见成功推动了中国文化产业债券资本市场发展。一批文化产业类中小企业集合票据融资案例集中推出，突破了只有个别大型文化企业才能利用债券资本市场融资的瓶颈。

2010年11月18日，北京银行发起北京石景山文化创意企业集合票据，募资0.48亿元，债券期限为1年。三家联合发行企业分别为北京三浦灵狐动画设计有限公司、北京超炫广告有限公司、北京丽贝亚建筑装饰工程有限公司。公告称，三浦灵狐动画募集的200万元资金主要用于补充现金流，超炫广告募集的600万元用于改造绿色环保太阳能灯箱，丽贝亚募集的4000万元资金用于购买建筑材料。[①]

2012年8月，江苏省第一张文化创意中小企业集合票据成功发行。[②]北京银行南京分行发起本期票据，募集资金1.5亿元，期限为3年，募资企业为扬州工艺美术集团有限公司和大贺投资控股集团有限公司两家江苏中小文化企业，集合票据采用统一设计、统一增信、分别负债的方式，使中小企业融资渠道得以拓展，有助于江苏中小文化传媒企业借力资本发展壮大。

中小企业集合票据是一种新的金融创新融资工具，应当进一步拓宽中小文化传媒企业的融资渠道。然而，截至2016年年末，我国中小文化传媒企业通过集合票据融资的案例仍然不多，即便在集合票据集中发行期也是政府的扶持推动在起主导作用，发行覆盖面非常狭窄。从2013年至2016年年底，中小文化传媒企业集合票据发行量为零。我国中小文化传媒企业发行集合票据受阻，集合票据整体发展缓慢。

（四）企业债券

较早通过企业债券融资的文化传媒企业是中国电影集团。[③] 2007年12

[①] 魏鹏举：《中国文化产业投融资体系研究》，云南人民出版社，2014。
[②] 魏鹏举：《中国文化产业投融资体系研究》，云南人民出版社，2014。
[③] 钟赢：《中影集团5亿元企业债券获准发行》，《中国电影市场》2008年第1期。

月，中影集团发行了 5 亿元企业债券，成为中国文化媒体行业在企业债券市场融资的先例。本次债券的主承销商为招商证券股份有限公司，债券期限为 7 年，中国建设银行股份有限公司授权北京分行成为此次债券的担保方，募集资金主要用于投资国家电影数字制作基地工程、发展数字影院、新建及改造影院等项目，计划总投资约 20.08 亿元。

2013 年 3 月，北京歌华文化发展集团发行了总额为 6 亿元的企业债券，期限为 7 年，国信证券股份有限公司是主承销商，债券的信用评级为 AA 级，无担保发行。公告称，募集资金中的 5.4 亿元用于北京国际文化商品展示交易中心建设工程，0.6 亿元用于补充运营资金。[①] 作为北京市大型国有文化产业集团，北京歌华文化发展集团此次发行企业债有效地缓解了集团的资金周转压力，确保了公司在建工程的顺利进行。

2013 年 10 月，河北广电信息网络集团股份有限公司发行了金额为 3 亿元的企业债，长江证券股份有限公司是此次债券的主承销商，债券期限为 8 年。作为河北地区唯一的合法有线电视运营商，河北广电信息网络集团此次发债是有线电视网络行业第一次在企业债券市场融资。随后，2015 年 6 月和 12 月，河北广电信息网络集团又发行两期企业债券，共计募资 5 亿元，债券期限均为 8 年。公告称，河北广电信息网络集团两年中三次发行企业债券募资合计 8 亿元都用于河北广电网络升级改造项目。[②]

截至 2016 年年底，国内文化传媒企业发行企业债券融资的案例较为有限，在各种债券融资模式中所占的比重较小。受行政机制的严格控制，我国企业债券发行门槛比较高，只有少数规模大、有信用保障的大型文化传媒企业才可以通过发行企业债券融资。

---

① 《2013 年北京歌华文化发展集团企业债券募集说明书》，和讯网，2013。
② 《2015 年第三期河北广电信息网络集团股份有限公司债券发行公告》，中国债券信息网，2015。

（五）资产支持债券

资产支持债券是资产证券化的产物。资产证券化是指将缺乏流动性但具有共同特征和稳定的预期现金流的资产进行组合和信用增级，并在金融市场上发行可流通证券的一种融资方式（见图 19-2）。[①] 任何能产生现金流的资产都能被证券化为债券出售，但目前，我国资产支持债券多数以贷款和其他金融资产为担保。

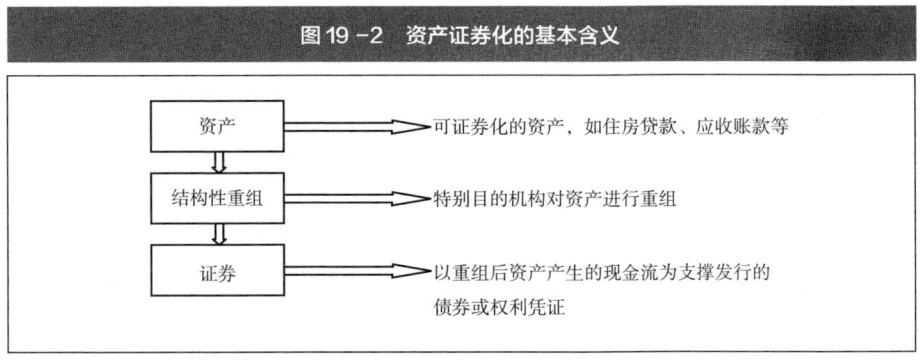

图 19-2 资产证券化的基本含义

Wind 数据库显示，截至 2017 年 1 月末，我国 ABS 发行规模达 1902.32 亿元，共 26 项。主要参与机构包括中国银行、中国建设银行、民生银行、兴业银行、交通银行等，以及德邦、华泰资产管理、申万宏源等金融机构。基础资产为住房公积金贷款、应收账款以及信托受益权贷款、其他企业债权等。属于文化资产的仅有门票收入这一项，募集资金达 70.5 亿元，占总额的 0.37%。

金融市场的发展为文化资产证券化铺平了道路，而文化传媒产业的快速发展又反过来对融资工具的创新提出了更高的要求。我国文化产业引入资产支持债券这一融资模式，有助于有效突破高速发展过程中的融

---

① MBA 智库百科：资产证券化。

资瓶颈。

2015年8月，中国最大的影院运营商之一星美控股发行13.5亿元的资产支持债券，并在深圳证券交易所上市。这是国内第一家以预期票房收入为基础资产发行的资产支持债券。公告称，募集的资金主要用于建设和发展公司旗下的影院。①

2016年2月，大地影院集团母公司南海控股发布公告，以旗下80家影院未来部分票房收入为基础发行资产证券化产品，募集的11.3亿元资金用于影院建设及相关业务。② 2015年大地影院观影人次达到7100万人次，票房收入约22亿元，此次融资有助于集团加速终端的扩张。

2016年5月，时代今典集团以旗下78家影院未来票房收入为基础资产发行了规模为10亿元的资产支持债券，第一次在上交所以票房收入为基础发行资产证券化产品。③

2016年12月，皖新传媒和中信证券发行的中信皖新阅嘉一期资产支持专项计划发行，融资规模为5.55亿元。该计划以安徽省内新华书店自有门店物业为标的资产，通过证券化将物业资产转化为长期、低成本的现金流。④ 专注于出版发行领域的文化传媒公司皖新传媒如今仍以传统物业房地产为基础资产发行资产支持专项计划，而未突出文化传媒行业以文化资产为基础资产的特殊性，进一步反映了我国文化传媒产业的资产支持债券融资模式发展进程较为缓慢。

在理论上，文化传媒企业资产证券化的基础资产种类众多，包括票房、门票、著作权等。但目前国内资产证券化的产品主要以票房或门票收

---

① 《星美首家票房资产证券化产品今日深交所上市》，星美集团，2015。
② 《大地影院发行资产证券化产品，融资11.3亿发展影院建设》，财经网，2016年2月2日，http://m.winshang.com/news562596.html。
③ 《上交所首个电影产业ABS发行时代今典影院票房证券化融资10亿元》，证券日报，2016年5月20日，http://m.sohu.com/n/450620562/。
④ 《中信皖新阅嘉一期资产支持专项计划说明书》，中国债券信息网，2016。

入的预期现金流为基础资产,成功实施的案例也不多,截至2016年年末,只有4起。而以知识产权为基础资产发行资产支持债券的案例尚未出现,以文化传媒资产,如音乐唱片、电影作品以及文学IP进行融资的案例,尚不多见。

文化传媒企业可以以传统的物业、应收账款等为基础资产发行资产支持债券,但文化传媒企业应当以文化传媒资产为基础资产进行债券融资,如此才能反映产业的特性。文化传媒企业的核心资产是以知识产权为代表的无形资产,我国应当加大力度惩罚侵害知识产权的行为、加强力度保护知识产权,同时,建立健全知识产权运作、价值评估、评级体系,使文化传媒企业真正运用文化资产发行资产支持债券。

四 文化传媒企业债券融资现有障碍

(一)信息不对称

信息不对称问题主要发生在文化传媒企业发行债券前和发行债券后。事前的信息不对称主要是投资者对发行债券的文化传媒企业的信用状况和运作状况的单方面了解,信息不对称在企业发行债券后主要体现为投资者对公司管理运作者的绩效评价、借入资金的使用情况的不了解。在正常情况下,由于信息是对称的,债券投资者能够通过综合各方面的信息进行合理评价,从而选择适合自己投资的目标企业。在行业中表现优秀的企业也因此能够脱颖而出,获得经营所需的资金,从而淘汰掉业内的僵尸企业,促进整个文化传媒行业的健康发展,但实际的经济活动往往受到信息不对称的干扰,导致一些"逆向选择"的现象发生,损害了投资者和真正需要融资的文化传媒企业的利益。

（二）制度性约束

1. 发债主体限制

我国对企业债券的发行实行审批制，审批机构为国家发改委，并且对发债企业的规模和财务状况有一定的要求，对企业债券融得资金的用途也有严格限制；2005年5月，央行发布的《短期融资券管理办法》、《短期融资券承销规程》以及《短期融资券信息披露规程》放弃审批制，采用备案制，发行利率由市场决定，同时不需要银行的强制担保，只需按规定进行信息披露。[①] 新制度体现了市场化原则，表面上看所有符合法人资格的文化传媒企业都可以通过发行短期融资券融资，但短期融资券偿还弹性小、风险大、对企业现金流要求高，使大部分文化传媒中小企业很难成为发债主体。

2. 审批程序复杂

国家发改委全面负责配额审批和发行审批；地方发改委则负责对地方销售网点进行把关；央行负责对利率进行审批；证监会则对证券公司的承销资格进行把关。因此，企业债券要想成功发行，必须等候国务院、国家发改委和地方发改委、央行、证监会、交易所等层层审批。[②] 我国债券发行审批过程之复杂使很多文化传媒企业，尤其是中小民营企业，快速融资的愿望难以实现。而审批结果存在极大的不确定性，很多企业为了避免错过募集资金最佳的使用时间，纷纷"另辟蹊径"，选择其他融资方式。

3. 文化资产价值评估制度不完善

对文化传媒资产进行证券化操作的重要前提是准确评估文化资产价值。目前，国际上较为认可的资产价值评估法有三种，分别是重置成本

[①] 伍旭川、戴季宁：《对发行短期融资券的几点思考》，《中国金融》2005年第14期。
[②] 马骁：《中美两国证券监管制度比较研究》，博士学位论文，东北师范大学，2013。

法、现行市价法和收益现值法。[①] 文化资产的价值主要按其未来能带来的现金流量确定，故一般采用收益现值法进行评估，其主要考察的因素包括：资产的寿命、折现率、通货膨胀率以及其他风险因素。我国现行评估法律制度，除了1991年国务院颁布的《国有资产评估管理办法》和《国有资产评估管理办法施行细则》外，其他法规零散地分布于《公司法》《合伙企业法》等多部法律中，而有些条款已不适用于当今时代的发展，且不同主管部门的规定和制度缺乏协调与统一，难以确保法律的系统性和有效性。

（三）市场性约束

1. 信用评级不健全

首先，有关债券信用评级的法律法规有待完善，债券信用评级政策规定的出台涉及证监会、保监会、国家发改委、央行等多个机构和部门，导致信用评级的相关管理规定比较零散和混乱，不够系统、规范和明晰。其次，我国债券评级技术不成熟，当前我国对文化传媒企业发行债券的信用评级主要根据报表财务比率，评级方法和指导体系较为死板、缺乏弹性，比如，对于同一家文化传媒企业发行的不同期限的债券，考核的指标相对固定，不能合理准确地定位企业信用。最后，缺乏专门针对文化传媒企业轻资产特点的信用评级机构。我国债券信用评级机构并不缺乏，但缺少专门针对文化传媒领域的具有公信度和权威性的评级机构。

2. 信用担保问题突出

我国法律没有强制要求对发行短期融资券、企业债券、中期票据、资产支持债券设置担保，但为了提高债券发行的信用等级，文化传媒企业发行的企业债券、中期票据以及资产支持债券大多提供了相应的担保。目前，我国文化传媒企业一般邀请大型机构或企业作为第三方担保或利用企

---

① MBA智库百科：资产价值评估法。

业有形资产作抵押,从而改善其债券信用评级、吸引投资者。总的来说,大型文化传媒企业发行的债券多数无担保,而不知名的中小文化传媒企业大多利用第三方担保。债券担保是中小文化传媒企业能否获得融资的一个关键环节,我国资本市场目前发展仍不完善,规范化的担保体系还没有建立,缺乏针对文化传媒产业的信用担保方案,中小文化传媒企业不易得到背景实力强大的公司或机构为其担保、增信。

(四)技术性约束

债券利率的定价机制不完善。债券利率是影响债券发行成本的重要因素,在市场利率确定的情况下,票面利率的决定对债券发行定价至关重要。一般而言,债券利率的高低反映发行人的资信状况、偿债能力、债券期限及市场需求状况。所以,应当对不同信用评级的企业债券设置有差别的利率,这样能够区分不同债券的收益与风险级别。但目前我国利率市场化刚启动,中小企业债券融资的收益率曲线尚未形成,难以得出恰当的定价利率。为了成功发行,大部分中小文化传媒企业债券发行利率趋同,差异化不明显,不利于投资者辨别并选择。利率定价的"羊群效应"导致中小文化传媒企业债券融资成本过高,一旦有一家企业资不抵债,就有可能影响投资者对整个行业债券的认可度,进而影响整个文化传媒行业的发展。

五 文化传媒企业债券融资模式构建

(一)发展基于版权的资产支持债券融资模式

当前我国文化传媒产业已出现很多成功利用版权进行融资的案例,为我国进一步发展基于版权的资产支持债券融资模式奠定了基础。北京银行打造的"创意贷"产品帮助了华谊兄弟、博纳影视等一大批文化传媒企业发展壮大,创作了《龙门飞甲》《画皮》等一系列优秀影视作品。潍坊银行则积极开展艺术品质押模式,最大限度地满足文化传媒企业的融资需求。① 版权融资的成功进行为版权证券化奠定了基础。

在基础资产上,我国拥有一大批优秀的知识产权作品。无论是在电影界,还是在出版界,都涌现出一批在国际上具有较高知名度和影响力的文化传媒作品和制作人。在影视界,张艺谋、徐静蕾等导演的作品闻名海内外;在出版界,莫言、郭敬明等人的作品有口皆碑。这些著名电影人、作家所拥有的版权都是优质的基础资产,基于这些名人版权衍生的资产收益可以作为知识产权证券化的基础资产。同时,我国投资者的投资能力也逐渐提高。文化传媒产业的经济效益往往不会因为宏观经济下行而大幅下滑,相应地减少了投资风险,文化传媒产业也因此越来越受到投资者的青睐,宏观投资环境对我国文化传媒企业开展基于版权的资产支持债券有利。

我国目前已经具备发展知识产权证券化的基础资产、投资能力和市场环境等基本条件,应当进一步探索基于版权的资产支持债券融资模式,盘活文化资产;同时应当积极探索国有数字资源的市场化运营、保值增值之路,将国有数字文化资源按照特殊管理股模式与社会资本进行结合,使文化传媒版权资源实现市场化流通和增值。在此基础上,深入发展文化传媒资产的证券化业务。

(二)构建完善的政策支持体系

1. 完善相关法律法规并构建统一的交易市场

文化传媒产业的核心资产是知识产权等无形资产。政府应当严惩任何

---

① 何奎:《实施知识产权证券化 创新文化产业融资模式》,中国出版集团,2014年9月17日,http://www.cnpubg.com/news/2014/0917/22164.shtml。

侵害知识产权的行为，不断完善知识产权保护相关法律制度，保护文化传媒企业的核心利益。由于知识产权的价值在短期内难以评估、流动性又不足，政府可以推动建立"一个辐射全国范围的知识产权交易市场，对知识产权的价值评估、交易、法律保护等各环节加以规范，以解决文化传媒产业知识产权不易变现和流通的问题"。

2. 加大政府税收和财政政策支持力度

为了鼓励文化传媒企业进行债券融资、降低融资成本、引起投资者更多的关注，我国税收制度应把文化传媒产业债券融资中的部分融资方式作为特殊税务事项处理，比如，对发行基于版权的资产支持债券的参与者，提供一定的税收政策支持，特别是对文化资产证券化过程中涉及的特殊机构。同时，政府应当在现有的各类引导基金的基础上，运用财政贴息、奖励等方式，鼓励金融机构积极开展针对文化传媒企业的信贷业务和对金融创新产品的开发；对文化传媒企业在发行债券过程中所产生的资信评估费、审计费、担保费等费用给予一定的补贴。

3. 规范和完善相关中介机构服务

文化传媒企业债券融资过程涉及的环节较多，必须借助社会中介机构，如承销机构、价值评估机构、信用评级机构、会计事务所、律师事务所等提供的专业服务。目前，我国这些中介服务机构虽然具有一定的专业水平，但也存在管理混乱和不健全的问题。因此，应加快规范和完善知识产权证券化相关中介服务机构的管理体系，提高相关金融中介的服务水平。如可以从构建和完善文化资产价值评估制度和评估体系，设立政府性的信用评级机构以增强公信力，制定科学、客观、合理的中介机构执业规则等方面入手。

（三）优化企业治理结构

我国文化传媒企业应当从完善自身入手，构建合理的、适应国情的企业治理结构，同时，加快建设现代企业制度，将自身打造成具有市场竞争力的、受投资者信任的现代文化传媒企业。具体应从以下几方面入手：一是完善法人治理结构，发挥董事会、监事会的职能，避免"内部人自利"情况发生；二是树立风险防范意识，提高文化传媒企业风险防范水平，理性发行债券；三是建立合理的监督机制，合理配置募集资金的用途；四是树立和维护企业的品牌和信用，把企业的品牌和信用当作一种无形资本运营，提高核心竞争力。

（四）建立文化传媒产业债券信用担保和增进机制

我国应当积极探索发展文化传媒产业债券信用担保或保险业务，逐步建立文化传媒产业债券增信机制，规范和完善担保公司等信用增进机构的运作方式；鼓励担保机构或保险机构为中小文化传媒企业发行的债券提供相应的担保或保险服务；积极促进中小文化传媒企业与中债信用增进公司等大型专业机构合作，持续积累企业过往业绩和专业机构的信用评级；积极推动中小文化传媒企业采用内部分层、区域集优、收购承诺等新型增信方式。

参考文献

戴钰：《中国文化传媒上市公司投融资行为影响因素研究》，《财经理论与实践》2015年第3期。

李海燕、陈梦滢：《中国文化传媒产业融资现状分析》，《河南师范大学学报》（哲学社会科学版）2015年第1期。

李倩：《"互联网+"背景下我国传媒投融资可能性研究》，《新闻与传播研究》2015年第11期。

吕元白、侯俊军：《我国文化产业的融资约束及解决对策》，《问题探讨》2014年第12期。

潘文娣:《让信贷融资成为传媒产业发展的杠杆》,《传媒》2011年第2期。
苏米尔:《文化产业资产证券化的国内外经验及启示》,《华北金融》2014年第9期。
隋平、李广新:《企业债券融资操作实务》,法律出版社,2015。
孙清岩:《新常态下我国传媒业投融资发展趋势》,《青年记者》2015年第9期。
王健:《传媒创意产业投融资发展路径分析》,《湖北社会科学》2015年第12期。
魏鹏举:《中国文化产业投融资的现状与趋势》,《前线》2014年第10期。
魏鹏举:《中国文化产业投融资体系研究》,云南人民出版社,2014。
伍旭川、戴季宁:《对发行短期融资券的几点思考》,《中国金融》2005年第14期。
袁巍:《以著作权资产证券化促进我国文化产业发展》,《前沿》2012年第12期。
钟赢:《中影集团5亿元企业债券获准发行》,《中国电影市场》2008年第1期。

第二十章
万达电影院线投资状况分析

何 群　黄静怡

何群，博士，中央财经大学文化与传媒学院副院长、教授
黄静怡，中央财经大学文化与传媒学院

一 万达院线经营概况

(一)收入与利润快速增长,市场地位进一步巩固

2015~2016年,中国电影产业基本处于快速稳健增长时期。2015年,中国电影迎来"本土电影"元年,全国电影总票房为440.69亿元,同比增长48.7%,其中,国产电影票房达271.36亿元,占全年票房总额的61.58%。同时,中国电影在2015年屡屡刷新纪录——单片票房纪录从10亿元出头直接拉升到24.39亿元;票房过亿元的国产电影达到47部;全年有4部影片票房突破10亿元;全国城市院线观影人次达12.6亿人次,同比增长51.8%。[①] 2016年,中国电影总票房达457.12亿元,同比增长3.73%,国产电影票房占票房总额的58.33%,观影人次为13.72亿人次,同比增长8.89%。全年票房过亿元的影片有84部,其中国产电影有43部。国产电影海外票房和销售收入达38.25亿元,同比增长38.09%。与此同时,2016年全国新增影院1612家。[②]

借助国内电影市场蓬勃发展的契机,万达院线在收入与利润方面不断攀升,票房、观影人次及市场份额等都远远领先于全国同类企业。2015年,万达院线实现营业收入80亿元,比上年同期增长49.9%,净利润为11.86亿元,比上年同期增长48.1%。其中,票房收入为63亿元,观影人次为1.51亿人次,创历史新高。国内票房为60.1亿元,观影人次为1.47

---

① 邱玥、陈晨、刘坤:《告别2015:文化消费持续发力》,《光明日报》2016年1月14日。
② 任敏海:《2016年中国电影票房457.12亿元》,《中国新闻出版广电报》2017年1月3日。

亿人次，市场占有率为13.6%。① 2016年，行业增速放缓，中国电影市场整体表现不佳。在此背景之下，公司仍实现营业收入111亿元，同比增长39%，其中票房收入为76亿元，同比增长21%。2016年万达院线国内线上票房为51亿元，占国内票房超过80%；观影人次为1.85亿人次，同比增长22%。② 截至2016年年底，万达院线的票房、观影人次、市场占有率已经超过七年连续位于全国第一。

（二）加速行业并购步伐，市场份额及业务范围不断扩大

自2002年我国开始实行院线制改革以来，我国电影行业逐步形成了统一开放、竞争有序的市场格局，越来越多的观众选择走进影院观影，影院发展迅速。然而当前我国的院线行业仍存在一个突出的问题，即行业集中度（Concentration Ratio）③较低。我国共有48条城市院线（见图20-1），以2015年为例，截至2015年年底，排名前十的院线一共贡献了292.7亿元的票房，占整体票房的66.8%，排名前三的院线合计市场占有率约为30%，相比之下，全球成熟的院线行业集中度明显更高（见图20-2）。这就意味着国内的院线行业存在较大的整合空间，院线行业并购或将成为常态。

2015年是万达院线上市元年，同时国内院线行业整合也拉开序幕。自上市以来，万达借助资本的力量和并购浪潮"跑马圈地"，不断加大国内影院的并购重组及建设速度，连续收购了世茂影城、大连奥纳影城、广东厚品文化传播有限公司等，获得优质影院资产，进一步扩大了公司的业务

---

① 《万达电影院线股份有限公司2015年年度报告》。
② 《万达电影院线股份有限公司2016年经营简报》。
③ 行业集中度（Concentration Ratio）是决定市场结构最基本、最重要的因素，集中体现了市场的竞争和垄断程度，通常使用行业集中率计量。行业集中率（CRn指数）是指该行业的相关市场内前n家最大的企业所占市场份额的总和。一般认为，如果行业集中度CR4或CR8＜40，则该行业为竞争型；而如果30≤CR4或40≤CR8，则该行业为寡占型。

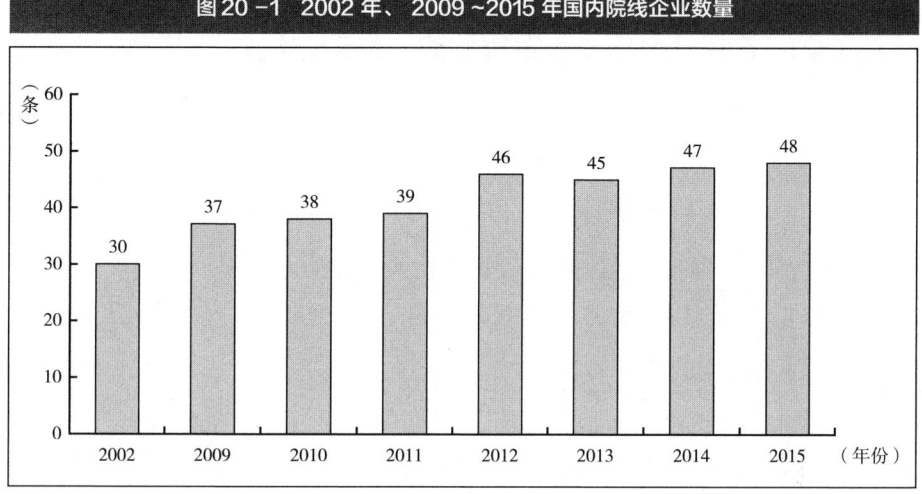

图20-1 2002年、2009~2015年国内院线企业数量

规模并提高了市场占有率。对于国际部分，万达集团及万达院线已在全球并购了美国AMC（2012年）、澳大利亚Hoyts（2015年）、美国Carmike（2016年）、欧洲欧典（2016年）、北欧院线集团（2017年）等大型院线，从而成功进军美国、欧洲、澳洲院线市场。除了并购主营业务院线影院外，万达院线还先后并购了时光网、慕威时尚等，在电影宣传、线上票务与衍生品业务方面实现了产业链的联通，未来万达院线还将进一步拓宽业务范围，以实现全产业链布局。

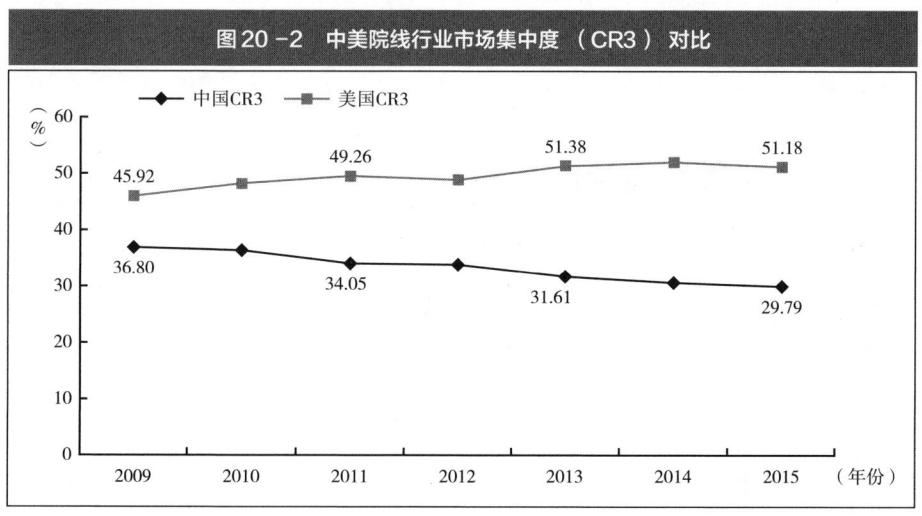

图20-2 中美院线行业市场集中度（CR3）对比

（三）全面落实"会员+"发展战略，推动院线转型升级

我国实行院线制以来，经过十几年的竞争以及市场化运作，各大院线之间的体量已经有所区分。大型院线如日中天，小型院线不见起色，两极分化严重。同时大部分院线面临产品单一化和经营同质化的问题。作为中国电影放映市场的领军者，万达院线率先在国内提出"会员+"发展战略，积极推动院线的战略转型。

"会员+"战略共包含五个部分，即"会员+网络电影院线"、"会员+电影衍生品"、"会员+游戏"、"会员+金融"以及"会员+品牌跨界"。万达院线围绕"会员+"战略，通过设计升级，为会员打造最佳的观影氛围；通过科技升级，引进百家杜比影院，为会员提供最佳观影体验；通过构建多屏互动、影游联动的营销平台、VR体验、多元娱乐体验、搭建游戏线下分发平台等方式，为会员构造娱乐场景；通过娱乐营销，创新营销模式，围绕影城建立场景消费平台，最大限度地挖掘会员价值，提升会员黏性。截至2016年年底，万达院线的会员数量已突破8000万人，活跃度超过40%，成为全球最大的电影放映终端会员体系。同时，"会员+"战略的实施也大力扩展了万达院线的非票房业务，提高了非票房收入。

二 万达院线投资的成功经验

（一）依托会员优势着力打造电影生态圈

产业生态圈是指某种（些）产业在某个（些）地域范围内已形成（或按规划将要形成）的以某（些）主导产业为核心的具有较强市场竞争力和产业可持续发展特征的地域产业多维网络体系，体现了一种新的产业发展

模式和一种新的产业布局形式。① "万达院线将不再是万达院线,因为我们有着更宏大的愿景,就是打造全球第一的电影生活生态圈。重构场景、布局生态。"② 2015 年,万达电影院线股份有限公司董事、总裁曾茂军提出万达院线将围绕庞大的会员体系打造电影生态闭环。

传统意义上,电影产业链是一种线性产业链,主要由制作、发行、院线和影院四个环节组成,其中后两者又可以统称为放映,观众处于产业链的最终端,与整个电影产业链取得联系的主要方式是走进影院观看放映作品(见图 20-3)。而闭合生态型的电影生态圈则以观众为核心,打造一个包括 IP 开发、电竞游戏、票务电商、衍生品等多项业务在内的电影生活服务平台(见图 20-4)。通过这一平台,用户可以直接参与各项业务,一方面满足他们在整个观影过程中的各类需求,形成更好的观影体验;另一方面可以最大限度地激发观众的热情,并将热情转化为生产力,从而成为消费更多的消费者。

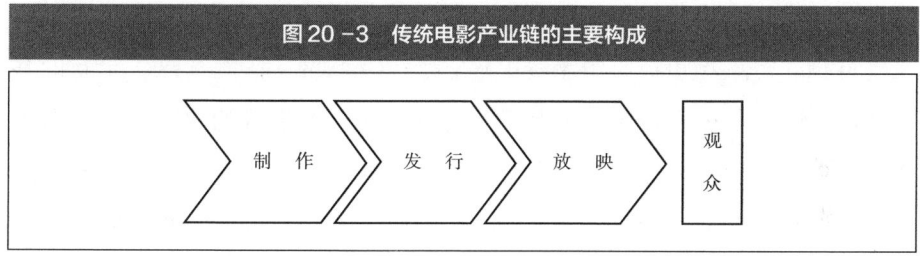

图 20-3 传统电影产业链的主要构成

资料来源:何群:《当下中国电影公司全产业链经营模式的问题和对策》,《山东师范大学学报》(人文社会科学版) 2012 年第 1 期。

电影产业的发展主要依靠三个驱动:内容、科技和用户。万达院线本身拥有庞大的会员体系,且会员活跃度高,为了最大限度地开发会员价值,提高会员黏性,万达院线积极开展了各项计划,围绕众多影城终端建立场景消费平台,启动"互动娱乐营销""互动影城""电影后产品消费"

---

① 百度词条:产业生态圈。
② 《万达并购好莱坞 Propaganda GEM 和游戏公司互爱互动》,中国商网,2016 年 5 月 15 日,http://news.zgswcn.com/2016/0515/706213.shtml。

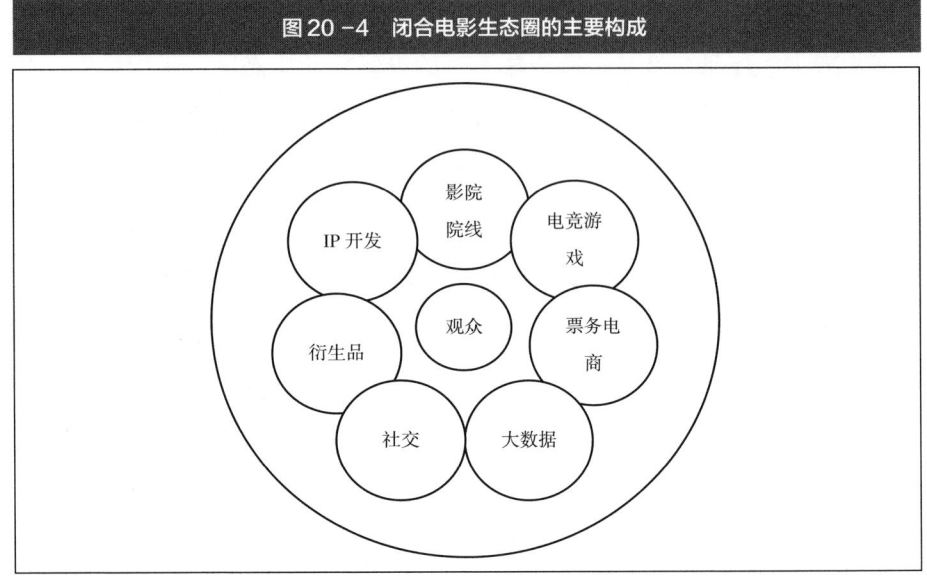

图20-4 闭合电影生态圈的主要构成

等场景消费。2015年,万达院线与腾讯影业合作开展"互动影城"计划,在《英雄联盟》城市英雄争霸赛中建立了"互联网+影院"这一全新的赛事平台,让电竞选手们在万达银幕上进行为期近1个月的比赛角逐,全国超过百家城市的游戏玩家有机会参与这一视听互动体验活动。2016年,万达院线全资并购时光网,时光网搭建了国内首屈一指的电影资讯线上平台、电影票务及衍生品电商平台、电影IP开发及营销服务平台,对万达院线来说,这次并购成功解锁了电影生态圈中的线上平台领域。此外,在电商平台、电影衍生品等方面,万达院线也均有布局。

由此可见,作为传统的电影院线运营商,万达院线正有意识地向一个平台型、生态型的公司转变,电影生态圈的构建能让观众走进影院获得更多的价值体验,同时也成为万达院线独有的市场竞争力。

(二)坚持以院线为主营业务,打通全产业链

第一,对于国内具有一定实力的电影公司而言,谋求全产业链布局已

经成为它们的共同选择。在拓展全产业链的过程中，无论公司原有的主营业务是什么，其最终都是为了打通制作、发行、放映这三大环节。如果各公司在此过程中不能形成自己独特的优势，最终发展的业务及产品必然会面临同质化的问题，这对电影公司乃至整个电影行业的发展都是不利的，因此巩固核心业务应该仍是全产业链经营的关键所在。第二，相比于好莱坞制片商多元化的收入来源，国内电影制片方的盈利点过于单一，影片收入严重依赖票房，即严重依赖院线排片。根据我国票房分账规则，院线及影院的分账比例大约为57%，远高于美国阶梯式分账下45%左右的分账水平，因此院线在产业链中处于优势地位，掌握更多的话语权。

万达院线在发展过程中就始终坚持以院线为主营业务，充分发挥自身优势。近两年公司致力于并购和扩张，不断增加影城数量，加快影院发展速度，进一步提高城市覆盖率和市场份额。数据显示，2015年，万达院线实现票房59.8亿元，全国票房占比13.6%，是行业内唯一票房占比超过10%的企业；2016年万达院线更是以16.7%的份额稳坐国内院线第一把交椅，广东大地、中影星美、上海联合、中影数字等院线的票房占比都在6%~8%，形成第二梯队。[1] 由此可见，国内院线已经形成了梯次分明的局面，万达院线在整个行业中处于绝对的龙头地位。票房分账是影片最重要的收入来源，而院线又把控着终端排片，所以万达院线在拓展全产业链过程中就拥有更大优势。在电影开发制作环节，万达成立了万达影视传媒有限公司，在发行环节则有北京万达电影发行有限公司及参与组建的五洲电影发行有限公司，在放映环节有万达院线提供的广阔销路，占尽市场先机。

（三）注重后续衍生开发，延长产业链

根据好莱坞电影行业中的"火车头"理论，电影应以票房收入为"火车

---

[1] 《2016年中国电影院线市场份额、影院数量、银幕数量、票房收入及观影人次分析》，中国产业发展研究网，2016年10月16日，http://www.chinaidr.com/news/2016-10/105683.html。

头"，带动相关后续产业的开发销售，因此通常好莱坞电影的票房收入只占总收入的30%左右，更多的收入来自后续衍生品开发。而在我国，电影的大部分收入依赖票房分账，产业链一般止于电影放映环节，后市场开发力度不足。为了弥补市场空白，延长产业链，万达院线积极致力于电影的后续开发，非票房收入稳步提升。

2014年，由万达集团兴建的武汉万达电影乐园正式开幕。主题区内均有独立的主题区商店，周边产品包括各个主题区的创意手办、玩偶、3D拼图、服装等；在衍生品方面，2015年12月，公司自有衍生品品牌"衍生π"正式发布，首批11家衍生品店正式运营，2016年，万达院线并购时光网，目标之一直指时光网的线上商城，凭借其衍生品设计品牌"影时光"和衍生品专业电商平台"Mtime PRO"优势，建立衍生品销售体验中心。此外，早在2013年，万达就投资500亿元建设了全球投资规模最大的影视产业基地——青岛东方影都，致力于将其打造成为具有影视拍摄、影视制作、影视会展、影视旅游等功能的特大型影视产业园。在好莱坞招商时，万达表示好莱坞项目在青岛东方影都影视基地拍摄可获得40%的退税优惠，这项补助由万达和青岛地方政府共同承担。尽管在全球影视产业中，退税、奖励机制是通行做法，但是高达40%的补助极为少见，且多数补助由当地政府进行拨款支持，迄今为止还没有一家私企提供这样的补助，在此激励下，东方影都有望成为极有竞争力的好莱坞外景拍摄基地。2016年，万达院线的非票房收入达38亿元，占营业收入的34%，同比增长101%，在深化布局之后，后市场潜力会进一步释放，非票房收入将逐渐成为万达院线的又一大竞争优势。

三 万达院线发展过程中的风险

（一）监管趋严下资本运作的不确定性

尽管近年来万达院线在资本市场一路高歌猛进，但万达的收购之路并非一帆风顺。随着《中华人民共和国电影产业促进法》的颁布和实施，我国电影产业的发展已经渐趋规范化和法制化。除电影相关法律法规的规定外，中国证监会及交易所对公司的重组、增发等行为的监管也更加严格，尤其是收紧了对影视、游戏、互联网金融、虚拟现实四类并购标的的重组审核。

2016年4月，万达院线宣告资产重组，拟收购包括传奇影业在内的万达影视所有资产，然而8月初万达就以证券市场环境发生变化为由，发布公告中止并购。根据中国证监会修订的《上市公司重大资产重组管理办法》，为了给"炒壳"降温，促进市场估值体系的理性修复，取消重组上市的配套融资，延长相关利益方的限售时间：上市公司原控股股东与新进入控股股东的股份都要求锁定36个月，其他新进入股东的锁定期从12个月延长到24个月。这样的政策对于原本打算借万达影视类资产重组上市的机会，获取丰厚利益的投资者们而言，意味着要面临比原先长一年的限售时间，最终可能会导致资金链吃紧、股票下跌等。与此同时，作为此次收购的核心资产之一——传奇影业，近年来的业绩状况令人担忧。2016年年初，在连续两年巨亏的情况下，万达以230亿元人民币将其收购至旗下。传奇影业并入万达影视之后，将万达影视的利润总额从2015年的1.4亿元拉低到－34.1亿元，净利润由1.3亿元降低至－39.7亿元。[①] 即使是这样，万达院线仍决定溢价171%收购万达影视，深交所就重组的估值、未来盈利预测的可实现性等方面对万达院线发出问询。可以说，在市场监管收紧的背景之下，万达院线大规模的并购重组行为将面临更严格的审核，结果的不确定性必然也会随之增加。

（二）缺少充足优质的内容供给

近年来我国电影产业发展迅猛，但总体上还未进入成熟稳定期。资本运作可以在一定程度上解决电影产业的资金短缺，但是内容为王依然是发

---

① 《万达院线中止重组，监管趋严盈利估值成新门槛》，新浪财经，2016年8月2日，http://finance.sina.com.cn/stock/s/2016-08-02/doc-ifxunyxy6267994.shtml。

展的核心所在。影视公司如果只是想在产业链中争夺更大的市场份额而忽视内容制作，那么也就失去了持续发展的能力。

尽管在院线环节万达已经稳坐龙头且积极构建全产业链，然而要想真正完成布局，上游就必须提供优质的内容供给，而这正是万达院线的短板所在。在电影制作环节，万达院线主要依靠国内的万达影视传媒有限公司和国外的传奇影业。2015～2016年万达影视参与制作发行的电影无论是在票房还是在口碑方面都表现平平。2016年，由传奇影业参与出品的《魔兽》上映。艺恩咨询的数据显示，上映首日全国排片率为65.1%，其中万达院线排片率为79.5%，非万达院线平均排片率为64%。首映日88790场放映场次中，万达放映场次数达10336场。万达院线利用自己压倒性的市场优势为影片进行全力护航，尽管在中国揽获了14.72亿元的不俗票房，超过全球总票房的一半，然而比起高达1.6亿美元的成本和高额的宣发费用，该片最终还是以亏损告终。同时，《魔兽》的口碑颇具争议，外媒评分也相当低。在资源明显倾斜的情况下，《魔兽》的表现也从侧面反映了万达的内容短板。如果把观影人群比喻成一个金字塔，位于金字塔顶端的是电影从业者，其次是一、二线城市的观众，而后是三、四线城市的观众。一部现象级的作品要想成功冲击高票房，应该从题材、内容、社会话题等方面覆盖各类观影群体。《魔兽》的票房更多是依靠游戏粉丝来支撑，而对于非游戏玩家而言，一部电影的吸引力在于电影内容本身，如果上游始终缺少优质内容，仅凭渠道优势无法获得持续性的成功。

（三）互联网时代网络院线的冲击

网络院线是指在互联网平台上进行影片发行放映的院线形式。截至2016年12月，中国网民规模达7.31亿人，互联网普及率为53.2%；中国网络视频用户规模为5.45亿人，网络视频用户使用率达74.5%。[1] 随着网

---

[1] 中国互联网络信息中心：《第39次中国互联网络发展状况统计报告》。

络的进一步普及和发展，视频用户使用率还会逐步提升。视频网站的兴起和人们观影方式的日趋多样化使网络院线成为中国电影的第二大发行渠道，对传统院线行业造成了很大冲击。

首先，网络院线观影成本相对低。以北京影院为例，一部普通2D电影的售价为18~30元，3D和IMAX电影票价格均在50元以上，而网络院线通常采取会员制收费或者单部购买的形式，价格不及实体院线的一半。其次，网络院线拥有更长的发行时间。电影发行时间的长短在很大程度上影响电影利润的高低，当前我国影片在影院的发行周期一般为一个月，如果上座率不高，影院还有可能缩短发行周期，这种情况会直接使电影本身的利润受到重创，一些冷门影片甚至连成本都难以收回。而网络院线的发行期一般为60~90天，这样的长周期一方面保证了影片制作方利润的实现，另一方面对很多未能到影院观看影片的受众来讲，增加了再消费的可能性。最后，网络院线在影片播放过程中可以通过发送弹幕、评论等方式加强观影的互动性。万达院线作为传统院线，其优势主要体现在追求视觉效果的"大片"上，但随着3D眼镜、VR技术等新兴科技的发展，网络院线的观影效果也会不断改善，传统院线的优势会被逐渐削弱。2015~2016年我国发展较好的网络院线主要是以爱奇艺、腾讯等为代表的大型视频门户网站，万达院线在这方面涉足较浅。作为对票房回收的一个重要补充，万达院线如果想进一步提高自己的盈利能力，重视线上发展势在必行。

四 对万达院线未来发展的建议

（一）加强资本管理，规范投资行为

万达院线2015~2016年的并购几乎都是花重金完成的。对于一家上市

公司而言，资金链的管理至关重要，而并购等投资行为作为重大的资金支出，势必会影响整个企业的资金链。因此在未来的发展过程中，万达院线要进一步优化资本管理。

首先，在进行重大资本运作之前要做好资金预算，不盲目投资。任何资本运作行为都要遵循市场规律，在进行项目投资之前，公司都应该对项目做出详尽准确的预估和判断，包括其是否具有良好的发展前景、是否能推动企业实现整体目标等，在此基础上再进行资金的统筹配置，并与商业银行保持良好的合作关系，以防资金周转不灵。其次，要突出主业、立足主业、依托主业。万达院线在发展过程中要坚持以影院建设为重点，巩固院线龙头地位，提高院线收益能力，这样才能为多元化的发展提供雄厚的基础。最后，在不影响主业发展的前提条件下，统筹分配好资金的应用，有计划、有步骤地进行多元化经营，既保证主业健康强劲发展，又能够对其他多元化行业统筹分配，最终实现规模效益最大化。

（二）专注内容建设，打造核心IP

目前万达院线的短板主要集中在影片制作环节。要想成功拓宽业务范围，打通全产业链，就必须补齐短板，加强内容和品质建设，打造属于自己的核心IP。

第一，要进行精准定位，形成自己的特色。万达院线本身拥有庞大的会员体系，且会员以年轻的都市白领阶层为主，同时万达院线拥有最多的高科技屏幕，具有更好的观影效果，根据受众需求和自身优势对影视内容制作进行精准化定位，有利于万达院线更好地迎合市场，减少风险。第二，充分开发利用已有资源。万达旗下拥有专业的电影制作公司传奇影业，尽管近几年传奇影业的业绩不佳，但作为出品过《蝙蝠侠》系列、《宿醉》系列以及《盗梦空间》《环太平洋》等著名影片的公司，其拥有的优质 IP 资源仍然不容小觑。万达院线可以将这些具有影响力的 IP 进行再开发和利用。此外，万达院线还应加强电影制作方面的人才培养，为公司内部人才提供更多的学习机会，积极学习国内外先进的电影制作技术。同时加强与高校的对接，引进专业性人才，完善人才激励机制等。

（三）统筹线上线下，打造特色院线

截至 2016 年 6 月 30 日，万达院线已投入运营的 IMAX 银幕共 156 块，是全国拥有 IMAX 银幕数量最多的院线，亚洲首批 4 家杜比影院也落户万达院线。因此，万达院线要继续加大对传统影院的建设，加大科技投入力度，紧跟世界一流的放映工艺标准。只有从工艺上确保观影品质，才能不断扩大自身的竞争优势、加大影院建设力度和提高市场份额。同时，万达院线还要着眼于特色院线的打造，既包括在实体院线中设置特色院线，也包括网络院线。在我国电影产业迅速发展时期，除了"大片"之外，各种类型、各种形式的小众特色电影也层出不穷。万达院线可以专门建设特色院线，如纪录片院线、文艺片院线等，满足各类小众需求，充分发挥长尾效应。除实体院线之外，万达还应迎合市场趋势，致力于网络院线的发展。万达院线要加大与线上平台的合作，一方面向网络平台输入丰富的影片资源，另一方面努力缩短影片尤其是中小成本影片线上线下上映的时间差等。

当前，由于国家不断加大支持力度以及相关法律法规的出台，我国电影产业正处于快速发展时期，万达院线也面临新的机遇和挑战。在未来，万达院线应该坚持以自身的核心优势为依托，拓宽业务范围，提高专业化水平，同时要加强风险规避能力，积极应对挑战，从而促进企业的转型升级，不断做大做强。

参考文献

陈茜：《万达电影生态圈　内容仍是掣肘因素》，《商学院》2016年第9期。

何群：《当下中国电影公司全产业链经营模式的问题和对策》，《山东师范大学学报》（人文社会科学版）2012年第1期。

秦斐：《上市电影公司2016年上半年度业绩分析及展望》，《当代电影》2016年第11期。

张玲：《万达电影之路对我国电影产业发展的启示》，《当代电影》2014年第5期。

周丽：《万达影业IPO路线图：注入万达院线　打通全产业链》，《中国经营报》2016年3月28日。

附录
2016 年中国传媒投资大事记

万宇航　关乐宁

万宇航、关乐宁，中央财经大学新闻传播系

1月

1月1日,浙江日报报业集团下属《今日早报》、江西《九江晨报》正式停刊。

《今日早报》是浙江日报报业集团于2000年创办的都市报,钱江报系骨干成员,4开56版。

《九江晨报》是九江日报社2010年创办的江西省设区市中第一份晨报,为4开16版都市类综合性报纸。

1月1日,原中央电视台主持人郎永淳正式加盟创业公司找钢网,任找钢网高级副总裁兼首席战略官。

1月4日,深圳晚报无人机采访队宣告成立。

深圳晚报先期组成拥有10架无人机的采访队,未来将实现一线采访部门的全面配备,从而开辟全新视野的新闻采访模式,实现全媒体资源融合。

1月11日至2月15日,国务院法制办官网发布《互联网新闻信息服务管理规定》(修订征求意见稿),面向社会公开征求意见。

《互联网新闻信息服务管理规定》于2005年9月发布,距此次修订已超过10年,修订后主管单位由国务院新闻办公室变为国家互联网信息办公室。

1月18日,腾讯发布了《2015年度全国政务新媒体报告》。报告称,目前我国政务微博账号有近28万个,政务微信公号已逾10万个。

报告将中央部委政务微信分为五类,分别为国务院部委、党中央机构、民主党派、人民团体和其他。其中,国务院部委公号总量为44个,占比68%;党中央机构公号数量仅占8%,但是阅读量和点赞总数在五类公号中排名第一。从内容方面来看,在热门文章前10名中,中国记协、审计署的多篇文章阅读量都超过10万人次。

1月22日，中国互联网络信息中心CNNIC发布第37次调查报告，报告显示，我国网民规模达6.88亿人，超90%网民通过手机上网。

目前，我国互联网普及率达到50.3%，半数中国人已接入互联网。同时，移动互联网塑造了全新的社会生活形态，"互联网+"行动计划不断助力企业发展，互联网对于整体社会的影响已进入新的阶段，手机成为拉动网民规模增长的主要因素。

1月22日，国家新闻出版广电总局政府网站移动终端微门户平台（APP）"广电信息"、微信公众号"国家新闻出版广电总局门户网站"正式运行。

打开"广电信息"后，读者可以看到，该APP首页设有要闻动态、政策法规、信息公开、总局机构等6个栏目，首页显示的文章以总局要闻为主，用户可以将点开的每篇文章与微信、QQ好友分享。微信公众号推送内容以各地方局、总局直属单位等有关部门工作动态为主。

1月31日，央视网与乐视达成有关猴年春晚视频直播的合作。

乐视与央视网就2016年春节联欢晚会达成战略合作，乐视获得2016年央视猴年春晚在线直播版权及直播结束后的点播服务。值得一提的是，此前在央视2016年黄金资源广告招标会上，乐视已以不菲的价格拿下2016年央视春晚第一标，并成为获得春晚唯一一个30秒黄金广告标的互联网公司。

2月

2月3日，万达院线发布公告称收购大连奥纳投资发展有限公司100%股权，包括6家影城、46块银幕，大连奥纳旗下的6家影城2015年票房总计为1.3亿元；同时收购广东厚品文化传播有限公司及赤峰北斗星电影放映有限公司100%的股权，旗下共有7家影城、46块银幕，2015年票房总计为0.78亿元。

2016年1月，万达院线实现票房收入6.7亿元，同比增长74.9%，观影人次达1656.2万人次，同比增长84.2%。截至2016年1月31日，公司拥有已开业影院300家、银幕2617块。

2月4日，腾讯科技获悉万达旗下万达影视正筹备上市，并拟在上市前募集资金100亿元左右。投资人的出资方式为受让万达影视老股及增资万达青岛，预计万达影视私募估值350亿元。

2月4日，驴妈妈宣布获得华策影视股份、村华中景等机构8亿投资。

其中，华策影视以55.56元/股的价格现金认购景域文化本次定向发行的450万股股份，认购资金总额为25000万元，认购完成后占景域文化发行后总股本的4.31%。

2月12日，百度发出公告，宣布董事会最近收到了来自百度董事长兼首席执行官李彦宏和爱奇艺首席执行官龚宇的非约束性提议。该提议指出将在爱奇艺28亿美金估值（不含现金和债务）的基础上，收购百度持有的爱奇艺80.5%（在转换和充分摊薄的基础上计算）的全部已发行股份。基于该非约束性提议，双方将在完成交易后进一步签订业务合作协议，加强战略合作。

2月13日，熙颐影业Bliss Media（以下简称"熙颐影业"）收购国际版权销售公司Insiders，成为主要股东。

此举意味着熙颐影业成功布局影视产品的全球发售渠道。作为熙颐影业推动中国电影国际化的战略举措，Insiders也将为优秀的中文影片提供全球发行服务。未来不仅是熙颐影业出品的国际电影，所有优质中国电影都可通过Insiders的全球销售网络，发行至以北美、欧洲、亚洲为代表的全球40多个国家和地区。

2月15日，南方出版传媒股份有限公司在上海证券交易所挂牌上市，广东省属大型文化企业整体上市实现零的突破。

南方传媒董事长王桂科表示，南方传媒将以登陆资本市场为契机，以数字化转型为突破口，建立产业发展的三个链条，逐步发展成为中国出版业的南方重要基地。

2月17日，工信部联合国家新闻出版广电总局公布《网络出版服务管理规定》（以下简称《管理规定》）。

工信部联合国家新闻出版广电总局日前公布《网络出版服务管理规定》，加强对网络出版的审查和监管。或将影响 Steam、PSN、Live 等境外游戏服务在国内的开展。

新的《管理规定》禁止外资参与网络出版，要求从业者申请许可证。网络出版物包括文学、艺术、科学等领域内具有知识性、思想性的文字、图片、地图、游戏、动漫、音视频读物等原创数字化作品。《管理规定》第七条规定从事网络出版服务必须取得《网络出版服务许可证》。

2月17日晚，游族网络公布2015年年度报告，报告期内企业营业收入为15.35亿元，比上年同期增长81.94%。

归属于上市公司股东的净利润为5.15亿元，比上年同期增长24.35%，兑现重组预案中2015年扣税后净利润不低于4.51亿元的承诺。

此外，手游业务实现爆发式增长，现象级手游《少年三国志》在2015年全年度助推手游营收同比增长623.05%。此外，海外发行优势明显，同比增长137.08%，连续2年增幅超1倍。

2月19日，人民日报全媒体平台"中央厨房"正式上线运行。

"中央厨房"是人民日报社融合发展的核心平台，由业务平台、技术平台、空间平台三部分构成。此次上线运行是其业务平台和技术平台正式上线。

2月26日，国务院客户端正式上线。

国务院客户端是国务院办公厅中国政府网发布政务信息和提供在线服务的新媒体平台，主要发布国务院重大决策部署和重要政策文件、国务院领导同志重要活动等政务信息，也是政府面向社会提供服务、与公众互动交流的新渠道。客户端的开通有利于创新信息公开方式、扩大政务公开参与渠道，也会促进法治政府、创新政府、廉洁政府和服务型政府的建设。

2月29日，北京时间早上6:30，第88届奥斯卡颁奖典礼在美国洛杉矶杜比剧院隆重举行，爱奇艺对其同步直播。

爱奇艺对奥斯卡进行全程"第一时间双语同步"卫星直播，中国观众与全世界同步聚焦这一盛会。

2月23日，当代东方发布公告称，公司同意作为可转股债权人以现金的方式向华彩天地提供借款1500万元，借款期限1年；公司可依据协议约定的条款和条件，将全部或部分债权转换为华彩天地股权。

2月26日，电影营销公司自在传媒在全国中小企业股份转让系统正式敲钟，成为中国第一家挂牌的电影营销公司。

当天，自在传媒董事长朱玮杰、自在传媒总经理刘哲、自在传媒副总经理周维出席了敲钟仪式。

2月26日，光线传媒晚间发布2015年业绩快报，报告期内，公司实现营业总收入15.45亿元，同比增长26.86%；实现归属于上市公司股东的净利润4.03亿元，同比增长22.28%。

2月28日，华策影视公布2015年业绩快报，2015年公司实现营业总收入26.46亿元，比上年同期增长38.10%；归属于上市公司股东的净利润为4.77亿元，比上年同期增长22.40%。

2月29日，万达院线发布2015年业绩快报，报告期内，公司实现营业总收入80.01亿元，同比增长49.86%；归属于上市公司股东的净利润为11.86亿元，同比增长48.04%；基本每股收益为1.07元。

2月28日，乐视网披露业绩快报，公司2015年实现营业总收入130.17亿元，同比增长90.89%；归属于上市公司股东的净利润为5.79亿元，同比增长59.04%；基本每股收益为0.31元。

3月

3月1日，新华网记者从国家新闻出版广电总局获悉，自2016年1月1日严禁电视养生类节目变相发布广告误导消费者以来，国家新闻出版广电总局对卫视频道进行持续集中监管，有效遏制了以养生节目形式变相发布广告的违规行为，已取得明显成效。"名酒汇""名酒天下""名酒坊"等22条以节目形式播出的违规广告被叫停。

3月2日，全国"扫黄打非"办公室公布6起利用销售云盘（网盘）账号和密码传播淫秽色情信息牟利案件。分别为：浙江余姚"3·11"、山东威海"3·05"、江苏无锡"4·17"及吉林桦甸刘玲等销售360云盘账号传播淫秽色情信息牟利案，江苏淮安"7·30"销售115网盘账号传播淫秽色情信息牟利案，黑龙江大庆"6·07"销售网盘账号传播淫秽色情信息牟利案。涉案淫秽视频数量共达百万余部，具体涉及360云盘、115网盘、乐视网盘等云存储工具。

3月4日，电影《叶问3》上映，不久便因为"幽灵场"涉嫌票房造假引起多方争议。最终查实，该片用疯狂的"票补"和大规模的票房造假搅乱行业秩序，最后构成虚假票房的3200万元不计入票房，负责本片发行的公司在一个月内被责令暂停新的电影发行业务，73家影院被通报批评，3家电商被严重警告，隐藏在电影收益权资产证券化背后的"圈钱游戏"也被公之于众。业界对加强电影票房监管和互联网金融行业监管的呼声渐高，这一事件直接推动了对票房造假的严打。

3月14日，国家新闻出版广电总局政府网站公布了27项广播影视行政审批事项目录清单。清单中包括行政审批事项的受理单、服务指南和工作细节等材料。

3月14日，优酷土豆宣布，公司股东已投票批准了公司去年11月达成的私有化协议。

预计交易将于2016年4月初完成，交易完成后，优酷土豆将从纽交所退市。

3月15日，今日头条等8家互联网平台共同发布《保护原创版权声明》，旨在抵制抄袭盗版，保护内容消费者权益。

该联署行动由新媒体排行榜组织发起，联署者包括百度百家、凤凰新闻客户端、今日头条、搜狐新闻客户端、网易新闻客户端、微博、一点资讯共 8 家互联网平台。

3月17日，阿里巴巴宣布成立 VR（虚拟现实）实验室，并首次对外透露集团 VR 战略。据介绍，阿里将发挥平台优势，同步推动 VR 内容培育和硬件孵化。在内容方面，阿里已经全面启动"Buy +"计划引领未来购物体验，并将协同旗下的影业、音乐、视频网站等，推动优质 VR 内容产出。在硬件方面，阿里将依托全球最大电商平台，搭建 VR 商业生态，加速 VR 设备普及，助力硬件厂商发展。

3月18日，中国互联网协会、国家互联网应急中心联合发布《中国互联网站发展状况及其安全报告（2016）》。

报告显示，截至 2015 年 12 月底，我国网站总量达到 426.7 万个，网站使用独立域名共计 561.7 万余个，网站主办者达 327.3 万个。其中，网站总量年度同比净增长 62 万余个，净增长超过前五年网站净增量总和。

3月19日，真格基金创始人徐小平在微博上宣布，将与罗辑思维、光源资本以及星图资本一起给 Papi 酱及其合伙人杨铭投资 1200 万元人民币，这也是 Papi 酱拿到的首轮投资，目前 Papi 酱品牌估值在 1.2 亿元左右。

3月22日，博鳌亚洲论坛 2016 年年会"媒体领袖圆桌会议"在海南博鳌举行，来自中国、韩国、土耳其、印度尼西亚等国家的 11 家中外媒体共同发起成立"亚洲媒体合作组织"，标志着亚洲媒体合作迈上了新台阶。

3月25日，中国网络空间安全协会在京成立。这是我国首个网络安全领域的全国性社会团体。

中国网络空间安全协会是由国内从事网络空间安全相关产业、教育、科研、应用的机构，是企业及个人共同自愿结成的全国性、行业性、非营利性社会组织。协会发起会员共计 257 个，其中单位会员有 190 多个，囊括国内主要互联网企业和网络安全企业、权威科研机构。

3月27日，总规模百亿元的广东省首支媒体融合投资基金——广东南方媒体融合发展投资基金在广州成立。

基金由广东南方报业传媒集团有限公司、广东羊城报业传媒集团有限公司、广东南方广播影视传媒集团有限公司、广东省出版集团有限公司四家广东省直传媒出版企业和海通创意资本管理有限公司、中赛信合（北京）投资管理有限公司等金融机构共同发起设立。

3月30日下午，人民网和上海报业集团在北京举行战略合作签约仪式，双方首个合作项目——面向"90后"的个性化推荐移动资讯阅读客户端"唔哩"正式启动发布。

4月

4月，文化部与国家新闻出版广电总局几乎同时出手。文化部要求直播平台查封非法直播产品以及直播须持证。随后，斗鱼、虎牙直播、YY、熊猫TV等26家网络直播平台因涉嫌提供含淫秽、暴力、教唆犯罪等内容的互联网文化产品，被列入查处名单。而针对未成年人参加真人秀节目泛滥的情况，国家新闻出版广电总局下发《关于进一步加强电视上星综合频道节目管理的通知》，通知明确要求：从数量、节目内容、播出时间等方面严格控制未成年人参加真人秀，尤其提到不得借真人秀节目炒作、包装明星子女，此举被业界形象地称为"限童令"。

2016年4月，芒果TV、百视通以及上海电信三方合作，携手在上海电信IPTV高清平台上线"芒果TV专区"，并在上海电信4K平台同步呈现。

据悉，上海电信IPTV用户数达200万户，高清IPTV用户占近80万户。芒果TV凭借海量优质内容资源和独播、自制资源为上海IPTV量身定制了高质量的视频点播专区——"芒果TV专区"。百视通则将自己的特色内容落户湖南IPTV，与芒果TV旗下运营商业务湖南IPTV平台打造"体育专区"。

4月2日零时起,有59年历史的香港亚视正式停播。亚视成为香港史上首家因不获续牌而停播的电视台。

亚视是全球华人地区第一个电视台——亚洲电视的简称,英文缩写为ATV,前身为丽的呼声(香港)有限公司1957年创办的丽的映声,后在1982年更名为亚洲电视。

4月7日,新华网无人机频道在新华炫闻客户端正式上线,这是适应移动化发展趋势的重要举措,也标志着新华网在无人机领域的探索迈入崭新的阶段。

4月12日,西安电子科技大学2012级大学生魏则西在家中去世,随后自媒体曝出魏则西之死存在的涉事医院外包诊所给民营机构,百度竞价排名等问题在网络发酵,引发全民关注。

4月12日,北京新媒体集团及其所属北京新闻媒体有限公司、北京时间股份有限公司揭牌成立。北京时间网站和北京时间新闻客户端同步上线。

北京广播电视台以其新媒体业务板块为基础,与市文资办共同出资,合力组建北京新媒体集团。同时,北京新媒体集团与互联网平台级企业奇虎360在资本层面深度合作,合资成立北京时间股份有限公司,与集团旗下北京新闻媒体有限责任公司形成整体合作模式。

4月12日,阿里巴巴集团联合百度、合一集团、微博和新浪体育,首次结成奥运营销五环阵,囊括巴西奥运期间的核心广告资源,为更多的品牌商家提供分享奥运经济的"大蛋糕"。

4月13日,IMAX公司与上海海上明珠影业有限公司共同宣布达成一项协议,将在中国建造10座IMAX影院。

根据协议的条约,其中8座影院将被添加在其遍布全国的新建筑项目中,另外2座影院的地点待定。截至2015年12月31日,IMAX在全球67个国家共有1061家IMAX影院(943家商业多厅式影院、19家商业影院与99家科教场馆影院)。

4月13日,北京市网络表演(直播)行业自律公约新闻发布会在北京市文化市场行政执法总队举行,百度、新浪、搜狐、爱奇艺、乐视、优酷、酷我等20余家从事网络表演(直播)的主要企业负责人参加了会议,并共同发布《北京网络直播行业自律公约》。

公约要求,从4月18日起,网络直播房间必须添加水印,内容存储时间不少于15天,所有主播必须实名认证等。

4月13日,芒果TV和BBC环球合作的第二批海量纪录片内容,正式在芒果TV全平台(PC端、APP端、OTT端、IPTV端)上线。此次上线内容涵盖科普、少儿、历史、文化、军事、时尚等各方面,这也是继2015年10月芒果TV与BBC环球签订战略合作伙伴谅解备忘录后的进一步实质性合作,双方也表示期待在各自优势领域继续深入合作。

4月16日,2016中国VR/AR产业峰会上,优酷土豆首次公布其VR战略。优酷土豆高级副总裁李捷介绍,过去两年优酷平台已成为中国最大的VR内容聚合和分发平台。短期来看,优酷的"合计划"将拓展自己的VR分发和内容变现能力,加快推广优质内容和杀手级应用,同时丰富的开发者工具和SDK(软件开发工具包)推动VR播放引擎提升。

4月18日,由国务院新闻办公室发起,"一带一路"沿线国家的媒体和文化机构参与的"一带一路"媒体传播联盟在京成立,倡议打造文化精品,致力于国际传播,共同弘扬丝路文化和精神,促进人文交流和文明互鉴。

在当天举行的"一带一路"媒体传播联盟主题论坛上,来自中国五洲传播中心,美国国家地理频道、探索频道、历史频道,新加坡亚洲新闻台,蒙古国国家公共电视台等17家媒体机构的代表签署"一带一路"媒体传播联盟倡议书。

4月18日消息,国家新闻出版广电总局日前下发《关于进一步加强电视上星综合频道节目管理的通知》,要求:严格控制未成年人参与真人秀节目,不得借真人秀节目炒作包装明星,也不得在娱乐访谈、娱乐报道等节目中宣传炒作明星子女,防止包装造"星"、一夜成名。

4月18日，乐视与百度正式签署战略合作协议，双方将围绕互联网广告联盟、用户权益、电影宣发、全球化、创新技术应用等方面展开实质性合作。

4月18日消息，阿里影业方面透露，已与派拉蒙电影公司再次达成合作，参与投资派拉蒙两部新片《忍者神龟2》与《星际迷航：超越星辰》。

这是双方继《碟中谍5》后，再一次在好莱坞系列大片上达成合作。两部影片在全球均拥有大量观众，于2016年暑期在北美上映，下半年登陆中国。

4月18日，合一集团（优酷土豆）宣布与 Udacity 达成战略合作，后者同时推出中国品牌优达学城及全新域名"youdaxue.com"，正式着陆中国。

优酷学堂将为优达学城提供视频云平台技术支持，成为其进入中国时的内容首发视频平台，以及优达学城线上付费导师服务的中国区独家合作平台。

4月19日，网易在杭州正式推出"网易号"。

网易号将配备直播功能，入驻机构只需一台手机即可发布直播视频。网易表示正在计划投入更多流量、资源、人力和资金来扶持100个PGC视频自媒体，实行"媒体合伙人"制度。

4月19日，河北广播电视台正式揭牌成立，这标志着又一省份完成了两台合并。由河北人民广播电台、河北电视台等机构合并组建的河北广播电视台，拥有9套广播节目、河北卫视等8套电视节目、河北网络电视台等十多家新媒体及相关全资企业。

4月20日，证监会官方网站发布的信息显示，新华网股份有限公司首次公开发行股票已获证监会主板发行审核委员会通过。

新华网本次IPO拟发行新股约5190万股，占总股本的25%，募集资金主要用于新华网全媒体信息应用服务云平台项目、在线教育项目等四个项目，募集资金拟使用量约为14.97亿元。

4月20日，乐视举办"无破界 不生态"主题的春季新品发布会，现场发布了第二代超级手机、超级电视、乐视VR以及无人驾驶超级汽车。对此，乐视创始人贾跃亭在发布会上表示，乐视全球史无前例地破界同发跨越了4个行业的4款终端新品——手机、电视、汽车、VR，看似是四个不同的终端，但它们都被乐视赋予同一大脑、同一神经中枢、同一血脉，共享同一生态。

4月20日，百度宣布旗下百度视频业务正式独立运营，将致力于打造中国PGC视频第一平台。

该举措是百度推行"航母计划"的最新进展，也是百度打造开放共赢内容生态的关键举措。新公司已经完成金额近10亿元的对外融资，原百度视频事业部总经理胡浩出任该公司CEO。易凯资本在此次交易中担任独家财务顾问。

4月21日，罗辑思维与Papi酱的视频广告贴片招标会在北京举行。据悉，此次拍卖会起拍价为217000元。

据悉，在招标会现场仅仅3秒时间，标价直奔1000万元。最终，Papi酱视频广告拍卖标王被丽人丽妆拿下，成交价2200万元。

4月25日，重庆新闻传媒中心正式启用。

重庆日报报业集团携旗下重庆日报、重庆晚报、重庆晨报、重庆商报等新闻单位集体入驻，并投入巨资建设起全媒体采编系统和新闻内容生产及运营监管服务平台两大科技含量颇高、国内技术水准一流的新闻技术平台。

4月26日，中国网络版权保护大会在京开幕，会议发布了《2015年中国网络版权保护年度报告》。

报告认为，去年我国网络版权环境明显好转，网络版权保护取得重大进展，但在责任界限划分、网络版权执法等方面仍面临挑战。

5月

5月2日，国家互联网信息办公室发言人姜军表示，魏则西事件受到网民广泛关注，根据网民举报，国家网信办会同国家工商总局、国家卫生计生委成立联合调查组进驻百度公司，对此事件及互联网企业依法经营事项进行调查并依法处理。

5月9日，联合调查组向社会公布了调查结果，提出要求百度做出严格审核商业推广服务、明示推广内容和风险、排名机制调整等多项整改。

5月5日，工信部为中国广电颁发了《基础电信业务经营许可证》，批准其在全国范围内经营互联网国内数据传送业务、国内通信设施服务业务。由此，中国广电正式成为我国第四个基础电信运营商。

5月6日，《中国传媒产业发展报告（2016）》在京发布，同时举行了第七届传媒发展论坛。

报告显示，2015年，中国传媒产业整体保持增长态势，增幅较2014年略有放缓。在严峻的宏观经济背景下，中国传媒产业在2015年仍然增长了12.3%，整体市场规模达到12750.3亿元。

5月13日，新浪微博与秒拍宣布移动直播应用"一直播"正式上线，意味着中国最大的社交媒体正式杀入移动直播战场。8月初，网易新闻推出"天网计划"，精选100家流量最高、社会影响力最大的PGC生产者，共同构建全新的优质直播内容生态，同时启动"全球特派员"计划，形成全球化、全天候的直播响应机制，进入全民创作时代。

5月16日，北京联通宣布将启动第五次宽带大提速，光纤用户的最低带宽将从原来的20M直接升级到50M，也就是说，今后50M将成为联通宽带的起步门槛。同时还推出4K超高清联通宽带电视业务（北京IPTV）。

5月17日，开心麻花发布临时公告称，公司以现有总股本4736.37万股为基数，向全体股东每10股送红股1.54股，同时以资本公积金向全体股东每10股转增64.47股。

5月18日收盘，其收盘价为58.50元，与3月29日的114.98元高点相比，股价惨遭腰斩，273万股对应的市值也缩水到了1.6亿元。两相对比，上述股权对应的市值便减少了1.54亿元。

5月19日，盛大游戏宣布，其持股公司亿利盛达已将所持有的9.02%股份及34.38%投票权转让给银泰集团旗下控股企业，同时盛大游戏还聘请谢斐担任新的CEO。

5月19日，针对网址导航网站在网站推荐和内容管理等方面存在的问题，国家网信办即日起在全国开展网址导航网站专项治理。

本次专项治理要求各网址导航网站规范信息传播秩序，依法提供相关服务，自觉抵制网络谣言、网络诈骗、网络色情、网络暴力，不给任何非法网站提供导航，不为任何违法和不良信息提供传播平台，不得发布涉及淫秽、色情、暴力等违法违规有害信息。

5月20日，唐德影视收购爱美神51%股权，定价超4亿元，而在其对赌协议中，爱美神业绩承诺两年高达5.19亿元，按照这个传闻，两年之后，唐德影视不但能够"回本"，而且能多赚接近1亿元。

5月28日，陆军党委机关报《人民陆军》正式创刊。

据悉，《人民陆军》对开四版，每周二至周六出版。该报是陆军唯一一份面向基层部队发行的报纸，是我党我军宣传思想工作的一个重要阵地。

5月29日，国家新闻出版广电总局发布《专网及定向传播视听节目服务管理规定》，进一步加强网络视听节目管理，防范不良内容传播。该规定自2016年6月1日起施行。同时，2004年7月6日发布的《互联网等信息网络传播视听节目管理办法》废止。

6月

6月7日，上海广播电视台、上海文化广播影视集团有限公司对外宣布融媒体中心正式成立，同时，由该中心生产的融媒体新闻产品"看看新闻Knews"正式上线。

6月7日,《第一财经日报》总编辑秦朔在其微博中透露,在新闻一线奋斗25年后,内心有种强烈的冲动,希望转向以人为中心的商业文明研究,推动中国商业文明的进步,并进行自媒体的新尝试。

6月8日,优酷、德云社合作的喜庆会在京举行。2016年全年,德云社有23场演出在优酷上线。同时在合作期间,德云社演员每年都会参加优酷的两次演出。

6月12日,阿里影业旗下娱乐宝宣布与包括派拉蒙、二十世纪福斯在内的多家电影公司达成了衍生品开发协议。

接下来,娱乐宝负责了《冰川时代5:星际碰撞》《忍者神龟2:破影而出》等的衍生品开发和销售。

6月13日,阿里巴巴影业集团在上海中心举行"生来不同"2016战略发布会,对外公布内容制作计划,包括《激荡三十年》《征途》《没有别的爱》等17部电影以及《歌尽桃花》《蜀山战记2》两部电视剧。

6月15日,人民日报社与腾讯在北京签订媒体融合发展创新战略合作协议。

人民日报社社长杨振武、腾讯董事会主席兼首席执行官马化腾出席签字仪式。据了解,根据协议,第一阶段,双方将在中国媒体融合云平台、网上多媒体发布厅、媒体大数据合作、媒体平台融合、媒体融合新技术实验室等领域展开具体合作。

6月15日,阿里巴巴集团CEO张勇宣布,正式成立"阿里巴巴大文娱版块"。

该版块囊括了阿里巴巴集团旗下的阿里影业、合一集团(优酷土豆)、阿里音乐、阿里体育、UC、阿里游戏、阿里文学以及数字娱乐事业部。俞永福担任阿里巴巴大文娱工作领导小组组长,全面负责阿里巴巴大文娱版块的领导和管理工作。

6月15日,花椒直播计划联手众企业发布"融"平台,吸引企业品牌入驻以产生营销价值。据悉,途牛影视和百合网等已先后与花椒直播合作推出了品牌直播节目，未来《华西都市报》《伊周》等传统媒体也将陆续接入。

6月16日，百度百家号正式上线，这是百度为媒体、机构及自媒体等内容生产者推出的内容发布平台。

据悉，百度百家号整合了手机百度、搜索、好看、百度新闻等用户产品，可以支持图文、短视频等多样化的素材，未来还会增加动图、直播、投票等更多素材。

6月16日，华人文化控股集团和IMAX公司以及IMAX中国共同宣布设立中国电影基金。新成立的中国电影基金首期总额为5000万美元，将在未来三年时间里投资近15部华语大片。

6月16日，广东省研究部署设立新媒体产业基金。明确基金由省委宣传部牵头发起，由省财政出资，按照"政府引导、社会参与、市场运作、服务媒体"的原则设立，以此来推动传统媒体和新兴媒体融合发展。

6月21日，国家网信办部署开展跟帖评论专项整治。"净网2016"上半年取缔关闭不良网站3600余个。

6月25日，国家互联网信息办公室发布《互联网信息搜索服务管理规定》。

7月

7月8日，中国网络电视台子公司、中国IPTV集成播控总平台运营方、爱上电视传媒（北京）有限公司发布"爱上4K"直播频道，这是国内第一个基于4K超高清标准制作的IPTV直播频道，IPTV观众可以通过它收看国内外4K赛事内容。

7月11日，短视频网红Papi酱在八大平台同时直播，全网在线人数破2000万人，收获1亿个赞，打赏累计价值90万元，微博话题#papi酱直播

#阅读量达到 2.5 亿次。之后，Papi 酱推出自己的搞笑视频平台——papitube，聚合更多个人创作者，批量生产 Papi 酱。

7月12日，国家版权局、国家互联网信息办公室、工业和信息化部、公安部在京联合启动"剑网 2016"专项行动，重点打击网络侵权盗版，严厉打击通过网站、贴吧、微博、微信等方式未经授权非法传播网络文学作品的侵权盗版行为，规范通过浏览器、搜索引擎等方式传播文学作品的行为，打击 APP 侵权盗版专项整治行动。

7月18日，为促进广播电视媒体转型升级，提升广播电视媒体在网络空间的传播力、影响力、公信力和舆论引导能力，国家新闻出版广电总局公布《关于进一步加快广播电视媒体与新兴媒体融合发展的意见》。

7月25日，北京市网信办对属地新浪、搜狐、网易、凤凰等网站在提供互联网新闻信息服务中存在的大量违法违规行为提出严厉批评，责令网站限期予以整改。随后，新浪关停"极客新闻"栏目，清理了"新浪直播间"栏目中的违规内容；搜狐关停"新闻当事人""弧度""点击今日"等栏目；网易关停"回声""路标"等栏目，清理"新闻学院"栏目中的违规内容；凤凰关停"严肃报道"栏目。

7月27日，万达电影院线股份有限公司发布公告称，打算全资并购国内最具影响力的电影媒体及电商服务平台——时光网。

7月29日，海南广播电影电视传媒集团有限公司在海南成立。作为海南深化文化体制改革的又一重要举措，这家公司的成立标志着海南广播影视产业由此步入市场化、集约化、规模化发展的新阶段，新组建的海南广播电影电视传媒集团有限公司与海南广播电视总台宣传业务、经营业务相对分开，平行运营，一体化运作。

担任《东方早报》社长、澎湃 CEO 的邱兵，于7月29日通过个人朋友圈宣布辞职，澎湃新闻管理团队的骨干也跟随其出走进行内容创业。

8月

8月4日最新报道,随着"萨德"系统的部署,中国政府限制韩国艺人和节目的举措全面实施。国家新闻出版广电总局的禁令包含:禁止Bigbang、EXO等团体到中国演出;停止韩国偶像团体面向1万名以上观众演出;禁止新签韩国电视剧、综艺节目合作项目等多项规定已经传达各电视台,并要求从9月1日开始实施。

8月15日,广西广电网络在上交所上市交易,成为第九家国内上市的有线电视网络公司,开辟了自治区文化产业与资本市场深度融合的新篇章。这也是我国5个少数民族自治区中第一个上市的文化企业。

8月17日,上海电影股份有限公司正式在上海证券交易所挂牌,国有电影企业迈入公开资本市场。

8月17日,VR新闻实验室在北京成立,首批成员单位即全国12家主流报纸将共同探索新闻的另一种表达形式——VR新闻。首批成员包括广州日报、辽沈晚报、潇湘晨报、大连晚报等。

8月18日,山东广电传媒集团在山东广电中心揭牌,旗下拥有全资、控股、参股企业30多家,资产总规模近30亿元。据称,该集团成立之后,将和山东广播电视台一体化运营管理,按照"体制集团化、管理企业化、技术融合化"的目标要求,实行制播分离,构筑台企一体化管理协同发展新格局。

北京时间8月21日上午10点30分,在美国堪萨斯城举行的第74届"世界科幻小说大会"上,中国"80后"科幻作家郝景芳凭借《北京折叠》荣获2016年雨果奖最佳中短篇小说奖,成为继刘慈欣之后第二位荣获世界性科幻小说大奖的亚洲人。

8月23日,第25届中国金鸡百花电影节暨第33届大众电影百花奖在京举行发布会,正式公布本届提名名单。其中《寻龙诀》和《捉妖记》分别入围6项大奖,《战狼》入围5项紧随其后。

8月23日下午,北京国际饭店6号厅举办广电媒体云技术产业联盟成立仪式(以下简称"云联盟")。据悉,云联盟由中广联合会技术工作委员会与中国国际广播电台、上海广播电视台、江苏省广播电视总台等单位协商沟通后决定共同发起成立。

影视行业站上风口,热钱涌入后,明星片酬也水涨船高。明星"天价"片酬成为影视行业热议的话题。8月底,国家新闻出版广电总局发出通报,其中就包括"坚决遏制'天价'片酬和明星炫富等问题",随后央视曝光了部分高片酬的演员。

8月30日,新华社全媒平台上线暨签约大会在北京举行。首批入驻的42家中央和地方主流媒体将协力打造融内容生产、渠道分发、版权追踪等功能于一体的新媒体平台,以产品创新助推传统媒体融合发展。

8月30日,深圳市自媒体联盟成立,首批会员达84家。

9月

9月1日起,由国家工商行政管理总局发布的《互联网广告管理暂行办法》(以下简称《暂行办法》)正式生效。《暂行办法》明确要求互联网广告应当具有可识别性,在显著位置标明"广告",付费搜索广告应当与自然搜索结果明显区分,网红、明星的微博、微信等自媒体发布商业广告,也要显著标明"广告"。要特别注意的是,个人在朋友圈、微博等转发广告也要担责。

9月1日,湖南有线开始向省内有线电视用户传输第一个4K超高清频道,湖南是继上海、深圳之后,全国第三个真正播出"4K电视"的地区。而与之有关的国内的IPTV和OTT服务覆盖范围也进一步扩大,服务方式更为多样,便捷收视服务使人们的收视选择更加灵活。

9月2日,中国移动在南京召开以"极光宽带全新4K,开启智慧家庭新时代"为主题的全球首款Android N全4K魔百和发布会,发布了全球首款 Android N 全 4K 超高清机顶盒。

9月8日，从央视离职的武卿所在的企业历时一年完成的关于6位硅谷科技圈投资人、创业家的深度报道《硅谷大佬》在全网上线。杜蕾斯根据新闻事件、社会热点每次主动进行海报式内容营销的做法，已被不少企业效仿。

9月9日，国家新闻出版广电总局在网站刊文，下发《关于加强网络视听节目直播服务管理有关问题的通知》，再次向直播行业打出一记"重拳"。其中规定，直播平台必须持证上岗，并且在开展直播活动前要将相关信息报属地省级以上新闻出版广电行政部门备案。另外，未经批准，任何机构和个人不得在互联网上使用"电视台""广播电台""电台""TV"等广播电视专有名称来开展业务。

9月9日上午，海淀法院继续开庭审理快播公司及其CEO王欣等人传播淫秽视频牟利案。快播公司及部分被诉高管当庭认罪，公诉机关建议从宽处罚。

9月初，国家新闻出版广电总局规定开展网络视听节目直播服务应具有相应资质，此条令在传媒圈引起不小的轰动。

9月19日，东方明珠新媒体在沪正式发布股权激励计划，成为率先在上市公司主体层面实施股权激励计划的文化传媒类国企。

9月19日，在由中国新闻出版传媒集团、吉林日报社主办的首届省级党报采编工作会议上，《北京日报》《重庆日报》等全国20余家省级党报联合发布版权保护宣言。宣言指出，各类互联网及新媒体应充分尊重报刊单位的合法版权，规范各种转载作品的行为；同时，建立一种合法的商业模式和合理的互惠互利机制。针对网络侵权普遍存在的现状，宣言建议各媒体增强法律意识，在适当时机成立全国媒体版权保护联盟，对各种侵权行为及时制止和举报。

9月19日，东方明珠新媒体在沪正式发布股权激励计划，对国有控股的要求、管理层股权的比例、员工持股设定、持股方式等，都有明晰的规定，成为率先在上市公司主体层面实施股权激励计划的文化传媒类国企。

2016年9月底，微信公众号刷点击的工具崩溃，很多平常看起来有嫌疑的公众号的阅读量直线下降，很多大V的狐狸尾巴露出来了，造成自媒体行业的大地震。

9月27日，武汉广播影视传媒集团有限责任公司挂牌成立。相关人士表示，该公司成立后，将依靠体制机制创新，培育新业态和新增长点，特别是加大内容生产和营销传播体系创新，实现国有文化资产保值增值。

9月29日下午，国家新闻出版广电总局党组召开总局干部大会宣布，聂辰席任中宣部副部长、国家新闻出版广电总局局长、党组书记、国家版权局局长，蔡赴朝不再担任中宣部副部长、国家新闻出版广电总局局长、党组书记、国家版权局局长。聂辰席来到总局后，在媒体融合方面，提出"智慧广电"的概念，在广电系统引起了"智慧"大潮。聂辰席认为，面对智慧化的新浪潮，广播影视要把加快构建"智慧广电"作为转型升级的重要目标。

10月

10月12日，广西某网民录制一段表达失恋苦闷的短视频，上传后引起网民追捧。该用户开通微博关联账号，上传蓝瘦香菇唱歌视频，"一直播"平台跟进邀约其做客直播，引千万网友围观，"蓝瘦香菇"遂成网络流行语，微博搜索量破1亿次，成为2016年最具热度的直播事件。

10月17日，神舟十一号载人飞船成功发射升空。飞船在轨运行期间，两位航天员首次以"新华社太空特约记者"身份持续发回报道，形成全媒形态系列报道产品"新华社特约记者太空日记"。这些内容被加工制作成文图通稿、融媒体页面、H5页面、视频短片等，向媒体用户播发，并在新华社客户端、新华社微信公众号、新华网等终端呈现。

10月18日，在美国股市前一个交易日的交易中，微博股价在盘中上涨至53.12美元，市值达113亿美元，一度超过Twitter，成为全球市值最高的社交媒体。微博2016年第二季度利润上涨225%。

10月27日,上海召开自媒体联盟成立大会,91家自媒体代表签署了自律公约。

10月28日,新华网股份有限公司(以下简称"新华网")在上海证券交易所成功挂牌上市。此次募集资金主要投向全媒体信息应用服务云平台、移动互联网集成、加工、分发及运营系统业务等领域。

10月,长和旗下TOM集团发布公告,称旗下的卫星电视节目频道"华娱卫视"将于2016年年底停播。据称,自1995年创立以来,华娱卫视营运11年亏损逾6亿元。

11月

11月14日,国家互联网信息办公室发布《互联网直播服务管理规定》,旨在重点整治网络直播乱象,促进网络直播健康发展。

11月14日,京华时报社在其官方微博发布消息,确认《京华时报》纸质版将于2017年1月1日休刊,《京华时报》停出纸质版后将全面转型为新媒体。作为一家曾经号称要打造"百年京华"、被国内都市报确立为标杆的主流都市报,《京华时报》竟然也在一夜之间休刊,这对办报人内心的冲击无疑是最大的。

11月16～18日,第三届世界互联网大会在浙江乌镇召开。"互联网之光"博览会集中展示了中国互联网发展成就和一批全球互联网创新技术成果。

11月17日成立的南方财经全媒体集团引起业界的广泛关注。相关报道称,南方财经全媒体集团力争用3年时间率先完成媒体融合转型,基本建成国内领先、国际知名,拥有强大实力和传播力、公信力、影响力的专业财经全媒体和综合金融信息服务集团。该集团的成立也由此成为2016年深入体制改革的标志性事件。

11月23日,以中国医药报社、中国医药科技出版社为基础组建的中国健康传媒集团有限公司在京挂牌成立。

11月23日,时尚杂志《伊周Femina》也宣布将于2017年1月1日停刊。

11月30日,微信公众号罗尔的《罗一笑,你给我站住!》刷爆朋友圈,短短时间内,该文章阅读量近亿人次,罗一笑获捐款近300万元,据称这也是微信平台有史以来最短时间内规模最大的一次捐款。自媒体的号召能力被发挥极致。

12月

自12月1日《互联网直播服务管理规定》正式施行以来,北京网信办已对快手、花椒、六间房等属地直播平台的数千个违规账号进行封停。

12月5日,北京市网信办通报了包括网易、搜狐、新浪、凤凰在内的多家网络媒体涉及"标题党"违规行为的案例。北京市网信办表示,对这些已经查实的网络媒体"标题党"违规行为,将依据有关规定进行相应处罚。

12月8日下午,廊坊市委常委会专题学习省委办公厅、省政府办公厅近日下发《关于加强对各级新闻媒体财政支持的通知》,研究部署落实措施。会议决定,认真落实省委、省政府要求,在精确测算的基础上,2017年在全省率先实现对各级新闻媒体的财政支持全覆盖,切实做好对各级新闻媒体的财政保障,推动新闻单位加快改革发展。

12月8日,第四届中国网络视听大会在成都正式开幕。国家新闻出版广电总局局长聂辰席表示,将按照网上网下导向管理"一个标准、一把尺子"的要求,综合运用思想引导、制度规范、技术手段、法律保障等措施,构建网上网下同心圆,加大融合发展的力度,加快融合发展的步伐。

12月9日,一篇名为《每对母子都是生死之交,我要陪他向校园霸凌说NO》的文章再次刷爆朋友圈。另外,一些拥有几十万以上粉丝的个人或小团队自媒体号也迎来广告的"秋收季",这也让许多写手和创作者找到了创业捷径。像咪蒙一年多涨粉400万人,收入过亿元,单条广告报价250万元,"六神磊磊读金庸""二更食堂""同道大叔"等头条报价也动辄几十万元。

12月14日晚,粤传媒发布公告称,旗下全资子公司广州日报报业经营有限公司于当日收到《广州市财政局关于下达支持党报媒体发展资金的通知》,该通知称将安排3.5亿元支持党报媒体发展资金,专项用于《广州日报》的印刷、发行支出,令业界羡慕不已。

12月16日,宁波市自媒体联盟正式成立,79家甬城本土自媒体成为首批会员。

12月19日,人民日报全媒体平台"中央厨房"正式上线运行。"中央厨房"是人民日报社融合发展的核心平台,由业务平台、技术平台、空间平台三部分构成。作为业务平台,"中央厨房"紧扣媒体融合的时代背景,创新媒体融合报道流程与机制,重大报道"一体策划、一次采集、多种生成、多元传播、全天滚动、全球覆盖",实现了新兴媒体与传统媒体、网上与网下、母媒与子媒、国内媒体与国外媒体的四个"联动"。

中英文摘要

中文摘要

第一章 2016年中国传媒产业发展环境分析

陈 端

摘 要： 本章对2016年中国传媒发展的宏观经济环境、产业环境和政策环境进行了系统的盘点与梳理，力求把当前中国传媒产业的发展置于更大的整体性视野之中，探寻上述三种环境对产业发展的复合影响，以为后文对产业和投资脉动态势的研判做好铺垫。

关键词： 传媒产业 宏观经济环境 产业环境 政策环境

第二章 2016年中国传媒产业发展报告

陈 端

摘 要： 本章结合数据对2016年中国传媒产业在资本市场和产品市场的表现进行了综合的研判和概述，并将传播变革置于全球化大背景下和中国社会自身的转型和生产关系、社会关系变迁大视野下，对传媒发展内在逻辑进行深度剖析，在此基础上梳理了2016年中国传媒产业的发展主线与格局。

关键词： 传媒产业 内在逻辑 发展主线

第三章 2016年中国传媒投资现状报告

陈端 张浩

摘　要： 2016年传媒投资热点频出，新趋势、新模式持续涌现，本章以2016年中国传媒行业基本态势和整体格局结构化扫描为起点，剖析了投资内在逻辑与主要特征，并详细分析了文化传媒创投的资本市场和并购市场。对贯穿2016年传媒投资领域的动态市值管理助推转型升级、明星资本化等现象进行了梳理，并且对电影保底发行、票房资产证券化为代表的传媒投融资平台及其模式创新进行了分析介绍。

关键词： 传媒投融资　媒介融合　传媒并购　投融资创新

第四章 2017年中国传媒投资预测报告

陈　端

摘　要： 本章在对中国传媒产业发展整体态势进行深度剖析的基础上，对2017年投资热点进行了预测与阐释。力求在有限篇幅内穿透大量数据浮尘，把握支配传媒产业未来发展的深层因素，从而为传媒资本进行项目筛选提供参考借鉴。

关键词： 传媒投资　预测基点　内在逻辑　热点领域

第五章 中国报业投资报告

周根红　周亮

摘　要： 2016年，中国报业艰难与机遇共存。一方面，随着宏观经济增速放缓和新媒体的强大冲击，报业发展形势极其严峻，报纸的发行量逐年递减、广告营收持续大幅下滑、报纸纷纷休停转并等；另一方面，报业处于重新洗牌的转折点，凭借政府的支持、技术的发展、媒介融合的深入以及专业化投资发展基金的成立，报业的发展也孕育出新的投资热点。

关键词： 报业投资　投资困境　投资机遇

第六章　中国视听传媒产业投资报告

朱新梅　唐琳

摘　要： 2016年，我国视听传媒产业发展迅速，电视剧市场规模已达882亿元，综艺市场也迎来爆发之年，省级卫视共400多档综艺节目上线；网络视频用户规模达到5.14亿人（截至2016年6月）。视听传媒产业已在内容生产、播出、传输以及终端各方面形成全产业链的竞争。

关键词： 视听传媒产业　广播电视　网络

第七章　中国出版业投资报告

刘建华　靳柯

摘　要： 2015年，中国出版业发展特点为：出版产业平稳发展，产业结构发展方向清晰；数字出版领跑全行业，成为强大增长极；出版物进出口有所回升，数字出版物势头上扬；出版产业基地（园区）集群效应明显，发挥龙头驱动作用。出版业未来发展趋势："十三五"更多有利政策持续推动出版业发展；内容创新不断加强，精品生产长效机制将有所突破；融合发展不断深入，产业链融合与产业间融合势在必行；出版商业模式悄然重构；全球化趋势加强，出版业成为国际传播能力建设的重要抓手。精品内容、童书市场、数字教育出版、网络文学"走出去"等将出现较大的投资机会。

关键词： 出版业　发展特点　投资机会

第八章　中国电影产业投融资发展报告

高利玲

摘　要： 2016年电影产业投融资呈现出优于2015年的良好的发展势头。电影产业的私募股权投资单笔规模以及投资并购的单笔规模都是本年度文化传媒产业投资中最大的。在2016年新三板市场，电影产业投资和融资规模在文化娱乐产业中表现抢眼。中国海外电影投资与合作在2016年迎来热潮。在政策层面，2016年出台的《中华人民共和国电影产业促进法》为电影产业的投资和发展保驾护航，在资本层面，电影基金投资面临风险，而在技术层面，2016年VR电影投资既有机遇又有风险。

关键词：　电影产业投融资　并购　电影基金　《中华人民共和国电影产业促进法》

第九章　中国书店零售业投资报告

雷乡丰　牛耘

摘　要： 2016年，我国经济的持续发展，推动了文化消费行业的进一步发展，也为书店零售业的发展创造了良好的经济环境。我国中央政府及各级地方政府陆续出台相关政策，继续扶持实体书店的发展，在资金支持、产业支持等方面提出明确的意见，为书店零售业发展提供了良好的政策环境。总体而言，图书零售市场仍保持快速增长。

同时，实体书店在一线城市和重点二线城市发展势头迅猛，店铺越开越大，功能也越来越齐全。书店的概念边界进一步扩展：复合型文化空间得到快速发展，线上线下渠道进一步融合，文化消费和文化地产得到有机结合。实体书店正在从售卖图书向售卖生活方式演变，逐步发展成为复合型文化空间。而在此过程中，产业链的加速整合正成为书店零售业发展的重要趋势之一，这种整合能力也会成为实体书店脱颖而出的重要优势。

在此背景下，书店零售业已经发生数起投资案例，如言几又引入外部资本，实现了规模的迅速扩大和地区的快速扩张；而单向空间也借助外部资本，推进了产业链的拓展和整合。现阶段，书店零售业的资本运作能力还不够强，借助资本力量获得的发展还相对有限。但是，预期未来一段时期，随着行业升级和产业链不断整合，书店零售业还将不断涌现出兼具战略意义和财务意义的投资机会。

关键词：　书店零售业　线上线下融合　产业链整合　复合型经营

第十章　中国网络媒体投资报告

谭云明　彭　轸

摘　要： 经过两年的高速发展，2016年网络媒体资本市场依然保持了良好的发展势头。在"互联网+"的大环境下，网络媒体日益成为资本追逐的热点。本章结合相关数据及案例，分析了2016年网络媒体资本市场出现的新现象、新特点、新问题，并对未来网络媒体行业投融资趋势进行了分析。

关键词： 网络媒体　资本市场　互联网

第十一章　中国移动媒体投资报告

邓　倩

摘　要： 伴随移动互联网的发展，移动媒体成为近年中国传媒投资的重要关注点。2016年移动互联网与手机媒体在基础资源、用户规模平稳增长态势下，对移动社交、信息与娱乐、商务交易与金融等领域持续投资。在技术、政策与用户需求共同作用下，两者的投资类型与趋势也呈现出新的特征，我国移动媒体投资效能有待进一步提升。

关键词： 移动媒体投资　移动互联网　手机媒体

第十二章　中国游戏产业投资报告

陈京炜　仝嵩泽

摘　要： 2016年中国游戏产业增长继续放缓，但产业规模在稳定中扩大。移动游戏强势发展，客户端游戏和网页游戏市场规模下降。国家鼓励、扶持游戏产业的发展，特别是逐渐受到大众认可的电子竞技产业。2016年新建立的游戏创业公司不到去年数量的1/4，VR仍然是投资热点。游戏公司在设计发展战略时十分注重泛娱乐布局。中国游戏公司和游戏市场的全球化水平不断提高。

关键词： 游戏产业　电子竞技　泛娱乐

第十三章　中国互联网金融投资报告

吴立波

摘　要： 2016年互联网金融行业交易额持续高速增长，但市场主体数量已开始逆转减少，市场平均收益率逐月降低。伴随着政府监管部门严厉的整合监管和行业整顿，互联网金融平台不断倒下离场，互联网金融艰难地试图从"高利贷"转回信息中介。行业拐点已现，但转型刚刚开始。陆金所和积木盒子等为代表的互联网金融平台开始淡化P2P色彩，转型综合金融与互联网理财。也有少量平台开始转向众筹、金融科技、金融资产交易中心，甚至网购。

关键词： 互联网金融　政府监管　P2P

第十四章　中国传媒上市公司报告

郭全中

摘　要： 2016年，我国传媒业上市公司继续保持较高的增速，呈现四大特点：一是传媒类公司以IPO方式上市；二是基于互联网的传媒上市公司业绩远远优于报刊、出版类；三是互联网公司海外并购的规模大；四是中概股继续私有化。

关键词： 传媒业　上市公司　IPO　私有化

第十五章　中国传媒产业并购报告

向志强　李瑢瑢　李雅雯

摘　要： 2016年中国传媒业并购市场延续了理性发展趋势，较2015年并购数量及规模而言稳中有升，具体来说，2016年中国影视巨头布局全产业链，互联网行业并购市场降温，游戏业掀起"出海浪潮"，传统媒体进行外延式并购与转型，由此2016年中国传媒产业并购出现以下四个特点：一是政策监管收紧，并购市场泡沫挤出；二是全球化进程加速，传媒业布局海外市场；三是并购趋向全产业链模式，以求强强联合与优势互补；四是明星股东参与资本运作，明星证券化趋势愈加显著；在未来一段时间内，互联网、在线视频以及直播将成为中国传媒产业并购的新热点。

关键词： 传媒业　并购　政策监管

第十六章　中国海外传媒投资报告

陈秋云

摘　要： 2016年尽管国际经济复苏疲软，国内监管趋严，但中国企业海外传媒投资势头强劲，以互联网企业为代表的中国民营企业纷纷出海，积极进行海外投资布局，成为海外传媒投资的主力军。本章对2016年中国企业海外传媒投资情况和在海外面临的问题进行了分析，并提出了相应的对策建议。

关键词： 海外传媒投资　民营企业　互联网企业

第十七章　中国传媒投资舆情报告

王亚敏

摘　要： 2016年，全国新闻传播领域发生了翻天覆地的变化。中央主要媒体打出重拳，各级地方党媒持续发力，"中央厨房""大数据""云平台"竞相上线，"两微一端""新媒体矩阵""全媒体网络"轮番出世等。媒体融合已进入向纵深推进的关键阶段。各新闻单位整合媒体资源力量，深化内部机制改革，重构采编发网络，再造采编发流程，大力克服传统媒体"空壳化"，增强版权意识，努力推进媒体深度融合，全媒体报道出新出彩，呈现出新气象新面貌。主流媒体的传播力、引导力、影响力、公信力显著提升。要顺应移动互联时代传播形态变革，遵循新媒体发展规律和融合传播规律，在思想认识上再提高、资源配置上再优化、创新措施上再落实，推动传统媒体和新兴媒体尽快从相"加"阶段迈向相"融"阶段，实现融为一体、合而为一。

关键词： "中央厨房"　媒体"空壳化"　版权意识　媒体融合

第十八章　传媒企业的特殊管理股制度及其在中国的应用建议

向　南

摘　要： 特殊管理股制度，在欧美市场化传媒企业中普遍运用，其制度使公司创始人能够在上市后保持足够的表决权来控制公司，此制度在中国传媒企业中具有极大的借鉴意义。特殊管理股制度有利于实现股权多元化，完善现代企业制度。实行特殊管理股制度，有利于发展混合经济，最大限度地吸引外来资本和民营资本进入中国传媒，中国对于境外的传媒投资并购也应该注意标的国对于特殊管理股制度的实施。

关键词： 特殊管理股制度　中国传媒企业　传媒投资　传媒改革

第十九章　中国文化传媒企业债券融资报告

魏鹏举　王雨

摘　要： 本章主要运用文献分析法、案例分析法等科学研究方法，并利用相关数据，对2016年我国文化传媒产业发展环境、融资状况进行分析，通过对比文化传媒企业在债券融资模式选择、募集资金使用、融资效益等方面的情况，找出文化传媒企业目前在债券融资方面存在的经营管理、产业环境、宏观经济政策等问题，并探索债券融资发展方向，开创文化传媒产业新格局。本章共分为五部分，各部分主要内容如下：第一部分概述2016年中国文化传媒产业发展环境；第二部分对我国文化传媒企业融资现状进行分析；第三部分探讨我国文化传媒企业债券融资各种模式，包括短期融资券、企业债券、中期票据、中小企业集合债及资产支持债券；第四部分研究我国文化传媒企业现有债券融资过程中的信息不对称、制度性约束、市场性约束及技术性约束问题；第五部分提出了构建我国文化传媒企业债券融资模式的建议。

关键词： 文化传媒企业　债券融资　债券融资模式

第二十章　万达电影院线投资状况分析

何　群　黄静怡

摘　要： 万达电影院线股份有限公司成立十二年来不断发展壮大，成为国内影视行业的龙头企业。2015~2016年，万达院线一方面坚持发展主营业务，巩固市场地位；另一方面加快并购步伐，构建全产业链，打造电影生活生态圈。同时，万达院线在发展过程中也面临政策收紧、内容缺失、网络冲击等风险，本章据此提出发展建议。

关键词： 万达院线　投资并购　产业链

英文摘要

Chapter 1　China Media Industry Development Environment Analysis（2016）

Abstract：This chapter is a systematic summary of the macroeconomic environment, industry environment and policy environment related to 2016 media industry development in China, trying to analyze the impact of the three abovementioned environments on media industry development from a broader scope and laying a solid foundation for the analysis of industry and investment situation.

Keywords：Media Industry；Macroeconomic Environment；Industry Environment；Policy Environment

---

Chapter 2　China Media Industry Development Report（2016）

Abstract：This chapter is a comprehensive analysis of the 2016 China media industry's performance in the capital market and product market based on data. And the internal logic of media development is analyzed from the perspective of globalization, the transformation of Chinese society and the evolution of production relations and social relations. Based on this, the main thread and pattern of China media industry development in 2016 is summarized in this chapter.

Keywords：Media Industry；Internal Logic；Main Thread of Development

Chapter 3   China Media Investment Situation Report (2016)

Abstract: The year of 2016 had witnessed a lot of investment hot spots and new trends and models continued to occur. Based on the basic trend and the overall situation of China's media industry in 2016, this chapter analyzes the internal logic and main features of investment and explores the culture media venture capital market and merger market in detail. It also analyzes the phenomenon of market capitalization facilitating transformation and upgrade and celebrity capitalization in the field of media investment in 2016, and introduces such media investment and financing platform and model innovation as film release and box office securitization.

Keywords: Media Investment and Financing; Media Convergence; Media Merger; Investment and Financing Innovation

---

Chapter 4   China Media Investment Forecast Report (2017)

Abstract: This chapter explains the yearly investment hot spot based on a profound analysis of the overall situation of China's media industry in 2017. It also analyzes the underlying factors of future media industry development based on data, providing reference for media capital project screening.

Keywords: Media Investment; Forecast Basic Point; Internal Logic; Hot Fields

Chapter 5   China Newspaper Industry Investment Report

Abstract: China's newspaper industry faced both opportunities and challenges in 2016. On the one hand, coupled with the macroeconomic slowdown and strong impact of new media, the newspaper industry faced severe challenges——circulation had declined for several consecutive years; advertising revenues continued to drop sharply; newspapers had either died or turned to convergence or acquisition one after another, to name just a few. On the other hand, the newspaper industry was at a turning point of reshuffle. Along with the support of the government, the advancement of technology, the ongoing media convergence as well as the setup of professional development funds, there were new investment opportunities in China's newspaper industry in 2016.

Keywords: Newspaper Investment; Investment Dilemma; Investment Opportunities

Chapter 6   China Audiovisual Media Investment Report

Abstract: China's audiovisual media industry developed rapidly in 2016. The market size of domestic TV drama reached 88.2 billion Yuan. Entertainment programs also enjoyed a booming year. More than 400 variety shows were introduced in Provincial satellite television. Online video users had reached 514 million as of June. Audiovisual media industry has become very competitive in the whole industrial chain including content production, broadcast, transmission and terminals.

Keywords: Audiovisual Media Industry; Broadcast Television; Internet

Chapter 7　China Publishing Industry Investment Report

Abstract: The features of China's publishing industry development in 2015 were: steady development; clear orientation of industry structure; digital publishing taking the lead with strong growth; recovery of publications import and export; increasing digital publications; and constellation effect of publishing industry base/park which functions as the driving force. The development trends shaping the future publishing industry are: the favorable policy in "the 13th Five-Year Plan" will promote the future development of publishing industry; more content innovation will be made with breakthrough in long-term mechanism of competitive production; integrative development will be deepening with industry chain integration and industrial integration being inevitable; the business model of publishing will be restructured; globalization will be more prominent with publishing industry being an important bridge for international communication. Investment opportunities will focus on high quality content, children's book market, digital education publishing and online literature.

Keywords: Publishing Industry; Development Features Investment Opportunities

---

Chapter 8　China Film Industry Investment and Financing Report

Abstract: The year of 2016 had witnessed a rise in investment and financing of film industry. The scale of each private equity investment and each merger and acquisition case was among the largest ones in culture and media industry. In 2016, investment and financing scale of the film industry stood out among the whole culture and entertainment sector of NEEQ. China's overseas film investment and cooperation also embraced a boom in the year of 2016. The introduction of *Film Industry Promotion Law* had promoted the investment and financing of the industry from the policy level. However, film fund investment was faced with risks. And VR film investment faced both risks and opportunities.

Keywords: Investment and Financing of Film Industry; Merger and Acquisition; Film Fund; *Film Industry Promotion Law*

Chapter 9　Report on Investment Of China's Bookstore Retailing Industry

Abstract: In 2016, China's sustained economic growth further promoted the development of cultural consumption industry, and created a favorable economic environment for bookstore retailing industry. The central government and local governments introduced a series of policies to support the development of physical bookstores, and put forward specific suggestions for issues like financial support and industrial policy to create a favorable policy environment. Overall, the bookstore retailing market maintained a high growth rate.

At the same time, in 2016, physical bookstores developed and expanded rapidly in the first tier cities and key second tier cities, and the bookstores became larger and larger, with more and more functions. The boundary of bookstore became broader: compound culture spaces had developed rapidly; online and offline sales channels had been further integrated; and cultural consumption and cultural real estate industry had combined closer. Physical bookstores had turned to cultural spaces, changing from selling books to selling life style. During this process, the accelerated integration of industry chain had become an important trend, and the capacity of integration also became an important advantage for physical bookstores to stand out.

Several investment cases have already occurred in bookstore retailing industry. For example, YJY has achieved the rapid expansion of scale and coverage by introducing external capital, and OWSpace has also promoted the extension and integration of industrial chain with external capital. Bookstore retailing industry is still in a primary stage of capital operation, and has limited use of capital to achieve high-speed development. However, in the near future, with further integration of industrial chain, there will be more investment opportunities with both strategic value and financial value.

Keywords: Bookstore Retailing Industry; Online and Offline Integration; Industrial Chain Integration; Compound Management

Chapter 10 China Internet Media Investment Report

Abstract: After two years of rapid development, the capital market of internet media had maintained a good growth momentum in 2016. Along with the promotion of "Internet +" initiative, internet media had become an investment hot spot. Based on relevant data and investment cases, this paper explores the new phenomenon, new characteristics and new problems of the internet media capital market and analyzes the trend of internet media investment and financing in China.

Keywords: Internet Media; Capital Market; Internet

Chapter 11 China Mobile Media Investment Report

Abstract: With the development of mobile Internet, China's mobile media investment has become an important focus in recent years. Along with the steady growth of basic resources and users, mobile internet and mobile phone investment had been continuously made in areas such as mobile social network, information and entertainment, business transactions, finance, to name just a few. Under the interplay of technologies, policies and user demands, both of the investments have demonstrated new new features. Thus, the investment efficiency of China mobile media needs to be further improved.

Keywords: Mobile Media Investment; Mobile Internet; Mobile Media

Chapter 12 Chine Game Industry Investment Report

Abstract: In 2016, China's game industry continued to slow down while the scale of the industry expanded steadily. Mobile games maintained strong growth momentum. But client games and web games market had declined. The e-sports industry had been widely recognized by the public over the past years along with strong support from the government to promote the development of game industry. The number of newly founded startups in game industry was less than a quarter of that of 2015. Meanwhile, VR was still favored by investors. Pan-entertainment distribution was taken seriously by most game companies when they designed their development strategy. And the level of globalization continued to increase in game industry.

Keywords: Game Industry; E-Sports; Pan-Entertainment

Chapter 13 Report on Investment of China's Internet Finance

Abstract: In 2016, the number of transactions in the Internet financial industry continued to grow at a high speed, but the number of market players has been reversed and the average market rate of return has decreased month by month. With the integration of government regulators regulatory and stringent industry consolidation, there has been an Internet financial platform to fall off, Internet finance from the "usury", struggling to return to the role of information intermediaries. Industry turning point has been, but the transition has just begun.

Lufax and blocks box, etc. as the representative of the mutual gold head began to play down the P2P color, transformation of integrated financial and Internet financing. There are a small number of platforms began to turn to the public, financial technology, financial assets trading center, and even online shopping.

Keywords: Internet Finance; Government Regulation; P2P

Chapter 14 China Media Listed Companies Report

Summary: In 2016, China's media industry listed companies continue to maintain a high growth rate, showing four characteristics: First, media companies to IPO way listed; Second, the Internet-based media industry listed companies far better than the performance of newspapers, Third, the size of the Internet companies overseas mergers and acquisitions; Fourth, the shares continue to privatize.

Keywords: Media Industry; Reorganization of Listed Companies; IPO; Privatization

Chapter 15 China Media Industry Mergers and Acquisitions Report

Abstract: In 2016, the merger and acquisition market of China's media industry had developed in a rational manner with stable increase in the number and scale of mergers and acquisitions compared to 2015. Specifically, in 2016, Chinese film and television giants presented themselves in the entire industry chain, the mergers and acquisitions market in the internet industry had cooled down, the game industry had experienced ups and downs, traditional media made extensional mergers and transformation. Therefore, four features had appeared in China's media industry mergers and acquisitions in 2016: policy supervision had been tightened and the bubble in the mergers market had been popped out; globalization had accelerated and the media industry had spread to overseas; mergers and acquisitions tend to cover the entire industry chain for the sake of alliance and complementary advantages; celebrity shareholder had been involved in capital operation with obvious celebrity securitization. In the near future, internet, online video and live broadcast will become a new hotspot in China's media industry mergers and acquisitions.

Keywords: Media Industry; Merger and Acquisition; Supervision

Chapter 16   Report on China's Overseas Media Investment

Abstract: China's overseas media investment maintained a rapid growth in 2016 against the backdrop of a weak recovery of world economy and tightening of domestic regulations. China's private enterprises, internet companies in particular, have made great efforts to invest overseas and have become China's main force of overseas media investment. This report analyzes overseas media investment made by Chinese enterprises and the problems they encountered in 2016, based on which some possible solutions are then suggested.

Keywords: Overseas Media Investment; Private Enterprises; Internet Firms

---

Chapter 17   Public Opinion Report on China Media Investment

Abstract: China's journalism and communication had experienced great changes in 2016. The national main media outlets had adopted bold moves and the media at all levels of communist parties continued to grow. "Central Kitchen" "Big data" "Cloud platform" continued to be launched, "Weibo, Wechat and news client" "new media matrix" "all media network" showed up one after another. Media convergence had stepped into the key phase of profound development. All media outlets should integrate their media resources and deepen internal mechanism reform, restructure the network of news collection, edition and release, and set up a new procedure to avoid "empty shell phenomenon" in traditional media. Moreover, copyright awareness should be reinforced, deep media integration should be promoted and all media report should be innovative and bring about a new media image. The communication power, leadership, influence and credibility of mainstream media had been significantly improved. Still, reform should be made to communication patterns in the age of mobile internet. And the rules of new media development and integration should be followed. In addition, the awareness should be raised, resource distribution should be optimized, and innovative measures should be adopted to promote the rapid integration of traditional media and new media.

Keywords: "Central Kitchen"; "Empty Shell Phenomenon" in Media; Copyright Awareness; Media Integration

Chapter18 Report on the Special Shareholders' Equity Management System

Abstract: The special shareholders' equity management system is widely practiced in market-oriented media enterprises in Europe and America. It enables the founder of a company to keep enough voting rights to maintain control of the company after its IPO. The system offers great inspiration for Chinese media enterprises as well, not only because it can help diversify stock equity and improve the modern enterprise system, but also because it is conducive to developing a mixed economy and attracting foreign and private capital into Chinese media industry. Chinese media companies, while investing overseas, should be clear about whether the special shareholders' equity management system is practiced in their investment destinations.

Keywords: The Special Shareholders' Equity Management System; Chinese Media Enterprises; Media Investment; Media Reform

---

Chapter 19 Report on Bond Financing of China's Culture Media Enterprises

Abstract: In 2016, the *Recommendations for the 13th Five-Year Plan for Economic and Social Development* was adopted at the Fifth Plenary Session of the 18th CPC Central Committee, in which it puts forward that cultural industry will have become a pillar industry of China's national economy by 2020. At present, China's economy is facing great downward pressure, but cultural industry would give new impetus to the successful transformation of China's economy.

Enterprises cannot develop without the support of capital, and financing is the main way for enterprises to absorb capital. In 2015, the market size of China's media industry reached 1.2 trillion yuan, and the investment and financing in media industry surpassed 450 billion yuan. Besides, overseas media investment and financing amounted to 80 billion yuan with 52 investment events.

China's culture media industry has attracted wide attention and absorbed a large amount of investment both at home and abroad. Financial capital is vigorously promoting the development of culture media industry in all areas and accelerating the pace of its maketization.

Keywords: Culture Media Enterprises; Bond Financing; Bond Financing Patterns

Chapter 20 Investment Analysis of Wanda Cinemas

Abstract: Since its founding twelve years ago, Wanda Cinemas has grown into a leading enterprise in the film industry in China. Over the past two years, Wanda cinemas focused on developing its main business to consolidate its market position. Meanwhile, it stepped up the pace of mergers and acquisitions for the purpose of building an industrial chain and shaping film ecosystem. The company was also faced with tightening polices, lack of content, the growing impact of the internet and other challenges. Based on this, some suggestions for development are then put forward in this report.

Keywords: Wanda Cinemas; Investment Mergers and Acquisitions; Industry Chain

后 记

后 记

《中国传媒投资发展报告（2017）》终于出版了，这是一件令所有作者和读者高兴的事。这是连续第三年出版"中国传媒投资发展报告"，有了前两次编撰的经验，为了策划出版好2017年卷，我们自2016年8月19日在广州举办"传媒资本论坛暨《中国传媒投资发展报告（2016）》新书发布会"后，便开始筹划，并于2016年12月成立了编辑委员会，落实撰稿分工，拟定2017年3月底交稿，而后由主编统稿，5月交社会科学文献出版社，整个过程进展得十分顺利。在此，作为主编，首先要非常感谢本书的各位撰稿者！按撰稿章节排序，他们分别是：

第一章、第二章的撰稿者是中央财经大学陈端副教授；

第三章的撰稿者是中央财经大学陈端副教授及张浩老师；

第四章的撰稿者是中央财经大学陈端副教授；

第五章的撰稿者是南京财经大学周根红副教授及周亮老师；

第六章的撰稿者是传媒研究专家朱新梅和唐琳老师；

第七章的撰稿者是中国新闻出版研究院传媒所执行所长刘建华副研究员和云南大学文化发展研究院靳柯副教授；

第八章的撰稿者是中国广播影视报刊协会影视机构委员会副秘书长、中广文投（北京）投资有限责任公司总经理高利玲女士；

第九章的撰稿者是中国建银投资有限责任公司战略发展部雷乡丰副经理、建投书店投资有限公司业务发展部牛耘经理；

第十章的撰稿者是中央财经大学谭云明教授、中国青年政治学院彭轸老师；

第十一章的撰稿者是河海大学邓倩老师；

第十二章的撰稿者是中国传媒大学陈京炜副教授及仝嵩泽老师；

第十三章的撰稿者是绿地金控另类投资部吴立波老师；

第十四章的撰稿者是国家行政学院郭全中高级经济师；

第十五章的撰稿者是湖南大学向志强教授及李瑢瑢、李雅雯老师；

第十六章的撰稿者是北京中医药大学陈秋云老师；

第十七章的撰稿者是人民网舆情监测室、人民在线王亚敏副总编辑；

第十八章的撰稿者是资深文化传媒投资专家向南老师；

第十九章的撰稿者是中央财经大学魏鹏举教授及王雨老师；

第二十章的撰稿者是中央财经大学何群教授及黄静怡老师；

附录的撰稿者是中央财经大学万宇航、关乐宁老师。

上述作者中有连续三年参与撰稿的，也有不少新加入的，他们均对中国传媒投资研究"情有独钟"，正是他们的敏锐观察力和思辨力，使今年的报告在保持往年优点的基础上，不断完善和进步。

今年的报告，有两个突出的变化：一是报告力求简明扼要地把问题讲清楚，不求冗长地细说，这样一来报告的篇幅有所压缩；二是力求事实和数据的准确、可靠，凡是没有公开披露的或没有根据的，我们绝不写进报告，以此来确保报告的权威性和质量。今年的报告，在整体框架上，也有些变化，我们没有像往年一样设置"篇"，而是统一用"章"来统领。此外，今年在典型案例方面减了不少，这多少有些遗憾。

尽管如此，《中国传媒投资发展报告（2017）》继续保持了过去的传统做法，即报告既对2016年传媒投资现象与现状进行全面、深入的描述和分析，也通过对这些现象的描述和分析，勾勒中国传媒投资的特点、规律、发展方向和投资动向，从而总结经验，预测未来，把握机遇，为中国的传媒业投资出谋划策，同时通过传媒投资经典案例的分析总结，举一反三，为传媒投资发展提供正反面的借鉴和启示。

《中国传媒投资发展报告（2017）》的顺利出版，得到了中国建投集团仲建安董事长、顾建国总裁、刘志红监事长、柯珂总裁助理以及建投华文投资有限责任公司杜鹏飞董事长和中国建投研究院万建发秘书长的大力支持，在此向他们表示衷心的感谢！这里尤其要感谢中国建投原总裁张睦伦先生，从第一本蓝皮书的编撰一直到今年报告的出版，张睦伦先生一直给予深切的关怀和大力支持，我们真的是不胜感激。

列宁曾说："理论是灰色的，而生活之树是常青的。"传媒投资分析研究也是如此，中国传媒投资的实践远比我们的分析研究复杂得多。我们的这本报告只能是挂一漏万，抑或是蜻蜓点水式的讲述，不足以诠释实操中的传媒投融资现象。期待广大读者，用严格挑剔的眼光，为我们提出宝贵的意见，以便我们来年撰写报告时予以改进和完善，读者的意见和建议，是促使我们不断前行的动力。

主　编

2017年5月于北京

图书在版编目(CIP)数据

中国传媒投资发展报告.2017/张向东,谭云明主编.--北京:社会科学文献出版社,2017.7
(中国建投研究丛书·报告系列)
ISBN 978-7-5201-1048-8

Ⅰ.①中… Ⅱ.①张… ②谭… Ⅲ.①传播媒介-投资-研究报告-中国-2017 Ⅳ.①G219.2 ②F832.48

中国版本图书馆 CIP 数据核字(2017)第 157985 号

中国建投研究丛书·报告系列
中国传媒投资发展报告(2017)

主　　编 / 张向东　谭云明

出 版 人 / 谢寿光
项目统筹 / 王婧怡　许秀江
责任编辑 / 恽　薇　孔庆梅　周晓静

出　　版 / 社会科学文献出版社·经济与管理分社 (010) 59367226
　　　　　　地址:北京市北三环中路甲 29 号院华龙大厦　邮编:100029
　　　　　　网址:www.ssap.com.cn

发　　行 / 市场营销中心 (010) 59367081　59367018
印　　装 / 三河市尚艺印装有限公司

规　　格 / 开　本:787mm×1092mm　1/16
　　　　　　印　张:28.25　字　数:353 千字
版　　次 / 2017 年 7 月第 1 版　2017 年 7 月第 1 次印刷
书　　号 / ISBN 978-7-5201-1048-8
定　　价 / 128.00 元

本书如有印装质量问题,请与读者服务中心 (010-59367028) 联系

▲ 版权所有 翻印必究